精神保健福祉士
国試ナビ 専門科目

2023

いとう総研資格取得支援センター／編集

中央法規

はじめに

本書を手にとっていただきありがとうございます。

いとう総研資格取得支援センターでは、毎年、精神保健福祉士、社会福祉士、介護福祉士、介護支援専門員の受験対策講座を開催しています。

本書は、そのなかでも精神保健福祉士受験対策講座で使用している教材をもとに、「精神保健福祉士　専門科目編」として書籍にまとめたものです。

本書の構成は、6科目の科目別の編成ではなく、膨大な出題範囲を一度バラバラにし、カテゴリー別に再度組み直す方法を採用しています。その作業のなかで、6科目を「3つ」の大きなカテゴリーに分類し、そのカテゴリーをもとに、さらに中項目、小項目へと整理していき「体系的に」学習できる構成にしました。

そうすることで、勉強時間があまりとれない忙しい受験生でも、受験対策でとても大切な「全体像をつかむ」ことが効率的に体得できると思います。

本書を通じて、少しでも受験生のお役に立てることができれば幸いです。皆様が、「合格」の喜びを手にできますことを心よりお祈りしております。

最後に、担当の川脇久美氏をはじめ、中央法規出版の方々には大変お世話になりました。心より感謝いたします。

2022年7月

編集代表　**伊東利洋**

はじめに

精神保健福祉士試験の特徴

第1章 利用者を理解する科目

第2章 **社会保障制度を
理解する科目**

第3章 精神保健福祉士の仕事を理解する科目

精神保健福祉士試験の特徴

第 24 回（2022 年 2 月実施）は、新しい出題基準に変わってから、10 回目の試験でした。
まずは、精神保健福祉士試験の概要をつかみましょう！

① 精神保健福祉士試験の受験状況

精神保健福祉士試験は、年1回実施され、今まで24回実施されました。近年は、受験者数 6,000人台、合格率 60%台 で安定しています。精神保健福祉士養成課程の見直しを受けて、第15回試験より、試験科目や内容が変更になっています。

受験者数と合格率の推移

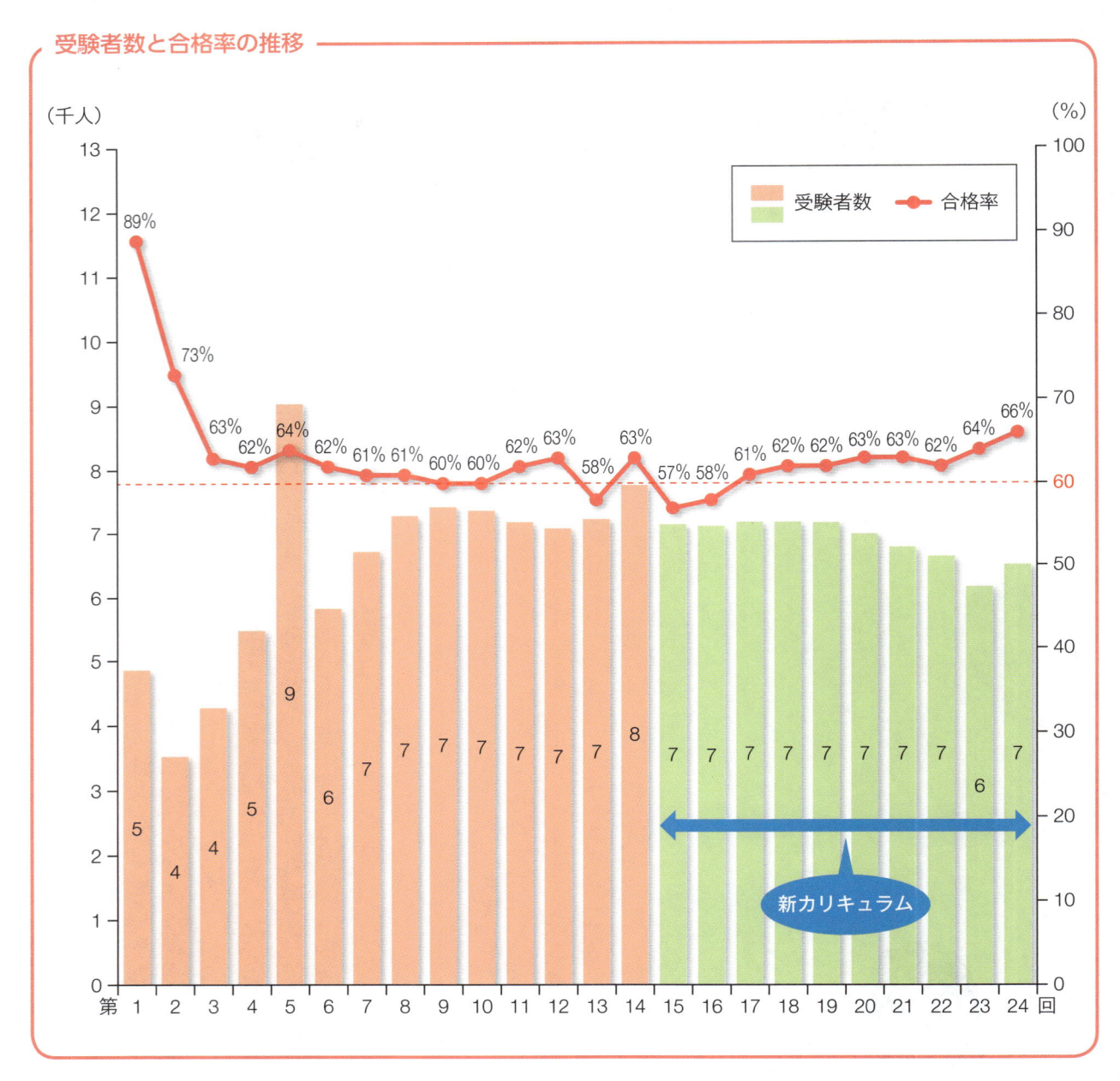

精神保健福祉士登録者数は、2022(令和4)年5月末現在 9万8801人 となっています。

② 精神保健福祉士の「合格者」データ

■ 合格者の構成別割合

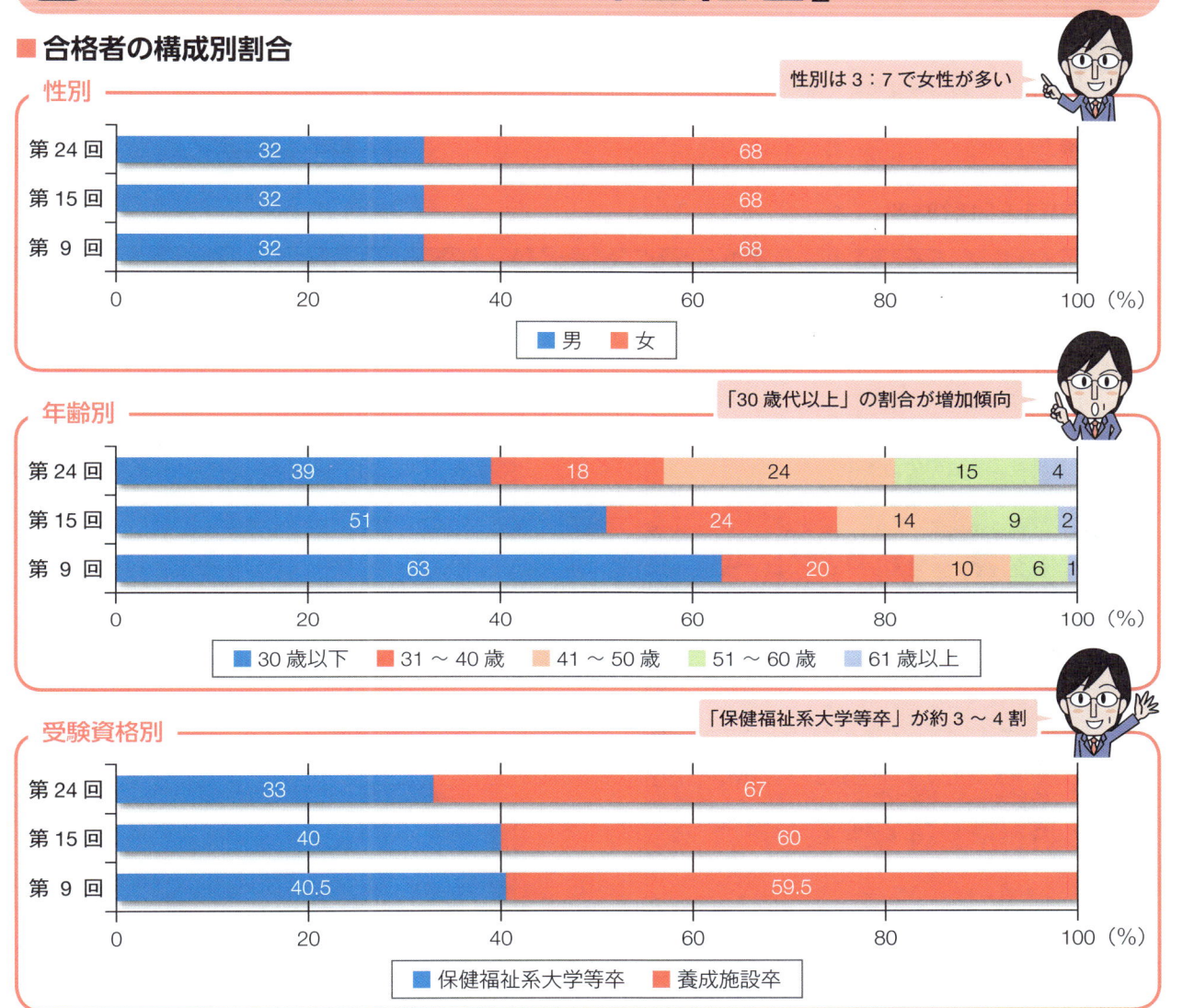

性別 ── 性別は3:7で女性が多い

	男	女
第24回	32	68
第15回	32	68
第9回	32	68

■ 男　■ 女

年齢別 ── 「30歳代以上」の割合が増加傾向

	30歳以下	31～40歳	41～50歳	51～60歳	61歳以上
第24回	39	18	24	15	4
第15回	51	24	14	9	2
第9回	63	20	10	6	1

■ 30歳以下　■ 31～40歳　■ 41～50歳　■ 51～60歳　■ 61歳以上

受験資格別 ── 「保健福祉系大学等卒」が約3～4割

	保健福祉系大学等卒	養成施設卒
第24回	33	67
第15回	40	60
第9回	40.5	59.5

■ 保健福祉系大学等卒　■ 養成施設卒

■ 受験資格別の合格率

保健福祉系短大＋実務経験 0.2 千人

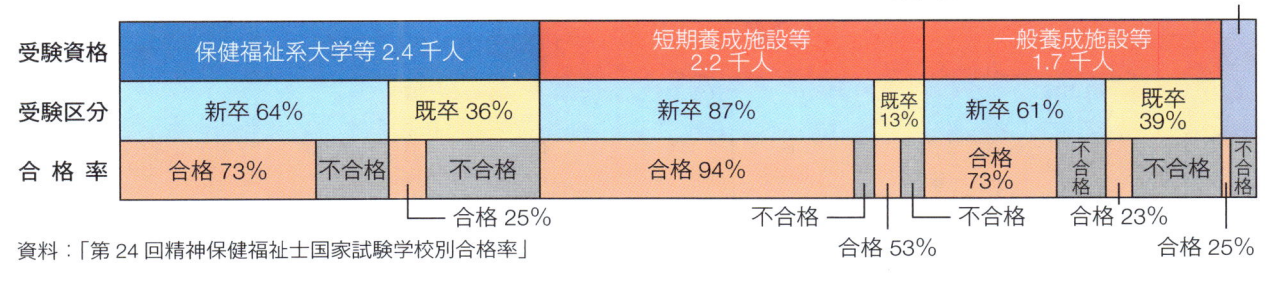

受験資格	保健福祉系大学等 2.4 千人		短期養成施設等 2.2 千人		一般養成施設等 1.7 千人		
受験区分	新卒 64%	既卒 36%	新卒 87%	既卒 13%	新卒 61%	既卒 39%	
合格率	合格 73% ／ 不合格	不合格	合格 94%		合格 73% ／ 不合格	不合格	不合格

合格 25%　　不合格　合格 53%　　不合格　合格 23%　　合格 25%

資料：「第24回精神保健福祉士国家試験学校別合格率」

受験者を「新卒（試験年度卒業または卒業見込み）」と「既卒（前年度までに卒業）」に区分した場合、「新卒」の合格率が「既卒」を上回っています。

③ 試験科目と合格基準

精神保健福祉士試験の「出題科目と試験時間」「合格基準」「合格基準の推移」の
イメージをつかみましょう。

■ 出題科目と試験時間

		科目名	問題数	科目群	試験日程・時間	1問あたりの時間
専門科目	1	精神疾患とその治療	10	①	令和5年 2月4日（土） 13：30〜15：50 （140分）	1分45秒
	2	精神保健の課題と支援	10	②		
	3	精神保健福祉相談援助の基盤	15	③		
	4	精神保健福祉の理論と相談援助の展開	25	④		
	5	精神保健福祉に関する制度とサービス	12	⑤		
	6	精神障害者の生活支援システム	8	80		
共通科目	7	人体の構造と機能及び疾病	7	⑥	令和5年 2月5日（日） 10：00〜12：15 （135分）	1分38秒
	8	心理学理論と心理的支援	7	⑦		
	9	社会理論と社会システム	7	⑧		
	10	現代社会と福祉	10	⑨		
	11	地域福祉の理論と方法	10	⑩		
	12	福祉行財政と福祉計画	7	⑪		
	13	社会保障	7	⑫		
	14	障害者に対する支援と障害者自立支援制度	7	⑬		
	15	低所得者に対する支援と生活保護制度	7	⑭		
	16	保健医療サービス	7	⑮		
	17	権利擁護と成年後見制度	7	83	⑯		
合　計			163	16群すべてに得点が必要	275分	平均1分41秒

■ 合格基準　　AとBの両方を満たすこと

A. 問題の総得点の **60%程度** を基準として、問題の難易度で補正した点数以上の得点の者
B. 上記の「**①〜⑯（または①〜⑤）の科目群**」すべてに得点があった者

■ 過去の合格基準

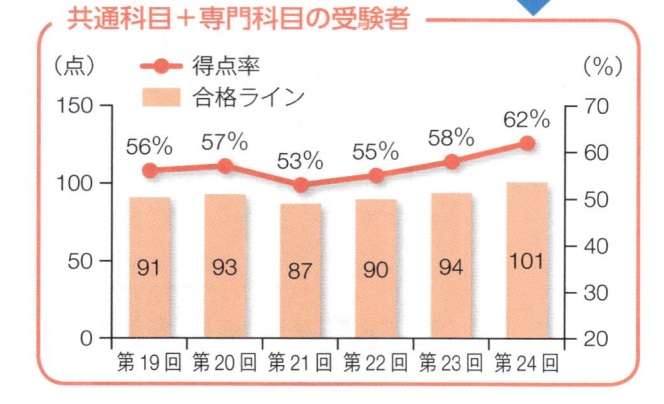

共通科目＋専門科目の受験者
- 得点率
- 合格ライン

	第19回	第20回	第21回	第22回	第23回	第24回
得点率	56%	57%	53%	55%	58%	62%
合格ライン	91	93	87	90	94	101

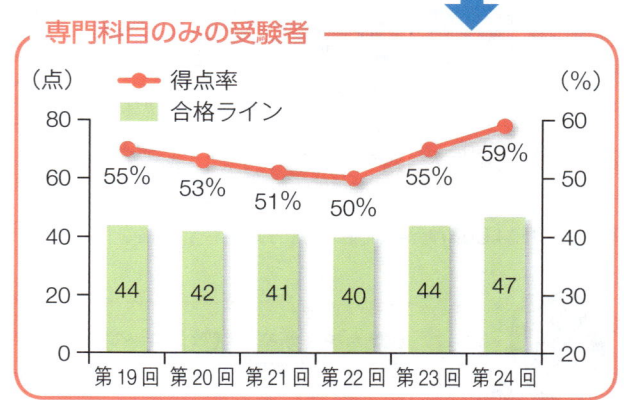

専門科目のみの受験者
- 得点率
- 合格ライン

	第19回	第20回	第21回	第22回	第23回	第24回
得点率	55%	53%	51%	50%	55%	59%
合格ライン	44	42	41	40	44	47

④ 問題の分析

■ 2つ選べ問題

精神保健福祉士の専門科目は、約1～2割が「2つ選べ」問題になっています。本番の緊張下でも「2つ選べなのに1つしか選ばなかった……」というミスをしない対策をとることが大切です。

出題形式	問題数			
	第21回	第22回	第23回	第24回
1つ選べ	67	64	64	68
2つ選べ	13	16	16	12

■ 問題の形式

問題は、「文章形式」「単語形式」「組み合わせ形式」があります。精神保健福祉士専門科目では、「文章形式」が約5割、「単語形式」「組み合わせ形式」が約4割を占めています。

問題形式／試験年度	文章形式	単語形式	組み合わせ形式
	1 女性より男性の方が予後が良い。 2 緊張型より破瓜型の方が予後が良い。 3 急性より緩徐の方が予後が良い。 4 若年より遅発の方が予後が良い。 5 発症誘発要因のない方が予後が良い。	1 前頭葉 2 側頭葉 3 頭頂葉 4 後頭葉 5 扁桃体	1 認知療法――――自由連想 2 森田療法――――共感的理解 3 自律訓練法――――自己暗示 4 精神分析療法――――絶対臥褥 5 系統的脱感作療法―意識変容
第24回	46	34	0
第23回	50	30	0
第22回	37	43	0
第21回	42	37	1
平均出題割合	55%	45%	1%

■ 難易度の分析

精神保健福祉士の専門科目は、難易度で振り分けると表のようになっています。合格ラインを超えるには、「A問題」は捨てて、「C問題」を確実に得点し、「B問題」を5割から6割近く得点するというイメージで取り組むと効果的です。

難易度		問題の種類	問題数			
			第21回	第22回	第23回	第24回
A	難しい	●詳細まで理解していないと解けない難しい問題	11	12	14	7
B	普通	●基本的事項の「確実」な知識があれば解ける問題	60	64	53	57
C	易しい	●対応方法を問う問題など一般常識があれば解ける問題	9	4	13	16
合格ライン			41	40	44	47

⑤ 事例問題のまとめ

精神保健福祉士の専門科目は、一問一答形式が約6割、事例問題が約4割と、事例問題が多いことが特徴です。合格基準（5〜6割）を満たすためには、事例問題対策を行うことが重要です。

出題形式	第21回	第22回	第23回	第24回
一問一答形式	48	50	49	45
事例問題	31	30	31	35

■ 長文事例問題（1事例につき3問出題）

科目	第21回	第22回	第23回	第24回
精神保健福祉相談援助の基盤	Bさん（24歳、男性）留学生	Fさんからの手紙	Eさん（26歳、女性）薬物依存	Jさん（22歳、男性）ひきこもり
	Eさん（26歳、男性）統合失調症	Gさん（26歳、男性）	Fさん（32歳、女性）統合失調症	Kさん（39歳、女性）DV
精神保健福祉の理論と相談援助の展開	Cさん（50歳、女性）統合失調症	Kさん（26歳、女性）うつ病	Cさん（14歳、女性）摂食障害	Kさん（30歳、女性）自傷行為
	Gさん（35歳、女性）自閉症スペクトラム	Bさん（11歳、女性）精神障害者の親と暮らす子	Dさん（62歳、男性）統合失調症	B精神保健福祉士 健康相談室
	J精神保健福祉士 精神科病院	Eさん（32歳、女性）抑うつ傾向	Gさん（19歳、男性）適応障害	Eさん（33歳、女性）統合失調症
	K精神保健福祉士 地域活動支援センター	Gさん（40歳、女性）障害者雇用	Mさん（80歳、男性）認知症＋Aさん（50歳、女性）	Gさん（50歳、男性）統合失調症
精神保健福祉に関する制度とサービス	Lさん（35歳、女性）うつ病	Kさん（45歳、男性）双極性障害	Bさん（50歳、女性）統合失調症	Lさん（39歳、女性）統合失調症
精神障害者の生活支援システム	Cさん（25歳、男性）高次脳機能障害	Aさん（35歳、女性）うつ病	Dさん（70歳、女性）統合失調症	Aさん（30歳、男性）統合失調症
出題数	24	24	24	24

■ 短文事例問題

科目	第21回	第22回	第23回	第24回
精神疾患とその治療				①25歳男性、パワーハラスメント ②3歳男児、自閉スペクトラム症 ③18歳男性 ④30歳前後に見える男性
精神保健の課題と支援		①質問紙調査	①68歳男性、せん妄	
精神保健福祉相談援助の基盤	①A精神保健福祉士	②A精神保健福祉士 ③C精神保健福祉士		⑤D精神保健福祉士 ⑥G精神保健福祉士
精神保健福祉の理論と相談援助の展開	②G精神保健福祉士 ③38歳男性、双極性障害 ④スーパービジョン ⑤60歳女性、ギャンブル	④J精神保健福祉士	②B精神保健福祉士	⑦30歳女性、統合失調症 ⑧E精神保健福祉士 ⑨F精神保健福祉士 ⑩H精神保健福祉士
精神保健福祉に関する制度とサービス	⑥社会調査の手法	⑤36歳男性、統合失調症	③G精神保健福祉相談員 ④J精神保健福祉士 ⑤28歳男性、統合失調症 ⑥M精神保健福祉士	⑪42歳、統合失調症
精神障害者の生活支援システム	⑦ピアサポート	⑥M精神保健福祉士が比較することになった厚生労働省の資料	⑦社会調査の手法	
出題数	7	6	7	11

⑥ 専門科目6科目を3科目に編成

精神保健福祉士試験の専門科目を「利用者を理解する科目」「社会保障制度を理解する科目」「精神保健福祉士の仕事を理解する科目」の3科目に編成しなおして整理すると効率的に学習できます。

利用者を理解する科目

科目名		出題基準（大項目）
精神疾患とその治療		1 精神疾患総論
		2 精神疾患の治療
		3 精神科医療機関の治療構造及び専門病棟
		4 精神科治療における人権擁護
		5 精神科病院におけるチーム医療と精神保健福祉士の役割
		6 精神医療と福祉及び関連機関との間における連携の重要性
精神保健の課題と支援		1 精神の健康と、精神の健康に関連する要因及び精神保健の概要
		2 精神保健の視点から見た家族の課題とアプローチ
		3 精神保健の視点から見た学校教育の課題とアプローチ
		4 精神保健の視点から見た勤労者の課題とアプローチ
		5 精神保健の視点から見た現代社会の課題とアプローチ
		6 精神保健に関する対策と精神保健福祉士の役割
		7 地域精神保健に関する諸活動と精神保健に関する偏見・差別等の課題
		8 精神保健に関する専門職種と国、都道府県、市町村、団体等の役割及び連携
		9 諸外国の精神保健活動の現状及び対策

社会保障制度を理解する科目

科目名		出題基準（大項目）
精神保健福祉に関する制度とサービス		1 精神保健及び精神障害者福祉に関する法律の意義と内容
		2 精神障害者の福祉制度の概要と福祉サービス
		3 精神障害者に関連する社会保障制度の概要
		4 相談援助に係わる組織、団体、関係機関及び専門職や地域住民との協働
		5 更生保護制度の概要と精神障害者福祉との関係
		6 更生保護制度における関係機関や団体との連携
		7 医療観察法の概要
		8 医療観察法における精神保健福祉士の専門性と役割
		9 社会資源の調整・開発に係わる社会調査の意義、目的、倫理、方法及び活用
精神障害者の生活支援システム		1 精神障害者の概念
		2 精神障害者の生活の実際
		3 精神障害者の生活と人権
		4 精神障害者の居住支援
		5 精神障害者の就労支援
		6 精神障害者の生活支援システムの実際
		7 市町村における相談援助
		8 その他の行政機関における相談援助

精神保健福祉士の仕事を理解する科目

科目名		出題基準（大項目）
精神保健福祉相談援助の基盤		1 精神保健福祉士の役割と意義
		2 社会福祉士の役割と意義
		3 相談援助の概念と範囲
		4 相談援助の理念
		5 精神保健福祉士が行う相談援助活動の対象と相談援助の基本的考え方
		6 相談援助に係わる専門職の概念と範囲
		7 精神障害者の相談援助における権利擁護の意義と範囲
		8 精神保健福祉活動における総合的かつ包括的な援助と多職種連携の意義と内容
精神保健福祉の理論と相談援助の展開		1 精神保健医療福祉の歴史と動向
		2 精神障害者に対する支援の基本的な考え方と必要な知識
		3 精神科リハビリテーションの概念と構成
		4 精神科リハビリテーションのプロセス
		5 医療機関における精神科リハビリテーションの展開とチーム医療における精神保健福祉士の役割
		6 相談援助の過程及び対象者との援助関係
		7 相談援助活動のための面接技術
		8 相談援助活動の展開
		9 家族調整・支援の実際と事例分析
		10 スーパービジョンとコンサルテーション
		11 地域移行・地域定着支援の対象及び支援体制
		12 地域を基盤にした相談援助の主体と対象
		13 地域を基盤にしたリハビリテーションの基本的考え方
		14 精神障害者のケアマネジメント
		15 地域を基盤にした支援とネットワーキング
		16 地域生活を支援する包括的な支援の意義と展開

精神保健福祉士試験科目のイメージ

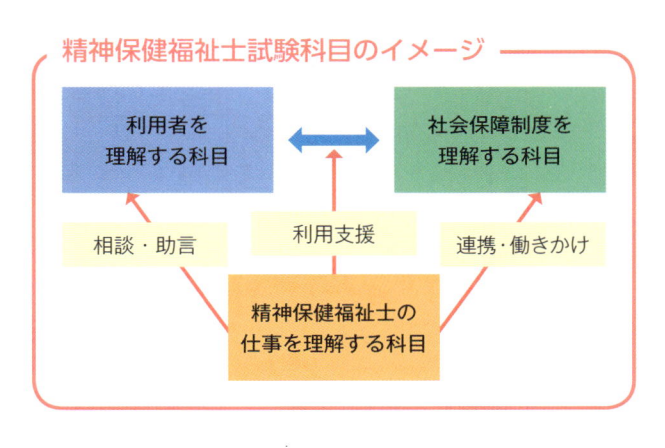

⑦ 専門科目の「40」単元の出題傾向

大項目	中項目		単元：Unit		出題数				出題平均
					第21回	第22回	第23回	第24回	
精神保健福祉士専門科目	利用者を理解する科目	①統計データ	1	精神障害者の統計データ	2				平均19点
		②脳の仕組み	2	脳機能	2	1	1	1	
		③代表的な精神疾患	3	統合失調症				1	
			4	気分障害	1		1	1	
			5	神経症性障害	2	2		1	
			6	精神作用物質	1	2	2	1	
			7	認知症					
			8	その他の精神疾患	3	3	5	2	
		④精神疾患の治療	9	薬物療法	1	2	1	1	
			10	精神療法と心理検査	2	1	1	3	
			11	精神科リハビリテーション	2		2	1	
		⑤精神保健	12	精神保健	5	6	3	6	
			13	自殺対策	1		1		
	社会保障制度を理解する科目	⑥社会保険	14	医療保険	1	1	1	3	平均25点
			15	年金保険		1		1	
			16	労働保険・労働関連法	3			1	
			17	介護保険			1		
		⑦社会福祉	18	障害者基本法	1			1	
			19	障害者の定義	3			1	
			20	精神保健福祉	2	6	4	2	
			21	障害者総合支援法	7	4	6	6	
			22	その他の福祉施策	2		2	1	
		⑧関連制度	23	虐待		1	1	3	
			24	成年後見制度					
			25	更生保護	1	1	1	1	
			26	医療観察制度	1	2	1	2	
			27	就労支援	1	5	5	1	
			28	専門職と専門機関	4	2	3	4	
	精神保健福祉士の仕事を理解する科目	⑨精神保健福祉士	29	精神保健福祉士					平均36点
			30	ソーシャルワークの定義・倫理綱領	1				
		⑩社会福祉援助技術	31	相談援助の理念	13	15	9	8	
			32	面接技術	1	2	1	1	
			33	相談援助の展開	2	2	3	4	
				相談援助の展開（対応問題）	10	9	16	16	
			34	グループワーク	2		1	1	
			35	コミュニティワーク		2			
			36	ケアマネジメント		1	2	1	
			37	モデル・アプローチ	1	3	2	1	
			38	社会調査	1	3	1	1	
		⑪まとめて整理	39	歴史・海外	1	1	1	1	
			40	人名		2	2	1	
合計					80	80	80	80	

⑧ ライフイベントと社会保障制度

精神保健福祉士試験の専門科目では、事例問題が 80 問中約 30 問出題されます。事例問題は、「ライフイベント別に活用できる制度」を整理しておくことが重要です。

年齢 / ライフイベント	児童（18 歳未満）	成年者（18 歳以上 65 歳未満）	高齢者（65 歳以上）
出産	● 出産育児一時金、出産手当金 → p.87 ● 出産扶助 → p.155		
就労・生業		● 雇用保険 → p.96 ● 労災保険 → p.98 ● 就労支援 → p.186 ● 障害者雇用促進法 → p.184 ● リワーク支援 → p.187 ● 生業扶助 → p.155	
住宅	● 児童福祉施設 → p.146	● 共同生活援助 → p.132 ● 居住サポート事業 → p.145 ● 住宅扶助 → p.155	● サービス付き高齢者向け住宅 → p.146 ● 有料老人ホーム → p.147
生活費	● 遺族年金 → p.93 ● 特別児童扶養手当 → p.158 ● 障害児福祉手当 → p.158 ● 生活扶助 → p.154	● 障害年金 → p.93 ● 特別障害給付金 → p.94 ● 特別障害者手当 → p.158 ● 生活福祉資金貸付 → p.157 ● 生活困窮者自立支援法 → p.156 ● 生活扶助 → p.154	● 老齢年金 → p.93 ● 老齢年金生活者支援給付金 → p.94 ● 生活扶助 → p.154
保健	● いじめ防止対策 → p.72 ● 学校保健 → p.70 ● 発達障害者支援法 → p.143	● 自殺対策 → p.73 ● ひきこもり対策 → p.69 ● 健康増進法／特定健康診査 → p.90	● 介護予防・日常生活支援総合事業 → p.113 ● 認知症対策 → p.42
医療	● 育成医療 → p.136 ● 医療扶助 → p.155	● 健康保険、国民健康保険 → p.85 ● 更生医療、精神通院医療 → p.136 ● 医療および保護 → p.123 ● 精神科訪問看護／精神科デイ・ケア → p.56 ● 医療扶助 → p.155	● 後期高齢者医療 → p.85 ● 医療扶助 → p.155
介護	● 障害児通所（入所）支援 → p.138・139 ● 障害者総合支援法 → p.128	● 障害者総合支援法 → p.128 ● アウトリーチ事業 → p.149	● 介護保険 → p.106 ● 介護扶助 → p.155
更生保護	● 少年法 → p.175 ● 児童自立支援施設 → p.146	● 更生保護 → p.175 ● 地域生活定着促進事業 → p.180 ● 医療観察法 → p.181	
権利擁護	● 児童虐待防止法 → p.163	● 障害者虐待防止法 → p.160 ● DV 防止法 → p.166 ● 成年後見制度 → p.168 ● 日常生活自立支援事業 → p.172	● 高齢者虐待防止法 → p.164
葬祭	● 埋葬料（葬祭費）→ p.87 ● 葬祭料・葬祭給付 → p.99 ● 葬祭扶助 → p.155		

第1章

利用者を
理解する科目

利用者を理解する科目は、専門科目 80 点中、4 年間の平均で 19 点出題
されています。

中項目		単元：Unit	出題数				出題平均
			第 21 回	第 22 回	第 23 回	第 24 回	
①統計データ	1	精神障害者の統計データ	2				19 点
②脳の仕組み	2	脳機能	2	1	1	1	
③代表的な精神疾患	3	統合失調症				1	
	4	気分障害	1		1	1	
	5	神経症性障害	2	2		1	
	6	精神作用物質	1	2	2	1	
	7	認知症					
	8	その他の精神疾患	3	3	5	2	
④精神疾患の治療	9	薬物療法	1	2	1	1	
	10	精神療法と心理検査	2	1	1	3	
	11	精神科リハビリテーション	2		2	1	
⑤精神保健	12	精神保健	5	6	3	6	
	13	自殺対策	1		1		

① 統計データ ①日本の人口

日本の人口構造（令和3年10月1日）

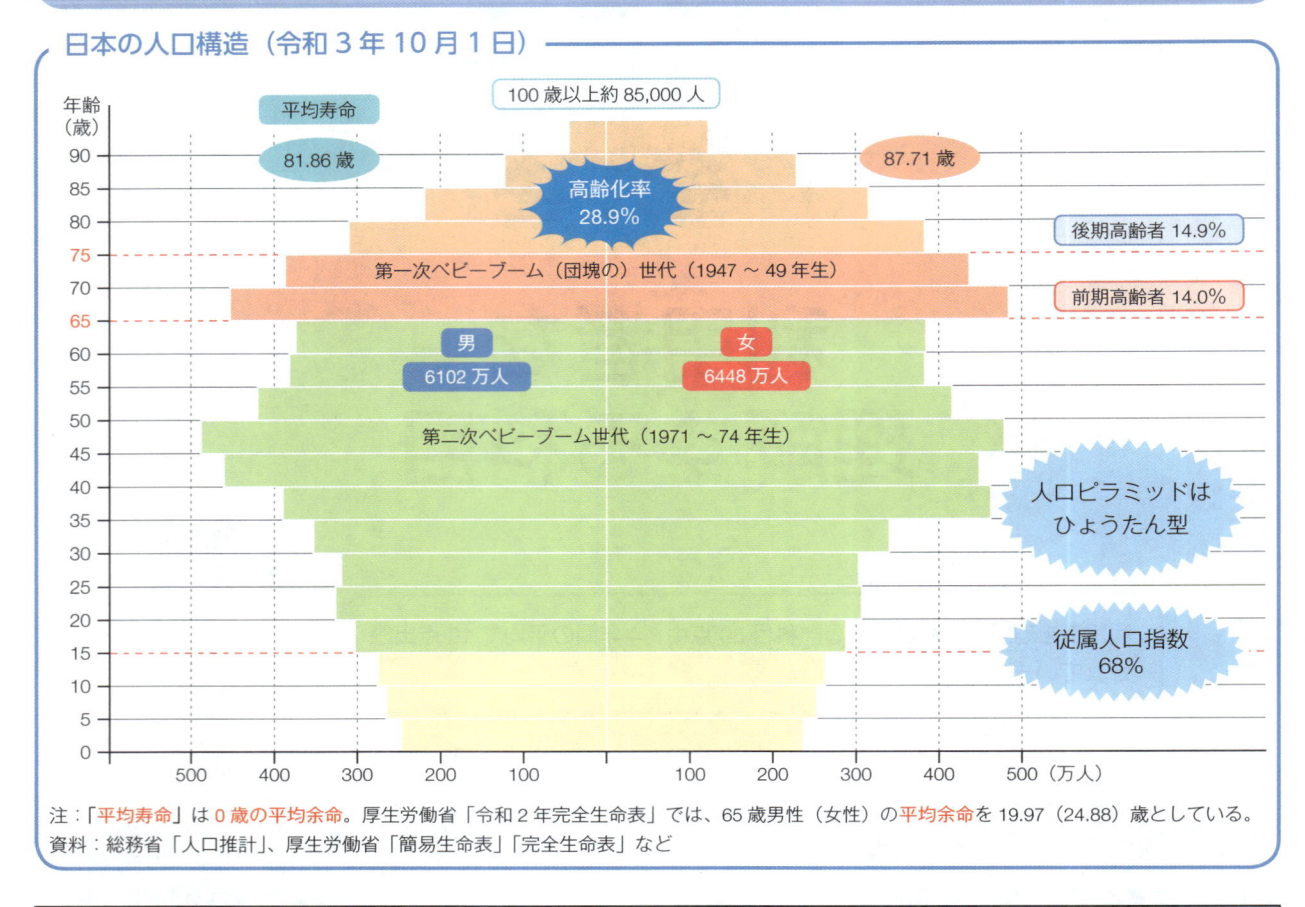

- 100歳以上約85,000人
- 平均寿命 81.86歳 / 87.71歳
- 高齢化率 28.9%
- 後期高齢者 14.9%
- 第一次ベビーブーム（団塊の）世代（1947～49年生）
- 前期高齢者 14.0%
- 男 6102万人 / 女 6448万人
- 第二次ベビーブーム世代（1971～74年生）
- 人口ピラミッドはひょうたん型
- 従属人口指数 68%

注：「平均寿命」は0歳の平均余命。厚生労働省「令和2年完全生命表」では、65歳男性（女性）の平均余命を19.97（24.88）歳としている。
資料：総務省「人口推計」、厚生労働省「簡易生命表」「完全生命表」など

日本の総人口 （令和3年10月1日現在）	内 訳		
	年少人口 0～14歳	生産年齢人口 15～64歳	老年人口 65歳～
1億2550万人	1478万人	7450万人	3621万人
	11.8%	59.4%	28.9%

※従属人口指数：老年人口と年少人口の合計人数の生産年齢人口に対する比率
資料：総務省「人口推計」

令和3年出生数	81万人

➡

合計特殊出生率	1.30（概数値）

※「15～49歳」までの女性の年齢別出生数の合計

令和3年死亡数	144万人

➡

死因内訳	1	悪性新生物	38.1万人
	2	心疾患	21.5万人
	3	老衰	15.2万人
	4	脳血管疾患	10.5万人
	5	肺炎	7.3万人
	6	誤嚥性肺炎	4.9万人
	7	不慮の事故	3.8万人
	8	腎不全	2.9万人
	9	アルツハイマー病	2.3万人
	10	血管性認知症	2.2万人
	参考	自殺	2万人

日本の人口の状況をまとめて整理しましょう！

資料：厚生労働省「令和3年（2021）人口動態統計月報年計（概数）の概況」
（令和4年6月公表）

② 統計データ ②人口・死因の推移

2005（平成17）年に、戦後初めて出生数を死亡数が上回りました。今後人口は減少していくと推測されています。「年少人口」や「生産年齢人口」が減少し、「老年人口」が増加していきます。「高齢化率」は、2025年に30%、2060年には38.1%に達すると予測されています。

日本の人口の推移と将来推計人口

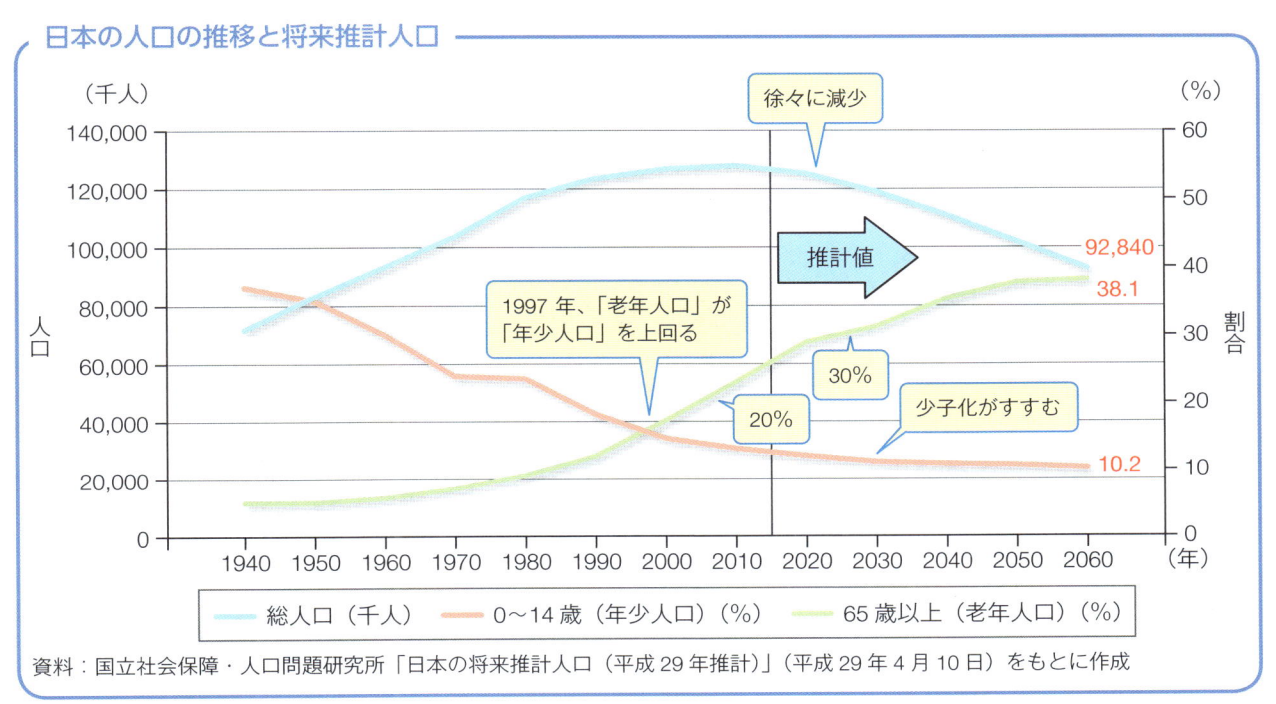

資料：国立社会保障・人口問題研究所「日本の将来推計人口（平成29年推計）」（平成29年4月10日）をもとに作成

死因別にみた死亡率の年次推移

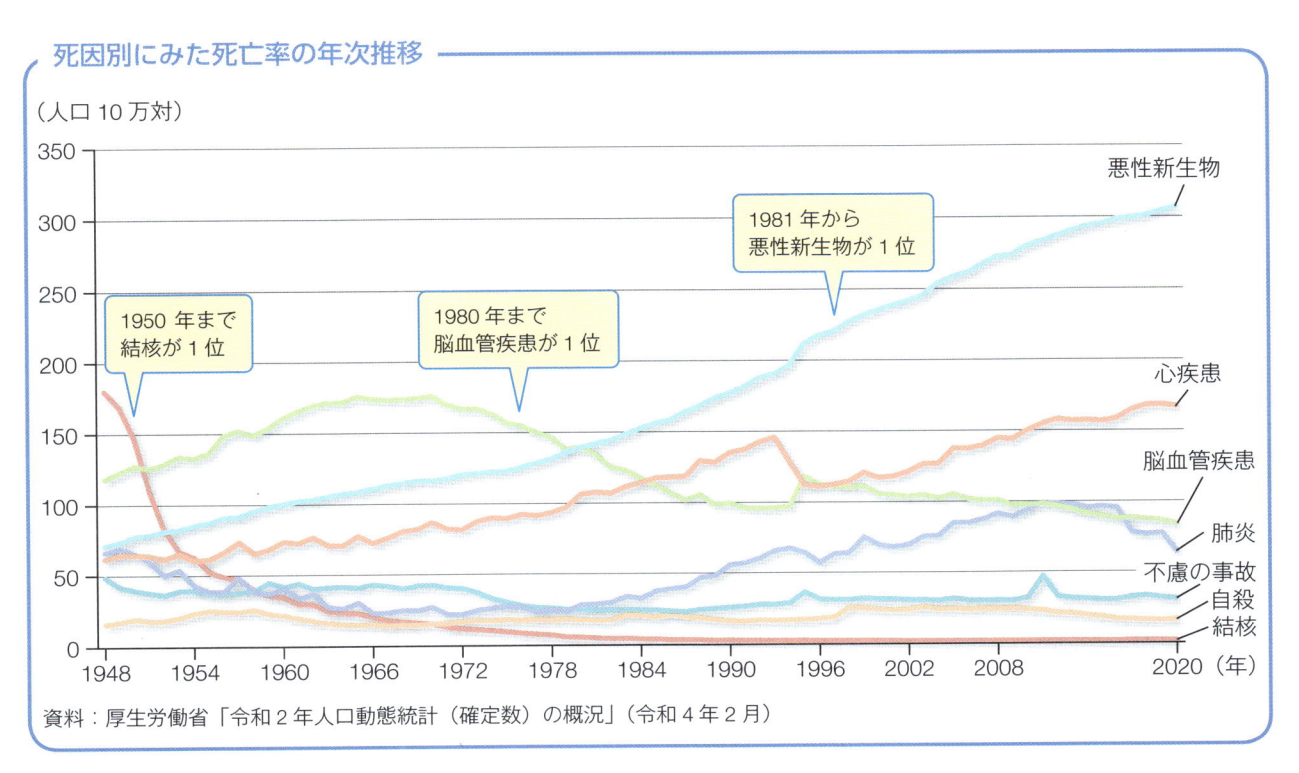

資料：厚生労働省「令和2年人口動態統計（確定数）の概況」（令和4年2月）

19

③ 世帯のまとめ

 2019（令和元）年の平均世帯人員は「2.39人」となっています。人口は減少し、世帯数は増加傾向を示し、平均世帯人員が今後ますます減少していくと予測されています。

2019（令和元）年の日本の世帯

日本の人口
約1億2625万人 — 今後減少が予測されている

平均世帯人員 2.39人

世帯数
約5179万世帯 — 今後増加が予測されている

49% 増加傾向	22% 減少傾向	1.4%
65歳以上の高齢者のいる世帯	**児童のいる世帯**	**母子・父子世帯**
約2558万世帯	約1122万世帯	●母子世帯 約64万世帯 ●父子世帯 約8万世帯

※「国民生活基礎調査」の母子（父子）世帯は、母子（父子）のみにより構成される世帯数。
資料：厚生労働省「令和元年国民生活基礎調査」

世帯数と平均世帯人員の推移

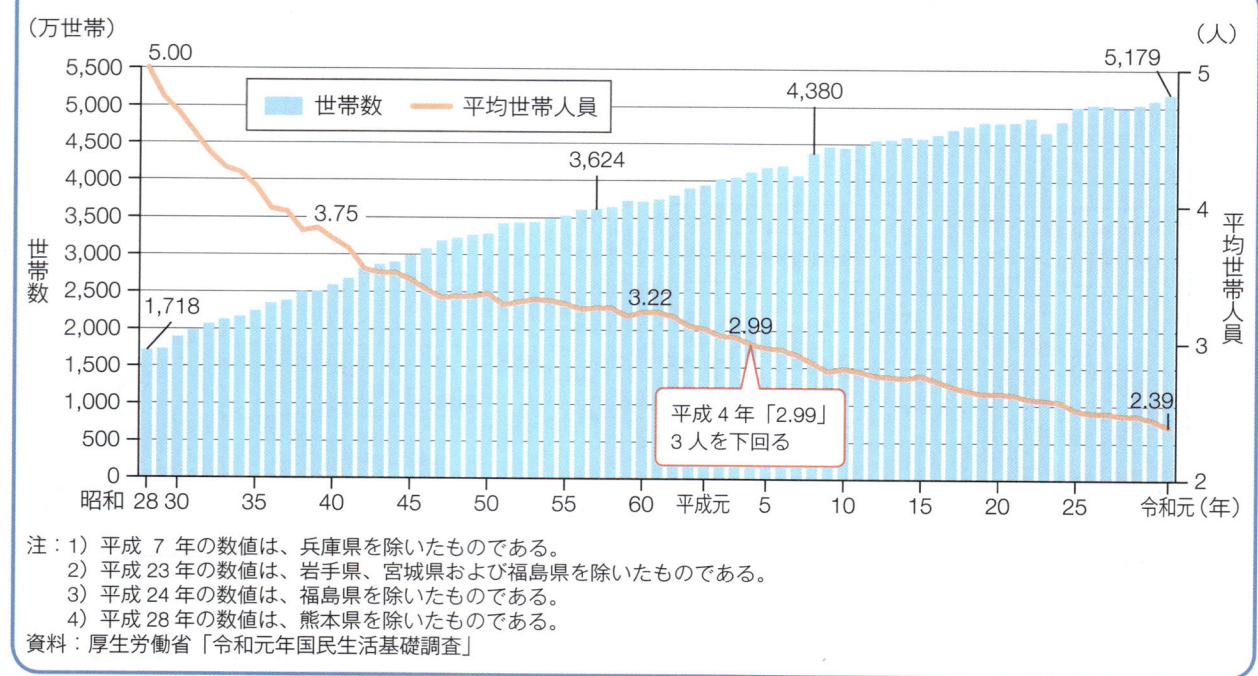

（万世帯）・（人）グラフ：世帯数／平均世帯人員

5.00　1,718　3.75　3,624　3.22　2.99　4,380　5,179　2.39

平成4年「2.99」3人を下回る

横軸：昭和28 30 35 40 45 50 55 60 平成元 5 10 15 20 25 令和元（年）

注：1）平成7年の数値は、兵庫県を除いたものである。
　　2）平成23年の数値は、岩手県、宮城県および福島県を除いたものである。
　　3）平成24年の数値は、福島県を除いたものである。
　　4）平成28年の数値は、熊本県を除いたものである。
資料：厚生労働省「令和元年国民生活基礎調査」

④ 精神障害者の統計データ

■ 総患者数

精神疾患を有する総患者数の推移（疾病別内訳）

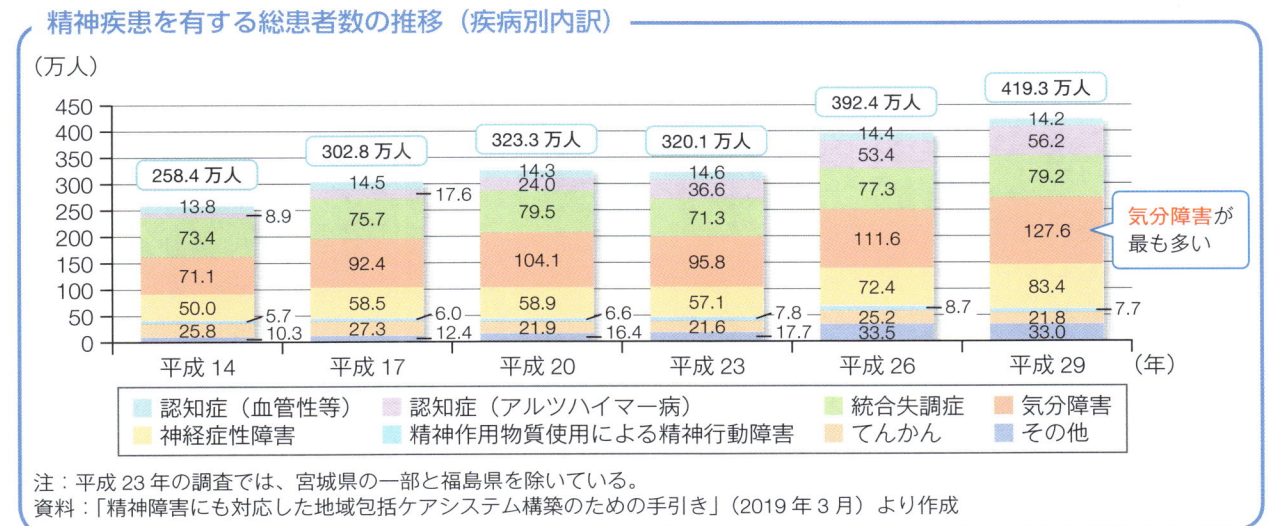

注：平成23年の調査では、宮城県の一部と福島県を除いている。
資料：「精神障害にも対応した地域包括ケアシステム構築のための手引き」（2019年3月）より作成

精神疾患を有する総患者数の推移

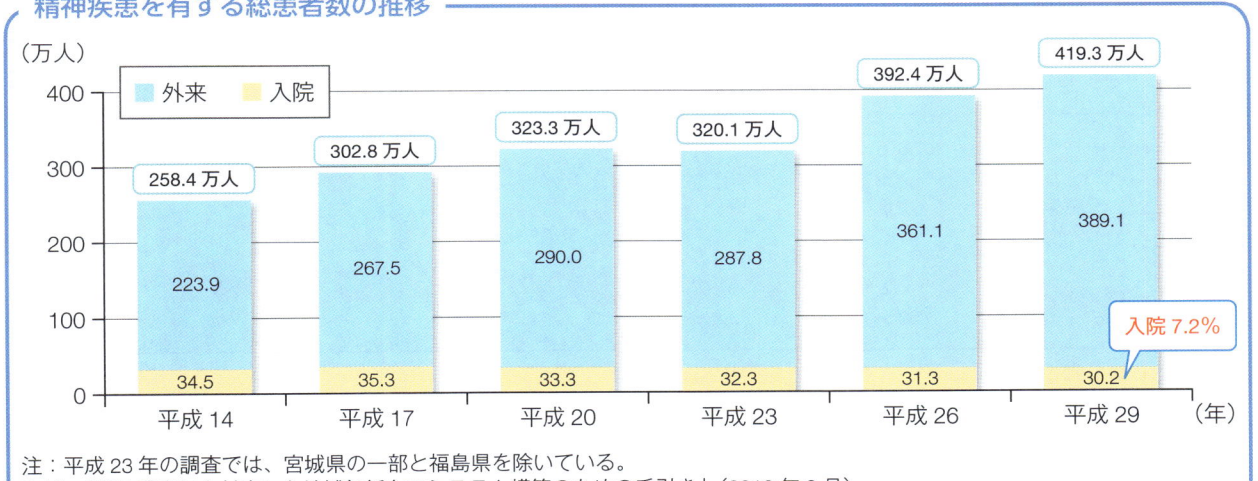

注：平成23年の調査では、宮城県の一部と福島県を除いている。
資料：「精神障害にも対応した地域包括ケアシステム構築のための手引き」（2019年3月）

精神障害者保健福祉手帳交付台帳登載数

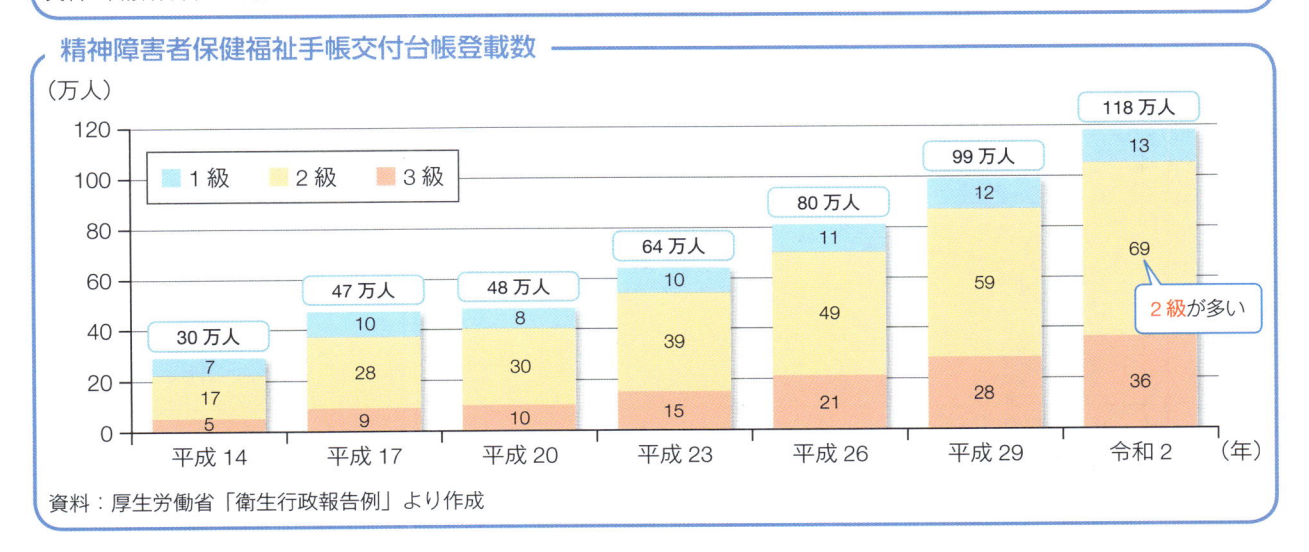

資料：厚生労働省「衛生行政報告例」より作成

■ 外来患者数

精神疾患を有する外来患者数の推移（疾病別内訳）

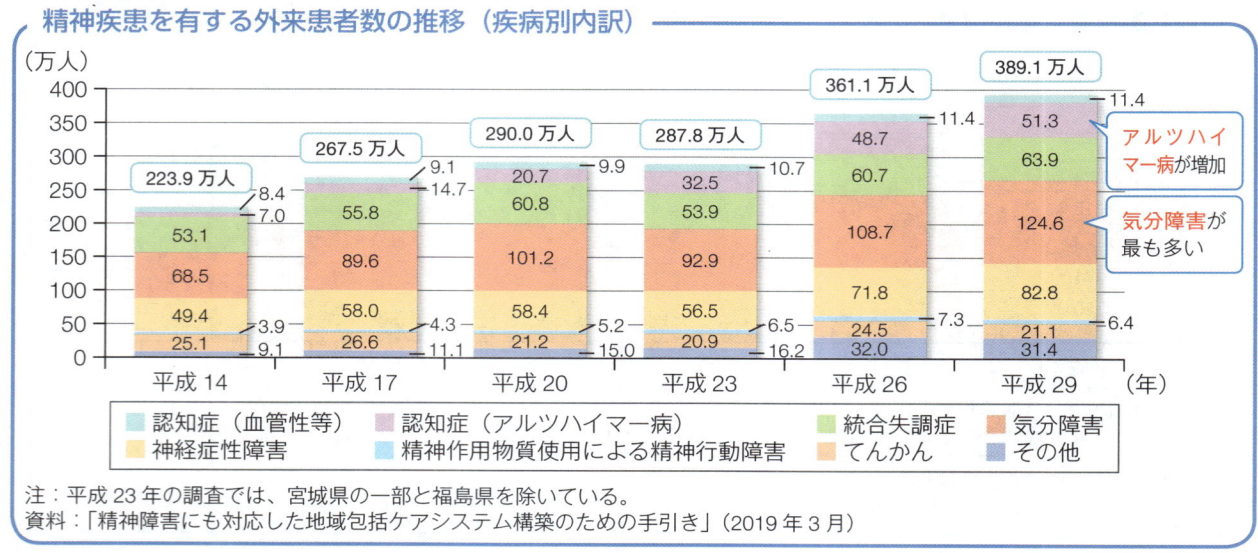

注：平成23年の調査では、宮城県の一部と福島県を除いている。
資料：「精神障害にも対応した地域包括ケアシステム構築のための手引き」（2019年3月）

精神疾患を有する外来患者数の推移（年齢階級別内訳）

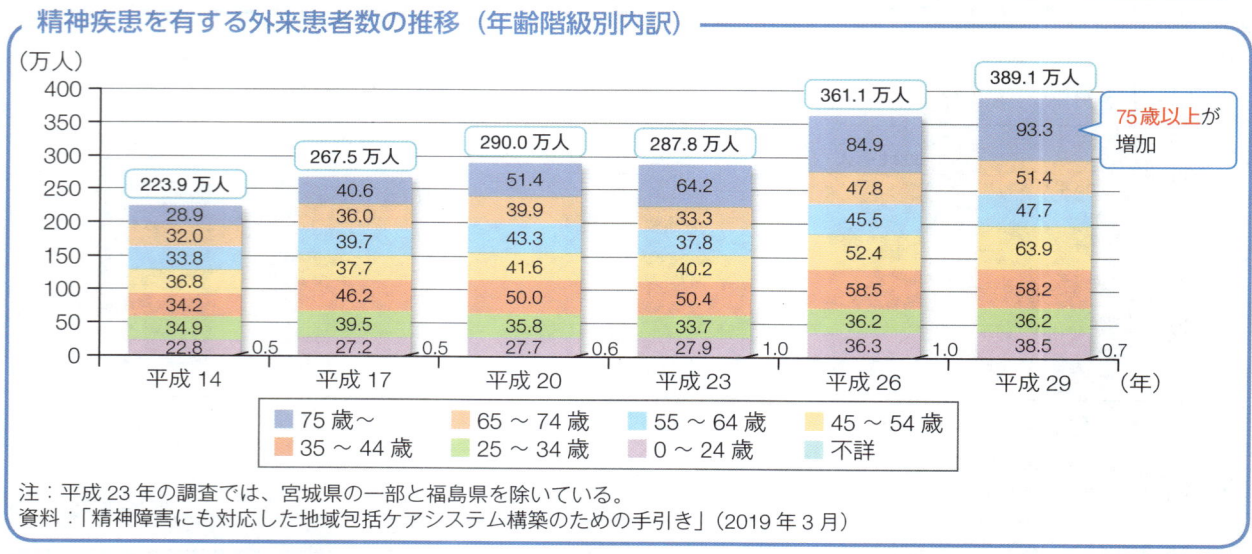

注：平成23年の調査では、宮城県の一部と福島県を除いている。
資料：「精神障害にも対応した地域包括ケアシステム構築のための手引き」（2019年3月）

自立支援医療（精神通院医療）

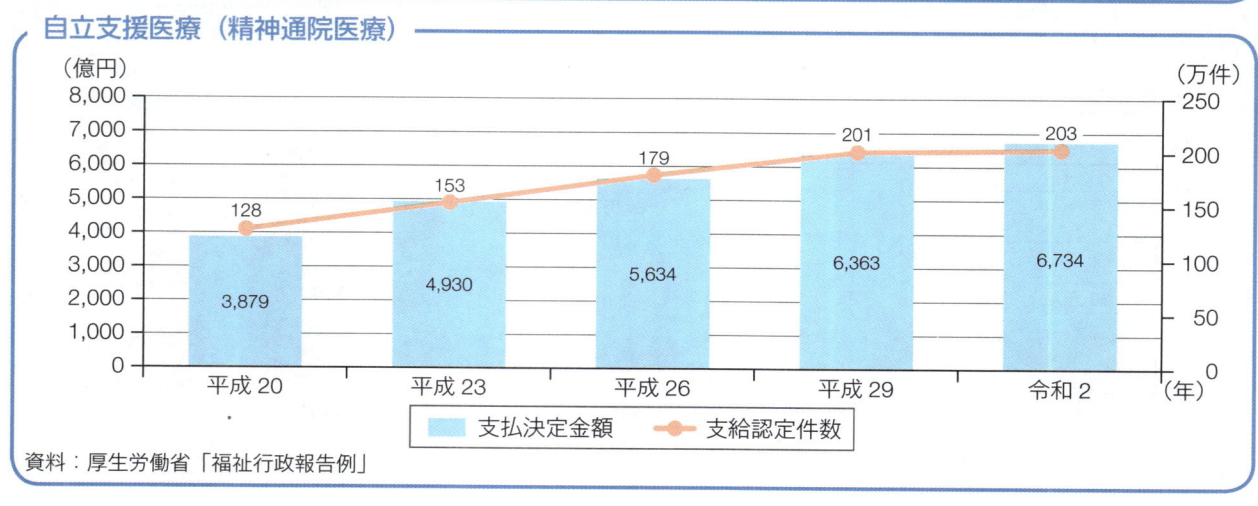

資料：厚生労働省「福祉行政報告例」

■ 入院患者数

精神疾患を有する入院患者数の推移（疾病別内訳）

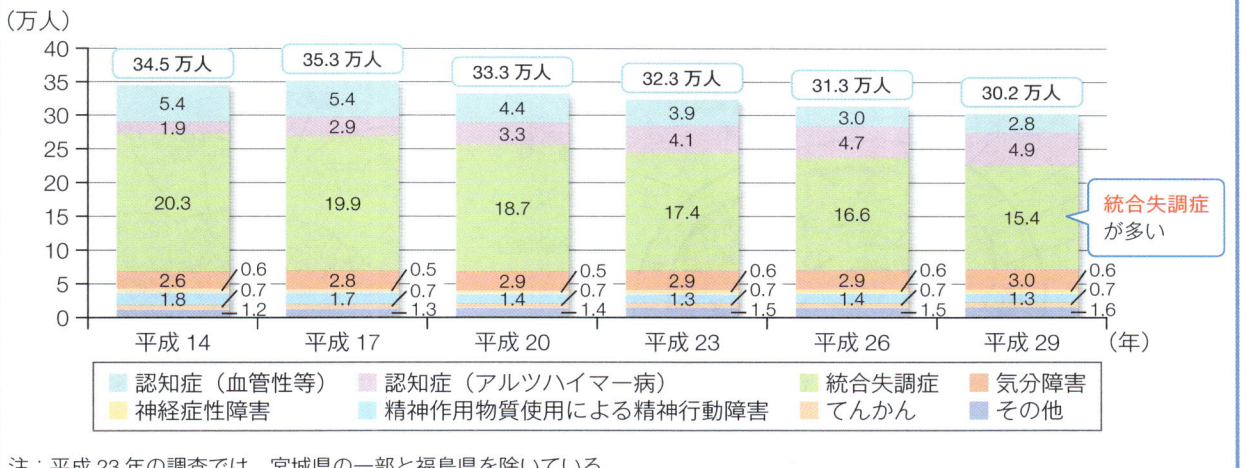

注：平成23年の調査では、宮城県の一部と福島県を除いている。
資料：「精神障害にも対応した地域包括ケアシステム構築のための手引き」（2019年3月）

精神疾患を有する入院患者数の推移（年齢階級別内訳）

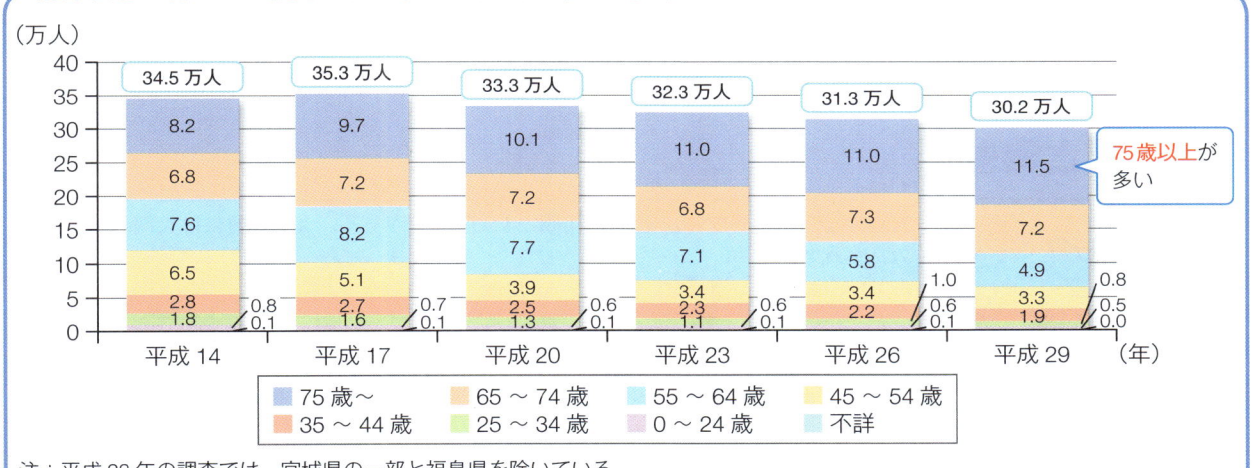

注：平成23年の調査では、宮城県の一部と福島県を除いている。
資料：「精神障害にも対応した地域包括ケアシステム構築のための手引き」（2019年3月）

精神病床の平均在院日数

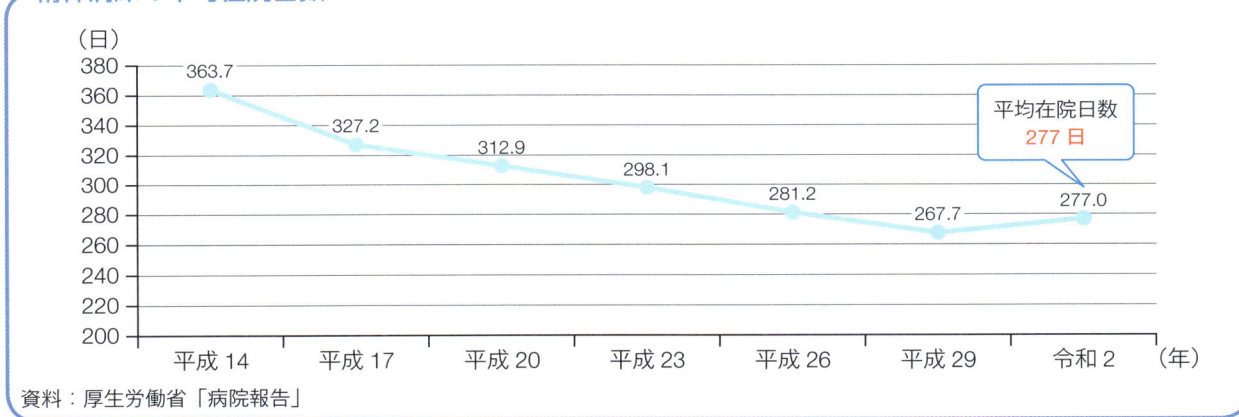

資料：厚生労働省「病院報告」

① 脳の仕組み

脳の構造

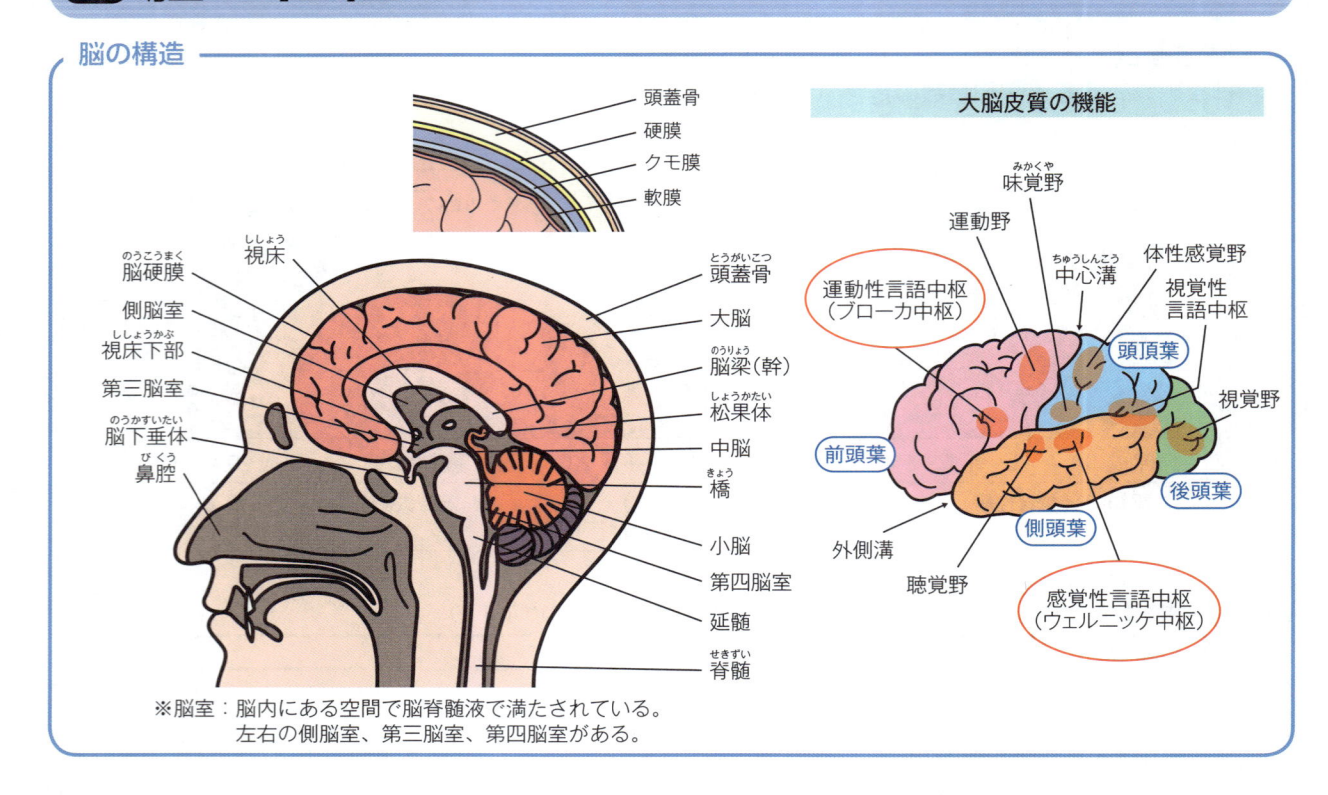

※脳室：脳内にある空間で脳脊髄液で満たされている。
左右の側脳室、第三脳室、第四脳室がある。

脳の部位と機能

大脳		●大脳は表面を大脳皮質が覆い、内部には大脳髄質がある。大脳髄質には大脳基底核が包み込まれている ●大脳は、前頭葉、側頭葉、頭頂葉、後頭葉に分けられている
	前頭葉	●中心溝から前の部分に運動野があり、対側の随意運動に関与 ●運動性言語中枢（ブローカ中枢）がある ●意欲や意志に関与している
	頭頂葉	●中心溝から後ろの部分に体性感覚野があり、対側の身体からの体性感覚を受ける ●視空間機能や遂行機能などの高次行為を担う
	側頭葉	●情動、記憶、視覚認知に関係する結合が行われている ●感覚性言語中枢（ウェルニッケ中枢）がある
	後頭葉	●視覚野があり、対側の視覚からの情報処理にかかわる
間脳	視床	●嗅覚以外のあらゆる感覚を大脳に伝える
	視床下部	●自律神経の中枢。摂食、体温、情動、睡眠、性機能などの調節をする
脳幹	中脳	●身体の平衡、姿勢の保持、視覚感覚などの中枢
	橋	●大脳や小脳などの中枢と末梢との神経線維の中継点
	延髄	●心拍数の調節、血管の収縮と拡張、呼吸の調節、嚥下や嘔吐等の反射等の中枢
小脳		●平衡機能、姿勢反射、随意運動の調節など体の運動を調節する

神経の機能

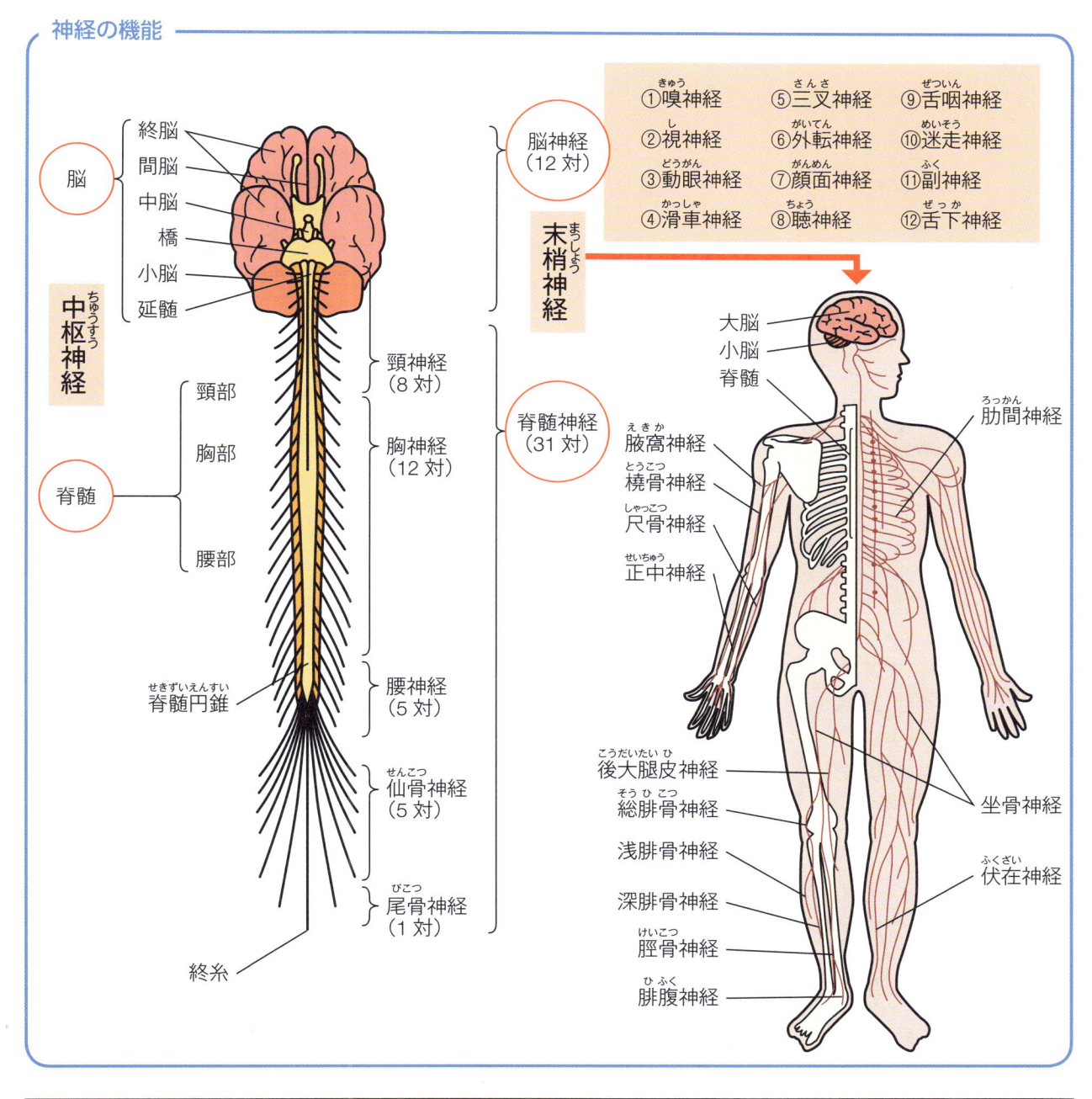

脳神経（12 対）		
①嗅神経	⑤三叉神経	⑨舌咽神経
②視神経	⑥外転神経	⑩迷走神経
③動眼神経	⑦顔面神経	⑪副神経
④滑車神経	⑧聴神経	⑫舌下神経

錐体路	●大脳皮質の運動野から起こり脊髄に向かって下行する運動性経路で随意運動を支配する神経の主要経路 ●延髄で交叉し、脊髄側索を下行して運動性脊髄神経に接続する
錐体外路	●大脳皮質から脊髄に向かって下行する運動経路のうち、錐体路以外のもの ●骨格筋の緊張と運動を反射的、不随意的に支配する働きをし、随意運動を支配する錐体路と協調して働く

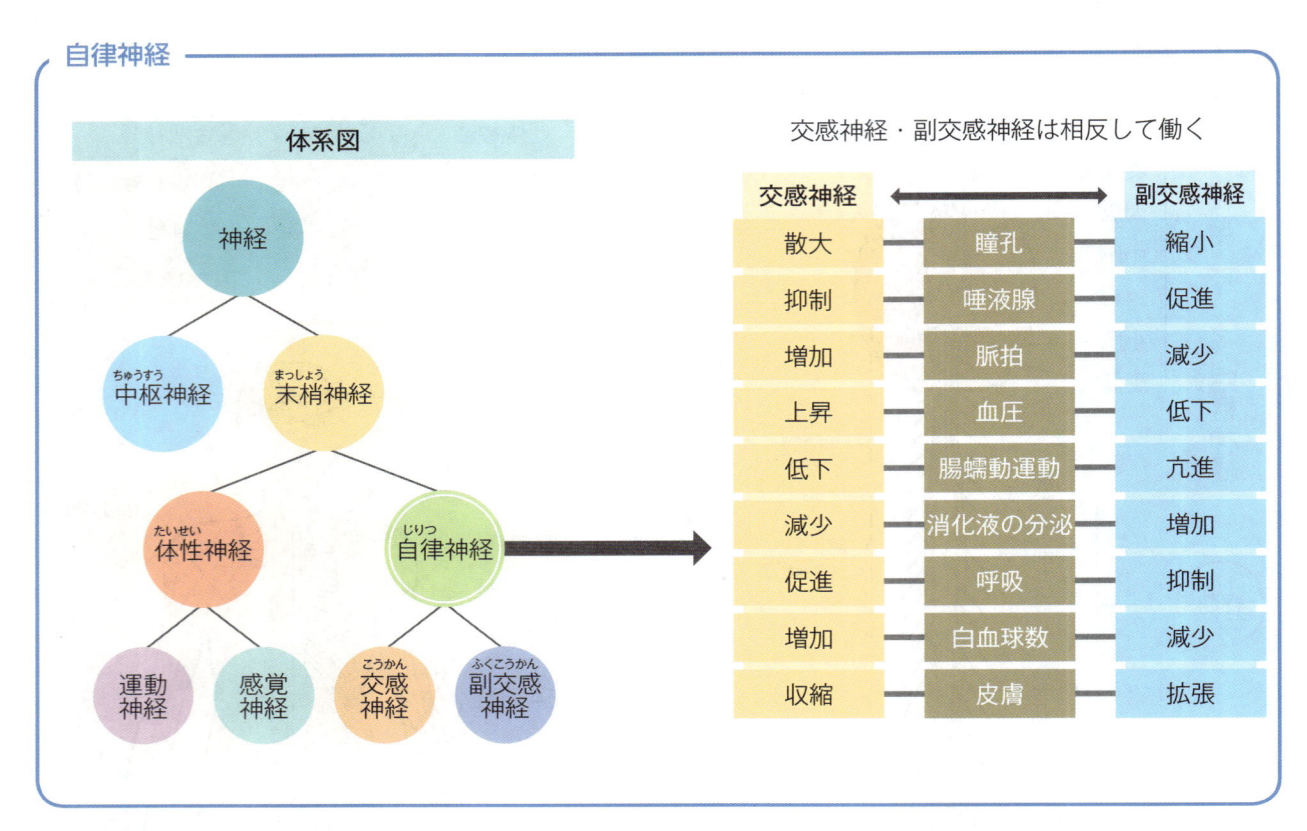

体系図

神経
- 中枢神経（ちゅうすう）
- 末梢神経（まっしょう）
  - 体性神経（たいせい）
    - 運動神経
    - 感覚神経
  - 自律神経（じりつ）
    - 交感神経（こうかん）
    - 副交感神経（ふくこうかん）

交感神経・副交感神経は相反して働く

交感神経	⟷	副交感神経
散大	瞳孔	縮小
抑制	唾液腺	促進
増加	脈拍	減少
上昇	血圧	低下
低下	腸蠕動運動	亢進
減少	消化液の分泌	増加
促進	呼吸	抑制
増加	白血球数	減少
収縮	皮膚	拡張

シナプスと神経伝達物質 ━━━

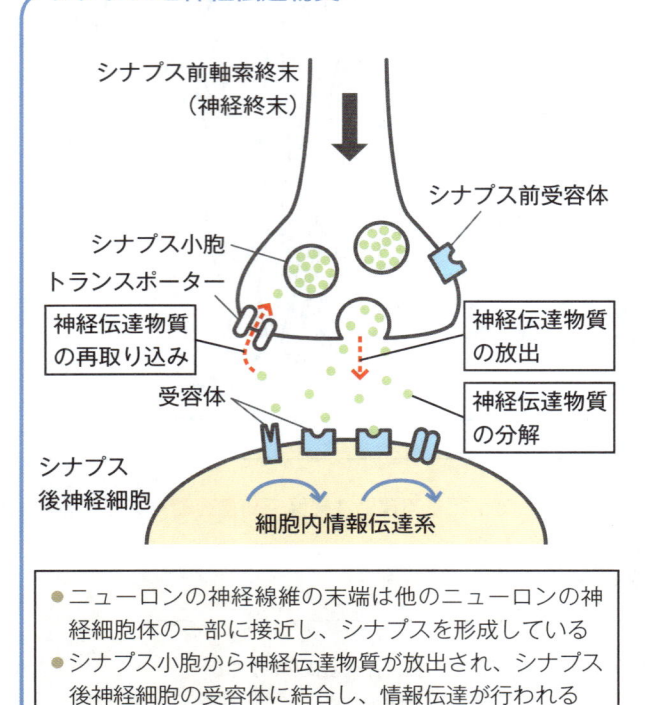

シナプス前軸索終末（神経終末）

シナプス小胞トランスポーター

神経伝達物質の再取り込み

シナプス前受容体

神経伝達物質の放出

受容体

神経伝達物質の分解

シナプス後神経細胞

細胞内情報伝達系

- ニューロンの神経線維の末端は他のニューロンの神経細胞体の一部に接近し、シナプスを形成している
- シナプス小胞から神経伝達物質が放出され、シナプス後神経細胞の受容体に結合し、情報伝達が行われる

■ 代表的な神経伝達物質

セロトニン	●ドパミン（喜び、快楽など）やノルアドレナリン（恐怖、驚きなど）などからの情報をコントロールし、精神を安定させる
ドパミン	●快く感じる原因となる脳内報酬系の活性化において中心的な役割を果たす
ノルアドレナリン	●激しい感情や強い肉体作業などで人体がストレスを感じたときに、交感神経の情報伝達物質として放出される
アセチルコリン	●副交感神経や運動神経の末端から放出され、神経刺激を伝える

② 精神疾患の分類

精神疾患の分類方法は、WHOによる国際疾病分類、アメリカ精神医学会による分類、精神疾患の成因による分類などがあります。

ICD-10（国際疾病分類）

ICD-10の概要		● 世界保健機関（WHO）の『疾病及び関連保健問題の国際統計分類』第10版（ICD-10）の第5章「精神および行動の障害」 ● 厚生労働省は、統計法に基づく統計調査にICD-10を用いている
	1900年	● 第1回国際死因分類として国際統計協会により制定
	～	● 以降第9版までほぼ10年ごとに改定
	1990年	● 第43回世界保健総会で第10版が採択
	2018年	● WHOにより ICD-11（第11回改訂版）が公表された（2018年6月18日）

DSM-5（精神疾患の診断・統計マニュアル）

DSMの変遷		● アメリカ精神医学会が発行している『精神疾患の診断・統計マニュアル』
	1952年	DSM-Ⅰ
	1968年	DSM-Ⅱ
	1980年	DSM-Ⅲ
	1987年	DSM-Ⅲ-R（DSM-Ⅲの改訂版）
	1994年	DSM-Ⅳ
	2000年	DSM-Ⅳ-TR （DSM-Ⅳのテキスト改訂版）
		● 「Ⅰ～Ⅴ」の5軸による多軸診断を行う
	2013年	DSM-5
		● 多軸診断を廃止 ● 自閉症スペクトラム、統合失調症スペクトラムなど重症度を判定するための「多元的診断」を導入

精神疾患の成因による分類

成因		内容	精神疾患の例
内因性		● 精神疾患の発症が、主に遺伝や生まれもった器質による脳の機能障害に起因しているもの	● 統合失調症 ● 双極性感情障害（躁うつ病）
外因性	器質性精神障害	● 脳の器質的病変を主な原因として発症する	● 脳腫瘍、脳外傷、頭部外傷 ● パーキンソン病、脳血管障害、認知症
	症状性精神障害	● 脳以外の身体疾患の発症・経過に伴って発症する	● 内分泌疾患、代謝疾患、感染症など
心因性		● 過度のストレスやトラウマ、性格傾向など心理的な問題が疾患の主な要因となっているもの	● 解離性（転換性）障害 ● 心身症、心気症、神経症 ● 睡眠障害、ストレス関連障害

 ICD-10 における精神および行動の障害に関する組み合わせの問題が時々出題されていますので、F00 〜 F99 の分類の概要を確認しておきましょう。

ICD-10 ［第5章　精神および行動の障害の分類］

F0	症状性を含む器質性精神障害	F00	アルツハイマー病型認知症
		F01	血管性認知症
		F06	脳の損傷および機能不全ならびに身体疾患によるその他の精神障害（高次脳機能障害など）
F1	精神作用物質使用による精神および行動の障害	F10	アルコール使用〈飲酒〉による精神および行動の障害
		F11	アヘン類使用による精神および行動の障害
		その他	大麻類使用、鎮静薬または催眠薬使用による精神および行動の障害など
F2	統合失調症、統合失調型障害および妄想性障害	F20	統合失調症
		F23	急性一過性精神病性障害
		その他	持続性妄想性障害、感応性妄想性障害、統合失調症感情障害など
F3	気分［感情］障害	F30	躁病エピソード
		F31	双極性感情障害〈躁うつ病〉
		その他	うつ病エピソード、反復性うつ病性障害、持続性気分障害など
F4	神経症性障害、ストレス関連障害および身体表現性障害	F40	恐怖症性不安障害
		F42	強迫性障害〈強迫神経症〉
		その他	重度ストレスへの反応および適応障害、解離性［転換性］障害など
F5	生理的障害および身体的要因に関連した行動症候群	F50	摂食障害
		F51	非器質性睡眠障害
		その他	性機能不全、器質性障害または疾病によらないものなど
F6	成人のパーソナリティおよび行動の障害	F60	特定の人格障害
		F64	性同一性障害
		その他	習慣および衝動の障害、性嗜好の障害など
F7	知的障害〈精神遅滞〉	F70	軽度知的障害〈精神遅滞〉
		F71	中等度知的障害〈精神遅滞〉
		その他	重度知的障害〈精神遅滞〉、最重度知的障害〈精神遅滞〉など
F8	心理的発達の障害	F81	会話および言語の特異的発達障害
		F82	学習能力の特異的発達障害
		その他	広汎性発達障害、運動機能の特異的発達障害など
F9	小児〈児童〉期および青年期に通常発症する行動および情緒の障害	F90	多動性障害
		F91	行為障害
		その他	行為および情緒の混合性障害、チック障害など

2018年6月にICD-11が公表され、分類の翻訳など自国での適用へ向けた準備が行われています。ICD-11では、第4章、第7章、第17章、第26章などが新たに追加されています。

ICD-10	
第1章	感染症および寄生虫症
第2章	新生物
第3章	血液および造血器の疾患並びに免疫機構の障害

第4章	内分泌、栄養および代謝疾患
第5章	精神および行動の障害

第6章	神経系の疾患
第7章	眼および付属器の疾患
第8章	耳および乳様突起の疾患
第9章	循環器系の疾患
第10章	呼吸器系の疾患
第11章	消化器系の疾患
第12章	皮膚および皮下組織の疾患
第13章	筋骨格系および結合組織の疾患
第14章	腎尿路生殖器系の疾患

第15章	妊娠、分娩および産褥
第16章	周産期に発生した病態
第17章	先天奇形、変形および染色体異常
第18章	症状、徴候および異常臨床所見・異常検査所見で他に分類されないもの
第19章	損傷、中毒およびその他の外因の影響
第20章	傷病および死亡の外因
第21章	健康状態に影響を及ぼす要因および保健サービスの利用
第22章	特殊目的用コード

ICD-11（MMS仮訳） （ICD-11死亡・疾病統計用分類）	
第1章	感染症または寄生虫症
第2章	新生物
第3章	血液または造血器の疾患
第4章	免疫系の疾患
第5章	内分泌、栄養または代謝疾患
第6章	精神、行動または神経発達の障害
第7章	睡眠・覚醒障害
第8章	神経系の疾患
第9章	視覚系の疾患
第10章	耳または乳様突起の疾患
第11章	循環器系の疾患
第12章	呼吸器系の疾患
第13章	消化器系の疾患
第14章	皮膚の疾患
第15章	筋骨格系または結合組織の疾患
第16章	腎尿路生殖器系の疾患
第17章	性保健健康関連の病態
第18章	妊娠、分娩または産褥
第19章	周産期に発生した病態
第20章	発達異常
第21章	症状、徴候または臨床所見で他に分類されないもの
第22章	損傷、中毒またはその他の外因の影響
第23章	傷病または死亡の外因
第24章	健康状態に影響を及ぼす要因または保健サービスの利用
第25章	特殊目的用コード
第26章	伝統医学の病態・モジュールⅠ
第V章	生活機能評価に関する補助セクション
第X章	エクステンションコード

資料：厚生労働省「（資料1）ICD改訂の概要」『第21回社会保障審議会統計分科会疾病、傷害及び死因分類専門委員会資料』（2018年12月）

① 統合失調症

統合失調症の概要	患者数	●79.2万人（男性37.9万人、女性41.4万人）――「平成29年患者調査」	
	好発年齢	●10歳台後半から30歳台が多い（男性より女性の発症年齢は遅め）	
	原因	●原因は不明とされている ●ストレス耐性脆弱性説、ドーパミン仮説がある	
	特徴	●妄想、幻覚、まとまりのない発語などの陽性症状や陰性症状などがみられる	
病型 （ICD-10）	妄想型	●最も多いタイプ。比較的発症年齢が遅い ●妄想（被害妄想、関係妄想など）や幻覚（特に幻聴、幻声）が中心	
	破瓜型（解体型）	●思春期から青年期に発病。徐々に進行し、予後は悪い ●感情鈍麻、意欲の障害、思考の障害が主な症状	
	緊張型	●緊張病性興奮や緊張病性昏迷などの症状 ●回復は早く、ほぼ寛解する	
	単純型	●陰性症状が中心、人格レベルの低下は破瓜型よりも軽度	
症状	陽性症状と陰性症状	陽性症状	●健康な心理状態では認められない、幻覚（幻聴が多い）や妄想、言葉の歪曲と誇張、まとまりのない会話と行動、精神運動興奮、焦燥など
		陰性症状	●健康な心理状態では認められない、感情平板化や意欲低下、意思疎通不良、常同的思考など
	主な症状	思考障害	●妄想（被害妄想、微小妄想、誇大妄想など） ●思路の障害（連合弛緩、滅裂思考など）
		自我障害	●離人体験、させられ体験、思考奪取、思考吹入、考想化声など
		感情障害	●感情鈍麻、両価感情など
		意欲・行動の障害	●無為自閉、緊張病性興奮など
		幻覚	●幻聴（幻声）、感覚幻覚（身体の奇怪な感覚）
	シュナイダーの一級症状	●ドイツの精神科医シュナイダー（Schneider, K.）は、統合失調症にみられる主な症状を一級症状と二級症状に分類し、診断上重要な症状を一級症状とした	
		1	考想化声（自分の考えが他人の声になって聞こえてくる幻聴）
		2	妄想知覚
		3	作為（させられ）体験、被影響体験
		4	身体への被影響体験
		5	思考奪取、思考への干渉
		6	考想伝播
		7	話しかけと応答の形の幻聴
		8	自己の行為を批評する声の幻聴

① 気分障害

気分障害の概要	患者数	●127.6万人（男性49.5万人、女性78.1万人）──「平成29年患者調査」
	好発年齢	●20代、50代に初発年齢の山がある
	原因	●遺伝的な要因、セロトニン仮説がある
	病型	●躁状態とうつ状態があり、交互に繰り返すタイプと一方のみ繰り返すタイプなどがある

		単極性	●単極性躁病 ●単極性うつ病　→　気分障害の大半を占める
		双極性	●躁状態とうつ状態を繰り返す ●多くの場合、うつ病エピソードは躁病エピソードよりも長い

双極性障害		●躁状態とうつ状態を繰り返す病気。双極Ⅰ型と双極Ⅱ型がある
	双極Ⅰ型	●うつ状態に加え、激しい躁状態が起こる双極性障害状態 ●双極Ⅰ型障害の躁状態では、ほとんど寝ることなく動き回り続け、多弁になって家族や周囲の人に話し続ける。病識はないことが多く、行動障害のため周囲が迷惑する場合が多い
	双極Ⅱ型	●うつ状態に加え、軽躁状態が起こる双極性障害
	躁状態	●気分が持続的に高揚し、開放的また易怒的となる、観念奔逸、自尊心の肥大または誇大、睡眠欲求の減少、多弁、注意散漫などの症状が特徴
うつ病		●抑うつ気分、興味または喜びの著しい減退、不眠または過眠、食欲減退または食欲亢進、精神運動焦燥または制止、無価値観、罪責感、死についての反復思考などの症状が特徴
	感情	●憂うつ、悲哀感、絶望感、悲観的な物事のとらえ方、希死念慮、自殺企図など ●日内変動があり、朝に症状が重く、夕方に症状が軽くなる傾向がある
	思考	●思考制止、思考抑制、昏迷、判断力・集中力の低下、自責的、罪業妄想、心気妄想、貧困妄想など
	意欲	●意欲低下、動作緩慢、精神運動活動抑制
	身体症状	●便秘、口渇などの消化器症状、不眠、早朝覚醒など ●精神症状よりも身体症状が全面に出て、うつ病とわかりにくいものを仮面うつ病という
	病識	●身体症状の病識はあるが精神症状の病識はないことが多く、自責感が強くなる
気分循環症		●持続的に気分が不安定で、抑うつエピソードを満たさない程度の軽い抑うつや軽躁エピソードを満たさない程度の軽い高揚の期間を何回も繰り返す（成人では少なくとも2年間、子どもや青年では1年間にわたって症状が継続）

① 神経症性障害／ストレス関連障害／身体表現性障害

不安障害	●不安を主症状とする神経症で、最も多い神経症。強い不安が発作的に現れると不安発作が起きることがある		
	全般性不安障害	●特定の状況によらず、全般的で持続的な不安が存在する。症状は動揺的で慢性化の傾向がある	
	パニック障害	●パニック発作を主症状とするもの。発作に対する予期不安（パニック発作や過呼吸発作を起こした後、また発作が起きたらどうしようと強く不安に思うこと）、広場恐怖（閉所恐怖）が特徴的	
恐怖症性（不安）障害	●ある状況や対象に対して、恐怖を抱くもの。恐怖対象に直面するとパニック発作を起こすことが多い		
	広場恐怖	●公共の場、人ごみ、乗り物など何か起きても逃げたり助けを求めたりするのが困難な場所を恐れ避ける。パニック発作を伴うことが多い	
	社会（社交）恐怖	●特定の社会的状況を恐れる。対人恐怖症、赤面恐怖、自己臭恐怖などがある	
	特異的（個別的）恐怖症	●特定の動物への接近、高所、暗闇、飛行、閉所などに対する恐怖など、特異的な状況に限定してみられる	
強迫性障害	●反復する強迫観念、強迫行為が主症状 例）「不潔恐怖と洗浄」──汚れや細菌汚染の恐怖から過剰に手洗い、入浴、洗濯を繰り返す、ドアノブや手すりなど不潔だと感じるものを恐れて、触れない		
	強迫観念	●頭から離れない考えのことで、その内容が「不合理」だとわかっていても、頭から追い払うことができない	
	強迫行為	●強迫観念から生まれた不安にかきたてられて行う行為のこと。自分で「やりすぎ」「無意味」とわかっていてもやめられない	
重度ストレス反応	急性ストレス反応（ASD）	●急激で強烈な体験によって一過性に生じる反応。通常数時間か数日以内でおさまる	
	心的外傷後ストレス障害（PTSD）	●圧倒的な外傷体験によって心理的なトラウマ（外傷）が生じ、次の症状が生じる	
		回避	●トラウマの原因になった障害、関連する事物を避けようとする
		フラッシュバック	●事故・事件・犯罪の目撃体験等の一部や、全体にかかわる追体験
		アンヘドニア	●すべての行動で快楽を感受できないという症状（無快楽症）

解離性（転換性）障害		●ストレスが精神症状に現れたもの。自分の外傷的な体験や耐え難い出来事に対する防衛機制
	解離性健忘	●ある心的ストレスをきっかけに出来事の記憶をなくす
	解離性遁走（フーグ）	●自分が誰かという感覚（アイデンティティ）が失われ、失踪して新たな生活を始めるなどの症状を示す
	解離性運動障害	●失立失歩、失声、運動失調、失行などストレスから身体の機能を失う運動の解離
	解離性けいれん	●ストレスからけいれんが認められる解離。心因性非てんかん性発作
	トランスおよび憑依障害	●自己同一性の感覚と十分な状況認識の両者が、一時的に喪失する障害
	ガンザー症候群	●的外れ応答が特徴的で、通常いくつかのほかの解離症状を伴う
適応障害		●ストレス因（重大な生活上の変化やストレスに満ちた生活上の出来事）により引き起こされる情緒面や行動面の症状で、社会的機能が著しく障害されている状態
	症状	●抑うつ気分、不安、怒り、焦りや緊張などの情緒面の症状や、行動面では、行きすぎた飲酒や暴食、無断欠席などがみられることがある
身体表現性障害		●診察や所見は陰性が続き、症状にはいかなる身体的異常はないという医師の保証にもかかわらず、医学的検査を執拗に要求し、繰り返し身体症状を訴える
	身体化障害	●身体諸検査上は正常であるのにそれを受け入れず執拗に身体症状を訴える
	心気障害（心気症）	●重篤な進行性の身体的障害に罹患しているのではないかと妄想的になり、執拗に身体的愁訴を訴える
離人・現実感喪失症候群		●離人感、現実感喪失が持続的または反復的に感じられる
	離人感	●自らの考え、感情、感覚、身体が、非現実的で外部の傍観者であると感じる体験
	現実感喪失	●夢のような、霧がかかったような、周囲に対して、非現実または離脱の体験

① 薬物依存症

薬物事犯検挙人員の推移

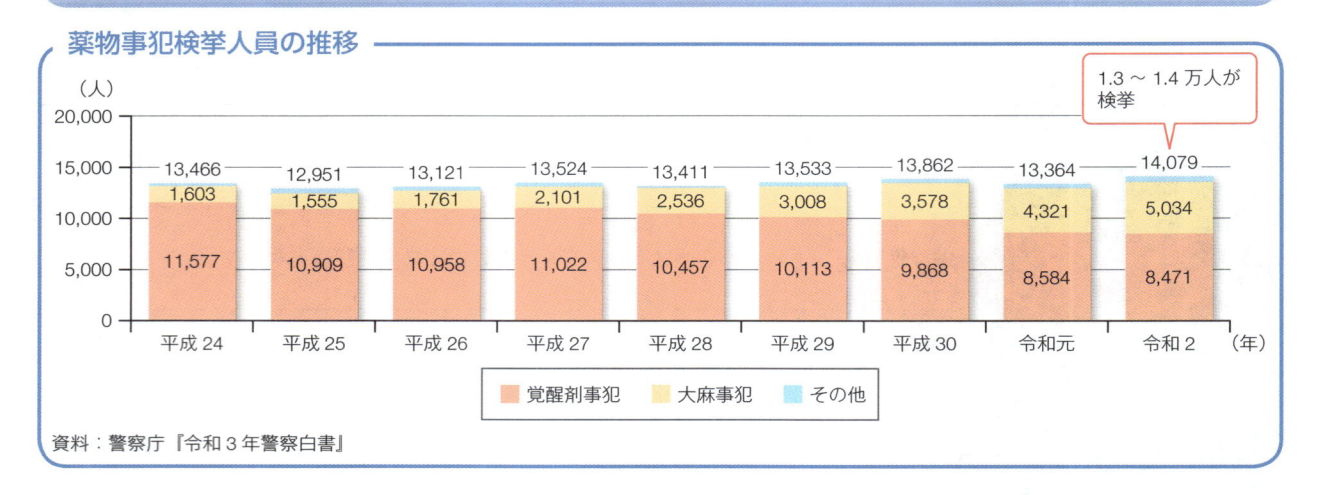

1.3 〜 1.4 万人が検挙

	平成24	平成25	平成26	平成27	平成28	平成29	平成30	令和元	令和2
合計	13,466	12,951	13,121	13,524	13,411	13,533	13,862	13,364	14,079
その他・大麻事犯	1,603	1,555	1,761	2,101	2,536	3,008	3,578	4,321	5,034
覚醒剤事犯	11,577	10,909	10,958	11,022	10,457	10,113	9,868	8,584	8,471

（人）（年）

凡例：■ 覚醒剤事犯　■ 大麻事犯　■ その他

資料：警察庁『令和3年警察白書』

薬物乱用および薬物依存

薬物乱用	●医薬品を 医療目的以外 に使用すること、または 医療目的にない薬物を不正に使用 すること ●精神に影響を及ぼす物質のなかで、習慣性があり、乱用され、または乱用されるおそれのある薬物として、覚醒剤、大麻、MDMA、コカイン、ヘロイン、向精神薬、シンナー、医薬品、医療機器等の品質、有効性及び安全性の確保等に関する法律に規定する指定薬物等 があり、これらの取扱いが法令により禁止または制限されている
薬物依存	●生体と薬物の相互作用により生じた、薬物摂取を止めようと思っても止められない状態 ●精神依存 と 身体依存 がある

薬物のタイプ	分類	中枢作用	精神依存	身体依存	乱用時の症状
あへん類（ヘロイン、モルヒネ等）	麻薬	抑制	＋＋＋	＋＋＋	鎮痛、縮瞳、便秘、呼吸抑制、血圧低下、傾眠
コカイン	麻薬	興奮	＋＋＋		瞳孔散大、血圧上昇、興奮、けいれん発作、不眠、食欲低下
アンフェタミン類（メタンフェタミン、MDMA等）	覚醒剤	興奮	＋＋＋		瞳孔散大、血圧上昇、興奮、不眠、食欲低下
大麻（マリファナ等）	大麻	抑制	＋		眼球充血、感覚変容、情動の変化
ベンゾジアゼピン類	向精神薬	抑制	＋	＋	鎮静、催眠、運動失調
ニコチン	その他	興奮	＋＋		鎮静、食欲低下
アルコール	その他	抑制	＋＋	＋＋	酩酊、脱抑制、運動失調、尿失禁

薬物規制に関する法律

法律		規制薬物
麻薬及び向精神薬取締法	麻薬	● あへんアルカロイド（モルヒネ、ヘロインなど） ● コカインアルカロイド（コカインなど） ● 合成麻薬（ペチジン、メサドン、MDMA など）
	麻薬原料植物	● コカ、マジックマシュルーム等
	向精神薬	● 睡眠薬（ハルシオン、エリミンなど） ● 精神安定剤（メプロバメートなど） ● 食欲抑制剤（フェンテルミン、マジンドールなど） ● 鎮痛剤（ペンタゾシン、ブプレノルフィンなど） ● 中枢神経興奮剤（リタリンなど）
	麻薬向精神薬原料	● サフロール、無水酢酸、エルゴタミン、リゼルギン酸等
あへん法		● けし、あへん、けしがら
大麻取締法		● 大麻草およびその製品（大麻樹脂を含む） （ただし、大麻草の成熟した茎・その製品・大麻草の種子・その製品を除く）
覚醒剤取締法	覚醒剤	● アンフェタミン、メタンフェタミン
	覚醒剤原料	● エフェドリン、フェニル酢酸など
医薬品医療機器等法（※）	指定薬物（危険ドラッグ）	● 中枢神経系の興奮もしくは抑制または幻覚の作用を有する蓋然性が高く、かつ、人の身体に使用された場合に保健衛生上の危害が発生するおそれがある物 ● 亜硝酸イソブチル、5-MeO-MIPT 等

※：医薬品、医療機器等の品質、有効性及び安全性の確保等に関する法律

薬物乱用対策の推進

薬物乱用対策推進会議			● 薬物乱用対策について、関係行政機関相互間の緊密な連携を確保するとともに、薬物に対する強力な取締り、国民の理解と協力を求めるための広報啓発その他総合的かつ積極的な施策を推進するため、内閣に薬物乱用対策推進会議を設置する
第五次薬物乱用防止五か年戦略			● 2018（平成 30）年 8 月に「第五次薬物乱用防止五か年計画」が策定され、5 つの戦略目標が掲げられた
	戦略目標	1	● 青少年を中心とした広報・啓発を通じた国民全体の規範意識の向上による薬物乱用未然防止
		2	● 薬物乱用者に対する適切な治療と効果的な社会復帰支援による再乱用防止
		3	● 薬物密売組織の壊滅、末端乱用者に対する取締りの徹底および多様化する乱用薬物等に対する迅速な対応による薬物の流通阻止
		4	● 水際対策の徹底による薬物の密輸入阻止
		5	● 国際社会の一員としての国際連携・協力を通じた薬物乱用防止

② アルコール依存症

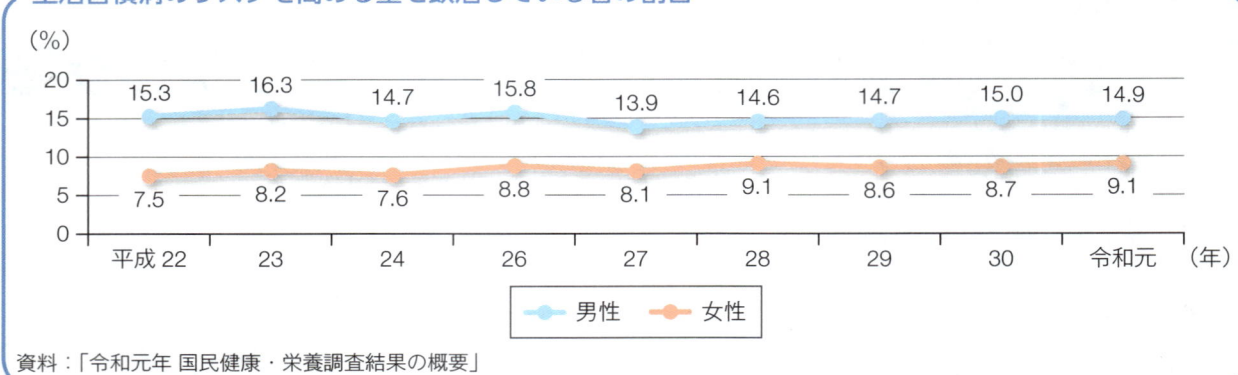

生活習慣病のリスクを高める量を飲酒している者の割合

（％）

年	平成22	23	24	26	27	28	29	30	令和元
男性	15.3	16.3	14.7	15.8	13.9	14.6	14.7	15.0	14.9
女性	7.5	8.2	7.6	8.8	8.1	9.1	8.6	8.7	9.1

資料：「令和元年 国民健康・栄養調査結果の概要」

アルコール依存症		●アルコールを繰り返し多量に摂取した結果、アルコールに対し依存を形成し、生体の精神的および身体的機能が持続的あるいは慢性的に障害されている状態。症状には、精神依存と身体依存がある ●2017（平成29）年患者調査では、患者数は約5万4000人（うち、8割が男性）
	精神依存	●飲酒したいという強烈な欲求（渇望）が湧き起こる、飲酒のコントロールがきかず節酒ができない
	身体依存	●アルコールが体から切れてくると、手指のふるえや発汗などの離脱症状（禁断症状）が出現する
離脱症状		●身体依存が形成されると、今度はアルコールを急激に中断したときに離脱症状が生じる ●出現の時間的経過から、早期離脱症状（小離脱）、後期離脱症状（大離脱）に分かれる
	早期離脱症状（小離脱）	●飲酒を止めて数時間すると出現し、不安焦燥と手指の振戦、自律神経症状（発汗、動悸、血圧上昇、発熱）などがみられる
	後期離脱症状（大離脱）	●飲酒を止めて2～3日で生じる振戦せん妄の状態 ●幻視（小動物や虫など）、見当識障害、興奮などがみられる
ウェルニッケ脳症		●ビタミンB₁（チアミン）の欠乏によって起こる脳症 ●意識障害、眼球運動障害、運動失調、コルサコフ症候群を引き起こす ●アルコール依存症に起こるウェルニッケ脳症では、ビタミンB₁の補給が重要
コルサコフ症候群		●前向健忘、逆向健忘、見当識障害、作話、病識欠如などが出現する病態 ●ビタミンB₁の欠乏により、脳の乳頭体に変性が生じる ●離脱せん妄やウェルニッケ脳症（意識障害がある）の後に、コルサコフ症候群（意識障害がない）となる
スクリーニングテスト	AUDIT（Alcohol Use Disorders Identification Test）	●世界保健機関（WHO）が作成したテストで、アルコール関連問題の重症度を測定するスクリーニングテスト ●10項目から構成され、テスト全体では最低が0点、最高が40点で評価される
	CAGE（ケージ）	●次の4つの質問からなるアルコール依存症のスクリーニングテストで、2項目以上に該当するとアルコール依存症が疑われる ①減酒（Cut down）の必要性、②他者からの批判への煩わしさ（Annoyed by criticism）、③飲酒への罪悪感（Guilty feeling）、④朝の迎え酒（Eye-opener）

SBIRTS （エスバーツ）	●SBIRTS は、簡易なスクリーニングにより、「危険な飲酒」や「アルコール依存症」を判定し、適切な指導のもとに、必要な場合には専門治療に繋げる技法	
	1	Screening（スクリーニング）、「飲酒度」を AUDIT、CAGE 等でふるい分ける
	2	Brief Intervention（簡易介入）、「危険な飲酒」患者には節酒を勧め、「乱用」や「依存症」患者には断酒を勧める
	3	Referral to Treatment（専門治療への紹介）、専門治療の必要な患者には紹介を行う
	4	Self-help group（自助グループへの紹介）、医療機関のスタッフが自助グループを紹介する
ブリーフ・インターベンション（減酒支援）	●多量飲酒などの問題飲酒者の飲酒量を減らすことを支援する方法の一つ ●問題飲酒ではあるが、アルコール依存症までは至っていない人が対象	
ハームリダクション	●合法・違法にかかわらず精神作用性物質について、必ずしもその使用量を減少または中止することがなくとも、その使用により生じる健康・社会・経済上の悪影響を減少させることを主たる目的とする政策・プログラムとその実践	
アルコールの有害な使用を低減するための世界戦略	●2010 年 5 月 20 日の世界保健機関（WHO）の総会にて採択された指針で、アルコールの有害な使用を減少させるための世界的な取り組み ●世界戦略は、原価割れ販売や均一料金による飲み放題での酒類の販売、青少年向け広告の禁止、制限などを検討すべき政策として例示するなど、アルコール問題を 10 分野の領域に分類し、対策を加盟国に求めた	

アルコール健康障害対策基本法

アルコール健康障害対策基本法	●2014（平成 26）年 6 月 1 日施行 ●「アルコール健康障害」を定義し、障害の発生、進行および再発の各段階に応じた防止対策を適切に実施するとともに、日常生活や社会生活を円滑に営むことができるように支援することを基本理念にしている
アルコール健康障害	●アルコール健康障害とは、アルコール依存症その他の多量の飲酒、20 歳未満の者の飲酒、妊婦の飲酒等の不適切な飲酒の影響による心身の健康障害をいう
アルコール関連問題啓発週間	●アルコール関連問題（アルコール健康障害およびこれに関連して生ずる飲酒運転、暴力、虐待、自殺等の問題をいう）啓発週間は、11 月 10 日から 11 月 16 日までとする
アルコール健康障害対策推進基本計画等	●政府は、アルコール健康障害対策推進基本計画を策定しなければならない ●都道府県は、都道府県アルコール健康障害対策推進計画を策定するよう努めなければならない
責務	●国・地方公共団体・国民・医師等・健康増進事業実施者の責務とともに、酒類の製造または販売を行う事業者の責務として、アルコール健康障害の発生、進行および再発の防止に配慮する努力義務
アルコール健康障害対策推進会議	●内閣府、法務省、財務省、文部科学省、厚生労働省、警察庁その他の関係行政機関の職員をもって構成し、連絡調整を行うアルコール健康障害対策推進会議を設置

③ ギャンブル等依存症

外来患者数の推移

資料：精神保健福祉資料

ギャンブル等依存症対策基本法

ギャンブル等依存症 対策基本法	●2018（平成30）年10月5日施行 ●「ギャンブル等依存症」を定義し、ギャンブル等依存症対策を総合的かつ計画的に推進し、国民が安心して暮らすことのできる社会の実現に寄与することを目的にしている
ギャンブル等依存症	●ギャンブル等依存症とは、ギャンブル等にのめり込むことにより日常生活または社会生活に支障が生じている状態をいう

	ギャンブル等	●法律の定めるところにより行われる公営競技、ぱちんこ屋に係る遊技その他の射幸行為をいう

ギャンブル等依存症 問題啓発週間	●ギャンブル等依存症問題啓発週間は、5月14日から5月20日までとする
ギャンブル等依存症 対策推進基本計画等	●政府は、ギャンブル等依存症対策推進基本計画を策定しなければならない ●都道府県は、都道府県ギャンブル等依存症対策推進計画を策定するよう努めなければならない
責務	●国・地方公共団体・関係事業者・国民・ギャンブル等依存症対策に関連する業務に従事する者の責務を規定
相談支援等	●国および地方公共団体は、精神保健福祉センター、保健所、消費生活センターおよび日本司法支援センターにおける相談支援の体制の整備等を推進するために必要な施策を講ずる
実態調査	●政府は、3年ごとに、ギャンブル等依存症問題の実態を明らかにするため必要な調査を行い、その結果をインターネットの利用その他適切な方法により公表しなければならない
ギャンブル等依存症 対策推進本部	●内閣に、内閣官房長官を本部長とするギャンブル等依存症対策推進本部を設置

④ 自助グループ

自助グループ（セルフヘルプグループ）は、同じ問題を抱えている個人や家族など当事者同士の自発的なつながりで結びついた集団です。

アルコール依存	本人	アルコホーリクス・アノニマス（AA）	●1935 年にアメリカで結成されたアルコール依存症者の自助グループ。日本には 600 以上のグループが存在する ●12 のステップを採用している
		断酒会	●AA を参考にして、日本で独自につくられたアルコール依存症患者の自助グループ。1963 年に全日本断酒連盟が結成され現在約 650 の地域断酒会がある
	家族	アラノン（Al-Anon）	●アルコール依存症者の家族等の自助グループ
ギャンブル依存	本人	ギャンブラーズ・アノニマス（GA）	●ギャンブル依存症本人のための自助グループ
	家族	ギャマノン（GAM-Anon）	●ギャンブル問題の影響を受けた家族・友人のための自助グループ
薬物依存	本人	ナルコティクス・アノニマス（NA）	●薬物依存から回復することを目的として集まった薬物依存症者本人による自助グループ
	家族	ナラノン（Nar-Anon）	●薬物依存症者の家族等の自助グループ
		全国薬物依存症者家族会連合会（薬家連）	●薬物依存症者を抱える家族の集まり
民間リハビリテーション施設		ダルク（DARC）	●Drug Addiction Rehabilitation Center（薬物中毒リハビリセンター）の略 ●薬物依存症の当事者が運営する民間のリハビリテーション施設
てんかん		公益社団法人日本てんかん協会（別名：波の会）	●てんかんに対する社会的理解の促進、てんかんに悩む人たちの社会援護活動、てんかん施策の充実をめざした調査研究や全国的な運動を展開
摂食障害		ナバ（NABA）	●日本アノレキシア（拒食症）・ブリミア（過食症）協会（Nippon Anorexia Bulimia Association）。摂食障害の自助グループ
アダルト・チルドレン		アダルト・チルドレン・アノニマス（ACA）	●子ども時代をアルコール依存症やその他の機能不全のある家庭で過ごした成人の自助グループ

① 認知症

認知症	● 認知症は、成人期以降に起こる認知機能の障害で、原因疾患は、アルツハイマー型認知症が最も多く、血管性認知症、レビー小体型認知症、前頭側頭型認知症が「四大原因疾患」といわれている
アルツハイマー型認知症	● 原因不明で、全般性の脳萎縮を伴う進行性の認知症疾患で、脳にアミロイドの沈着を認める ● 女性に多く、症状はなだらかに進行することが多い
血管性認知症	● 脳血管障害によって神経細胞が壊れて認知症が現れる ● 片麻痺や言語障害などの局所症状を伴うことが多い ● 男性に多く、高血圧、動脈硬化、糖尿病などの生活習慣病が危険因子となる
レビー小体型認知症	● レビー小体という特殊な構造物が脳の大脳皮質にでき、神経細胞を障害することで発症 ● 幻視、パーキンソン症状、日内変動などが特徴
前頭側頭型認知症 （ピック病等）	● 脳の前頭葉から側頭葉あたりにかけての部位が萎縮する病気で、初老期に多くみられる ● 怒りっぽくなったり、同じ行動を繰り返すというような、性格の変化や常同行動が特徴
慢性硬膜下血腫	● 硬膜の下と脳の間に血腫ができる疾患で、血腫が脳を圧迫してさまざまな症状がみられる ● 数か月前の転倒などによる頭部外傷が原因のことが多く、認知症に似た症状がみられることもある ● 血腫を取り除く手術で、認知症が改善することがある
正常圧水頭症	● 脳脊髄圧が正常範囲であるが、脳室拡大が起きてきて水頭症が進行してくる ● 認知障害、歩行障害、尿失禁などの症状がみられる ● 治療は、髄液の流れを整えるシャント手術を行うことが多い
クロイツフェルト・ヤコブ病 （CJD）	● 異常なプリオン蛋白が脳に蓄積して神経細胞が変性し、ミオクローヌスの出現とともに急速に認知症が進行する ● 発症後半年から1年で脳萎縮による重度の認知症、寝たきりとなり、予後不良である
若年性認知症	● 若年性認知症は、65歳未満で発症する認知症のこと ● 若年性認知症者は「3.57万人」と推計されている ● 若年性ではアルツハイマー型認知症が最も多い アルコール関連障害 3% アルツハイマー型認知症 53% ｜ 血管性認知症 17% ｜ 前頭側頭型認知症 9% ｜ その他 外傷による認知症 4%　レビー小体型認知症 4% 資料：「若年性認知症の有病率・生活実態把握と多元的データ共有システムの開発」（2020年3月）
軽度認知障害 （MCI）	● 物忘れについて自覚があり、記憶検査では記銘力の低下が確認できるが、日常生活に支障をきたしていない状態（MCI：mild cognitive impairment）

認知症の症状	中核症状		●記憶障害、見当識障害、理解・判断力の低下、実行機能の低下など脳の働きが低下したために起こる症状
	BPSD（行動・心理症状）		●認知症に伴う周辺症状で、行動障害・心理症状などがある
		行動障害	●徘徊・帰宅願望、攻撃的な言動、ケアへの抵抗、昼夜逆転、異食、失禁
		心理症状	●不安感、強迫症状、抑うつ、幻覚、妄想、睡眠障害
認知症の評価スケール	質問式	改訂長谷川式簡易知能評価スケール（HDS-R）	●面接し質問方式で行うもので、高齢者のおおよその認知症の有無とその程度を判定。記憶、見当識、計算などに関する質問からなる ●30点満点で、20点以下を認知症の疑いありとしている
		ミニメンタルステート検査（MMSE）	●記憶、見当識、計算などに関する質問からなるが、長谷川式認知症スケールと違い、図形の模写などの動作性の課題が含まれる ●30点満点で、一般に23点以下を認知症の疑いありとしている
	観察式	臨床認知症基準（CDR）	●記憶、見当識、判断力と問題解決、社会適応等6項目の段階を評価して認知症の程度を5段階に評価する
		アルツハイマー病の機能評価ステージ（FAST）	●アルツハイマー型認知症の重症度を評価 ●生活機能の面から分類した評価尺度で、認知症の程度を7段階に評価する
センター方式	●「認知症の人のためのケアマネジメントセンター方式」の略 ●認知症介護研究・研修センターが作成 ●利用者本位のケアを継続的に展開するために開発されたケアマネジメントモデル		
	共通の5つの視点	①その人らしいあり方 ②その人の安心・快 ③暮らしのなかでの心身の力の発揮 ④その人にとっての安全・健やかさ ⑤なじみの暮らしの継続	
パーソン・センタード・ケア	●イギリスの心理学者キットウッド（Kitwood, T.）が提唱した ●認知症になってもその人らしくいきいきと生活できるように個別のケアをすること ●疾病あるいは症状を対象にしたアプローチではなく、生活する個人を対象とする ●認知症の状態は次の5つの要因が互いに関係しあって引き起こされている		
	5つの要因	①脳の障害（アルツハイマー病や脳血管障害など） ②性格傾向（気質、能力、対処スタイルなど） ③生活歴（成育歴、職歴、趣味など） ④健康状態、感覚機能（既往歴、体調、視力・聴力など） ⑤その人を取り囲む社会心理（周囲の人との人間関係、環境など）	

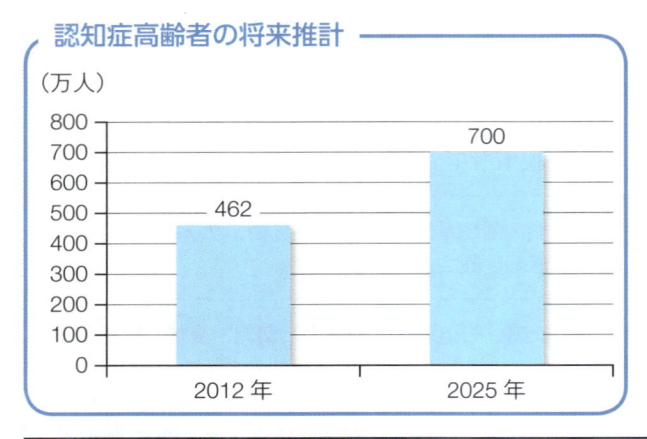

認知症高齢者の将来推計

（万人）

	2012 年	2025 年
	462	700

2003 年	「2015 年の高齢者介護」報告書とりまとめ
2004 年	「痴呆」から「認知症」へ呼称変更
2005 年	「認知症になっても安心して暮らせる町づくり 100 人会議」開催
2006 年	「地域密着型サービス」創設
2012 年	「認知症施策推進 5 か年計画」（オレンジプラン）
2015 年	「認知症施策推進総合戦略」（新オレンジプラン）
2019 年	認知症施策推進大綱

認知症施策推進大綱		●2019（令和元）年 6 月、認知症施策推進関係閣僚会議においてとりまとめられた（対象期間は、団塊の世代が 75 歳以上となる 2025（令和 7）年まで）
	基本的考え方	●認知症の発症を遅らせ、認知症になっても希望をもって日常生活を過ごせる社会を目指し、認知症の人や家族の視点を重視しながら、「共生」と「予防」を車の両輪として施策を推進
専門的支援	**認知症疾患医療センター**	●都道府県および指定都市から指定を受けた医療機関 ●認知症専門医、臨床心理技術者、精神保健福祉士または保健師が配置される ●認知症の専門医療の提供、地域の保健医療・介護関係者等との連携の推進、人材の育成等を行う
	認知症地域支援推進員	●市町村や地域包括支援センターに配置され、家族等からの認知症に関する総合相談に応じ、コーディネーターの役割を担う ●認知症の医療や介護の経験のある医師、保健師、看護師、作業療法士、精神保健福祉士、社会福祉士、介護福祉士などで、認知症地域支援推進員の研修を受講する
	認知症初期集中支援チーム	●地域包括支援センター、病院・診療所、認知症疾患医療センターなどに配置される ●複数の専門職が認知症の人やその家族を訪問し、初期の支援を包括的、集中的に行う
	認知症ケアパス	●認知症発症予防から人生の最終段階まで、認知症の容態に応じ、相談先や、いつ、どこで、どのような医療・介護サービスを受ければいいのか、これらの流れをあらかじめ標準的に示したもの
サポート	**認知症カフェ**	●認知症の人と家族、地域住民、専門職等の誰もが参加でき、集う場
	認知症サポーター	●認知症について正しく理解し、認知症の人や家族を見守り、支援する応援者 ●キャラバン・メイトから地域住民などが認知症サポーター養成研修を受講
	キャラバン・メイト	●認知症サポーター講座の講師。キャラバン・メイト養成研修を受講することが必要
	認知症コールセンター	●都道府県および指定都市が実施主体 ●認知症の人や家族の介護における悩み、介護方法などについて、認知症介護の専門家や経験者等に電話相談できる
	SOS ネットワーク	●認知症の SOS ネットワークは、警察だけでなく、介護事業者や地域の生活関連団体等が捜索に協力して、行方不明者を発見する仕組み

① 発達障害

通級による指導を受けている児童生徒数の推移

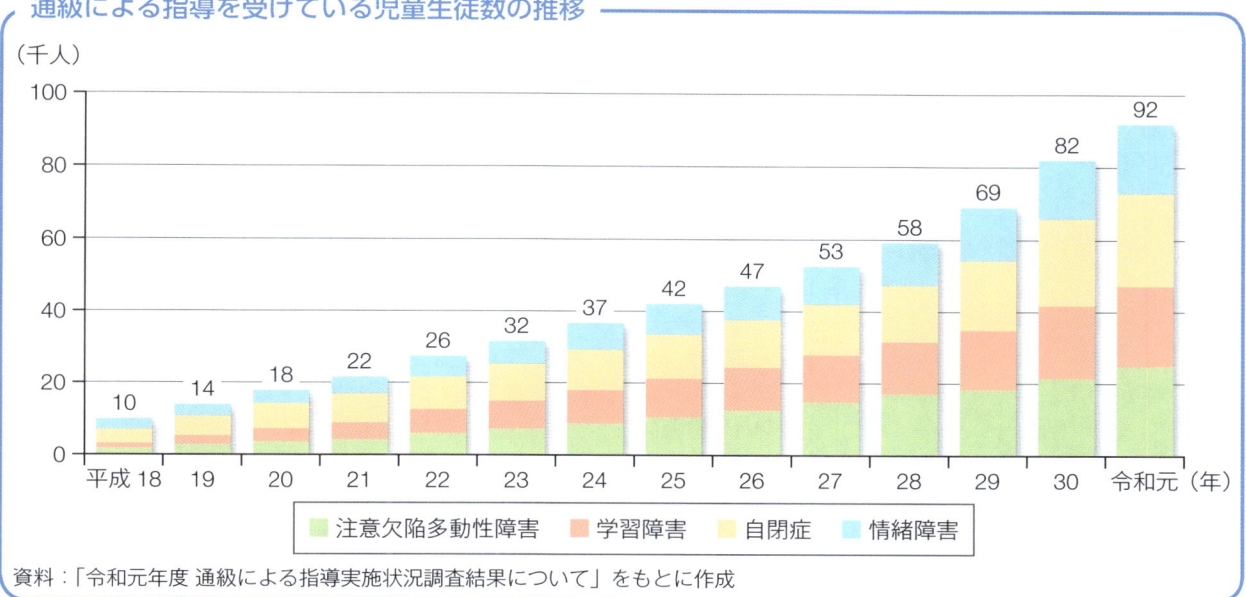

資料：「令和元年度 通級による指導実施状況調査結果について」をもとに作成

グラフ凡例：注意欠陥多動性障害、学習障害、自閉症、情緒障害

自閉スペクトラム症		●社会的コミュニケーションの障害や限定、反復された行動などが特徴 ●先天的な脳の機能障害といわれている ●小児自閉症は、3歳までに症状が明らかになる ●男性に多く、女性の約3～4倍で出現するとされている
	社会的コミュニケーションの障害	●社会的・情緒的な相互関係の障害、言語・非言語コミュニケーション能力の障害など
	限定、反復された行動	●常同的で反復的な動作や話し方、同一性へのこだわり、日常動作への融通のきかない執着、言語・非言語上の儀式的な行動パターンなど
注意欠如・多動症（AD/HD）		●不注意、多動、衝動性を特徴とした障害
	不注意症状	●不注意による間違いをする、注意を持続することができない、課題を始めるがすぐに集中できなくなる、課題を順序立てることが困難、日々の活動で忘れっぽいなど
	多動／衝動性の症状	●着席中に手足をソワソワ動かす、着席が期待されている場面で離席する、不適切な状況で走り回ったりする、静かに遊ぶことができないなど
限局性学習症（LD）		●基本的には全般的な知的発達に遅れはないが、聞く、話す、読む、書く、計算するまたは推論する能力のうち特定のものの習得と使用に著しい困難を示す ●読字障害（ディスレクシア）、算数障害（ディスカリキュリア）、書字表出障害（ディスグラフィア）などがある
	読字障害（ディスレクシア）	●不的確または速度が遅く、努力を要する読字、読んでいるものの意味を理解することの困難さを伴う
	算数障害（ディスカリキュリア）	●数字の概念、数値、または計算を習得することの困難さ、数理的推論の困難さを伴う
	書字表出障害（ディスグラフィア）	●綴字の困難さ・文法と句読点の正確さ・書字表出の明確さまたは構成力といった書字表出の障害を伴う

② 摂食障害、睡眠障害など

摂食障害		●食事や体重などへの強いとらわれや食行動異常を主症状とする。幼少期の親子関係などが関連しているといわれている。思春期の女性に多い
	神経性無食欲症	●患者の意図的あるいは無意識による体重の極端な減少が特徴。自ら誘発する嘔吐、過活動、無月経などがみられる
	神経性過食（大食）症	●発作的な過食と、嘔吐や下剤の使用などによる体重のコントロールに没頭することが特徴。電解質異常や身体合併症を生じる
睡眠障害	不眠障害	●入眠困難、頻回の覚醒、早朝覚醒があり再入眠できないなど、睡眠の量または質の不満に関する顕著な訴えがある状態（少なくとも1週間で3夜、3か月持続する）
	過眠障害	●主な睡眠時間が少なくとも7時間持続するにもかかわらず、過剰な眠気の訴えがあり、繰り返し過眠、覚醒後十分に覚醒を維持するのが困難などの症状がある
	ナルコレプシー	●非器質性の過眠症で、日中の強い睡眠発作のほか、情動脱力発作（情動性筋緊張消失）、入眠麻痺、入眠時幻覚などを伴うことが多い
パーソナリティ障害		●その人の属する文化から期待されるものより著しく偏った内的体験および行動の持続的パターンであり、ほかの精神障害に由来しないもの
A群（奇異型）	妄想性	●疑い深く、人に恨みを持ち続ける傾向
	スキゾイド	●社会的関係からの離脱、一人でいることを好み、感情を表さない
	統合失調型	●認知的、知覚的歪曲と風変わりな行動
B群（劇場型）	反社会性	●良心の呵責の欠如、他者に対する共感性の欠如
	境界性	●不安定な自己像、対人関係が不安定。見捨てられることへの不安およびその回避努力
	演技性	●他人の関心や注目を浴びることに過剰な関心を抱く
	自己愛性	●自分が重要であるという誇大な感覚
C群（不安型）	回避性	●非難や排除に対して過敏、傷つくことや失敗への恐れ
	依存性	●他者からの過剰のアドバイスがなければ、物事を決定できない
	強迫性	●自分の決まりごとを守ることに固執し、融通がきかない

心身症	●胃潰瘍、喘息、円形脱毛症など**身体疾患のなかで、その発症や経過に心理社会的ストレスが関** **与**し、器質的・機能的障害が認められる病態 ●心身症になりやすい人の性格特性として、**アレキシサイミア（失感情症）**が指摘されている	
	アレキシサイミア	●**自分の感情を認知、自覚したり、表現したりすることが苦手**であり、想 像力や創造性、共感性が乏しいといった特徴を有している

緊張病	●**常同症**（反復的で異常な頻度の目標指向のない運動）、**拒絶症**（指示や外的刺激に対して反対 する）、昏迷、無言症、カタレプシーなどの症状を起こす症候群
レット症候群	●遺伝子の変異によって起こる進行性の神経疾患で、知能や言語・運動能力が遅れ、小さな手足や、 常に手をもむような動作や、手をたたいたり、手を口に入れたりなどの動作を繰り返す。ほと んどが**女児**に起こる
チック障害	●**チック**（突発的で、不規則な、体の一部の速い動きや発声を繰り返す状態）が一定期間継続す る
トゥレット症	●**音声チック**と複数の運動チックとが合併したチック障害。小児期から青年期に男性に発症する ことが多い
選択性（場面）緘黙 （かんもく）	●家庭などでは話すことができるのに、社会的状況における不安のために、学校などある**特定の** **社会状況において話すことができなくなる**
知的（能力）障害 **（知的発達症）**	●精神の発達停止や発達不全の状態 ① **IQ が 70 未満** ②年齢に比べて低い**社会適応能力**とそれによる不適応 ③ **18 歳未満**の発達期に現れる知能障害 ●原因は、先天性代謝異常（フェニルケトン尿症）、染色体異常（ダウン症候群）、先天性甲状腺 機能低下症（クレチン症）、結節性硬化症などがある。特に軽度者は原因不明のことが多い

重症度	知能指数	特徴
軽度	50 ～ 69	●対人関係の理解および集団的行動がおおむね可能 ●言語を通しての意思疎通が可能
中度	35 ～ 49	●対人関係の理解および集団的行動がある程度可能 ●言語が未発達のため、意思疎通が一部不可能
重度	20 ～ 34	●集団的行動がほとんど不可能 ●わずかで不完全な単語だけのため、意思疎通が不可能
最重度	20 未満	●対人関係の理解が不可能 ●言語による意思疎通が全く不可能

③ てんかん

てんかん		●さまざまな原因で起こる慢性の脳疾患で、大脳神経細胞の過剰な放電に由来する反復性発作を主な特徴とし、これに多様な臨床症状および検査所見を伴うもの
	有病率	●人口の0.3%～1.0%に起こる疾患で、日本には約100万人の患者がいると推定されている
原因による分類	特発性てんかん	●原因が不明または生来的で遺伝性のもの
	症候性てんかん	●脳血管障害や脳外傷など脳の病理学変化などの原因が明らかなもの
焦点の部位による分類	部分てんかん	●大脳皮質の焦点が部分的・局所的で、その一部位から過剰放電が始まる
	全般てんかん	●最初から大脳全体で一斉に放電が始まる
全般発作	欠神発作（ピクノレプシー）	●前触れなく突然、意識が数秒～十数秒間消失し、突然回復する発作 ●学童期低学年の女児に好発する小児欠神発作がある
	ミオクロニー発作	●瞬間的に全身、特に両側上肢に、1回ないし数回の強い収縮によるけいれん（ミオクローヌス）が生じる
	強直発作	●四肢・体幹の筋が強く収縮したまま、突っ張ったまま数秒間硬直する発作
	間代発作	●瞬間的な筋硬直と筋弛緩とが1秒間に3～4回、交互に反復する発作
	強直間代発作（大発作）	●意識が消失すると同時に強直発作が数秒～十数秒間出現し、引き続いて間代発作が数十秒間持続し、最後は筋が弛緩し終了する発作
	脱力発作	●腰や体幹の筋の緊張低下が発作的に起こるため、倒れたり、座位姿勢が崩れる発作
部分発作	単純部分発作	●身体の一部のけいれんや異常知見、自律神経症状のほかに、強制思考や夢幻状態、不安や恐怖などの精神症状が特徴
	複雑部分発作	●意識障害を伴い、無目的にある動作を繰り返す自動症が特徴
その他	ウエスト症候群	●生後1歳までの乳児期にさまざまな脳の障害を背景として発症する難治性てんかんで、精神運動発達の退行を伴う
	レノックス・ガストー症候群	●小児に発症する全般てんかんで、治療が難治で、中等度～重度の精神遅滞の原因となる
診断と治療		●てんかんの診断は、発作の症状と脳波検査の所見から行うが、頭部外傷性やアルコール性などの症候性てんかんとの鑑別のためには、頭部CTや頭部MRI、血液検査などが必要となる

④ 性同一性障害

性同一性障害特例法で戸籍上の性別変更が認められた件数

（人）

累計 10,301 人

平成16	17	18	19	20	21	22	23	24	25	26	27	28	29	30	令和元	令和2（年）
97	229	247	268	422	448	527	609	737	769	813	855	885	903	868	948	676

資料：司法統計

性同一性障害者の性別の取扱いの特例に関する法律	●2003（平成15）年に、「性同一性障害者の性別の取扱いの特例に関する法律」が成立したことにより、2004（平成16）年7月から家庭裁判所の審判を経て性別変更が認められるようになった		
性同一性障害の定義	●生物学的には性別が明らかであるにもかかわらず、心理的にはそれとは別の性別であるとの持続的な確信をもち、かつ、自己を身体的および社会的に他の性別に適合させようとする意思を有する者であって、そのことについてその診断を的確に行うために必要な知識および経験を有する2人以上の医師の一般に認められている医学的知見に基づき行う診断が一致しているものをいう		
	MTF（male to female）	●生物学的な性別は男性であるが、心理的には女性	
	FTM（female to male）	●生物学的な性別は女性であるが、心理的には男性	
性別の取扱いの変更の審判	●家庭裁判所は、性同一性障害者であって次の①～⑤のいずれにも該当するものについて、その者の請求により、性別の取扱いの変更の審判をすることができる		
	要件	①18歳以上であること（2022（令和4）年4月より） ②現に婚姻をしていないこと ③現に未成年の子がいないこと ④生殖腺がないことまたは生殖腺の機能を永続的に欠く状態にあること ⑤その身体について他の性別に係る身体の性器に係る部分に近似する外観を備えていること	
性的指向／性自認 SOGI	●SOGI（ソジ）は、Sexual Orientation（性的指向）とGender Identity（性自認）の英語の頭文字をとった頭字語 ●性的指向は、人の恋愛・性愛がどういった対象に向かうのかを示す概念 ●性自認は、どのような性のアイデンティティ（性同一性）を自分の感覚としてもっているかを示す概念		
	性的指向	L	●女性の同性愛者（Lesbian：レズビアン）
		G	●男性の同性愛者（Gay：ゲイ）
		B	●両性愛者（Bisexual：バイセクシャル）
	性自認	T	●こころの性とからだの性との不一致（Transgender：トランスジェンダー）

⑤ 精神症状

知覚	錯覚		●現実に存在するものを誤って知覚する
	幻覚		●現実に存在しないものを存在していると知覚する ●幻視、幻聴、幻嗅、幻味、幻触、体感幻覚などがある
		幻視	●実在しないものが見える ●レビー小体型認知症、アルコール依存症の離脱症状で多くみられる
		幻聴(幻声)	●実際にはあるはずのない人の声や音が聞こえてくる
		考想(思考)化声	●自分の考えが他人の声になって聞こえてくる幻聴
		体感幻覚	●「体に何かが入って動いている」など、体を通して感じる幻覚
思考	思考制止(思考抑制)		●思考テンポが全体的に遅く、思考がなかなか出てこない状態
	思考途絶		●思考が時々突然止まってしまう状態になること
	考想(思考)伝播		●自分の考えが周囲に知れわたっている
	考想(思考)吹入		●他人の考えが自分に吹き込まれる
	保続		●1つのことにこだわって思考が進まず、新しい話題に転じにくい状態
	連合弛緩		●思考と思考とのつながりが乱れたり歪んだりして、思考のまとまりが悪くなっている状態
	妄想		●誤った判断や観念を抱き、強い確信をもって間違いを認めない状態
	出現形式による分類	一次妄想	●全く根拠をもたない了解不能な不合理な妄想
		二次妄想	●状況、体験、感情などから心理的に了解できる妄想
	内容による分類	妄想気分	●周囲の世界がなんとなく変わったように感じる
		妄想着想	●突然、何の媒介もなく誤った観念が頭に飛び込んできて確信する
		妄想知覚	●知覚した日常の現象から、理解不能な意味づけをする
		被害妄想	●「隣の家の人が電磁波攻撃を仕掛けてくる」などと思い込む
		罪業妄想	●とんでもない罪を犯してしまったと思い込む
		誇大妄想	●自分が他人よりもはるかに優れていると思い込む
		注察妄想	●常に誰かに見張られていると思い込む
		血統妄想	●高貴な家の出身など、血統に関する誇大妄想
	観念奔逸		●思考が次々と湧いてきて話題が一定せずに、飛んだり広がったりして目的観念を失う状態
	作為体験 (させられ体験)		●自分の考えや行為が、他人によってさせられていると感じる病的な体験

感情	抑うつ気分		● 気分が沈み、喜びや楽しさを感じず、淋しく悲しい状態
	躁気分		● 抑うつ気分とは逆に、晴れ晴れとした気分をいい、万能感を伴ったりする
	感情鈍麻		● 外界に無関心で感情の表現が失われる
	不安状態		● 発作性と持続性があり、強い発作性不安がパニック発作を起こす ● 動悸、息苦しさ、四肢のしびれや冷感、振戦などの自律神経症状を伴う
	感情失禁		● ささいな刺激で激しい情動が起こる ● ささいなことで不機嫌な態度で反応しやすいことを易刺激性（特に怒りっぽい状態を易怒性）という
意識	意識障害	昏睡	● 意識を完全に消失している状態
		昏迷	● 繰り返し強く呼びかけると一瞬だけ反応がある状態
		意識混濁	● 意識の清明度が大部分低下している状態
		意識変容	● 意識清明度の低下に加え、幻覚妄想などの精神症状が入り混じった状態
	失見当識		● 自分がいる場所や、日付や曜日、今何時ごろなのかなどがわからない
	せん妄		● 意識の混濁と錯覚、幻覚、不穏、興奮などを伴う ● 脱水や感染が誘因となることがある。夜間に多い
記憶	健忘		● 記憶障害のうち、特に宣言的記憶（言語で表現できる種類のもの）が障害された状態 ● 思い出せない記憶の内容によって全健忘、部分健忘、時間的経過による分類として前向性健忘、逆向性健忘に分けられる
		前向性健忘	● 受傷などをした時点以降の記憶が抜け落ちる状態
		逆向性健忘	● 受傷・発症時点より昔の記憶が抜け落ちた状態
その他	解離		● 健忘やもうろうなどの意識変容が、脳の生理学的機能の障害としては説明できないのに生じる現象。ストレスとの関連が想定されている
	転換		● 麻痺やけいれん発作などの身体的症状が、脳の生理的機能の障害としては説明できないのに生じる病態。ストレスとの関連が想定されている
	心気（障害）		● 自分が重篤な疾患に罹患していて、悪化していくのではないかという思いにとらわれている状態
	カタレプシー		● 受動的にとらされた姿勢を保ち続け、自分の意思で変えようとしない状態
	カタプレキシー（情動脱力発作）		● 喜怒哀楽、恐れや羞恥といった過度の感情の高ぶりによって、全身の筋力が抜けてしまう発作
	アカシジア		● 静座不能症と訳され、座ったままでじっとしていられず、そわそわと動き回る。抗精神病薬によるものが多い

① 薬物療法

向精神薬の分類

向精神薬		●中枢神経系に作用し、生物の精神活動に何らかの影響を与える薬物の総称
分類	抗精神病薬	主に統合失調症や躁状態の治療に使用される治療薬
	抗うつ薬	主にうつ病に処方される治療薬
	気分安定薬	双極性障害における躁病とうつ病の波を安定化させる治療薬
	抗不安薬	不安およびそれに関連する心理的・身体的症状の治療に用いられる薬剤
	精神刺激薬	ナルコレプシーや注意欠陥・多動性障害（ADHD）の治療薬

抗精神病薬

		分類	一般名	商品名
抗精神病薬 ※主として統合失調症に使用 陽性症状に有効	定型抗精神病薬 （ドーパミン受容体遮断作用）	フェノチアジン系 （鎮静効果が強い）	クロルプロマジン レボメプロマジン フルフェナジン プロペリシアジン	ウインタミン®、コントミン® ヒルナミン®、レボトミン® フルメジン® ニューレプチル®
		ブチロフェノン系 （抗幻覚・妄想作用）	ハロペリドール チミペロン ブロムペリドール	セレネース® トロペロン® インプロメン®
		ベンズアミド系	スルピリド スルトプリド塩酸塩 チアプリド塩酸塩 ネモナプリド	ドグマチール®、アビリット®、ミラドール® バルネチール® グラマリール® エミレース®
	非定型抗精神病薬 （新薬）	SDA （セロトニン・ドパミン遮断薬）	リスペリドン ペロスピロン ブロナンセリン	リスパダール® ルーラン® ロナセン®
		MARTA （多元受容体作用抗精神病薬）	オランザピン クエチアピンフマル酸塩 クロザピン	ジプレキサ® セロクエル® クロザリル®
		DSS （ドパミン受容体部分作動薬）	アリピプラゾール	エビリファイ®
	●副作用			
	錐体外路系 （錐体外路症状）	ジストニア	●筋の収縮や捻転が認められる運動障害で、同時に反復性の歯車様運動が認められる	
		アカシジア	●じっとしていられず、四肢を落ち着きなく動かしたり、足踏みをしたり、長時間座っていられないなどの動きがみられる	
		遅発性ジスキネジア	●反復性で目的のない非自発的な運動がみられる	
		パーキンソン症状	●振戦、筋固縮、姿勢不安定、仮面様顔貌、動作緩慢など	
	循環器系		●血圧低下、起立性低血圧、心電図異常、めまいなど	
	消化器系		●口渇、便秘、麻痺性イレウス、食欲不振など	
	内分泌系		●高プロラクチン血症、乳汁分泌、高血糖、糖尿病、脂質異常症など	
	悪性症候群		●高熱、筋硬直、振戦、発汗、意識障害など	

抗うつ薬

分類	一般名	商品名
三環系抗うつ薬	クロミプラミン アミトリプチリン イミプラミン	アナフラニール® トリプタノール® トフラニール®
四環系抗うつ薬	マプロチリン ミアンセリン セチプチリン	ルジオミール® テトラミド® テシプール®
SSRI （選択的セロトニン再取り込み阻害薬）	フルボキサミンマレイン酸 パロキセチン セルトラリン	ルボックス®、デプロメール® パキシル® ジェイゾロフト®
SNRI （セロトニン・ノルアドレナリン 再取り込み阻害薬）	ミルナシプラン デュロキセチン	トレドミン® サインバルタ®

●副作用

抗コリン作用	●三環系、四環系抗うつ薬は、抗コリン作用を有するため、口渇、便秘、眠気、嘔気、尿閉、せん妄などが起こりやすい ●SSRI、SNRI には抗コリン作用の副作用は少ない
セロトニン症候群	●頻脈、発汗、下痢、反射の亢進など、自律神経系の異常や錯乱、興奮など精神症状が起こりやすい
賦活症候群	●SSRI や SNRI の投与初期や増量期に起こりやすく、不安、焦燥、不眠、衝動性、易刺激性、アカシジア、パニック発作などを呈する

その他

分類		一般名	商品名
抗不安薬 ・睡眠薬	ベンゾジアゼピン系	ジアゼパム アルプラゾラム	セルシン® ソラナックス®
	非ベンゾジアゼピン系	ゾルピデム酒石酸塩 ゾピクロン	マイスリー® アモバン®
	副作用	●眠気、めまい、覚醒と集中力の欠如、奇異反応など	
気分安定薬（躁病や双極性障害の躁状態に処方）		炭酸リチウム	リーマス®
	副作用	●食欲低下、嘔気、嘔吐、下痢、甲状腺機能低下症など	
抗てんかん薬		カルバマゼピン バルプロ酸ナトリウム	テグレトール® デパケン®
	副作用	●吐き気、めまい、ふらつきなど	
中枢神経刺激薬（ナルコレプシー、ADHD に処方）		メチルフェニデート塩酸塩	リタリン®、コンサータ®
	副作用	●不眠傾向、食欲低下、不安増大、神経過敏、消化器症状、眼圧亢進、頭痛、口渇など	
抗認知症薬	アセチルコリンエステラーゼ阻害薬	ドネペジル塩酸塩 ガランタミン臭化水素酸塩 リバスチグミン	アリセプト® レミニール® リバスタッチ®、イクセロン®
	NMDA 受容体拮抗薬	メマンチン塩酸塩	メマリー®
	副作用	●心筋梗塞、消化性腸潰瘍、肝障害、錐体外路症状など	

① 精神科専門療法

加算・指導料など	**令和2年新設** 精神科退院時共同指導料		●外来または在宅療養を担う保険医療機関の多職種チームと入院中の保険医療機関の多職種チームが、当該患者の同意を得て、退院後の療養上必要な説明および指導を共同で行った場合に算定
		施設基準	●当該保険医療機関内に、専任の精神保健福祉士が1名以上配置されている
	精神科退院指導料		●入院期間が1か月を超える精神障害者である患者またはその家族等に対して、精神科の医師、看護師、作業療法士および精神保健福祉士が共同して、退院後に必要となる保健医療サービスまたは福祉サービス等に関する計画を策定し、当該計画に基づき必要な指導を行った場合に算定
	精神科退院前訪問指導料		●入院中の患者の円滑な退院のため、患家等を訪問し、当該患者またはその家族等に対して、退院後の療養上の指導を行った場合に算定 ●保健師、看護師、作業療法士または精神保健福祉士が共同して訪問指導を行った場合は加算あり
	精神科継続外来支援・指導料		●入院中の患者以外の患者について、精神科を担当する医師が、患者またはその家族等に対して、病状、服薬状況および副作用の有無等の確認を主とした支援を行った場合に算定
	精神科在宅患者支援管理料		●精神科を標榜する保険医療機関への通院が困難な者に対し、精神科医、看護師または保健師、作業療法士、精神保健福祉士等の多職種が、計画的な医学管理の下に月1回以上の訪問診療および定期的な精神科訪問看護を実施し、必要に応じ、急変時等に常時対応できる体制を整備し、多職種が参加する定期的な会議を開催する場合に算定
集団療法	入院集団精神療法		●入院中の患者（1回に15人程度）に対し、一定の治療計画に基づき、集団内の対人関係の相互作用を用いて、対人場面での不安や葛藤の除去、患者自身の精神症状・問題行動に関する自己洞察の深化、対人関係技術の習得等をもたらすことにより、病状の改善を図る治療法
	通院集団精神療法		●入院中の患者以外の患者（1回に10人程度）に対して、一定の治療計画に基づき、集団内の対人関係の相互作用を用いて、自己洞察の深化、社会適応技術の習得、対人関係の学習等をもたらすことにより病状の改善を図る治療法 ●精神科を標榜している保険医療機関において、精神科を担当する医師および1人以上の精神保健福祉士または公認心理師等により構成される2人以上の者が行った場合に算定
	令和2年よりギャンブル依存症が対象 依存症集団療法		●薬物依存症またはギャンブル依存症の患者であって、入院中の患者以外の者に対して、認知行動療法の手法を用いて、薬物の使用（ギャンブルの実施）を患者自らコントロールする手法等の習得を図るための指導を行った場合に算定

精神療法	入院精神療法		●入院中の患者に対して、一定の治療計画に基づいて精神面から効果のある心理的影響を与えることにより、対象精神疾患に起因する不安や葛藤を除去し、情緒の改善を図り洞察へと導く治療方法
	通院・在宅精神療法		●入院中の患者以外の患者に対して、精神科を担当する医師が一定の治療計画のもとに危機介入、対人関係の改善、社会適応能力の向上を図るための指示、助言等の働きかけを継続的に行う治療方法
	標準型精神分析療法		●口述による自由連想法を用いて、抵抗、転移、幼児体験等の分析を行い解釈を与えることによって洞察へと導く治療法
その他の精神療法	入院生活技能訓練療法		●入院中の患者に対して、観察学習、ロールプレイ等の手法により、服薬習慣、対人関係保持能力および作業能力等の獲得をもたらすことにより、病状の改善と社会生活機能の回復を図る治療法
	認知療法・認知行動療法		●入院中の患者以外のうつ病等の気分障害、強迫性障害、社交不安障害、パニック障害、心的外傷後ストレス障害または神経性過食症の患者に対して、認知の偏りを修正し、問題解決を手助けすることによって治療することを目的とした精神療法
	精神科電気痙攣療法 令和元年6月より保険適用		●全身麻酔下で、100ボルト前後の電流を頭部に短時間通電することを反復し、各種の精神症状の改善を図る療法 ●妊娠中の女性にも行うことができる
		適応疾患	統合失調症、気分障害（うつ病、躁うつ病など）、パーキンソン症候群など
	経頭蓋磁気刺激療法		●薬物治療で十分な効果が認められない成人のうつ病患者に対して、経頭蓋治療用磁気刺激装置による治療を行った場合に算定
	心身医学療法		●心身症の患者について、一定の治療計画に基づいて、身体的傷病と心理・社会的要因との関連を明らかにするとともに、当該患者に対して心理的影響を与えることにより、症状の改善または傷病からの回復を図る治療方法
	精神科作業療法		●精神疾患を有する者の社会生活機能の回復を目的として行う作業療法（作業療法士が行った場合に算定）
	精神科デイ・ケア		●精神科デイ・ケア、精神科ショート・ケア、精神科ナイト・ケア、精神科デイ・ナイト・ケア、重度認知症患者デイ・ケア
	精神科訪問看護・指導料		●当該患者を診察した精神科を標榜する保険医療機関の保健師、看護師、准看護師、作業療法士または精神保健福祉士を訪問させて、看護または療養上必要な指導を行わせた場合に算定

② 心理（精神）療法

支持的精神療法	● 日常生活に不適応を起こしているクライエントの訴えを受容的・共感的に傾聴し、慰め、安心づけ、再保証、励まし、助言などにより精神的苦痛や不安を和らげ、再適応を支援する	
洞察的療法	● クライエントの病理性を自ら洞察するように導き、人格の構造的変化をもたらす療法。精神分析療法、精神力動的精神療法など	
精神分析療法	● 人の感情や思考などは無意識によって規定されていると考え、その無意識を意識化することで悩みから解放しようとする療法	
	自由連想	● クライエントを寝いすに臥床させ、背後に座った分析者から「心に浮かぶことを自由に話してください」と教示し、自由に思い浮かぶ考えを検討して葛藤を洞察させる
精神力動的精神療法	● クライエントの葛藤を明らかにし、転移感情の解釈や、精神療法中に生じた感情と幼少期に経験した感情を結びつけるなど、過去の問題を治療関係で取り扱う	
	転移	● 過去に重要な他者との間で生じさせた欲求、感情、葛藤、対人関係パターンなどを、治療者に対して向ける態度
交流分析	● バーン（Berne, E.）によって開発された、自己分析の方法の1つ 「構造分析」「交流パターン分析」「ゲーム分析」「脚本分析」というプログラムで構成される	
	構造分析	● 一人の人間のなかの、「親の自我」「大人の自我」「子どもの自我」の3つの自我の質と量を分析
表現的療法	● クライエントが感情を十分発散し、心理的な事実を明らかにする療法。サイコドラマ（心理劇）、芸術療法、箱庭療法など	
芸術療法	● さまざまな芸術作品を創造する活動を通じて、心身の健康の回復を目的とする心理的治療全般のこと ● 絵画療法、音楽療法、園芸療法などがある	
遊戯療法 （プレイセラピー）	● 主に子どもを対象に、遊びを主なコミュニケーション・表現手段として行われる療法 ● 言葉で表現できない深い感情や複雑な問題状況を表現できる特性があり、遊びそれ自体を自分自身のありのままの表現ととらえる	
箱庭療法	● 砂箱（57 × 72 × 7cm）の中に1つの世界を作る遊戯療法 ● 「自由にして保護された空間」「系列的理解、テーマ」「空間的配慮」の考えから内的世界を作り上げていく	
心理劇 （サイコドラマ）	● モレノ（Moreno, J. L.）によって考案された ● 筋書きのない即興劇を演じることにより、参加者の役割を変化させ、自発性を図る集団療法。監督、補助自我、演者、観客、舞台などの要素が重要	

訓練的療法	●学習や訓練によって、適応性の改善を図る療法。行動療法、認知療法、森田療法、自律訓練法など	
認知療法	●認知の歪みに対し、認知のパターンを自らが修正することを通して、不快な感情の改善を図る ●自動思考を特定し、新しい別の考えを導き出していく	
	自動思考	●何か出来事があったときに瞬間的に浮かぶ考えやイメージ
認知行動療法	●認知行動療法は、物事を解釈したり理解する仕方を修正する認知療法と、学習理論に基づいて行動を修正する行動療法を統合した療法 ●クライエントが直面している問題に関連する不適切な認知や行動のパターンに焦点をあて、どのような状況でどのような精神活動が生じるのかという行動分析をし、問題解決のためのコーピングを学ぶ	
	コーピング	●ストレスに対処するために行われる意図的な対処のこと
心理教育	●精神保健問題を抱える患者本人および家族に対して、正しい知識や情報を心理面へ十分に配慮しながら伝え、最善の対処方法を習得してもらう患者教育	
森田療法	●森田正馬により創始された神経症に対する心理療法 ●神経症をあるがままに受け入れ、やるべきことを目的本位・行動本位に実行していく ●絶対臥褥期⇒軽作業期⇒重作業期⇒退院準備期に区分される	
内観療法	●吉本伊信により創始された、日本独自の自己探求技法 ●集中内観は、下界とのやりとりを制限し、他者に対して「してもらったこと」「して返したこと」「迷惑をかけたこと」の3つの観点から内観し調べる	
系統的脱感作法	●クライエントは、個別に作成された不安階層表をもとに、リラックスした状態下で不安の誘発度の最も低い刺激から徐々に刺激が増やされ、段階的に不安を克服していく	
自律訓練法	●ドイツの精神科医シュルツ（Schultz, J. H.）によって創始された自己催眠法 ●自己暗示の言葉を繰り返すことで心身がリラックスし、感情の沈静化と自律神経系の安定が得られる	
ゲシュタルト療法	●過去のことに着目するのではなく、「いま・ここ」を重視し、感情や身体感覚の体験を通して自己に気づき、人格や統合性・全体性（ゲシュタルト）の回復を図る技法	
曝露療法 （エクスポージャー法）	●主に不安障害や強迫性障害などに用いられ、恐怖や不安の原因になる刺激や状況に段階的にあえてさらすことで不安反応を消していく療法	
家族療法	●家族を1つのシステムとしてとらえ、特定の家族メンバーに生じた症状を個人の問題とはせず、家族全体の問題としてとらえ、解決を図ろうとする療法	

③ 精神科訪問看護／精神科デイ・ケア

精神科訪問看護と精神科デイ・ケアはいずれも在宅での生活を支える重要なサービスです。自立支援医療（精神通院医療）の対象となっています。

精神科訪問看護

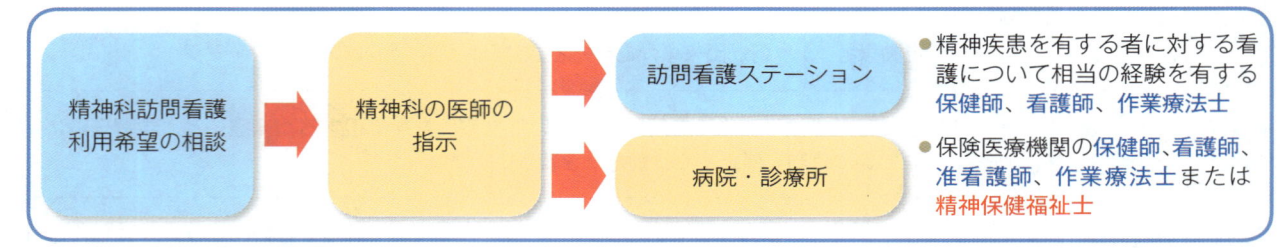

精神科訪問看護	●精神科訪問看護は、利用者の居宅において保健師、看護師、作業療法士、精神保健福祉士などにより行われる療養上の世話または必要な診療の補助
訪問看護の内容	①病状の観察と情報収集、②日常生活の維持、③対人関係の調整、④家族関係の調整、⑤精神症状の悪化や増悪の予防、⑥ケアの連携、⑦社会資源の活用など

精神科デイ・ケア

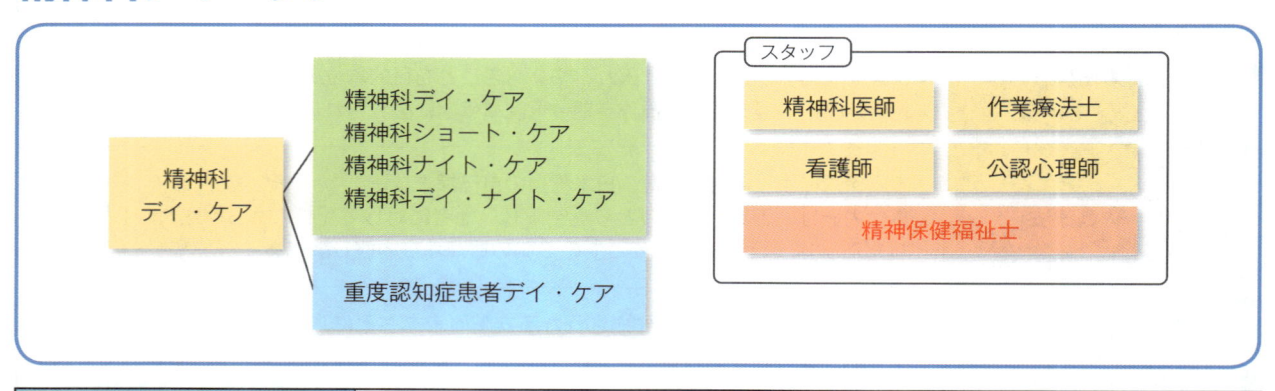

精神科デイ・ケア	●精神疾患を有する者に対し、社会生活機能の回復を目的として個々の患者に応じたプログラムに従ってグループごとに治療 ●治療上の必要がある場合には、病棟や屋外など、専用の施設以外において当該療法を実施することも可能 ●精神科デイ・ナイト・ケアと精神科ショート・ケア、精神科デイ・ケアまたは精神科ナイト・ケアを各患者に対して同時に同一施設で実施することができる
精神科デイ・ケア	●利用時間は6時間が標準
精神科ショート・ケア	●利用時間は3時間を標準
精神科ナイト・ケア	●利用時間は4時間が標準 （開始時間は午後4時以降）
精神科デイ・ナイト・ケア	●利用時間は10時間が標準
重度認知症患者デイ・ケア	●「認知症高齢者の日常生活自立度判定基準」がランクMに該当する人が対象 ●利用時間は1人当たり1日につき6時間以上

④ 心理検査

知能検査		ウェクスラー式児童用知能検査（WISC- Ⅴ）	●ウェクスラー, D. によって開発された、個別式の子ども用知能検査（5歳0か月〜16歳11か月）
		ウェクスラー式成人知能検査（WAIS- Ⅳ）	●ウェクスラー, D. によって開発された、成人用知能検査（16歳0か月〜90歳11か月）
		ビネー式知能検査	●ビネー, A. とシモン, T. が協力して作成した知能検査。精神年齢を生活年齢で割って100倍し、知能指数を出す
		コース立方体組み合わせテスト	●コースによって開発された知能検査。各面が赤、白、青、黄、赤と白、青と黄に塗り分けられた1辺3センチの立方体を組み合わせて、難易度順に並べられた17問の模様を作る
人格検査	質問紙法	矢田部 - ギルフォード（Y-G）性格検査	●ギルフォード, J. P. の人格特性理論に基づき、矢田部達郎によって作成された質問紙法の性格検査。A型〜E型の5つの性格特性に分けられる
		ミネソタ多面人格検査（MMPI）	●精神医学的診断の客観化を目的として開発された質問紙法の人格検査。個別でも集団でも実施できる
		コーネル・メディカル・インデックス（CMI）	●身体的自覚症状の144項目（呼吸器系、心臓脈管系、神経系など12尺度）と精神的自覚症状の51項目（不適応、抑うつ、不安、怒りなど6尺度）からなる検査
	投影法	主題統覚検査（TAT）	●モルガン, C. D.とマレー, H. A.が考案。動作途中にある人物や抱擁している男女、肖像画のようなスタイルをとる女性、人のいない風景などが描かれた31枚の図版から20枚を選択し、被検者に自由に物語ってもらう
		ロールシャッハテスト	●ロールシャッハ, H. が考案。インクのシミは10枚の図版となって人格投影検査として用いられている
		バウムテスト	●コッホ, K. が考案。被検者が描く「1本の実のなる樹」の絵からパーソナリティの発達的な側面などを検討する
		P-F スタディ（絵画欲求不満テスト）	●ローゼンツァイク, S. が考案。日常生活における欲求不満場面が描かれた絵を提示し、その反応で、3つの攻撃型（外罰・内罰・無罰）と3つの反応型（障害優位型・自我防衛型・要求固執型）により分析し、人格を評価する
		文章完成検査（SCT）	●投影法心理テストであり、あらかじめ書かれている未完成の刺激文の続きについて思いつくことを自由に記述してもらう
その他		状態－特性不安検査（STAI）	●状態不安と特性不安を別々に測定する尺度で、各20項目ずつの質問に答え、自己採点もできる
		ベントン視覚記銘検査	●図形を用いた記銘力検査。視覚認知、視覚記銘、視覚構成能力を評価し、脳疾患の可能性を診断する
		内田 - クレペリン精神作業検査	●一列に並んだ数字を連続加算する作業を繰り返し、その作業速度の変化を示す作業曲線から、モチベーション度、緊張の持続度、注意集中度を評価し人格を診断する

① 精神科リハビリテーション

精神科リハビリテーションの基本と原則

リハビリテーションのプロセス

アセスメント（事前評価）　➡　プランニング（計画の策定）　➡　インターベンション（計画の実施）　➡　モニタリング（経過観察）　➡　エバリュエーション（事後評価）

アンソニー（Anthony, W.）による精神科リハビリテーションの9原則	1	精神障害を抱えた人の能力を改善
	2	当事者の必要とする環境における行動の改善
	3	さまざまなテクニックを臨機応変に駆使できる
	4	精神障害を抱えた人の職業上の予後を改善
	5	希望は、構成要素として不可欠である
	6	熟慮されたうえでのケア提供者への依存は自立につながる
	7	当事者のリハビリテーションには、本人を参加させる
	8	二大介入は、当事者の技能開発と環境的支援開発である
	9	長期の薬物療法は必要条件となるが十分条件であることはまれ

リハビリテーション評価	PANSS（陽性・陰性症状評価尺度）バンス	●Positive and Negative Symptoms Scale ●過去1週間について統合失調症の陽性症状、陰性症状、総合精神病理を7段階で評価
	Ham-D, HRS（ハミルトンうつ病評価尺度）	●Hamilton Rating Scale for Depression ●うつ病の症状のプロフィールと総合的重症度を示す尺度
	REHAB（精神科リハビリテーション行動評価尺度）リハブ	●Rehabilitation Evaluation Hall and Baker ●失禁、暴力、自傷など7項目の逸脱行動と、活動性、言葉の量、言葉の意味など16項目について、アナログスケールでマークして評価する
	DAS（障害評価面接基準）ダス	●Disability Assessment Schedule ●全般的な行動、社会的な役割の遂行、性的関係、社会的接触、職業上の役割などの10項目について評価する
	職業レディネス・テスト	●一時性の職業能力評価尺度で、職業に対する興味と職務遂行の自信度を39項目についてチェックする
	ワークパーソナリティ障害評価表	●役割の認知と受容、対人関係、指導・指示への反応、作業遂行能力の4つの概念から構成した15項目を評価

精神科専門療法

作業療法	●精神科作業療法は、生活技能の習得、環境の調整など包括的な支援により再発を防ぎ、その人なりの生活の再構築と社会参加の援助を行うリハビリテーション技法 ●作業療法においては、日常生活関連活動、仕事関連活動、余暇関連活動、社会生活関連活動など、暮らしを構成するすべての作業行為をはたらきかけの手段としている	
	日常生活関連活動	●食事・排泄、睡眠、整容、衛生、更衣など
	仕事関連活動	●職業として行われる活動、学業、掃除、洗濯、調理、買い物など
	余暇関連活動	●創作・表現活動、遊び・趣味、スポーツに関するものなど
	社会生活関連活動	●公共機関の利用、交通機関の利用、コミュニケーション手段の利用など
	理学療法士及び作業療法士法における「作業療法」の定義	●作業療法とは、身体または精神に障害のある者に対し、主としてその応用的動作能力または社会的適応能力の回復を図るため、手芸、工作その他の作業を行わせることをいう
レクリエーション療法	●レクリエーションは、休息や気晴らし、自己啓発などのために自発的に行われる余暇活動 ●レクリエーション療法は、障害のために余暇活動が制限されている人に対し、生活の広がり、社会参加の促進、心身の機能や行動の改善など療法的要素をもって行われる	
集団精神療法	●集団内の対人関係の相互作用を用いて、問題行動に対する自己洞察の深化、社会的適応技術の習得、対人関係の習得等をもたらすことにより病状の改善を図る療法 ●集団療法を行うときは、「メンバーとスタッフとの関係」「メンバー同士の相互作用」「グループ全体」の3つの側面からの支援を意識して支援を行う	
行動療法	●精神科リハビリテーションにおける行動療法として、トークンエコノミー法、モデリング法、シェイピング法、自己コントロール法などがある	
	トークンエコノミー法	●適切な行動を行うとトークン（疑似貨幣）を受け取ることで正の強化刺激を与える
	モデリング法	●他人の行動や行動の結果を観察することによって、新しい行動様式を獲得したり、反応様式を変化させたりする
SST（社会生活技能訓練）	●社会生活のなかの主に対人接触にかかわる状況において、状況に応じた適切なストレス回避や認知、行動様式（コーピング）を、段階を経て学んでいく認知行動療法	
	SSTの進め方	●1人の参加者が次の④〜⑦を行い、全員が終わるとセッションの終了となる ①始めのあいさつ→②新しい参加者の紹介→③SSTの目的ときまりの確認→④前回の宿題報告→⑤今回の練習課題の明確化→⑥ロールプレイを用いた技能の練習→⑦次回までの宿題の設定→⑧ひとことと感想→⑨終わりのあいさつ
	⑥ロールプレイを用いた技能の練習	①場面をつくり相手役を選ぶ→②いつものやり方でやってみる→③よかったところを伝える（正のフィードバック）→④改善点を提示する→⑤モデル行動を示す（モデリング）→⑥もう一度練習する→⑦実生活で実行する課題を計画する（宿題）

② ICF

 ICF は、人間の生活機能と障害の分類法として、2001 年 5 月、世界保健機関（WHO）において採択されました。これまでの ICIDH（1980 年採択）がマイナス面を分類するという考え方が中心であったのに対し、ICF では生活機能というプラス面からみるように視点が転換されました。

国際障害分類（ICIDH）

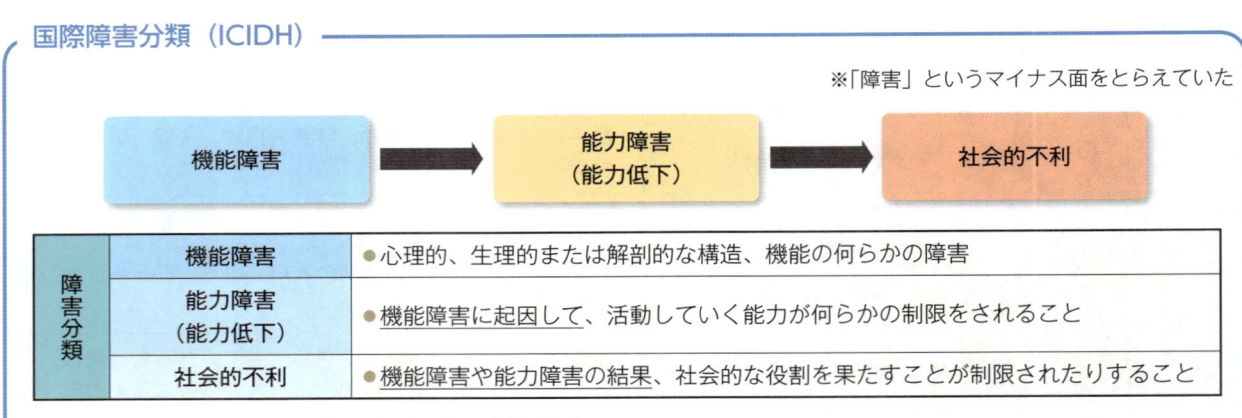

※「障害」というマイナス面をとらえていた

障害分類	機能障害	●心理的、生理的または解剖的な構造、機能の何らかの障害
	能力障害（能力低下）	●機能障害に起因して、活動していく能力が何らかの制限をされること
	社会的不利	●機能障害や能力障害の結果、社会的な役割を果たすことが制限されたりすること

資料：厚生省仮訳「WHO 国際障害分類試案」厚生統計協会，1984.

国際生活機能分類（ICF）

※心身機能・身体構造、活動、参加の生活機能レベルと健康状態・環境因子・個人因子のすべての要素は、それぞれ相互に関係している

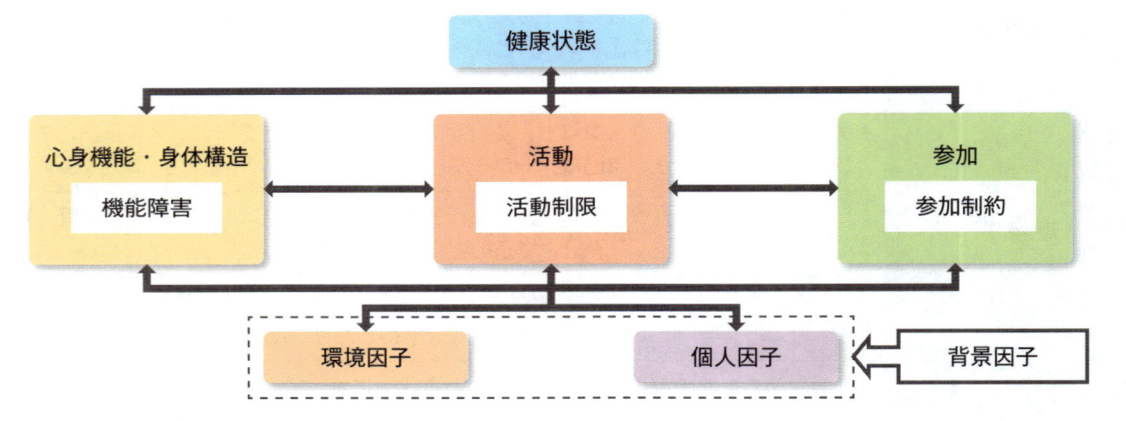

生活機能	心身機能・身体構造		●心身機能は、「身体系の生理的機能」 ●身体構造は、「器官・肢体とその構成部分などの身体の解剖学的部分」
	活動		●課題や行為の個人による遂行 ●活動における、実行状況（している活動）と能力（できる活動）を明確に区分している
	参加		●生活・人生場面へのかかわり
背景因子		環境因子	物的な環境や社会的環境などを構成する因子
		個人因子	個人の人生や生活の特別な背景
健康状態			●疾患だけではなく、高齢や妊娠、ストレスなどを含むより広い概念

資料：厚生労働省訳は，障害者福祉研究会編『ICF 国際生活機能分類―国際障害分類改定版―』中央法規出版，2002.

① 精神保健

<table>
<tr><td rowspan="2">エリクソンの発達段階説</td><td colspan="5">●エリクソン（Erikson, E. H.）は、各発達段階にそれぞれ心理・社会的危機を設定し、その危機にどのように向き合ったかで、その人のその後の人生は変わってくるとし、社会的・対人関係の視点から心理・社会的発達を8つの段階にまとめた</td></tr>
<tr>
<td>発達段階</td><td colspan="3">発達課題</td><td>達成すると</td>
</tr>
<tr><td>①乳児期</td><td>基本的信頼</td><td>対</td><td>基本的不信</td><td>希望</td></tr>
<tr><td>②幼児期前期</td><td>自律性</td><td>対</td><td>恥・疑惑</td><td>意志</td></tr>
<tr><td>③幼児期後期</td><td>積極性</td><td>対</td><td>罪悪感</td><td>目的</td></tr>
<tr><td>④児童期</td><td>勤勉性</td><td>対</td><td>劣等感</td><td>有能性</td></tr>
<tr><td>⑤青年期</td><td>同一性</td><td>対</td><td>同一性拡散</td><td>忠誠</td></tr>
<tr><td>⑥成人期初期</td><td>親密</td><td>対</td><td>孤立</td><td>愛</td></tr>
<tr><td>⑦成人期</td><td>生殖性</td><td>対</td><td>停滞</td><td>世話</td></tr>
<tr><td>⑧老年期</td><td>自我統合</td><td>対</td><td>絶望・嫌悪</td><td>英知</td></tr>
</table>

<table>
<tr><td rowspan="6">ライフサイクルでみられる精神保健</td><td>乳幼児期</td><td>●マタニティブルー（産後1週間くらいまでに起こる気持ちの落ち込み）
●産後うつ病、産褥期精神障害、子育て不安
●母性の欠如、児童虐待</td></tr>
<tr><td>学童期</td><td>●自閉スペクトラム症、注意欠陥・多動性障害、学習障害、精神遅滞など
●不登校、いじめ、自殺</td></tr>
<tr><td>思春期</td><td>●非行、学校内の暴力
●少年犯罪、薬物依存
●摂食障害、過換気症候群、自傷行為
●統合失調症、双極性障害</td></tr>
<tr><td>青年期</td><td>●性同一性障害（性別違和）
●社会的ひきこもり、ニート
●モラトリアム、スチューデント・アパシー</td></tr>
<tr><td>壮年期・中年期</td><td>●うつ病、自殺
●アルコール依存、ギャンブル依存
●DV
●空の巣症候群</td></tr>
<tr><td>老年期</td><td>●認知症、要介護
●自殺</td></tr>
</table>

周産期の精神保健	マタニティブルー	● 産後1週間くらいまでに起こる気持ちの落ち込み。一過性のもので短期間に軽快する
	産褥期うつ病（産後うつ病）	● 産後数週間から数か月以内に発症し、抑うつ気分、不安、意欲の低下、不眠などがみられる
	ペリネイタルロス	● 流産、死産、新生児死亡などの周産期における喪失体験のこと
	カンガルーケア	● 出産後すぐに、新生児を母親の素肌に抱き、対面・保育する方法。分娩後のよりよい母子の愛着関係を進めるためのケアとして推奨されている
	ダブルケア	● 親の介護と子育てという2つのケアを同時に担う状況のこと
	マルトリートメント	● 大人の子どもに対する心ない言葉や暴力、育児放棄など、子どもを傷つける行為
青年期の精神保健	モラトリアム	● 青年が社会で一定の役割を引き受けるようになるまでの猶予期間
	スチューデント・アパシー	● 学生が社会的役割である学業に対する意欲を失って、無気力、無感動となる症状
成人期以降における精神保健	ワーカホリック	● 家庭や自分の健康をなおざりにしてまで、仕事をやりすぎる状態
	昇進うつ病	● 昇進による環境や仕事内容の変化がきっかけに発症するうつ病
	仮面うつ病	● 主に身体症状が目立ち、抑うつ気分などの精神症状が目立たないうつ病をいう
	空の巣症候群	● 子育てが終わった母親の虚脱状態
	燃え尽き症候群（バーンアウトシンドローム）	● 仕事などでエネルギーや力を過度に使いすぎることによって引き起こされる ● 情緒的消耗感、脱人格化、個人的達成度の低下などがみられる
その他	ウェルテル効果	● 著名人の自殺に関する報道の後で自殺者数が増加する現象
	メンタリング	● 経験豊かな年長者が若者と交流し、対話や助言によって自発的な成長を支援すること

予防精神医学	●カプラン（Caplan, G.）は、地域精神医学を「予防精神医学」と呼び、第一次予防、第二次予防、第三次予防という概念に分けて考えた	
	第一次予防	●精神障害をはじめとするメンタルヘルス不調の発生を未然に防ぐための取組み ●健康増進や疾病予防のための健康教育や保健指導を行う
	第二次予防	●病気を早期に発見し、迅速に適切な対応を取るための取組み ●早期発見し、治療を受けることによって病気の重症化を防ぐ
	第三次予防	●現在の病状を適切に把握・管理し、病気の重症化を防ぐための取組み ●リハビリテーション等により機能回復を図り、後遺症の予防、社会復帰、再発防止を目指す
精神保健活動の3つの対象	●地域精神保健活動には、積極的精神保健、支持的精神保健、総合的精神保健の3つの対象がある	
	積極的精神保健（ポジティブ・メンタルヘルス）	●地域住民を対象として、こころや身体の健康維持、生きがいづくりを行う
	支持的精神保健（サポーティブ・メンタルヘルス）	●精神疾患に罹っている人や医療を中断しがちな人を支援する
	総合的精神保健（トータル・メンタルヘルス）	●地域の精神障害者を支援するための拠点づくりやボランティアの育成等を行う
危機のプロセスモデル	●フィンク（Fink, S. L.）は、危機を体験した人がたどる心理的プロセスを、4つの段階で説明した	
	①衝撃	●強烈な不安、パニック
	②防衛的退行	●無関心、現実逃避、否認、抑圧
	③承認	●無感動、怒り、抑うつ、苦悶、深い悲しみ
	④適応	●不安の減少、新しい価値観
災害時の心理状態等	●被災者が示す心理過程には「茫然自失期」「ハネムーン期」「幻滅期」「再建期」の4段階があるとされる	
	①茫然自失期（ぼうぜんじしつ）	●混乱し、現実を受け入れることができず茫然とする時期
	②ハネムーン期	●徐々に疲労が蓄積していくとともに、被災者同士の間で強い連帯感が生まれる時期
	③幻滅期	●メディアで災害の報道が減るなど、被災地外からの関心が薄れ、被災者が無気力、倦怠感に苛まれる時期
	④再建期	●復旧が進み、徐々に平常の生活に戻っていく時期
社会的再適応評価尺度（Social Readjustment Rating Scale）	●ホームズ（Holmes, T.）らによって開発されたライフイベントとストレス値が示されたチェックリスト ●合計点が300点以上は、今後1年間に健康障害を生じる可能性が約80％などとしている	
	尺度の例	●配偶者の死（100点）、離婚（73点）、夫婦別居（65点）、自分の病気やけが（53点）、結婚（50点）、解雇（47点）、家族の病気（44点）、妊娠（40点）、転職（36点）、引っ越し（20点）、休暇（13点）など

障害調整生命年 （DALY）	●Disability-Adjusted Life-Years ●障害の程度や障害を有する期間を加味することによって調整した生存年数 障害調整生命年（DALY）＝ 損失生存年数（YLL）＋ 障害生存年数（YLD）	
	損失生存年数（YLL）	●早死にすることによって失われた年数
	障害生存年数（YLD）	●障害を有することによって失われた年数
健康づくりのための 睡眠指針 2014	●「健康日本 21（第二次）」の睡眠について設定された目標に向けて具体的な実践を進めていく手だてとして、2014（平成 16）年 3 月に「健康づくりのための睡眠指針 2014」を策定し、睡眠 12 箇条を示した	
	睡眠 12 箇条	1.　良い睡眠で、からだもこころも健康に。 2.　適度な運動、しっかり朝食、ねむりとめざめのメリハリを。 3.　良い睡眠は、生活習慣病予防につながります。 4.　睡眠による休養感は、こころの健康に重要です。 5.　年齢や季節に応じて、ひるまの眠気で困らない程度の睡眠を。 6.　良い睡眠のためには、環境づくりも重要です。 7.　若年世代は夜更かし避けて、体内時計のリズムを保つ。 8.　勤労世代の疲労回復・能率アップに、毎日十分な睡眠を。 9.　熟年世代は朝晩メリハリ、ひるまに適度な運動で良い睡眠。 10.　眠くなってから寝床に入り、起きる時刻は遅らせない。 11.　いつもと違う睡眠には、要注意。 12.　眠れない、その苦しみをかかえずに、専門家に相談を。
職場のパワーハラスメント	●職場のパワーハラスメントは、①優越的な関係を背景とした言動であって、②業務上必要かつ相当な範囲を超えたものにより、③労働者の就業環境が害されるものをいう ●パワーハラスメントの典型的な例として、6 つの類型が示されている	
	身体的な攻撃	●殴打、足蹴りをする、相手に物を投げつける
	精神的な攻撃	●人格を否定するような発言をする
	人間関係からの 切り離し	●自身の意に沿わない社員に対して、仕事を外し、長期間にわたり、別室に隔離したり、自宅研修させたりする
	過大な要求	●長期間にわたり肉体的苦痛を伴う過酷な環境下での勤務に直接関係のない作業を命ずる、業務上明らかに達成不可能なノルマを課す
	過小な要求	●管理職である労働者を退職させるため、誰でも遂行可能な業務を行わせる
	個の侵害	●労働者を職場外でも継続的に監視したり、私物の写真撮影をしたりする
職場における セクシュアルハラスメント	●職場におけるセクシュアルハラスメントには「対価型」と「環境型」がある	
	対価型セクシュアル ハラスメント	●労働者の意に反する性的な言動に対する労働者の対応により、その労働者が解雇、降格、減給、労働契約の更新拒否などの不利益を受ける
	環境型セクシュアル ハラスメント	●労働者の意に反する性的な言動により労働者の就業環境が不快なものとなったためその労働者が就業するうえで看過できない程度の支障が生じる

世界のメンタルヘルスへの取組み

mhGAP 介入ガイド（mhGAP Intervention Guide）	● 2008 年に世界保健機関（WHO）が開始したメンタルヘルスギャップアクションプログラム（Mental Health Gap Action Programme：mhGAP）の推進のための技術的なツール ● 精神衛生に関してのさまざまな GAP（格差）を是正することを目的に、プライマリケアや一般病院など、精神保健専門家のいない保健医療の場でも質の高いメンタルヘルスケアを提供できるように作成された
メンタルヘルスアクションプラン2013-2020	● 第 66 回世界保健機関（WHO）総会（2013 年 5 月）において包括的メンタルヘルスアクションプラン 2013-2020 が採択された

	メンタルヘルスの定義	● メンタルヘルスとは、人が自身の能力を発揮し、日常生活におけるストレスに対処でき、生産的に働くことができ、かつ地域に貢献できるような満たされた状態（a state of well-being）である
	ビジョン	● メンタルヘルスが尊重・促進・保護され、精神障害が予防され、精神障害に罹患した人々が人権を最大限に行使し、リカバリーを促進するために、質が高く、文化に適合した保健医療ケアと社会ケアを適時に受けることのできる世界を達成すること
	目標	● 「メンタルヘルスなしに健康なし」を原則として、精神的に満たされた状態（mental well-being）を促進し、精神障害を予防し、ケアを提供し、リカバリーを促し、人権を促進し、そして精神障害を有する人々の死亡率、罹患率、障害を低減すること

精神保健ケアに関する法 基本 10 原則		● 世界保健機関（WHO）は、1996 年に精神保健ケアに関する法：基本 10 原則を公表し、次の指針を示した
	1	すべての人は、最良の精神的健康づくりと精神疾患予防のため、可能な限り最良の手段を利用し、利益を得られるべきである
	2	すべての人は、必要なときに、基本的な精神保健ケアを受けることができる
	3	精神保健診断は国際的に承認された医学的原則に則って行われなければならない
	4	精神障害者への精神保健ケアは、行動制限などの規制を最小限にして行われなければならない
	5	いかなる形態の介入であれ、事前に本人の同意を求めるべきである
	6	患者は自己決定が可能だが困難を覚えている場合、当人の選択した専門的第三者からの支援によって利益を得ることができる
	7	判事や後見人ら代理人、保健従事者による決定に対しては、必ず審査手続きがなくてはならない
	8	患者本来の状態に影響を及ぼす治療や自由を束縛する入院が長期にわたる場合、求めがなくても定期的に審査する機構がなければならない
	9	公権による決定者（判事など）や後見保護者は、法に則って資格を与えられ、決定を行う
	10	決定は、現行法に則って行われるべきであり、他の基準や裁量で行ってはならない

② 災害時の精神保健

災害派遣精神医療チーム（DPAT）			●自然災害や航空機・列車事故、犯罪事件などの集団災害の後、被災地域に入り、精神科医療および精神保健活動の支援を行う 専門的な精神医療チーム ●都道府県および指定都市は、防災基本計画に基づき、DPAT の整備に努める
	活動内容		●情報収集とニーズアセスメント、情報発信、被災地での精神科医療の提供、被災地での精神保健活動への専門的支援、被災した医療機関への専門的支援、支援者への専門的支援など
	構成員		●精神科医、看護師、業務調整員 （被災地のニーズに合わせて、児童精神科医、薬剤師、保健師、精神保健福祉士や臨床心理技術者等を含めて適宜構成する）
	活動3原則	1	自己完結型の活動　（移動、食事、宿泊等は自ら確保し、自立した活動を行う）
		2	積極的な情報共有　（DPAT 活動本部、他の医療チームとの情報共有と連携を行う）
		3	名脇役であれ　（支援活動の主体は被災地域の支援者である）
広域災害・救急医療情報システム（EMIS）			●DPAT の活動に関連する、精神科医療機関の情報、避難所の情報、DPAT の活動状況等は、災害派遣医療チーム（DMAT）等の他の保健医療チームとも情報が共有できるよう、EMIS を用いて行う
二次受傷			●災害発生後6か月以内に被災者が呈する精神症状を 心的外傷後ストレス障害（PTSD）という ●被災者へのケア活動によって、被災を直接経験していない支援者に生じる外傷性ストレス反応のことを二次受傷という
ストレス・災害時こころの情報支援センター			●2013（平成25）年2月に厚生労働省の委託で国立精神・神経医療研究センター内に「災害時こころの情報支援センター」設置 ●2018（平成30）年4月よりストレス・災害時こころの情報支援センターに名称変更
サイコロジカル・ファーストエイド（PFA）			●サイコロジカル・ファーストエイド（Psychological First Aid；PFA）は、災害、大事故などの直後に提供できる、心理的支援のマニュアル
デブリーフィング（debriefing）			●災害直後の数日から数週間後に行われる急性期介入で、災害に遭うなど、つらい経験をした後でそれについて詳しく話し、つらさを克服する手法
災害医療におけるトリアージ			●トリアージとは、多数の負傷者に対して限られた医療資源で、可能な限り多くの命を救命するため、緊急度と重症度に応じて区分けすること ●災害医療のトリアージでは、負傷者は4つのカテゴリーに分類されてタグが付けられ、救命措置、搬送、治療の順位は、第1順位から第4順位（赤、黄、緑、黒）の順となっている

③ 犯罪被害者の精神保健

殺人・殺人未遂または傷害等の暴力被害者の精神状況

精神的問題の有無	感じた 41%			感じなかった 59%		
精神的な問題と事件との関連	事件が大いに関係している 41%		ある程度関係している 18%	どちらともいえない 12%	あまり関係していない 14%	全く関係していない 16%
精神的問題の有無	重症精神障害相当 24%	軽度精神障害の可能性あり 21%				

資料：警察庁「平成29年度 犯罪被害類型別調査 調査結果報告書」（2018年3月）

犯罪被害者等基本法			●犯罪被害者等のための施策の基本となる事項を定めること等により、犯罪被害者等のための施策を総合的かつ計画的に推進し、もって犯罪被害者等の権利利益の保護を図ることを目的とする
	定義	犯罪等	●犯罪およびこれに準ずる心身に有害な影響を及ぼす行為をいう
		犯罪被害者等	●犯罪等により害を被った者およびその家族または遺族をいう
	犯罪被害者等基本計画		●政府は、犯罪被害者等のための施策の総合的かつ計画的な推進を図るため、犯罪被害者等基本計画を定めなければならない
	犯罪被害者等施策推進会議		●内閣府に、特別の機関として、犯罪被害者等施策推進会議を置く
全国被害者支援ネットワーク			●犯罪被害者等早期援助団体として指定を受けた民間被害者支援団体が全都道府県で認定されている ●民間被害者支援団体は、警察や関係機関と連携を図りながら、被害者支援に関する活動を行っている
犯罪被害者等給付金の支給等による犯罪被害者等の支援に関する法律			●国は、犯罪被害者（犯罪行為による死亡、重傷病または障害を受けた者）またはその遺族に対し、犯罪被害者等給付金を支給する
犯罪被害者に対する急性期心理社会支援ガイドライン			●民間の犯罪被害者相談機関の支援員など、精神保健専門家以外の犯罪被害支援者が利用できる被害後急性期の心理社会ケアについての指針を示している
	犯罪被害者支援の原則		●支援者は、被害者が適切に自己決定や判断ができるように支援することが重要である
	情報提供		●情報を伝える際には、被害者の状況に配慮し、適切な時期に必要な量の情報を提供することが重要である

④ 子ども・若者育成支援

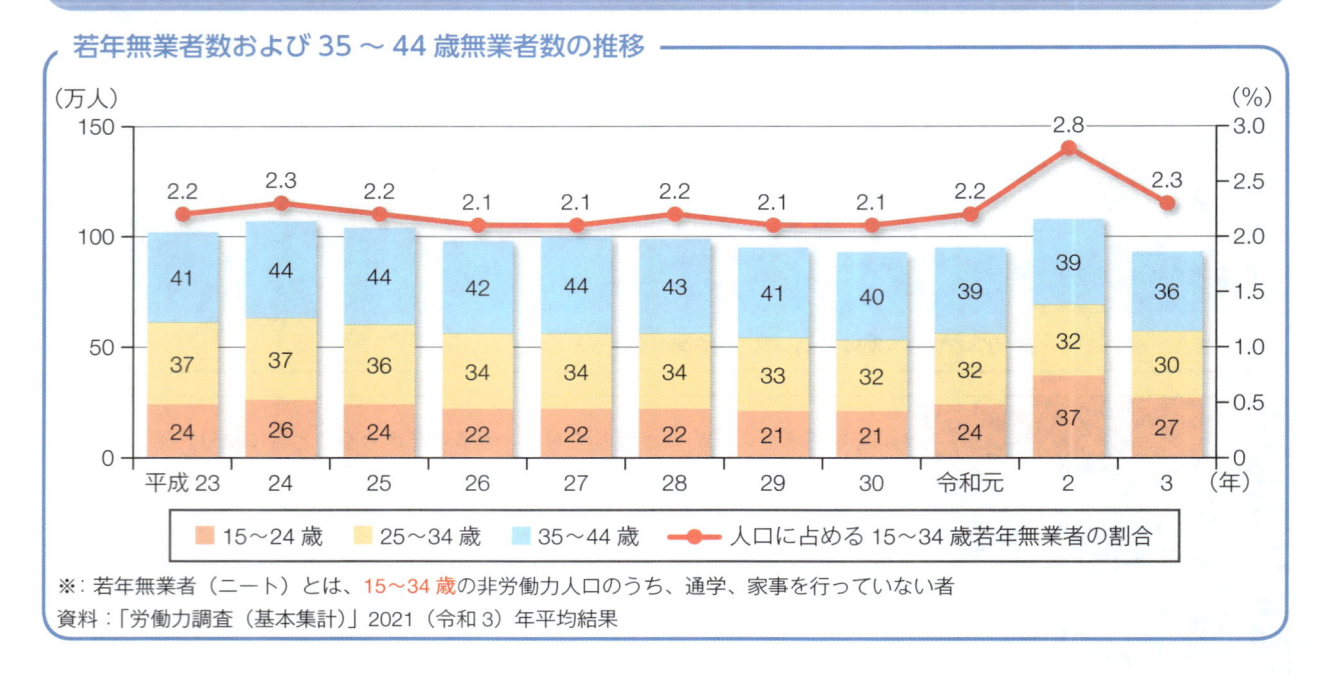

若年無業者数および 35 ～ 44 歳無業者数の推移

※：若年無業者（ニート）とは、15～34 歳の非労働力人口のうち、通学、家事を行っていない者
資料：「労働力調査（基本集計）」2021（令和 3）年平均結果

子ども・若者育成支援推進法

法の目的	●子ども・若者育成支援について、他の関係法律による施策と相まって、総合的な子ども・若者育成支援のための施策を推進することを目的とする ●2010（平成 22）年 4 月施行
都道府県子ども・若者計画等	●都道府県、市町村は、都道府県（市町村）子ども・若者計画を策定するよう努める
子ども・若者総合相談センター	●地方公共団体は、子ども・若者育成支援に関する相談に応じ、関係機関の紹介その他の必要な情報の提供および助言を行う拠点としての機能を担う体制を、単独でまたは共同して、確保するよう努める

地域若者サポートステーション

地域若者サポートステーション		●ニート等の若者の職業的自立を支援するため、地域の若者支援機関のネットワーク拠点となる厚生労働省から委託を受けた相談機関（愛称はサポステ） ●令和 3 年度現在、全国に 177 か所設置
	利用対象者	●原則として、15 歳から 49 歳であり、仕事に就いておらず、家事も通学もしていない者（若年無業者等）のうち、就職に向けた取組みへの意欲が認められ、ハローワークにおいても就職を目標にし得ると判断した者およびその家族
	支援内容	●キャリア・コンサルタントによる専門的な相談や、コミュニケーション訓練、職場体験等の自立に向けた各種支援プログラム等、多様な就労支援メニューを提供

⑤ ひきこもり対策

ひきこもり推計数

区分		年齢　15 〜 39 歳	40 〜 64 歳
準ひきこもり群	ふだんは家にいるが、自分の趣味に関する用事のときだけ外出する	36.5 万人	24.8 万人
狭義のひきこもり群	ふだんは家にいるが、近所のコンビニなどには出かける	12.1 万人	27.4 万人
	自室からは出るが、家からは出ないまたは自室からほとんど出ない	5.5 万人	9.1 万人
広義のひきこもり群		54.1 万人	61.3 万人

資料：内閣府「若者の生活に関する調査報告書」（平成 28 年 9 月）、「生活状況に関する調査」（平成 31 年 3 月）

ひきこもりの定義		● さまざまな要因の結果として社会的参加（義務教育を含む就学、非常勤職を含む就労、家庭外での交遊など）を回避し、原則的には 6 か月以上にわたっておおむね家庭にとどまり続けている状態（他者と交わらないかたちでの外出をしていてもよい）
ひきこもり地域支援センター事業		● 都道府県、指定都市、市区町村に設置（民間団体へ委託できる） ● ひきこもり支援コーディネーターを 2 名以上配置（うち 1 名以上は、社会福祉士、精神保健福祉士、保健師、公認心理師等）
	相談支援事業	● 対象者からの電話や来所等による相談に応じ、適切な助言を行うとともに、必要に応じて訪問支援を行う
業務内容	居場所づくり事業	● ひきこもり状態にある本人が、社会参加をするための第一歩となる居場所づくりを行う
	連絡協議会・ネットワークづくり事業	● 地域の多様な関係機関で構成される連絡協議会を設置するなどネットワークづくりに努める
	当事者会・家族会開催事業	● 当事者同士、家族同士が集まって経験や悩みを共有し合い、不安な気持ちを解消できる場を設ける
	住民向け講演会・研修会開催事業	● 地域において、ひきこもりに関する理解が深まるよう、住民向けの講演会・研修会を開催する
ひきこもり支援ステーション事業		● 実施主体は、市区町村（民間団体へ委託できる） ● ひきこもり支援コーディネーターを 1 名以上配置
	業務内容	● 相談支援事業、居場所づくり事業、連絡協議会・ネットワークづくり事業などを実施する

⑥ 学校保健

不登校

学年別不登校児童生徒数

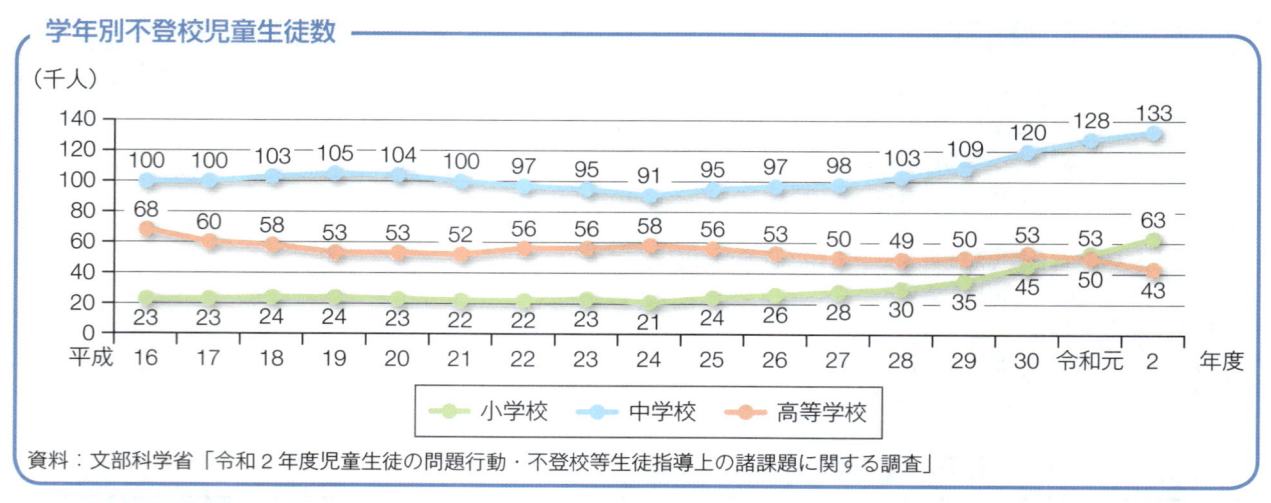

資料：文部科学省「令和2年度児童生徒の問題行動・不登校等生徒指導上の諸課題に関する調査」

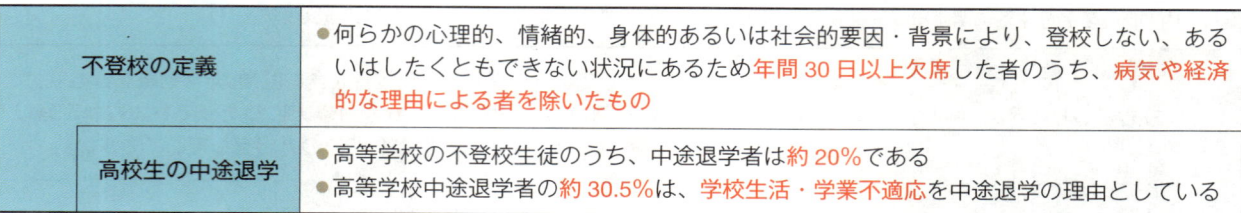

不登校の定義	●何らかの心理的、情緒的、身体的あるいは社会的要因・背景により、登校しない、あるいはしたくともできない状況にあるため年間30日以上欠席した者のうち、病気や経済的な理由による者を除いたもの
高校生の中途退学	●高等学校の不登校生徒のうち、中途退学者は約20%である ●高等学校中途退学者の約30.5%は、学校生活・学業不適応を中途退学の理由としている

学校内における暴力

学校内における暴力行為発生件数の推移

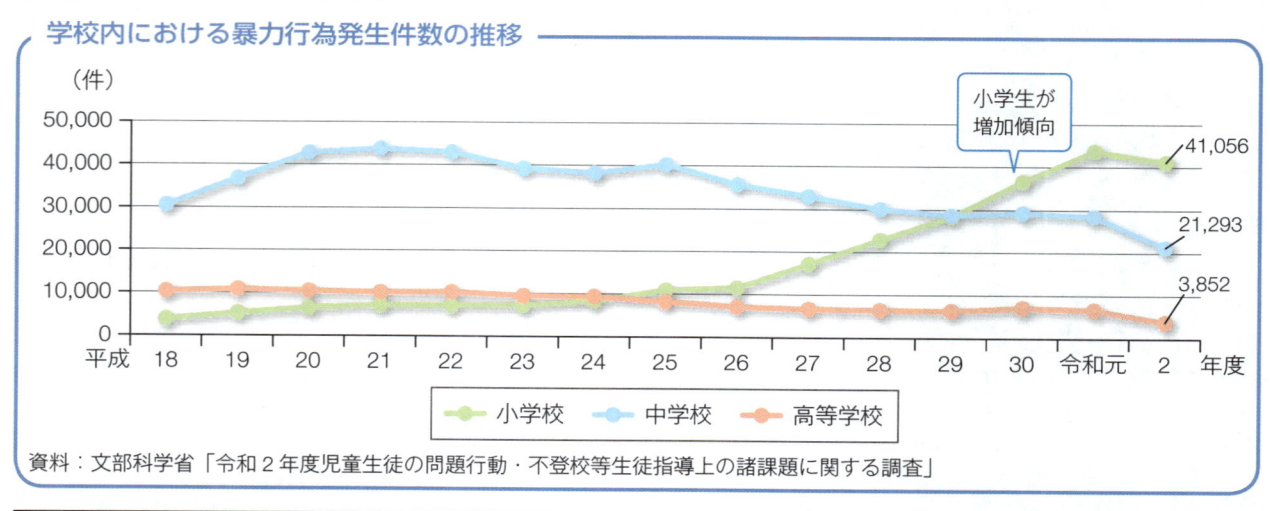

資料：文部科学省「令和2年度児童生徒の問題行動・不登校等生徒指導上の諸課題に関する調査」

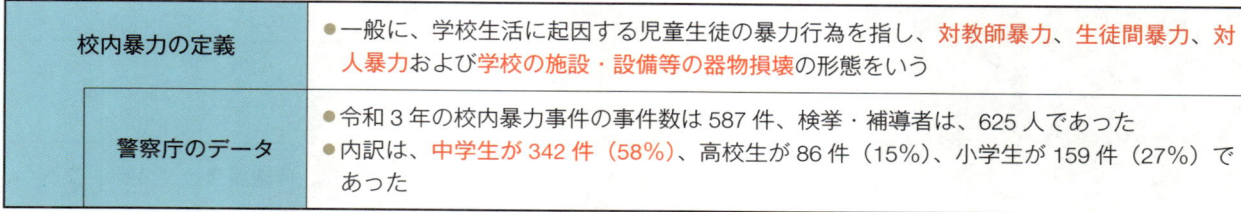

校内暴力の定義	●一般に、学校生活に起因する児童生徒の暴力行為を指し、対教師暴力、生徒間暴力、対人暴力および学校の施設・設備等の器物損壊の形態をいう
警察庁のデータ	●令和3年の校内暴力事件の事件数は587件、検挙・補導者は、625人であった ●内訳は、中学生が342件（58%）、高校生が86件（15%）、小学生が159件（27%）であった

資料：警察庁「令和3年における少年非行、児童虐待及び子供の性被害の状況」

教員の精神保健

教員の病気休職者数等の推移

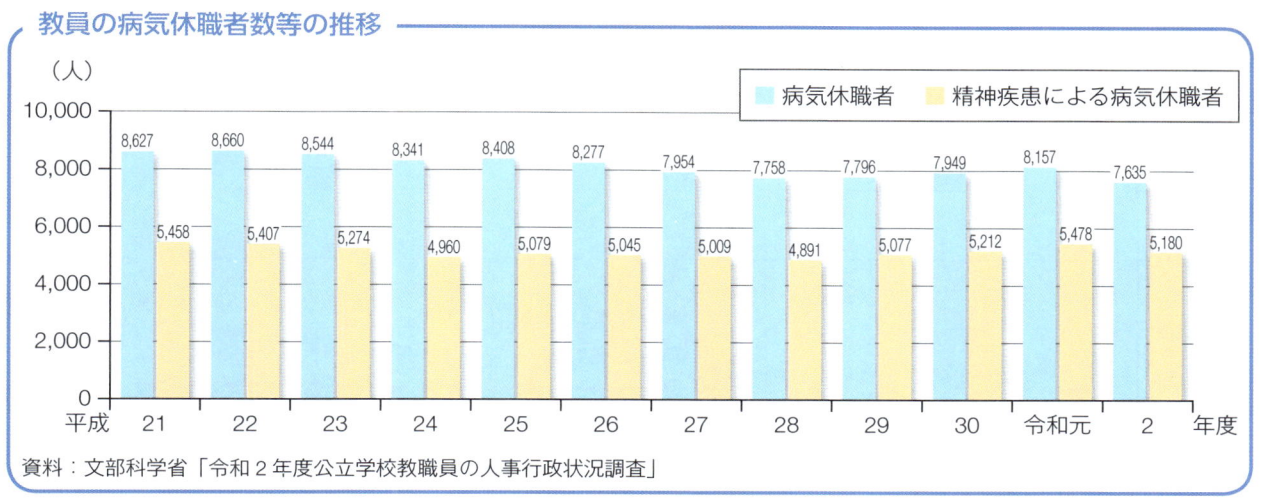

資料：文部科学省「令和2年度公立学校教職員の人事行政状況調査」

精神疾患による病気休職者	●令和2年度の教員の病気休職者数は、7,635人（在職者の0.83%）で、そのうち精神疾患で休職した教員は5,180人（病気休職者の約68%）であった ●年代別では、50代以上が30%、40代が26%、30代が28%、20代が16% ●男女別では、女性が約58%。職種別では、教諭等が約92%
教職員のメンタルヘルス対策	●2013（平成25）年「教職員のメンタルヘルス対策検討会議」（文部科学省）による「教職員のメンタルヘルス対策について（最終まとめ）」が出され、予防的取組や復職支援などについて提言された

主な教育に関する法律

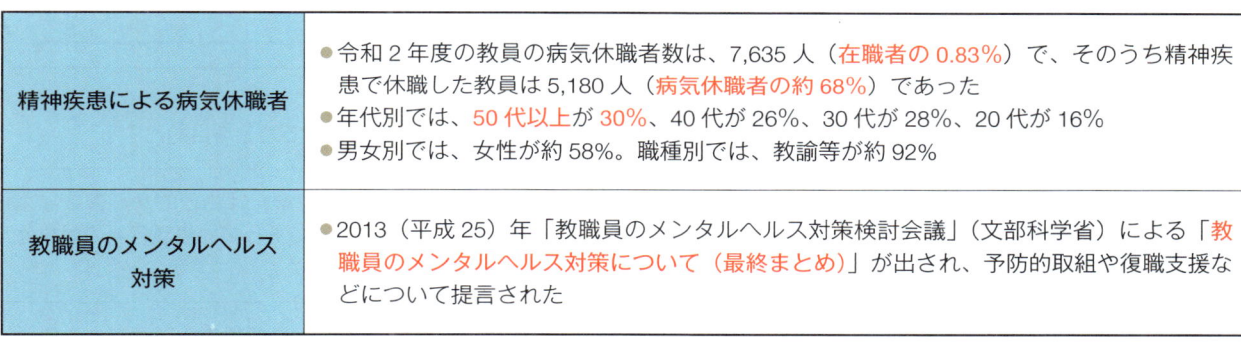

教育基本法	●教育は、人格の完成を目指し、平和で民主的な国家および社会の形成者として必要な資質を備えた心身ともに健康な国民の育成を期して行われなければならない
学校教育法	●市町村の教育委員会は、性行不良であって他の児童の教育に妨げがあると認める児童があるときは、その保護者に対して、児童の出席停止を命ずることができる
学校保健安全法	●学校における児童生徒等および職員の健康の保持増進を図るため、学校における保健管理、学校における安全管理に関し必要な事項を定め、もって学校教育の円滑な実施とその成果の確保に資する
社会教育法	●教育基本法の精神に則り、社会教育に関する国および地方公共団体の任務を明らかにする
教育機会確保法（※）	●不登校児童生徒が行う多様な学習活動の実情を踏まえ、個々の不登校児童生徒の状況に応じた必要な支援が行われるようにする

※：義務教育の段階における普通教育に相当する教育の機会の確保等に関する法律

⑦ いじめ防止対策

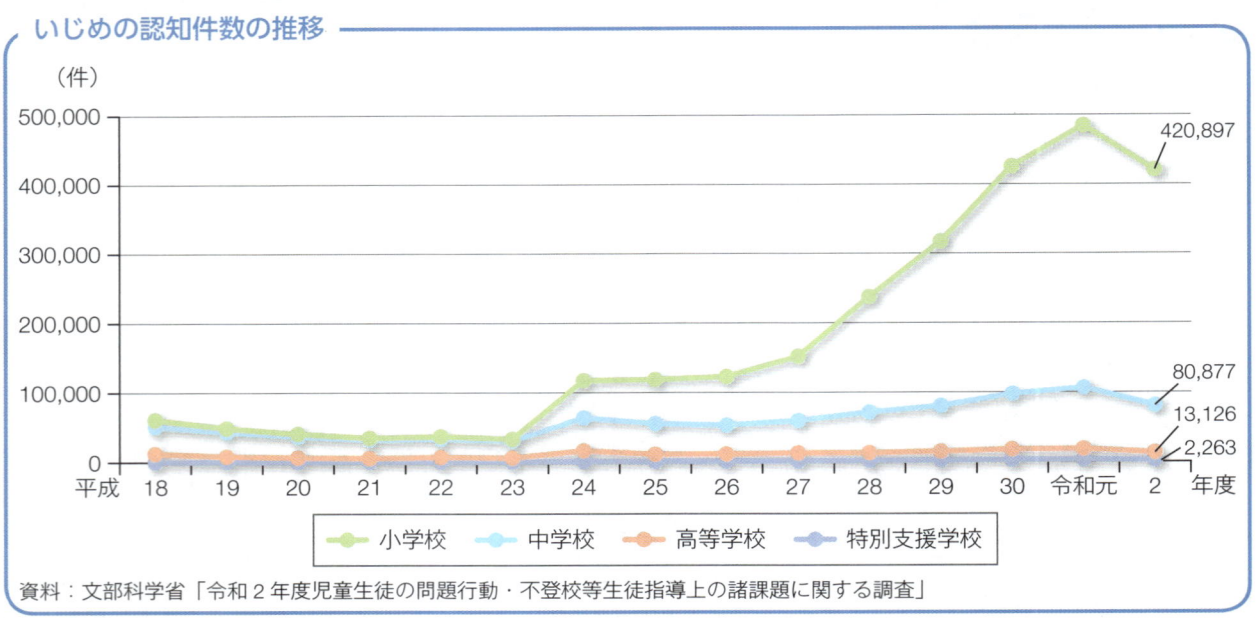

いじめの認知件数の推移

（件）

資料：文部科学省「令和２年度児童生徒の問題行動・不登校等生徒指導上の諸課題に関する調査」

凡例：小学校　中学校　高等学校　特別支援学校

グラフ注記値：420,897／80,877／13,126／2,263

横軸：平成18　19　20　21　22　23　24　25　26　27　28　29　30　令和元　2　年度

いじめ防止対策推進法	●2013（平成25）年６月公布、同年９月施行 ●いじめの防止等のための対策を総合的かつ効果的に推進することを目的とする
いじめの定義	●「いじめ」とは、児童等に対して、他の児童等が行う心理または物理的な影響を与える行為（インターネットを通じて行われるものを含む。）であって、当該行為の対象となった児童等が心身の苦痛を感じているものをいう
基本理念	●いじめの防止等のための対策は、いじめがすべての児童等に関係する問題であることに鑑み、児童等が安心して学習その他の活動に取り組むことができるよう、学校の内外を問わずいじめが行われなくなるようにすることを旨として行われなければならない
いじめの禁止	●児童等は、いじめを行ってはならない
学校におけるいじめの防止等の対策のための組織	●学校は、当該学校におけるいじめの防止等に関する措置を実効的に行うため、当該学校の複数の教職員、心理、福祉等に関する専門的な知識を有する者その他の関係者により構成されるいじめの防止等の対策のための組織を置く
いじめに対する措置	●学校の教職員、児童等の保護者等は、いじめの事実があると思われるときは、いじめを受けたと思われる児童等が在籍する学校への通報その他の適切な措置をとる ●学校は、いじめが犯罪行為として取り扱われるべきものであると認めるときは所轄警察署と連携してこれに対処するものとし、当該学校に在籍する児童等の生命、身体または財産に重大な被害が生じるおそれがあるときは直ちに所轄警察署に通報し、適切に、援助を求めなければならない
重大事態への対処関係	●学校は、いじめにより児童の生命、心身または財産に重大な被害が生じた疑いがあると認められる場合には、速やかに、学校の下に組織を設け、質問票の使用その他の適切な方法により当該重大事態に係る事実関係を明確にするための調査を行う ●文部科学大臣等は、その調査の結果をふまえ、重大事態への対処または重大事態と同種の事態の発生の防止のために必要な措置を講ずる

① 自殺対策

自殺者の統計

自殺者数の推移

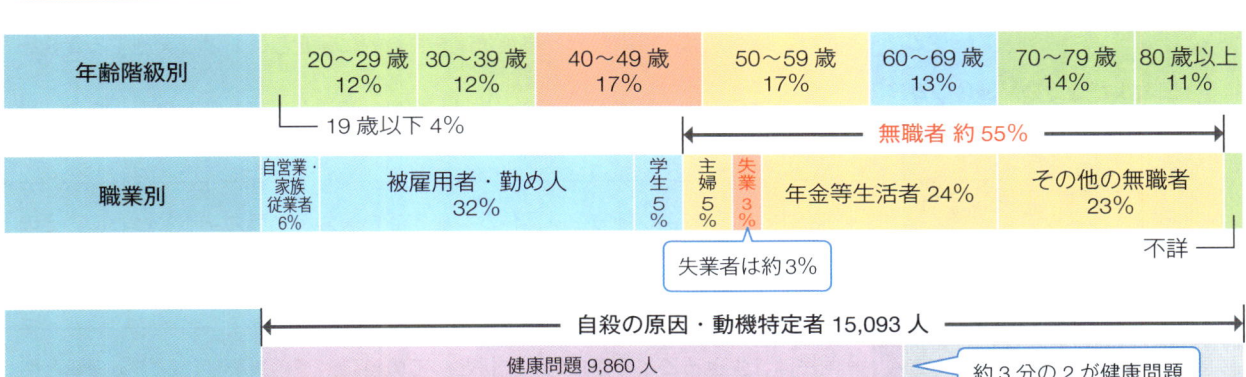

（万人）

2012（平成24）年 3万人を下回る

男性は女性の約2.0倍

21,007

13,939

7,068

昭和55 57 59 61 63 平成2 4 6 8 10 12 14 16 18 20 22 24 26 28 30 令和3（年）

凡例：── 総数　── 男　── 女

資料：警察庁「令和3年中における自殺の状況」

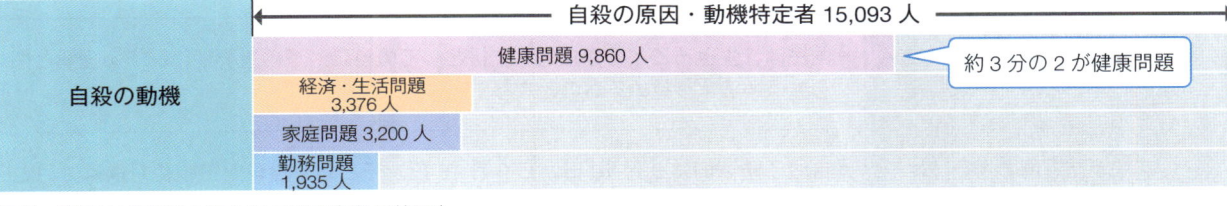

年齢階級別	20～29歳 12%	30～39歳 12%	40～49歳 17%	50～59歳 17%	60～69歳 13%	70～79歳 14%	80歳以上 11%

19歳以下 4%

無職者 約55%

職業別	自営業・家族従業者 6%	被雇用者・勤め人 32%	学生 5%	主婦 5%	失業 3%	年金等生活者 24%	その他の無職者 23%

失業者は約3%

不詳

自殺の原因・動機特定者 15,093人

自殺の動機	健康問題 9,860人

経済・生活問題 3,376人

家庭問題 3,200人

勤務問題 1,935人

約3分の2が健康問題

資料：警察庁「令和3年中における自殺の状況」

自殺未遂歴の有無（令和2年）	男	女
	あり 14.3%	あり 30.8%

未遂者は女性が多い

資料：厚生労働省『令和3年版自殺対策白書』

先進国（G7）の自殺死亡率

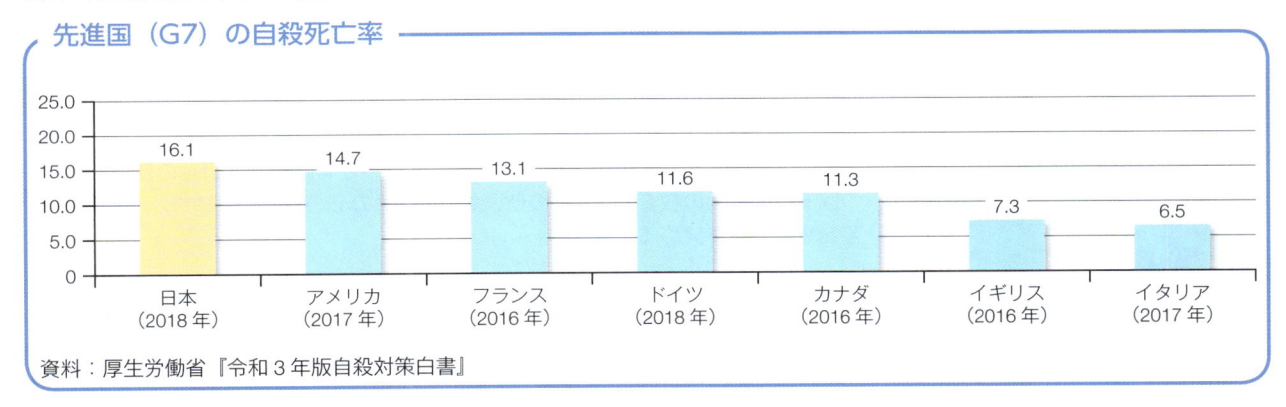

	日本（2018年）	アメリカ（2017年）	フランス（2016年）	ドイツ（2018年）	カナダ（2016年）	イギリス（2016年）	イタリア（2017年）
	16.1	14.7	13.1	11.6	11.3	7.3	6.5

資料：厚生労働省『令和3年版自殺対策白書』

自殺対策基本法は2006（平成18）年10月に施行されましたが、自殺対策の一層の推進を図るため、2016（平成28）年4月に改正自殺対策基本法が施行されました。

自殺対策基本法

目的	●誰も自殺に追い込まれることのない社会の実現を目指して、自殺対策の基本となる事項を定めること等により、自殺対策を総合的に推進して、自殺の防止を図り、国民が健康で生きがいをもって暮らすことのできる社会の実現に寄与する
基本理念	●自殺対策は、生きることの包括的な支援として、すべての人がかけがえのない個人として尊重されるとともに、生きる力を基礎として生きがいや希望をもって暮らすことができるよう実施されなければならない
責務 — 国および地方公共団体の責務	●国は、基本理念にのっとり、自殺対策を総合的に策定し、および実施する責務を有する ●地方公共団体は、基本理念にのっとり、自殺対策について、国と協力しつつ、当該地域の状況に応じた施策を策定し、および実施する責務を有する
責務 — 事業主の責務	●事業主は、国および地方公共団体が実施する自殺対策に協力するとともに、その雇用する労働者の心の健康の保持を図るため必要な措置を講ずるよう努めるものとする
責務 — 国民の責務	●国民は、生きることの包括的な支援としての自殺対策の重要性に関する理解と関心を深めるよう努めるものとする
自殺予防週間および自殺対策強化月間	●自殺予防週間は9月10日から9月16日までとし、自殺対策強化月間は3月とする
自殺総合対策大綱	●政府は、政府が推進すべき自殺対策の指針として、自殺総合対策大綱を定めなければならない
都道府県自殺対策計画市町村自殺対策計画	●都道府県は、自殺総合対策大綱および地域の実情を勘案して、都道府県自殺対策計画を定めるものとする ●市町村は、自殺総合対策大綱および都道府県自殺対策計画並びに地域の実情を勘案して、市町村自殺対策計画を定めるものとする
心の健康の保持にかかる教育・啓発の推進等	●学校は、困難な事態、強い心理的負担を受けた場合等における対処の仕方を身につける等のための教育・啓発その他児童・生徒等の心の健康の保持にかかる教育・啓発を行うよう努める
自殺総合対策会議等	●厚生労働省に、特別の機関として、自殺総合対策会議を置く（会長は厚生労働大臣）

自殺総合対策大綱

自殺総合対策の基本理念	●誰も自殺に追い込まれることのない社会の実現を目指す
自殺の現状と自殺総合対策における基本認識	●自殺は、その多くが追い込まれた末の死である ●年間自殺者数は減少傾向にあるが、非常事態はいまだ続いている ●地域レベルの実践的な取組みを PDCA サイクルを通じて推進する
自殺総合対策の基本方針	●生きることの包括的な支援として推進する ●関連施策との有機的な連携を強化して総合的に取り組む ●対応の段階に応じてレベルごとの対策を効果的に連動させる ●実践と啓発を両輪として推進する ●国、地方公共団体、関係団体、民間団体、企業および国民の役割を明確化し、その連携・協働を推進する
自殺総合対策における当面の重点施策	●地域レベルの実践的な取組みへの支援を強化する ●国民一人ひとりの気づきと見守りを促す ●自殺総合対策の推進に資する調査研究等を推進する ●自殺対策に係る人材の確保、養成および資質の向上を図る ●心の健康を支援する環境の整備と心の健康づくりを推進する ●適切な精神保健医療福祉サービスを受けられるようにする ●社会全体の自殺リスクを低下させる ●子ども・若者の自殺対策を更に推進する ●勤務問題による自殺対策を更に推進する <div align="right">等</div>
自殺対策の数値目標	●当面の目標としては、先進諸国の現在の水準まで減少させることを目指し、2026（令和8）年までに、自殺死亡率を 2015（平成27）年と比べて 30% 以上減少させる

自殺予防の取り組み

自殺予防		●自殺予防は、プリベンション（prevention：事前対応）、インターベンション（intervention：危機介入）、ポストベンション（postvention：事後対応）の3段階に分類される
	プリベンション	●現時点で危険が迫っているわけではないが、その原因を取り除いたり、教育をしたりすることによって、自殺が起きるのを予防すること
		例　自殺対策強化月間におけるインターネットを活用した支援窓口の広報
	インターベンション	●今まさに起きつつある自殺の危険に介入し、自殺を防ぐこと
		例　希死念慮を有する者を対象とした電話による相談
	ポストベンション	●自殺が生じてしまった場合に、遺された人々に及ぼす心理的影響を可能な限り少なくするための対策をとること
		例　自殺で亡くなった中学生の同級生に対して実施される心のケア
ゲートキーパー		●自殺や自殺関連事象に関する正しい知識を普及したり、自殺の危険を示すサインに気づき、声をかけ、話を聞き、必要に応じて専門家につなぎ、見守る人 ●自殺総合対策大綱では、国民の約3人に1人以上がゲートキーパーについて聞いたことがあるようにすることを目指すとしている

Q	15 ＝過去の出題回	A

Unit1 精神障害者の統計データ

☐☐❶ 精神疾患を有する総患者数は約_____万人である。 **21**	419
☐☐❷ 精神疾患を有する総患者数のうち、最も多いのは_____である。 **21**	気分障害
☐☐❸ 精神障害者保健福祉手帳交付者の総数のうち、最も多いのは、_____級の交付者である。 **15**	2
☐☐❹ 最近10年間の精神病床の入院患者数は、_____している。 **21**	減少
☐☐❺ 精神科病院に入院している患者で最も多い疾患は、_____である。 **19**	統合失調症
☐☐❻ 精神病床における平均在院日数は約_____日である。 **21**	277

Unit2 脳機能

☐☐❼ 損傷により抑制が欠如して反社会的な行為を行う脳の部位は、_____である。 **16**	前頭葉
☐☐❽ 言語の理解が行われ、感覚失語に関係の深い脳の部位は、_____である。 **20**	側頭葉
☐☐❾ 運動失語に関係の深い脳の部位は、_____である。 **18**	前頭葉
☐☐❿ 視覚失認に関係の深い脳の部位は、_____である。 **18**	後頭葉
☐☐⓫ 摂食、体温、情動の調節にかかわっている中枢神経の部位は、_____である。 **24**	視床下部
☐☐⓬ 脳幹には、_____、橋、延髄が含まれる。 **19**	中脳
☐☐⓭ _____は呼吸をつかさどる。 **24**	延髄
☐☐⓮ 中枢神経は、脳と_____が含まれる。 **19**	脊髄
☐☐⓯ 末梢神経系は_____と脊髄神経からなる。 **21**	脳神経
☐☐⓰ 交感神経の活動が高まると、消化液の分泌は_____する。 **22**	減少

Unit3 統合失調症

☐☐⓱ 統合失調症は、若年発症と遅発発症とでは、_____のほうが予後がよい。 **24**	遅発発症
☐☐⓲ 統合失調症では、急性期には_____症状、慢性期には_____症状が優勢になる。 **14**	陽性、陰性
☐☐⓳ 統合失調症の人が「今朝、通りがかった犬がこちらを向いて前足を上げた。1億円の宝くじが当たった」と訴えた症状は、_____である。 **17**	妄想知覚

Q	15 ＝過去の出題回	A
□□ ⑳ シュナイダーの一級症状は、考想化声、妄想知覚、作為体験など_____種類ある。 **15**		8
□□ ㉑ 発症に明らかな誘因がある、発症してから未治療の期間が短い統合失調症は予後が_____と推測される。 **24**		よい

Unit4 気分障害

Q		A
□□ ㉒ 気分障害の病型には、単極性うつ病と_____うつ病がある。 **14**		双極性
□□ ㉓ 躁状態の思考では、考えが次々と方向も決まらずに頭に浮かぶ_____がみられる。 **18**		観念奔逸
□□ ㉔ うつ病の特徴的な症状として、_____や_____の喪失がみられる。 **17**		興味／喜び
□□ ㉕ うつ病では、不眠になるだけでなく_____傾向を示すことがある。 **23**		過眠

Unit5 神経症性障害

Q		A
□□ ㉖ _____は、予期不安、広場恐怖、閉所恐怖などがみられる。 **21**		パニック障害
□□ ㉗ 「不合理とは考えるが、否定すると不安になる」との訴えは、_____である。 **20**		強迫観念
□□ ㉘ 心的外傷後ストレス障害（PTSD）の典型的な症状として、回避、フラッシュバック、_____などがある。 **22**		アンヘドニア
□□ ㉙ ストレスからけいれんが認められる解離を、_____という。 **19**		解離性けいれん
□□ ㉚ トランスおよび憑依障害は、ICD-10 において_____障害に含まれている。 **22**		解離性（転換性）
□□ ㉛ _____は、的外れ応答が特徴的で、通常いくつかの解離症状を伴う。 **16**		ガンザー症候群
□□ ㉜ 重大な生活上の変化やストレスに満ちた生活上の出来事により引き起こされる情緒面や行動面の症状で、社会的機能が著しく障害されている状態は_____である。 **24**		適応障害
□□ ㉝ 重篤で進行性の身体疾患に罹患している可能性への頑固なとらわれが主な症状である疾患は、_____である。 **21**		心気障害
□□ ㉞ 「外界に対する現実感が喪失する」という症状は、_____症の特徴である。 **17**		離人

Unit6 精神作用物質

Q		A
□□ ㉟ ベンゾジアゼピン、マリファナ、メタンフェタミン、コカインのうち、身体依存を生じやすいのは_____である。 **14**		ベンゾジアゼピン
□□ ㊱ 大麻は、_____法で使用と所持が規制されている。 **22**		大麻取締

Q	15 =過去の出題回	A
☐☐ ㊲ アルコール依存症の離脱症状として、＿＿＿、幻視、見当識障害などがみられる。 **20**		振戦
☐☐ ㊳ アルコール依存症に起こるウェルニッケ脳症では、＿＿＿の補給が重要である。 **13**		ビタミン B₁（チアミン）
☐☐ ㊴ コルサコフ症候群では、健忘、作話、＿＿＿などが認められる。 **18**		見当識障害
☐☐ ㊵ ＿＿＿は、介入支援が必要な、危険な飲酒や有害なアルコール使用をスクリーニングするためのテストである。 **14**		AUDIT
☐☐ ㊶ ＿＿＿とは、多量飲酒などの問題飲酒者の飲酒量を減らすことを支援する方法の１つである。 **19**		ブリーフ・インターベンション
☐☐ ㊷ ギャンブル等依存症対策基本法におけるギャンブル等には、法律の定めるところにより行われる公営競技だけでなく、＿＿＿その他の射幸行為が含まれる。 **22**		ぱちんこ屋に係る遊技
☐☐ ㊸ アルコホーリクス・アノニマス（AA）は、メンバーの無名性を基礎におき、＿＿＿のステップを採用している。 **24**		12
☐☐ ㊹ ＿＿＿は、主として薬物依存症者の家族・友人のセルフヘルプグループである。 **20**		ナラノン（Nar-Anon）
☐☐ ㊺ ＿＿＿とは、薬物依存症を抱えた人が治療のために入所する民間リハビリテーション施設のことである。 **19**		ダルク（DARC）

Unit7 認知症

Q		A
☐☐ ㊻ ＿＿＿認知症は、脳にアミロイドの沈着を認め、記憶障害が主症状で緩徐に進行する。 **19**		アルツハイマー型
☐☐ ㊼ ＿＿＿認知症では、幻視、パーキンソン症状、日内変動などが特徴的である。 **20**		レビー小体型
☐☐ ㊽ ＿＿＿では、健忘より性格変化と社会機能の低下が特徴である。 **19**		ピック病
☐☐ ㊾ ＿＿＿は、認知障害、歩行障害、尿失禁などが特徴的で、頭部 CT 検査の異常所見が診断に役立つ。 **17**		正常圧水頭症
☐☐ ㊿ ＿＿＿は、質問式の認知症評価スケールで、図形の模写など動作性の課題が含まれている。 **20**		ミニメンタルステート検査（MMSE）
☐☐ 51 認知症疾患医療センターは、＿＿＿が指定する病院に設置する専門医療機関である。 **20**		都道府県・指定都市
☐☐ 52 ＿＿＿は、市町村において医療機関や介護サービス事業所などをつなぐコーディネーターである。 **16**		認知症地域支援推進員

Q	15＝過去の出題回	A

Unit8 その他の精神疾患

☐☐ ㊿ 自閉スペクトラム症は、＿＿＿性に多く認められる。23 → 男

☐☐ 54 どこに行くにもお気に入りのぬいぐるみを持って行かないと気がすまない。帰宅すると、ぬいぐるみを決まった順番で、壁際に並べるという症状は＿＿＿である。24 → こだわり

☐☐ 55 「日々の活動で忘れっぽい」は、注意欠如・多動症（ADHD）の＿＿＿の症状である。23 → 不注意

☐☐ 56 神経性大食症や神経性無食欲症は、若年の＿＿＿性に多くみられる。17 → 女

☐☐ 57 成人で発症した神経性無食欲症の典型的な症状として、＿＿＿、＿＿＿などがある。22 → 過活動、無月経

☐☐ 58 見捨てられることを避けようとするなりふり構わない努力は、＿＿＿パーソナリティ障害の特徴である。23 → 境界性

☐☐ 59 アレキシサイミヤは、＿＿＿患者の特徴を表す概念である。23 → 心身症

☐☐ 60 緊張病状態でよくみられる症状として、＿＿＿、＿＿＿などがある。22 → 常同症、拒絶症

☐☐ 61 てんかんは、高齢の発症では＿＿＿てんかんが多い。14 → 症候性

☐☐ 62 複雑部分発作などのてんかんは、＿＿＿検査などによって診断される。21 → 脳波

☐☐ 63 「性同一性障害特例法」では、＿＿＿歳以上の性同一性障害者が、性別取扱い変更の審判を請求できると定められている。21 → 18

☐☐ 64 ＿＿＿は、生物学的・身体的性と性自認が一致しない人を表す言葉である。24 → トランスジェンダー

☐☐ 65 「隣の家の人が電磁波攻撃を仕掛けてくる」という訴えは、＿＿＿という。21 → 被害妄想

☐☐ 66 「ある時点から後のことを思い出せない」との訴えは、＿＿＿である。20 → 前向（性）健忘

☐☐ 67 自分が自分であるという感覚が失われた状態を、＿＿＿状態という。18 → 解離

☐☐ 68 ＿＿＿は、喜怒哀楽、恐れや羞恥といった過度の感情の高ぶりによって、全身の筋力が抜けてしまう発作である。19 → 情動脱力発作（カタプレキシー）

☐☐ 69 「自分で計画して行動することができない」という患者の訴えは、＿＿＿障害である。15 → 遂行機能

Unit9 薬物療法

☐☐ 70 抗精神病薬の副作用として、パーキンソン症状、アカシジア、＿＿＿などがある。22 → 遅発性ジスキネジア

☐☐ 71 「足がむずむずする」「じっとしていられないので、部屋の中を歩き回ってしまう」症状は＿＿＿である。24 → アカシジア

Q	15 =過去の出題回	A

□□ 72　_____は、選択的セロトニン再取り込み阻害薬（SSRI）の投与初期や増量期に起こりやすく、不安、焦燥、不眠、衝動性、易刺激性などを呈する。**22**　→　賦活症候群

□□ 73　躁病などの症状として起こった躁状態の治療薬に、_____がある。**18**　→　炭酸リチウム

Unit10 精神療法と心理検査

□□ 74　修正型電気けいれん療法は、_____やうつ病などの疾患に用いられる。**21**　→　統合失調症

□□ 75　統合失調症の非薬物的治療法として、_____が最も用いられている。**21**　→　作業療法

□□ 76　洞察的精神療法として、_____、力動精神療法などがある。**20**　→　精神分析療法

□□ 77　転移を利用する精神療法として、_____などがある。**22**　→　精神力動的精神療法

□□ 78　認知療法は、認知の歪みに対し、_____を特定し、新しい別の考えを導き出していく。**19**　→　自動思考

□□ 79　_____は、認知の偏りを修正し、問題解決を手助けすることによって治療することを目的とした精神療法である。**16**　→　認知行動療法

□□ 80　森田療法では、_____期、軽作業期、重作業期、退院準備期に区分される。**23**　→　絶対臥褥（がじょく）

□□ 81　MMPI（ミネソタ多面人格テスト）は、精神医学的診断の客観化を目的として開発された_____法の人格検査である。**19**　→　質問紙

Unit11 精神科リハビリテーション

□□ 82　精神科リハビリテーションの二大介入とは、当事者の技能開発と_____開発である。**20**　→　環境的支援

□□ 83　_____では、認知行動療法の技法を用い、宿題を課すことにより練習で得た技能の般化を目指す。**18**　→　社会生活技能訓練（SST）

□□ 84　ICF（国際生活機能分類）における生活機能とは、「_____」、「活動」、「参加」という3つのレベルで提示される。**20**　→　心身機能・身体構造

Unit12 精神保健

□□ 85　エリクソンによる発達段階理論における、成人期初期の発達課題は、_____対_____である。**18**　→　親密／孤立

□□ 86　_____とは、流産・死産・新生児死亡などの周産期における喪失体験のことである。**22**　→　ペリネイタルロス

□□ 87　情緒的消耗感、脱人格化、個人的達成感の低下などは、_____の主たる症状である。**17**　→　燃え尽き症候群（バーンアウトシンドローム）

□□ 88　著名人の自殺に関する報道の後で自殺者数が増加する現象を_____という。**24**　→　ウェルテル効果

Q	15 =過去の出題回	A
□□ ⑧⑨ 精神疾患に罹患している人を対象とした訪問指導は、吉川武彦が提唱した3側面のうちの_____精神保健に含まれる活動である。 **22**		支持的
□□ ⑨⓪ 被災者の心理的変化に関して、徐々に疲労が蓄積していくとともに、被災者同士の間で強い連帯感が生まれる時期は、_____期である。 **24**		ハネムーン
□□ ⑨① _____は、疾患による損失生存年数と障害生存年数を合計して求める。 **24**		DALY（障害調整生命年）
□□ ⑨② _____は、特に中低所得国における精神・神経・物質使用の障害へのケアを拡充することを目的にしている。 **24**		メンタルヘルスギャップアクションプログラム（mhGAP）
□□ ⑨③ メンタルヘルスアクションプラン2013-2020 は、_____を原則としている。 **23**		メンタルヘルスなしに健康なし
□□ ⑨④ 被災者へのケア活動によって、被災を直接経験していない支援者に生じる外傷性ストレス反応のことを_____という。 **22**		二次受傷
□□ ⑨⑤ 犯罪被害者等基本法において、犯罪被害者等とは、犯罪等により害を被った者および_____とされている。 **22**		その家族または遺族
□□ ⑨⑥ ひきこもりとは、さまざまな要因の結果として社会的参加を回避し、原則的には_____以上にわたっておおむね家庭にとどまり続けている状態を指す。 **16**		6か月
□□ ⑨⑦ 不登校とは、「何らかの心理的、情緒的、身体的あるいは社会的要因・背景により、児童生徒が登校しないあるいはしたくともできない状況にあるために年間_____日以上欠席した者のうち、病気や経済的な理由による者を除いたもの」をいう。 **14**		30
□□ ⑨⑧ _____法では、性行不良で他の児童の教育に妨げがあると認められる児童がいた場合に、教育委員会が当該児童の出席停止を命ずることができると規定している。 **23**		学校教育
□□ ⑨⑨ いじめとは、児童等に対して、他の児童等が行う心理的または物理的な影響を与える行為で、いじめの対象となった児童等が_____を感じているものをいう。 **20**		心身の苦痛

Unit13 自殺対策

Q		A
□□ ⑩⓪ 自殺死亡率は、_____性が高く、過去に自殺未遂歴がある自殺者数の割合は、_____性が高い。 **17**		男／女
□□ ⑩① 自殺者の原因・動機特定者のうちおよそ3分の2が、原因・動機として_____問題をあげている。 **19**		健康
□□ ⑩② 自殺で亡くなった中学生の同級生に対して実施される心のケアは、自殺対策における_____の活動である。 **23**		ポストベンション
□□ ⑩③ _____介入とは、自殺行動のリスクの高い人々を集団としてとらえ、その集団を対象とする対策のことである。 **16**		選択的予防
□□ ⑩④ いのちの電話は、_____対策のために始められた。 **15**		自殺予防

第2章

社会保障制度を理解する科目

社会保障制度を理解する科目は、専門科目 80 点中、過去 4 回の平均で 25 点出題されています。

中項目	単元：Unit		出題数				出題平均
			第 21 回	第 22 回	第 23 回	第 24 回	
⑥社会保険	14	医療保険	1	1	1	3	25 点
	15	年金保険		1		1	
	16	労働保険・労働関連法	3			1	
	17	介護保険			1		
⑦社会福祉	18	障害者基本法	1			1	
	19	障害者の定義	3			1	
	20	精神保健福祉	2	6	4	2	
	21	障害者総合支援法	7	4	6	6	
	22	その他の福祉施策	2		2	1	
⑧関連制度	23	虐待		1	1	3	
	24	成年後見制度					
	25	更生保護	1	1	1	1	
	26	医療観察制度	1	2	1	2	
	27	就労支援	1	5	5	1	
	28	専門職と専門機関	4	2	3	4	

① 社会保障制度の概要

日本の社会保障は、自助や互助を基本としつつ、自助の共同化としての共助が自助を支え、自助・共助で対応できない場合に公的扶助等の公助が補完する仕組みが基本です。

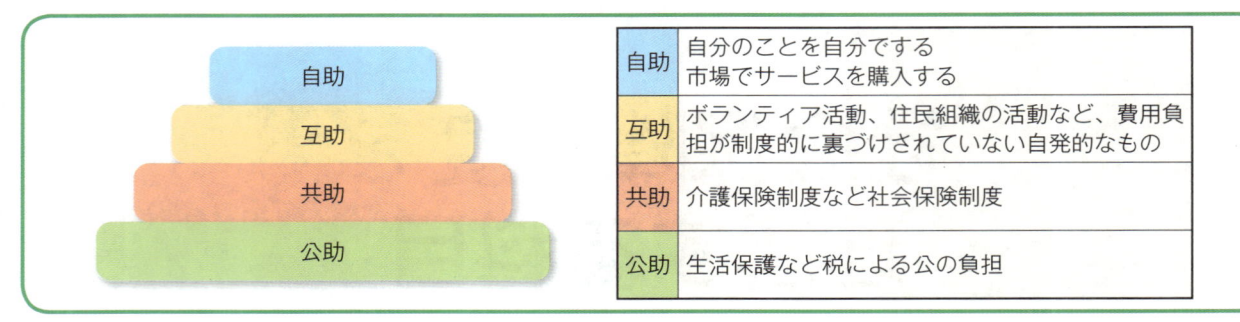

自助	自分のことを自分でする 市場でサービスを購入する	
互助	ボランティア活動、住民組織の活動など、費用負担が制度的に裏づけされていない自発的なもの	
共助	介護保険制度など社会保険制度	
公助	生活保護など税による公の負担	

社会保障の機能

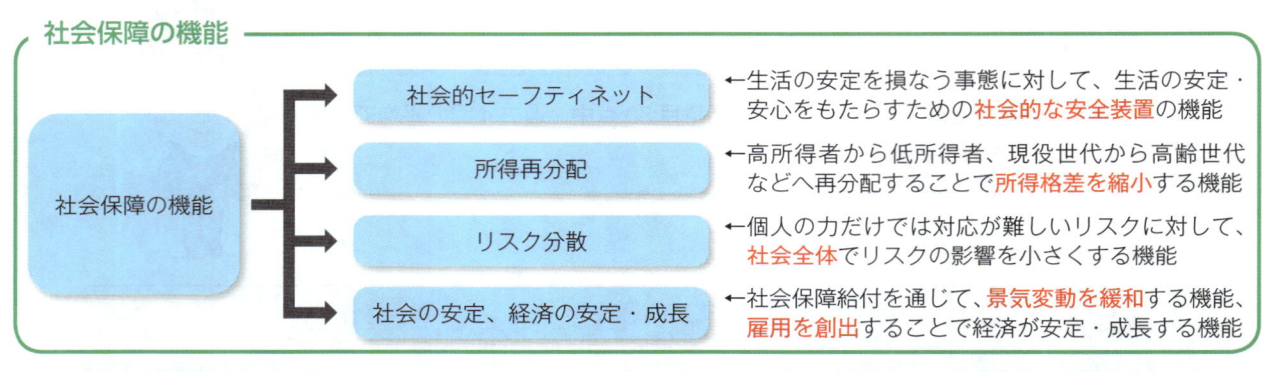

社会保障の機能

- 社会的セーフティネット ← 生活の安定を損なう事態に対して、生活の安定・安心をもたらすための社会的な安全装置の機能
- 所得再分配 ← 高所得者から低所得者、現役世代から高齢世代などへ再分配することで所得格差を縮小する機能
- リスク分散 ← 個人の力だけでは対応が難しいリスクに対して、社会全体でリスクの影響を小さくする機能
- 社会の安定、経済の安定・成長 ← 社会保障給付を通じて、景気変動を緩和する機能、雇用を創出することで経済が安定・成長する機能

区分	保障内容	所得保障	医療保障	福祉サービス
社会保障制度 — 社会保険（保険料が中心）	医療保険	○	○	
	年金保険	○		
	雇用保険	○		
	労災保険	○	○	
	介護保険	△		○
社会扶助（租税が中心）	老人福祉			○
	障害者（児）福祉		○	○
	児童福祉			○
	母子・父子・寡婦福祉	○		○
	公的扶助（生活保護）	○	○	○
	社会手当	○		

① 医療保険の概要

日本では、1961（昭和36）年から国民皆保険制度が整備されました。国民は、いずれかの医療保険に加入することが原則ですが、医療保険未加入者は、生活保護制度の医療扶助により医療を受けることができます。

年齢	医療保険制度				加入者数（※）	被保険者等
75歳以上	後期高齢者医療制度				約1803万人	●都道府県単位の後期高齢者医療広域連合が運営主体 ●75歳以上の人、65歳以上75歳未満の一定の障害認定を受けた人が加入
75歳未満	被用者保険 （被扶養者制度あり）	①健康保険	全国健康保険協会		約4044万人	●中小企業等のサラリーマンとその家族が加入 ●都道府県ごとに保険料が異なる
			健康保険組合		約2884万人	●大企業等の健康保険組合が保険者となる ●健康保険組合ごとに保険料が異なる
			日雇特例被保険者		約1.7万人	●日々雇い入れられる人や2か月以内の期間を定めて使用される人などが加入
		②船員保険			約12万人	●船舶所有者に使用される者とその家族が対象
		③各種共済	国家公務員		約855万人	●国家公務員（20共済組合） ●地方公務員等（64共済組合） ●私学共済（1事業団）
			地方公務員			
			私学教職員			
	国民健康保険	①市町村国民健康保険			約2660万人	●都道府県および市町村が保険者 ●被用者保険等に加入していない人が住民登録のある市町村で加入する
		②国民健康保険組合			約273万人	●医師、弁護士など同種の事業または業務に従事する人で組織される（163組合ある）
（参考）	生活保護（医療扶助）				約171万人（※）	●生活保護受給者は、国保と後期高齢者医療への加入が免除される
合　計					約1億2700万人	日本の人口と一致する（国民皆保険制度）

※：令和2年3月末現在、生活保護は令和2年度の医療扶助人員（1か月平均）
資料：厚生労働省『令和3年版厚生労働白書』、厚生労働省「令和2年度被保護者調査」（月次調査確定値）をもとに作成

被扶養者の要件	別居でもよい	●直系尊属、配偶者、子、孫、兄弟姉妹	※原則、日本国内に住所があること ※後期高齢者医療の被保険者は被扶養者になれない
	同居のみ	●3親等内の親族 ●事実婚の配偶者の父母および子	
	生計維持の基準	被扶養者の年収が130万円未満（60歳以上または障害者の場合は180万円未満）かつ ●同居の場合→被保険者の年収の1/2未満 ●別居の場合→被保険者の仕送り額よりも少ない場合	

保険給付

	給付の種類	給付内容		被用者	国保	高齢
			保険者の種類によって給付内容が異なる			
1	療養の給付	療養の給付の範囲	①診察、②薬剤または治療材料の支給、③処置・手術その他の治療、④在宅で療養する上での管理、療養上の世話、看護、⑤病院・診療所への入院	○	○	○

●一部負担割合

75 歳以上 （65 歳以上 75 歳未満の障害認定者を含む）	1 割（現役並み所得者 3 割）（※）
70 歳以上 75 歳未満	2 割（現役並み所得者 3 割）
義務教育就学〜 70 歳未満	3 割
義務教育就学前	2 割

※：2022（令和 4）年 10 月から一定所得以上は 2 割または 3 割負担

| 2 | 入院時**食事**療養費 | ●入院時の食事療養費のうち、「標準負担額」を除いた費用を給付 | ○ | ○ | ○ |

●食事療養標準負担額

一般（市町村民税課税世帯）		1 食 460 円
市町村民税 非課税世帯	入院日数 90 日まで	1 食 210 円
	入院日数 91 日以上	1 食 160 円
市町村民税非課税世帯に属し、 かつ所得が一定基準に満たない 70 歳以上の高齢者		1 食 100 円

| 3 | 入院時**生活**療養費 | ●**療養病床**に入院する **65 歳以上**の人（特定長期入院被保険者）の生活療養費（**食費と居住費**）
●入院時の生活療養費のうち、「標準負担額」を除いた費用を給付 | ○ | ○ | ○ |

●生活療養標準負担額

一般	入院時生活療養（Ⅰ）	食費 1 食 460 円、居住費 1 日 370 円
	入院時生活療養（Ⅱ）	食費 1 食 420 円、居住費 1 日 370 円
低所得者	低所得者Ⅱ	食費 1 食 210 円、居住費 1 日 370 円
	低所得者Ⅰ	食費 1 食 130 円、居住費 1 日 370 円

4	保険外併用療養費	**保険外診療のうち**、評価療養、選定療養、患者申出療養を受けたときに**保険診療相当部分が保険適用**される		○	○	○
		評価療養	●先進医療（高度先進医療を含む）、医薬品の治験に係る診療、薬価基準収載医薬品の適応外使用など			
		選定療養	●特別の療養環境（差額ベッド）、歯科の金合金等、予約診療、180 日以上の入院など			
		患者申出療養	●患者からの申出を起点として、国内未承認の医薬品等の使用			
5	訪問看護療養費	●居宅で療養している人が、かかりつけの医師の指示に基づいて**訪問看護ステーション**の訪問看護師から**療養上の世話や必要な診療上の補助**を受けた場合に支給		○	○	○

	給付の種類	給付内容	被用者	国保	高齢
6	療養費	●保険診療を受けるのが困難なとき（医師の指示により義手・義足・コルセットを装着したときなど）、やむを得ない理由で保険医療機関以外で受診したときなどの場合に支給（償還払い）	○	○	○
7	特別療養費	●保険料の滞納により、被保険者資格証明書の交付を受けて、保険医療機関等で療養を受けたときに支給（償還払い）		○	○
8	移送費	●病気やけがで移動が困難で、医師の指示で一時的・緊急的必要があり、移送された場合に支給（償還払い）	○	○	○
9	埋葬料（葬祭費）	●被保険者が死亡したときに埋葬料（健康保険は5万円）、葬祭費（国民健康保険は自治体により異なる）が支給される	○	○	○
10	家族療養費等	●被扶養者に対する被保険者と同様の給付（傷病手当金、出産手当金を除く）	○		

| 11 | 出産育児一時金 | ●被保険者本人または被扶養者が出産したときに支給（医療機関等へ直接支払うこともできる） | ○ | ○ | |

| | | 支給額 | ●1児につき40万4000円
●産科医療補償制度加入医療機関で出産の場合1児につき42万円
（※2022（令和4）年4月現在、産科医療補償制度加入医療機関の割合99.9%） | | | |

| 12 | 出産手当金 | ●被保険者が出産のため会社を休み、報酬が受けられないときに支給 | ○ | | |

| | | 支給額 | ●出産の日（実際の出産が予定日以後のときは予定日）以前42日（多胎妊娠の場合は98日）から出産の翌日後56日までの期間、欠勤1日につき標準報酬日額の3分の2を支給 | | | |

支給期間

	予定日		出産日	
◄ 42日 ►	◄	a	►	◄ 56日 ►

| 13 | 傷病手当金 | ●病気やけがのために会社を休み、事業主から十分な報酬が受けられない場合に支給 | ○ | | |

| | | 支給額 | ●会社を休んだ日が連続して3日間あったうえで、4日目以降、休んだ日に対して通算して1年6か月の範囲で支給
●支給額は、欠勤1日につき標準報酬日額の3分の2を支給 | | | |

支給	休	出	休	休	出	休	休	休	休	休	休
	×		×	×		×	×	×	○	○	○

1日　　◄ 2日 ►　　連続3日の待期期間　　4日目から支給

② 利用者負担の軽減

給付の種類	給付内容
医療保険 高額療養費	●**1か月あたり**の医療費（入院時食事療養費および入院時生活療養費を除く）が、下記の金額を超える場合に、その超えた額を支給 ●「限度額適用認定証」を提示すると、窓口での支払いを自己負担限度額までに抑えられる ●自己負担限度額

適用区分 ＼ 年齢	70歳未満	70歳以上（平成30年8月より）	
		入院＋外来（世帯）	外来（個人）
標準報酬83万円以上 課税所得690万円以上	252,600円＋（医療費－842,000円）×1%		
標準報酬53万円以上 課税所得380万円以上	167,400円＋（医療費－558,000円）×1%		
標準報酬28万円以上 課税所得145万円以上	80,100円＋（医療費－267,000円）×1%		
標準報酬26万円以下 課税所得145万円未満	57,600円		18,000円 （年144,000円上限）
低所得者 （住民税非課税）	35,400円	15,000円または 24,600円	8,000円
世帯合算 （70歳未満）	●同一月内に同一世帯（被保険者と被扶養者の住所が異なっても合算できる）で**21,000円**以上の自己負担が複数あるときは世帯合算される		
多数該当	●同一世帯で1年間（直近12か月）に**3回以上**高額療養費の支給を受けている（多数該当）場合は、4回目からは自己負担限度額が変わる		
特定疾病療養受療証	●**血友病**、**人工透析**を行う慢性腎不全の患者等は、自己負担限度額は**10,000円**（人工透析を行う70歳未満の一部高所得者は20,000円）		

介護保険 高額介護サービス費	●介護サービスを利用して支払った**1割**（2割または3割）の自己負担額が**1か月あたり**、下表の**上限額を超えた分**を、高額介護サービス費として払い戻しされる制度（ただし、福祉用具購入費、住宅改修費の自己負担や食費・居住費などは含まれない）

利用者負担段階区分		負担上限額	
市町村民税課税世帯	年収1160万円以上	140,100円／月	令和3年 8月より 改正
	年収約770万円以上 1160万円未満	93,000円／月	
	年収約770万円未満	44,400円／月	
市町村民税世帯非課税世帯		24,600円／月	
	合計所得金額および課税年金収入の合計が80万円以下	15,000円／月	
生活保護受給者			

特定入所者介護 サービス費	●低所得者に対して、**介護保険施設（短期入所含む）、地域密着型介護老人福祉施設**における**居住費（滞在費）**および**食費**について、負担限度額を超える額を給付する

医療保険＋ 介護保険 高額介護合算療養費 （高額医療合算介護 サービス費）	●各医療保険における「世帯」内で、医療保険、介護保険の両制度の自己負担額の合計額が**1年間**に以下の基準額を超えた場合にその超えた金額を支給（介護保険からは**高額医療合算介護サービス費**が支給される） ●世帯の負担上限額

標準報酬月額／課税所得	70歳未満	70歳以上	平成30年8月 より見直し
83万円以上／690万円以上	212万円	212万円	
53万円以上／380万円以上	141万円	141万円	
28万円以上／145万円以上	67万円	67万円	
26万円以下／145万円未満	60万円	56万円	
市町村民税非課税	34万円	31万円または19万円	

③ 精神病床

精神病床数・平均在院日数

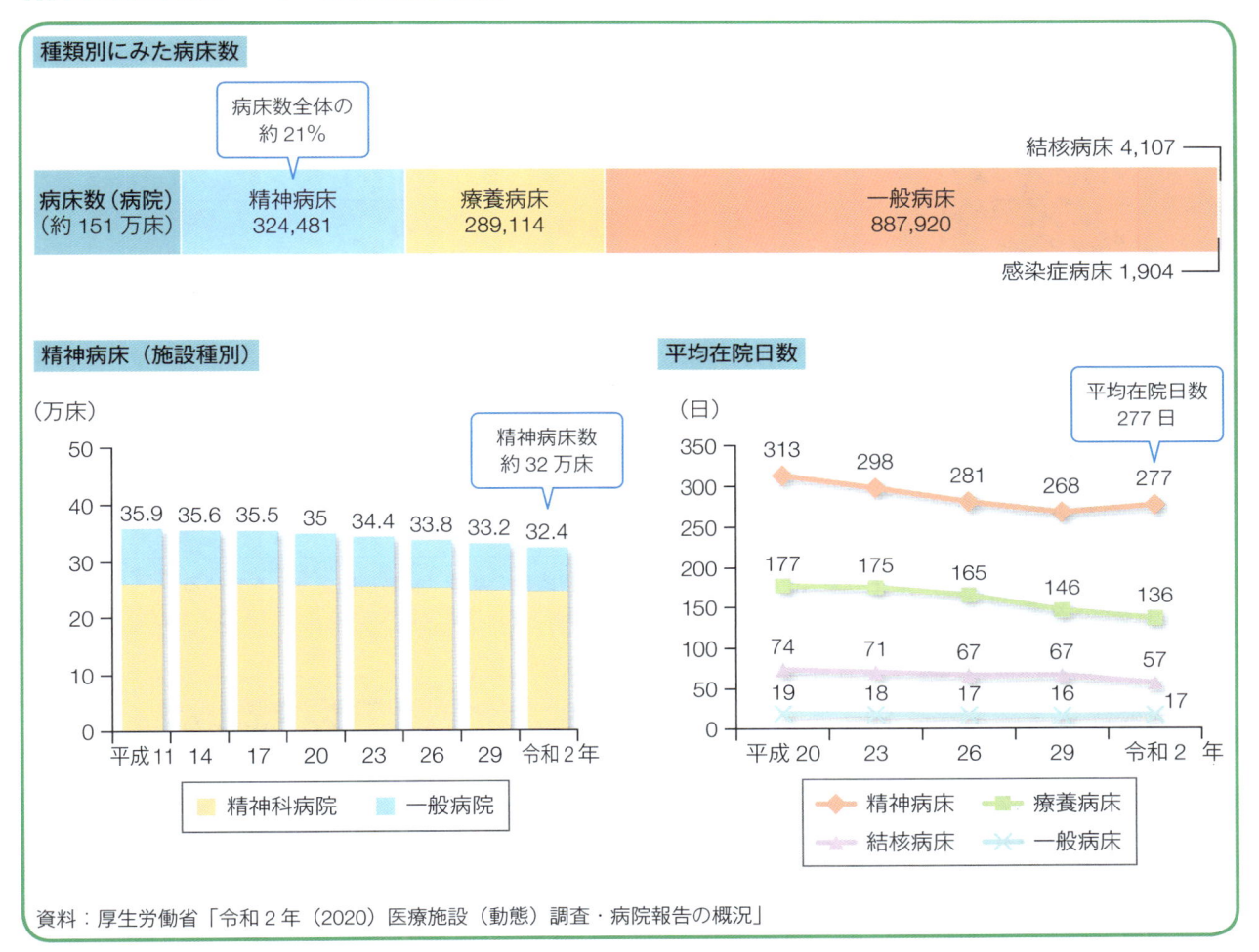

種類別にみた病床数

病床数全体の約21%

| 病床数（病院）（約151万床） | 精神病床 324,481 | 療養病床 289,114 | 一般病床 887,920 |

結核病床 4,107
感染症病床 1,904

精神病床（施設種別）

（万床）

精神病床数 約32万床

35.9　35.6　35.5　35　34.4　33.8　33.2　32.4

平成11　14　17　20　23　26　29　令和2年

■ 精神科病院　■ 一般病院

平均在院日数

（日）

平均在院日数 277日

	平成20	23	26	29	令和2 年
精神病床	313	298	281	268	277
療養病床	177	175	165	146	136
結核病床	74	71	67	67	57
一般病床	19	18	17	16	17

◆ 精神病床　■ 療養病床
✕ 結核病床　✕ 一般病床

資料：厚生労働省「令和2年（2020）医療施設（動態）調査・病院報告の概況」

病院	●医師または歯科医師が、公衆または特定多数人のため医業または歯科医業を行う場所であって、20人以上の患者を入院させるための施設を有するもの
精神病床	●精神疾患を有する者を入院させるための病床
療養病床	●主として長期にわたり療養を必要とする患者を入院させるための病床
感染症病床	●感染症法に規定する一類感染症、二類感染症および新感染症等の患者を入院させるための病床
結核病床	●結核の患者を入院させるための病床
一般病床	●精神病床、療養病床、感染症病床、結核病床以外の病床
診療所	●医師または歯科医師が、公衆または特定多数人のため医業または歯科医業を行う場所で、入院施設を有しないものまたは19人以下の入院施設を有するもの

④ 健康増進法／特定健康診査

健康増進法　◀ 2002（平成14）年公布

目的	●国民の健康の増進の総合的な推進に関し基本的な事項を定め、国民の健康の増進を図るための措置を講じ、国民保健の向上を図る
基本方針	●厚生労働大臣は、国民の健康の増進の総合的な推進を図るための基本的な方針を定めるものとする
健康増進計画	●都道府県は、都道府県健康増進計画を定める（義務） ●市町村は、市町村健康増進計画を定めるよう努める（努力義務）
保健指導等	●市町村は、栄養改善その他の生活習慣の改善に関する事項について相談・保健指導を実施する
市町村による 健康増進事業の実施	●市町村は、歯周疾患検診、骨粗鬆症検診、肝炎ウイルス検診、特定健康診査非対象者に対する健康診査、保健指導、がん検診などの事業を実施する
喫煙をする際の配慮義務	●何人も、喫煙禁止場所以外の場所において喫煙をする際、望まない受動喫煙を生じさせることがないように周囲の状況に配慮しなければならない
食事摂取基準	●厚生労働大臣は、食事による栄養摂取量の基準（食事摂取基準）を定める ●食事摂取基準では、国民がその健康の保持増進を図るうえで摂取することが望ましい熱量、栄養素などを定める

特定健康診査

> 老人保健法：1982（昭和57）年公布
2008（平成20）年：高齢者の医療の確保に関する法律に題名変更

	対象者	実施主体	根拠法	目的
特定健康診査 （義務）	40歳以上75歳未満 （医療保険加入者）	医療保険者	高齢者の医療の 確保に関する法律	メタボリック シンドローム対策
健康診査 （努力義務）	75歳以上 （後期高齢者医療被保険者）	後期高齢者 医療広域連合	健診結果に応じ「特定保健指導」が行われる	
メタボリックシンドローム （内臓脂肪症候群）	●腹囲が男性85cm以上、女性90cm以上で、次の①～③のうち2つ以上該当する状態			
	①高血糖	空腹時血糖値が110mg/dL以上 （空腹時血糖値が適切に得られない場合は、HbA1c6.0%以上）		
	②高血圧	収縮期血圧130mmHg以上かつ/または拡張期血圧85mmHg以上		
	③脂質異常	中性脂肪150mg/dL以上かつ/またはHDLコレステロール40mg/dL未満		
特定健診・特定保健指導	●特定健康診査の結果、メタボリックシンドロームのリスク数に応じて、動機付け支援や積極的支援などの特定保健指導が実施される			
実施状況 （令和2年）	●特定健康診査の受診者（受診率）　約2894万人（53%） ●メタボリックシンドローム該当者および予備群の人数（割合）　約854万人（30%） 【男性684万人（43%）　＞　女性170万人（13%）】			

資料：厚生労働省「2020年度特定健康診査・特定保健指導の実施状況について」

⑤ 健康日本21

21世紀における第二次国民健康づくり運動（健康日本21（第二次））

平成24年度までの12年間推進されてきた「21世紀における国民健康づくり運動（健康日本21）」が終了となり、**平成25年度から令和5年度までの**期間、全面改正された新たな基本方針（国民の健康の増進の総合的な推進を図るための基本的な方針）が適用されます。

健康日本21（第二次）の概念図

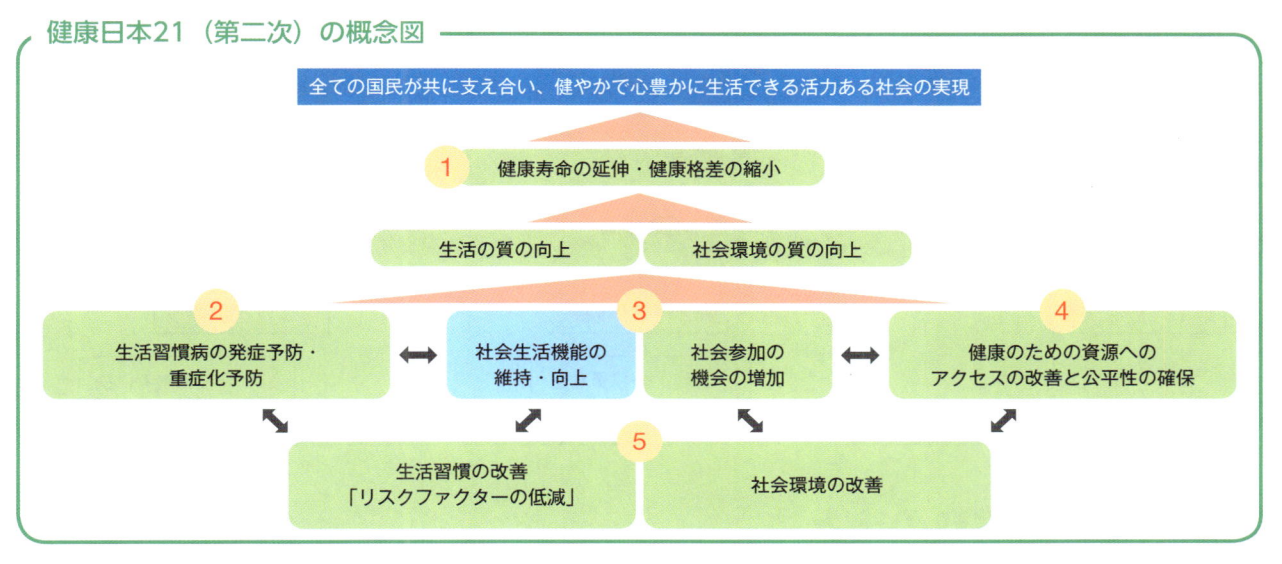

全ての国民が共に支え合い、健やかで心豊かに生活できる活力ある社会の実現

1 健康寿命の延伸・健康格差の縮小

生活の質の向上　　社会環境の質の向上

2 生活習慣病の発症予防・重症化予防 ⟷ 社会生活機能の維持・向上　3 社会参加の機会の増加 ⟷ 4 健康のための資源へのアクセスの改善と公平性の確保

5 生活習慣の改善「リスクファクターの低減」　社会環境の改善

メンタルヘルス関連の目標（一部抜粋）

		目標	現状		目標値
心の健康	1	自殺者数の減少（人口10万人当たり）	23.4（平成22年）	➡	13.0以下（令和8年度）
	2	気分障害・不安障害に相当する心理的苦痛を感じている者の割合の減少	10.4%（平成22年）	➡	9.4%（令和4年度）
	3	メンタルヘルスに関する措置を受けられる職場の割合の増加	33.6%（平成19年）	➡	100%（令和2年）
	4	小児人口10万人当たりの小児科医・児童精神科医師の割合の増加	小児科医94.4（平成22年） 児童精神科医10.6（平成21年）	➡	増加傾向へ（令和4年度）
休養	1	睡眠による休養を十分にとれていない者の減少	18.4%（平成21年）	➡	15%（令和4年度）
	2	週労働時間60時間以上の雇用者の割合の減少	9.3%（平成23年）	➡	5.0%（令和2年）
飲酒	1	生活習慣病のリスクを高める量を飲酒している者の割合の減少	男性　15.3% 女性　7.5% （平成22年）	➡	男性　13% 女性　6.4% （令和4年度）
	2	未成年者（20歳未満の者）の飲酒をなくす	中学3年生　高校3年生 男子10.5%　男子21.7% 女子11.7%　女子19.9% （平成22年）	➡	0%（令和4年度）
	3	妊娠中の飲酒をなくす	8.7%（平成22年）	➡	0%（令和4年度）

① 年金制度の概要

年金制度は、1961（昭和36）年に国民皆年金制度が整備されました。制度の概要について把握しましょう。

年金制度の体系

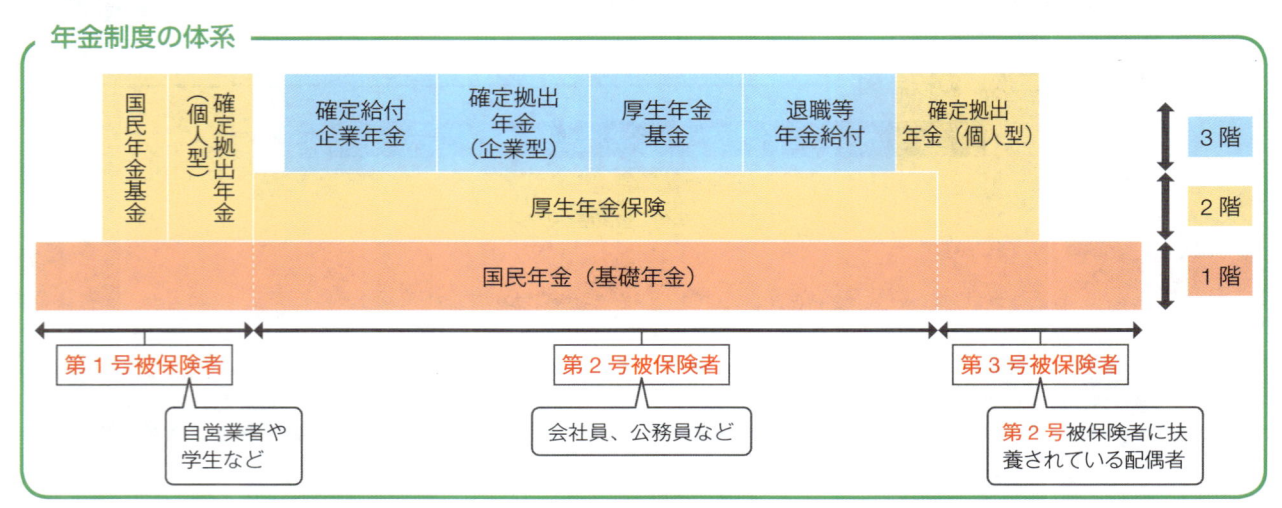

							3 階
国民年金基金	確定拠出年金（個人型）	確定給付企業年金	確定拠出年金（企業型）	厚生年金基金	退職等年金給付	確定拠出年金（個人型）	

厚生年金保険　（2 階）

国民年金（基礎年金）　（1 階）

第 1 号被保険者	第 2 号被保険者	第 3 号被保険者
自営業者や学生など	会社員、公務員など	第 2 号被保険者に扶養されている配偶者

被保険者、保険料のまとめ

被保険者の区分	被保険者数 （令和 3 年 3 月末現在）	保険料納付期間	保険料 （令和 4 年 4 月現在）	受給開始
第 1 号被保険者 （任意加入被保険者を含む）	約 1,449 万人	20 歳以上 60 歳未満 （40 年間）	16,590 円 / 月 （定額）	原則 65 歳 60歳から75歳まで 繰上げ・繰下げできる
第 2 号被保険者 （厚生年金保険）	約 4,513 万人	（働いた期間） 最大 70 歳まで	標準報酬月額 （32 等級まであり） × 18.3% （定率）	
第 3 号被保険者	約 793 万人	20 歳以上 60 歳未満 （被扶養の間）	負担なし	

厚生年金保険の被保険者 （第 2 号被保険者）	適用事業所		●1 週の所定労働時間および 1 か月の所定労働日数が常用雇用者の 4 分の 3 以上
	特定適用事業所	500 人超	●短時間労働者（週の所定労働時間が 20 時間以上）^{（※）} も適用対象（令和 4 年 10 月から 100 人超、令和 6 年 10 月から 50 人超に拡大予定）
		500 人以下	●労使合意に基づき申出をする事業所、地方公共団体に属する事業所に勤務する短時間労働者も適用対象
被扶養配偶者 （第 3 号被保険者）			●第 2 号被保険者に扶養されている 20 歳以上 60 歳未満の配偶者（事実婚も含まれる） ●原則として年収が 130 万円未満 ●日本国内に住所を有する者や、日本国内に生活の基礎があると認められる者

※：短時間労働者は、その他に雇用期間が 1 年以上（令和 4 年 10 月から 2 か月超）、賃金月額 8.8 万円以上、学生でないことの要件がある

資料：厚生労働省「令和 2 年度厚生年金保険・国民年金事業の概況」（令和 3 年 12 月）

年金の給付内容

種類	区分	老齢年金	障害年金		遺族年金
国民年金（基礎年金）	受給要件	●保険料納付済期間＋保険料免除期間＋合算対象期間 ⇒10年以上あること	●国民年金に加入期間中に初診日のある障害であること		●国民年金の被保険者や老齢基礎年金の受給資格期間（25年）を満たす人が死亡したとき
			（原則）保険料納付済（免除）期間が2/3以上あること （特例：過去1年間に滞納がないこと）		
	年金額	年金額…777,800円/年	1級	2級の「1.25倍」＋子（※）の加算	年金額…777,800円/年 ＋子（※）の加算
			2級	777,800円/年＋子（※）の加算	
		●777,800円×【保険料納付済期間＋保険料免除期間×7/8〜1/2】/480（40年）	●20歳前に初診日のある障害者は、保険料を納付していないが支給される（ただし所得制限がある）		●子（※）のある配偶者または ●子に対して支給
厚生年金保険（被用者年金）	受給要件	●原則として、老齢基礎年金の受給期間を満たすこと ●厚生年金保険の被保険者期間が1か月以上あること	●厚生年金保険に加入期間中に初診日のある障害であること ●障害基礎年金の受給要件を満たすこと		●厚生年金保険の被保険者が死亡したとき ●老齢厚生年金の受給資格期間を満たした人が死亡したときなど
	年金額	●報酬比例年金額	1級	報酬比例年金額×1.25 ＋配偶者加給年金	●報酬比例年金額×「3/4」
			2級	報酬比例年金額 ＋配偶者加給年金	
			3級	報酬比例年金額（最低保障額あり）	
		●第2号被保険者期間の【報酬】により年金額が異なる	【障害手当金】 ●初診日から5年以内に治り、3級の障害よりやや程度の軽い障害が残ったときに一時金として支給		①妻 ②子、孫（※） ③55歳以上の夫、父母、祖父母などに支給

※：「子」「孫」とは、受給権者により生計を維持されている18歳到達年度の末日を経過していない者または20歳未満で障害年金の障害等級1級または2級の者。金額は令和4年4月現在

障害年金のポイント		●障害年金は初診日から1年6か月を経過した障害認定日に、障害等級1級、2級（厚生年金保険は3級も含む）に該当する場合に支給される
	事後重症	●障害認定日において障害認定基準に定める障害の状態でなかったものが、65歳に達する日の前日までの間にその病気やけがにより障害認定基準に定める程度の障害の状態に至ったときは請求できる
	併給の調整	●障害厚生（基礎）年金と労災保険の障害補償年金を受け取る場合、障害厚生（基礎）年金は全額支給され、障害補償年金は支給調整される

特定障害者に対する特別障害給付金の支給に関する法律

2004（平成 16）年 12 月公布

目 的	●国民年金制度の発展過程において生じた特別な事情にかんがみ、障害基礎年金等の受給権を有していない障害者に特別障害給付金を支給することにより、その福祉の増進を図ることを目的としている	
対象者	●1991（平成 3）年 3 月 31 日以前に国民年金任意加入対象であった学生 ●1986（昭和 61）年 3 月 31 日以前に国民年金任意加入対象であった被用者の配偶者 で、任意加入していなかった期間に初診日があり、現在、障害基礎年金 1 級、2 級相当の障害に該当する者	
支給額 （令和 4 年 4 月現在）	1 級	月額 52,300 円
	2 級	月額 41,840 円
	※所得制限あり。老齢年金等受給者は、その受給額分を差し引いて支給	

保険料の免除・猶予制度

法定免除	●障害基礎年金の受給権者、生活保護法の生活扶助の受給者など （法定免除期間の老齢基礎年金は、支給率 2 分の 1。2009（平成 21）年 3 月までは 3 分の 1）	
申請免除	●経済的理由や災害等の理由で保険料を納めることが困難なときは、申請により全部または一部が免除される ●「全額免除」「4 分の 3 免除」「半額免除」「4 分の 1 免除」がある	
産前産後	厚生年金	●第 2 号被保険者の産前産後、育児休業期間の厚生年金保険料（事業主、被保険者分）が免除される
	国民年金	●第 1 号被保険者の産前産後期間の国民年金保険料が免除される（免除期間は、満額の基礎年金を支給）
猶予制度	●受給資格期間には算入されるが、追納しなければ年金額の計算に反映されない	
	学生納付特例	●20 歳以上の学生で、本人の所得が一定額以下の場合
	納付猶予	●50 歳未満で、所得が一定額以下の場合

年金生活者支援給付金

2019（令和元）年 10 月施行

老齢年金生活者支援給付金	●所得が一定基準を下回る老齢年金の受給者に支給 （月額 5,020 円×保険料納付済期間 /480 月＋月額 10,802 円×保険料免除期間 /480 月）
障害年金生活者支援給付金	●一定の障害基礎年金の受給者に給付金を支給（1 級：月額 6,275 円、2 級：月額 5,020 円）
遺族年金生活者支援給付金	●一定の遺族基礎年金の受給者に給付金を支給（月額 5,020 円）

② 障害基礎年金／障害厚生年金等級表

	1級	2級	3級 （障害厚生年金のみ）
	他人の介助を受けなければほとんど自分の用を弁ずることができない程度のもの	必ずしも他人の助けを借りる必要はないが、日常生活は極めて困難で、労働により収入を得ることができない程度のもの	労働が著しい制限を受けるかまたは労働に著しい制限を加えることを必要とする程度のもの
視覚障害	両眼の視力の和が 0.04 以下のもの	両眼の視力の和が 0.05 以上 0.08 以下のもの	両眼の視力が 0.1 以下に減じたもの
聴覚障害	両耳の聴力レベルが 100 デシベル以上のもの	両耳の聴力レベルが 90 デシベル以上のもの	両耳の聴力が、40cm 以上では通常の話声を解することができない程度に減じたもの
平衡機能障害		平衡機能に著しい障害を有するもの	
音声・言語・そしゃく		そしゃくの機能を欠くもの	そしゃくまたは言語の機能に相当程度の障害を残すもの
		音声または言語機能に著しい障害を有するもの	
肢体不自由 上肢	両上肢の機能に著しい障害を有するもの	一上肢の機能に著しい障害を有するもの	一上肢の 3 大関節のうち、2 関節の用を廃したもの
	両上肢のすべての指を欠くもの	一上肢のすべての指を欠くもの	長管状骨に偽関節を残し、運動機能に著しい障害を残すもの
	両上肢のすべての指の機能に著しい障害を有するもの	一上肢のすべての指の機能に著しい障害を有するもの	
		両上肢のおや指およびひとさし指または中指を欠くもの	おや指およびひとさし指を併せ一上肢の 4 指の用を廃したもの
		両上肢のおや指およびひとさし指または中指の機能に著しい障害を有するもの	一上肢のおや指およびひとさし指を失ったものまたはおや指もしくはひとさし指を併せ、一上肢の 3 指以上を失ったもの
肢体不自由 下肢	両下肢の機能に著しい障害を有するもの	両下肢のすべての指を欠くもの	一下肢の 3 大関節のうち、2 関節の用を廃したもの
	両下肢を足関節以上で欠くもの	一下肢の機能に著しい障害を有するもの	一下肢をリスフラン関節以上で失ったもの
		一下肢を足関節以上で欠くもの	両下肢の 10 趾の用を廃したもの
肢体不自由 体幹	体幹の機能に座っていることができない程度または立ち上がることができない程度の障害を有するもの	体幹の機能に歩くことができない程度の障害を有するもの	脊柱の機能に著しい障害を残すもの
精神の障害（※）	精神の障害であって、前各号と同程度以上と認められる程度のもの	精神の障害であって、前各号と同程度以上と認められる程度のもの	精神または神経系統に、労働が著しい制限を受けるか、または労働に著しい制限を加えることを必要とする程度の障害を残すもの
重複障害	身体の機能の障害もしくは病状または精神の障害が重複する場合であって、その状態が前各号と同程度以上と認められる程度のもの	身体の機能の障害もしくは病状または精神の障害が重複する場合であって、その状態が前各号と同程度以上と認められる程度のもの	傷病が治らないで、身体の機能または精神もしくは神経系統に労働が制限を受けるか、または労働に制限を加えることを必要とする程度の障害を有するものであって、厚生労働大臣が定めるもの

※：精神障害および知的障害の認定の地域差の改善に向けた対応を目的に、厚生労働省において「国民年金・厚生年金保険　精神の障害に係る等級判定ガイドライン」が策定され、2016（平成 28）年 9 月 1 日から実施されている

① 雇用保険

雇用保険法
1974（昭和49）年公布

雇用保険制度の概要

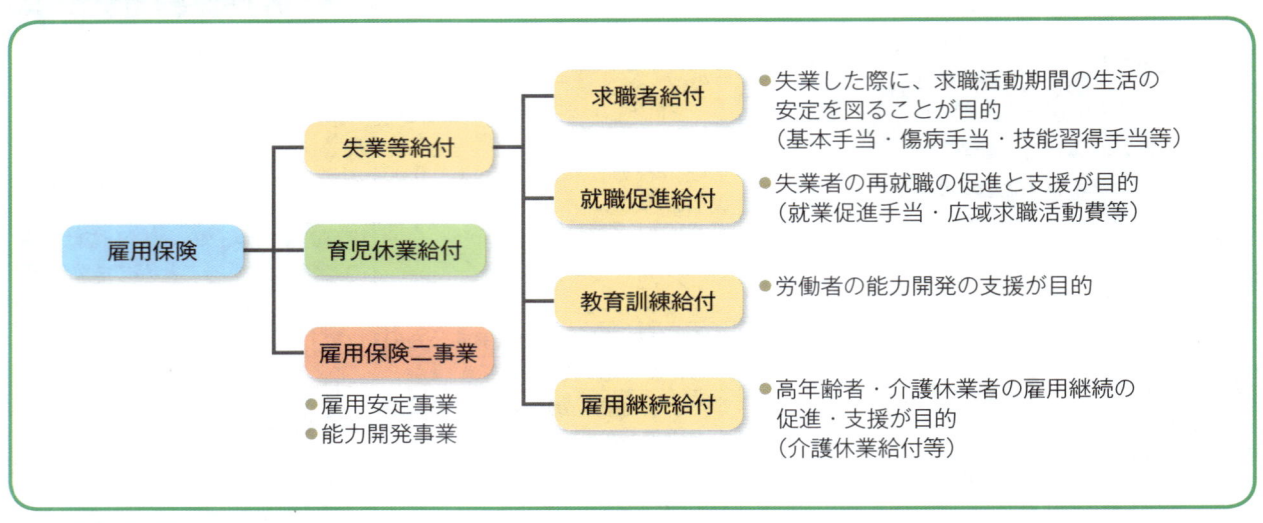

保険者	●雇用保険は全国を単位として、国が保険者となっている ●現業業務は、公共職業安定所（ハローワーク）が行っている
適用事業所	●原則としてすべての事業所に加入が義務づけられている （農林水産業で、労働者が5人未満の個人経営事業所は任意適用）
被保険者	●適用事業所に雇用される労働者で、次の適用基準を満たす者

	適用基準	●1週間の所定労働時間が20時間以上であること ●31日以上引き続き雇用されることが見込まれること	2017（平成29）年1月より65歳以上も適用対象

保険料	●雇用保険の保険料＝「賃金総額」×「保険料率」で算出 ●「雇用保険料は、事業主、被保険者が折半」、「雇用保険二事業の費用は事業主のみが負担」 （令和4年度）

保険料率 事業の種類	失業等給付 労使折半	育児休業給付 労使折半	雇用二事業 事業主のみ負担	合計
一般の事業	2/1000（※）	4/1000	3.5/1000	9.5/1000
農林水産業等	4/1000（※）	4/1000	3.5/1000	11.5/1000
建設の事業	4/1000（※）	4/1000	4.5/1000	12.5/1000

（※）令和4年10月より各4/1000引き上げられる

離職と失業の定義	●離職とは、被保険者について、事業主との雇用関係が終了することをいう ●失業とは、被保険者が離職し、労働の意思および能力を有するにもかかわらず、職業に就くことができない状態にあることをいう
不服申し立て	●保険給付に関する処分などに不服のある者は、「雇用保険審査官」に対して審査請求をし、その決定に不服のある者は、「労働保険審査会」に対して再審査請求をすることができる

失業等給付など

求職者給付		●失業者が求職活動をする間の生活の安定を図ることを目的とした給付。「基本手当」「技能習得手当」「傷病手当」「寄宿手当」などがある
基本手当	受給要件	●離職の日以前2年間に、原則12か月以上の被保険者期間が必要（倒産・解雇、雇止め等による離職の場合は、離職の日以前1年間に6か月以上）
	日額	●基本手当の日額は、離職前の賃金日額の5〜8割（60歳以上65歳未満は4.5〜8割）

●所定給付日数は、離職理由、年齢、被保険者期間などにより異なる
※特定受給資格者、特定理由離職者、就職困難者「以外」

被保険者期間 / 区分	1年未満	1年以上5年未満	5年以上10年未満	10年以上20年未満	20年以上
全年齢	—	90日		120日	150日

※特定受給資格者（倒産・解雇等）または特定理由離職者（正当な理由のある自己都合退職等）

被保険者期間 / 区分	1年未満	1年以上5年未満	5年以上10年未満	10年以上20年未満	20年以上
30歳未満	90日	90日	120日	180日	—
30歳以上35歳未満	90日	120日	180日	210日	240日
35歳以上45歳未満	90日	150日	180日	240日	270日
45歳以上60歳未満	90日	180日	240日	270日	330日
60歳以上65歳未満	90日	150日	180日	210日	240日

※就職困難者（障害者、保護観察中の者など）

被保険者期間 / 区分	1年未満	1年以上
45歳未満	150日	300日
45歳以上60歳未満	150日	360日

●給付期間は、原則として離職の日の翌日から起算して1年（延長は最大3年）

就職促進給付	●基本手当の支給残日数が所定給付日数の3分の1以上ある場合など、一定の要件を満たす場合は、就業促進手当として、「再就職手当」「就業手当」などを支給
教育訓練給付	●被保険者が、厚生労働大臣が指定した教育訓練を修了した場合に支給 ●被保険者期間が3年（初回は1年）以上の人が対象 → 給付率は20%（上限10万円） ●特定一般教育訓練（給付率40%）、専門実践教育訓練（給付率50%）
雇用継続給付	●「介護休業給付」「高年齢雇用継続給付」がある
育児休業給付	●2020（令和2）年4月より、失業等給付から独立し、子を養育するために休業した労働者の生活および雇用の安定を図るための給付と位置づけられた
雇用保険二事業	雇用安定事業 / 能力開発事業 ●失業の予防、雇用状態の是正および雇用機会の増大、労働者の能力の開発および向上その他労働者の福祉の増進を図るために実施

② 労災保険

労働者災害補償保険法
1947（昭和22）年公布

労災保険の概要

保険者	●労災保険は、全国を単位として、国が保険者となっている ●現業業務は、都道府県労働局、労働基準監督署が行っている
適用事業所	●労働者を（1人でも）使用する事業所（国の直営事業、官公署の事業は適用除外） ●中小企業主、個人タクシー、大工などの一人親方なども労災保険への特別加入が認められる
適用労働者	●原則として、常用・日雇・パートタイマー・アルバイト等名称および雇用形態にかかわらず、労働の対価として賃金を受けるすべての労働者 ※代表権・業務執行権がある役員は、原則労災保険の対象外
保険料	●労災保険料は、事業主が全額負担する（被保険者は負担しない） ●保険料は、事業の種類により54種類に区分されている（下表は令和4年度）

事業の種類（一部抜粋）	労災保険率
金属鉱業、非金属鉱業または石炭鉱業	88／1000
水力発電施設、ずい道等新設事業	62／1000
交通運輸事業	4／1000
金融業、保険業または不動産業	2.5／1000

事業の種類によって保険率が異なる

メリット制	●個々の事業における労働災害の多寡により、一定範囲内で労災保険率を増減させる制度
滞納がある場合	●労災保険料を滞納していた場合も保険給付は行われる。この場合、事業主から給付額の40％相当額を限度として徴収する
労災保険の対象	●労災保険は、業務災害および通勤災害を保護の対象としている

業務災害		●業務災害は、業務が原因となり被災した労働者の負傷、疾病、障害または死亡をいう ●事業主が安全配慮義務を十分に履行していなかった場合等は、労災保険給付の価額の限度を超える損害について、民事損害賠償を請求できる
	業務上の負傷	●事業主の支配・管理下で業務に従事している場合のほか、出張や社用での外出などにより事業所外で業務に従事している場合も対象
2020（令和2）年9月改正	業務上の疾病	●疾病、心理的負荷による精神障害についても、業務との間に相当因果関係が認められる場合は対象となる
複数業務要因災害		●複数事業労働者とは、傷病等が生じた時点において、事業主が同一でない複数の事業場に同時に使用されている労働者 ●複数の事業場の業務上の負荷を総合的に評価して、労災と認定できるか判断
通勤災害		●就業に関し、「住居と就業の場所との往復」、「就業場所から他の就業場所への移動」などを合理的な経路および方法で行う場合が対象で、業務の性質を有するものを除くとされている
	中断・逸脱	●通勤の途中で、中断や逸脱があった場合は、その後は原則として通勤とはならないが、日常生活上の行為をやむを得ない理由で行う場合は、合理的な経路に復した後は再び通勤となる

業務上の災害による傷病等に支給される給付を「○○補償給付」といい、通勤災害による傷病等に支給される給付を「○○給付」といいます。

労災保険給付の種類

給付の種類		支給要件	保険給付
療養（補償）給付		●業務災害または通勤災害による傷病について、労災病院または労災指定医療機関等で療養するとき	●療養の給付（現物給付） 療養補償給付は自己負担なし
		●業務災害または通勤災害による傷病について、労災病院または労災指定医療機関以外の医療機関等で療養するとき	●療養の費用の支給（現金給付）
休業（補償）給付		●業務災害または通勤災害による傷病による療養のため労働することができず、賃金を受けられないとき	●休業4日目から休業1日につき給付基礎日額（※）の60％を支給
障害（補償）給付	障害（補償）年金	●業務災害または通勤災害による傷病が治った後に障害等級1～7級までに該当する障害が残ったとき	●給付基礎日額の313日分（1級）～131日分（7級）に相当する額の年金を支給
	障害（補償）一時金	●障害等級8～14級までに該当する障害が残ったとき	●給付基礎日額の503日分（8級）～56日分（14級）に相当する額の一時金を支給
傷病（補償）年金		●業務災害または通勤災害による傷病が、1年6か月を経過した日以後において治っておらず、傷病による障害の程度が傷病等級に該当するとき	●傷病の程度に応じ給付基礎日額の313日分（1級）～245日分（3級）に相当する額の年金を支給
遺族（補償）給付	遺族（補償）年金	●業務災害または通勤災害により死亡したとき	●遺族の数に応じ給付基礎日額の153日分（遺族が1人）～245日分（4人以上）に相当する年金を支給
	遺族（補償）一時金	●遺族（補償）年金を受け取る遺族がいないときなど	●給付基礎日数の1000日分の一時金を支給
介護（補償）給付		●障害・傷病（補償）年金の1級または2級（神経・精神の障害および胸腹部臓器の障害）受給者で、介護を受けているとき （障害者支援施設、介護保険施設等に入所していないことが要件）	●介護の必要度に応じ介護費用を支給 （令和4年度） |	最高限度額	最低保障額
---	---	---
常時介護	171,650円	75,290円
随時介護	85,780円	37,600円	
葬祭料・葬祭給付		●業務災害または通勤災害により死亡した方の葬祭を行うとき	●315,000円に給付基礎日額の30日分を加えた額
二次健康診断等給付		●一次健康診断などの結果、脳・心臓疾患に関する一定の項目に異常の所見があるとき	●二次健康診断、特定保健指導など

※：給付基礎日額＝「業務上の災害等が発生した日の直前の3か月間の賃金」÷「その期間の暦日数」

③ 精神障害の労災認定要件

心理的負荷による精神障害の労災認定要件における基本的な考え方は**ストレス─脆弱性理論**に基づいています。

労災認定の要件

① 認定基準の対象となる精神障害を発病している → ② 業務による心理的負荷の評価 → ③-1 業務以外の心理的負荷の評価 ③-2 個体側要因の評価 → **労災認定**

労災認定のための要件	①	認定基準の対象となる**精神障害を発病している**こと	●認定基準の対象となる精神障害は、ICD-10 第 5 章「精神および行動の障害」に分類される精神障害であって、認知症や頭部外傷などによる障害（F0）およびアルコールや薬物による障害（F1）は除く ●代表的なものは、**うつ病**（F3）、**急性ストレス反応**（F4）など
	②	認定基準の対象となる精神障害の**発病前おおむね 6 か月の間**に、**業務による強い心理的負荷が認められる**こと	**業務による心理的負荷の例** ●心理的負荷が極度のもの ・業務に関し他人を死亡させた ・生死にかかわる業務上の病気やケガをした ●極度の長時間労働 ・発症直前の 1 か月に 160 時間以上の時間外労働を行った ・発病直前の 3 週間に 120 時間以上の時間外労働を行った
	③	**業務以外の心理的負荷や個体側要因により発病**したとは認められないこと	**業務以外の心理的負荷** ●自分の出来事、家族の出来事、金銭関係、事件・事故・災害の体験など業務以外の心理的負荷の強度を評価 **個体側要因による発病かどうか** ●精神障害の既往歴やアルコール依存状況などの個体側要因が発病の原因かどうかを判断する
自殺の取り扱い			●**業務による心理的負荷によって精神障害を発病した人が自殺を図った場合**は、精神障害によって、正常な認識や行為選択能力、自殺行為を思いとどまる精神的な抑制力が著しく阻害されている状態に陥ったものと推定され、**原則として労災認定される**

精神障害の労災補償状況

（件）

年度	労災請求件数	労災支給決定件数
平成 28	1,586	498
平成 29	1,732	506
平成 30	1,820	465
令和元	2,060	509
令和 2	2,051	608

■ 労災請求件数　■ 労災支給決定件数

資料：厚生労働省「過労死等の労災補償状況」

④ 労働関係法規

労働基準法

労働契約	● 労働基準法で定める基準に達しない労働条件を定める労働契約はその部分について無効。無効となった部分は労働基準法で定める基準による
契約期間	● 労働契約は、期間の定めのないものを除き、3年（専門知識等を有する労働者等は5年）を超える期間について締結してはならない
労働時間	● 使用者は、原則として、労働者に休憩時間を除き1週間40時間（1日8時間）を超えて、労働させてはならない
休憩時間	● 使用者は、労働時間が6時間を超える場合においては少なくとも45分、8時間を超える場合においては少なくとも1時間の休憩時間を労働時間の途中に与えなければならない
休日	● 使用者は、労働者に対して、毎週少なくとも1回の休日を与えなければならない

時間外および休日の労働

● 時間外労働・休日労働についての協定（36協定）を書面で締結し、これを労働基準監督署長に届け出た場合は時間外労働をさせることができる
● 使用者が、労働時間を延長し、または休日に労働させた場合には、通常の労働時間または労働日の賃金の計算額に次の率で計算した割増賃金を支払わなければならない

割増賃金	25％以上	● 1日8時間超、深夜労働等
	50％以上	● 時間外労働が1か月60時間超（中小企業は2023（令和5）年4月までは猶予）
時間外労働の上限	原則	月45時間かつ年360時間
	臨時的な特別な事情	● 年720時間以内、月100時間未満（※）、2～6か月平均80時間以内（※） ※：休日労働含む ● 月45時間を超えることができるのは年6か月が限度

就業規則	● 常時10人以上の労働者を使用する使用者は、就業規則を作成し、労働基準監督署長に届け出なければならない ● 使用者は、就業規則の作成または変更について、労働者の過半数を代表する者の「意見」を聴かなければならない

高度プロフェッショナル制度

● 高度の専門的知識等を有し、職務の範囲が明確で年収要件（1075万円以上）を満たす労働者を対象として、一定の要件を満たす場合、労働基準法に定められた労働時間、休憩、休日および深夜の割増賃金に関する規定を適用しない

対象業務	● 金融商品の開発、ディーリング、アナリスト、コンサルタント、研究開発の業務

年次有給休暇

● 使用者は、雇入れの日から6か月間継続勤務し全労働日の8割以上出勤した労働者に対して、10労働日の有給休暇を与えなければならない
● 10日以上の年次有給休暇が与えられる労働者には、このうち年に5日について使用者が時季を指定して取得させなければならない

継続勤務年数	0.5年	1.5年	2.5年	3.5年	4.5年	5.5年	6.5年以上
法定最低付与日数	10日	11日	12日	14日	16日	18日	20日

労働安全衛生法

目　的		●職場における労働者の安全と健康を確保するとともに、快適な職場環境の形成を促進することを目的とする
事業者等の責務		●事業者は、快適な職場環境の実現と労働条件の改善を通じて職場における労働者の安全と健康を確保するようにしなければならない
安全衛生管理体制	安全管理者	●建設業等の一定の業種で常時50人以上の労働者を使用する事業場において選任義務（10人以上50人未満の場合は、安全衛生推進者を選任）
	衛生管理者	●すべての業種で常時50人以上の労働者を使用する事業場において選任義務（常時10人以上50人未満の場合は、安全衛生推進者もしくは衛生推進者を選任）
	産業医	●すべての業種で常時50人以上の労働者を使用する事業場において選任義務
	安全委員会	●事業者は、建設業等の一定の業種・規模ごとに安全委員会を設置しなければならない
	衛生委員会	●事業者は、業種を問わず、常時50人以上の労働者を使用する事業場ごとに、衛生委員会を設けなければならない ●毎月1回開催し、労働者の健康障害の防止および健康の保持増進に関する事項を調査審議する
安全衛生教育		●事業者は、労働者を雇い入れたときには、厚生労働省令で定めるところにより、その従事する業務に関する安全または衛生のための教育を行わなければならない
健康診断		●事業者は、業種・規模を問わず健康診断を行わなければならない。常時50人以上の労働者を使用する事業者は、健康診断結果を所轄の労働基準監督署長に報告しなければならない
保健指導等		●事業者は、健康診断の結果、特に健康の保持に努める必要があると認める労働者に対し、医師または保健師による保健指導を行うように努めなければならない
面接指導等		●事業者は、時間外・休日労働が月80時間を超え、疲労の蓄積が認められる労働者が申し出た場合は、医師による面接指導を行わなければならない
心理的な負担の程度を把握するための検査（ストレスチェック）		●事業者は、労働者に対し、1年以内ごとに1回、定期に、心理的な負担の程度を把握するための検査を行わなければならない ●常時50人以上の労働者を使用する事業者は、検査結果報告書を労働基準監督署に提出しなければならない
	検査の実施者	●医師、保健師 ●一定の研修を修了した看護師、精神保健福祉士、歯科医師、公認心理師
		●検査結果は、医師等から直接労働者に通知される ●医師等は、あらかじめ当該検査を受けた労働者の同意を得ないで、当該労働者の検査の結果を事業者に提供してはならない

その他の労働関係法

労働契約法	●労働契約は、労働者が使用者に使用されて労働し、使用者がこれに対して賃金を支払うことについて、労働者および使用者が合意することによって成立する ●使用者は、労働契約に伴い、労働者がその生命、身体等の安全を確保しつつ労働することができるよう、必要な配慮をするものとする
就業規則違反の労働契約	●就業規則で定める基準に達しない労働条件を定める労働契約は、その部分については無効。無効となった部分は、就業規則で定める基準による
	（優先順位 ： 労働基準法＞労働協約＞就業規則＞労働契約）
過労死等防止対策推進法	●過労死等の防止のための対策を推進し、もって過労死等がなく、仕事と生活を調和させ、健康で充実して働き続けることのできる社会の実現に寄与することを目的とする法律
過労死等の定義	●業務における過重な負荷による脳血管疾患もしくは心臓疾患を原因とする死亡もしくは業務における強い心理的負荷による精神障害を原因とする自殺による死亡またはこれらの脳血管疾患もしくは心臓疾患もしくは精神障害をいう
労働施策総合推進法	●労働者の多様な事情に応じて、安定的な雇用や職業生活の充実、生産性の向上を図るための施策を総合的に講じている法律 ●2020（令和2）年6月より、職場のパワーハラスメント対策が法制化された
パワーハラスメント対策	●事業主は、職場において行われる優越的な関係を背景とした言動であって、業務上必要かつ相当な範囲を超えたものによりその雇用する労働者の就業環境が害されることのないよう、必要な措置を講じなければならない
事業主による再就職の援助	●事業主は、事業規模の縮小等に伴い離職を余儀なくされる労働者について、求職活動に対する援助その他の再就職の援助を行うよう努めなければならない
男女雇用機会均等法	●雇用の分野における男女の均等な機会および待遇の確保を図るとともに、女性労働者の就業に関して妊娠中および出産後の健康の確保を図る等の措置を推進する
ハラスメント防止措置	●事業主は、上司・同僚が職場において、妊娠・出産・育児休業・介護休業等を理由とする就業環境を害する行為をすることがないよう防止措置を講じなければならない
産業保健総合支援センター	●独立行政法人労働者健康安全機構が、産業医、産業看護職、衛生管理者等の産業保健関係者を支援することを目的として、全国47の都道府県に設置

業務内容	相談	●産業保健に関するさまざまな問題について、専門スタッフによる相談
	研修	●産業保健関係者を対象として、産業保健に関する専門的かつ実践的な研修を実施
	その他	●情報提供、広報・啓発、調査研究など

1 介護関連の制度間の関係

支援等が必要な利用者			制度	居宅サービス		入所サービス		用具
					訪問	・訪問介護（※） ・訪問入浴 ・訪問看護 ・訪問リハビリ	入所	・老人福祉施設 ・老人保健施設 ・介護医療院	・福祉用具貸与 ・特定福祉用具販売 ・住宅改修

「介護保険」

●要介護（要支援）認定者 691万人

介護保険と障害者総合支援法では、「介護保険」が優先

介護保険法

訪問	・訪問介護（※） ・訪問入浴 ・訪問看護 ・訪問リハビリ
通所	・通所介護（※） ・通所リハビリ ・認知症対応型通所介護 ・小規模多機能型居宅介護
短期入所	・生活介護（※） ・療養介護

入所
・老人福祉施設
・老人保健施設
・介護医療院

入居
・特定施設入居者生活介護
・認知症対応型共同生活介護

・福祉用具貸与
・特定福祉用具販売
・住宅改修

65歳

「障害者」

●身体障害　420万人
●知的障害　85万人
●精神障害（発達障害を含む）　392万人（20歳以上）
●難病

「介護保険」

●特定疾病該当者 13万人

障害者

障害者総合支援法

訪問	・居宅介護（※） ・行動援護 ・同行援護 ・重度訪問介護（※）
通所	・生活介護（※） ・療養介護 ・自立訓練（※）
短期入所	・短期入所（※）

入所
・施設入所支援

入居
・共同生活援助

・補装具費支給
・日常生活用具給付

40歳

児童福祉法にない「訪問」「短期入所」は障害者総合支援法を利用

18歳

「障害児」

●身体障害　7万人
●知的障害　23万人
●精神障害　28万人（20歳未満）

児童福祉法

通所	・児童発達支援（※） ・医療型児童発達支援 ・放課後等デイサービス（※） ・保育所等訪問支援

入所
・医療型障害児入所施設
・福祉型障害児入所施設

0歳

資料：内閣府『令和4年版障害者白書』、厚生労働省「介護保険事業状況報告」（令和3年末）
※：平成30年度より共生型サービスが創設された（p.142を参照）

② 要支援・要介護高齢者

2021（令和3）年12月現在、約3588万人の高齢者がいます。そのうち、約 **19%** にあたる約678万人が要支援・要介護者に認定されています。第2号被保険者の約13万人を合わせると、約691万人が認定を受けています。

要支援・要介護高齢者の状況

■ 基礎データ

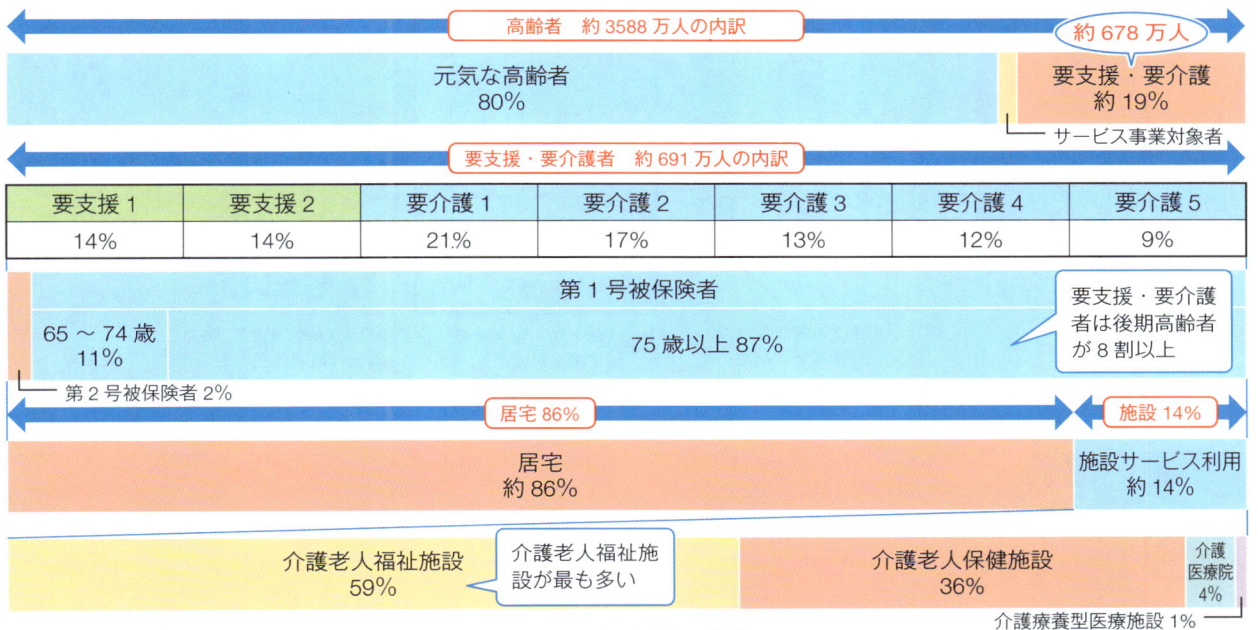

要支援1	要支援2	要介護1	要介護2	要介護3	要介護4	要介護5
14%	14%	21%	17%	13%	12%	9%

高齢者　約3588万人の内訳

元気な高齢者 80%

要支援・要介護 約19%　約678万人　サービス事業対象者

要支援・要介護者　約691万人の内訳

第1号被保険者　65〜74歳 11%　75歳以上 87%　第2号被保険者 2%

要支援・要介護者は後期高齢者が8割以上

居宅 86%　施設 14%

居宅 約86%　施設サービス利用 約14%

介護老人福祉施設 59%　介護老人福祉施設が最も多い　介護老人保健施設 36%　介護医療院 4%　介護療養型医療施設 1%

資料：厚生労働省「介護保険事業状況報告」（令和3年12月分）をもとに作成

■ 性別と年齢

女66%			男34%		
65〜74歳 8%	75〜84歳 34%	85歳以上 56%	65〜74歳 16%	75〜84歳 41%	85歳以上 36%

40〜64歳　2%　　　　40〜64歳　6%

資料：厚生労働省「令和元年国民生活基礎調査」

■ 要介護になった原因

認知症 18%	脳血管疾患 16%	高齢による衰弱 13%	骨折・転倒 13%	関節疾患 11%	心疾患 5%	その他

要支援	関節疾患 19%	高齢による衰弱 16%	骨折・転倒 14%	脳血管疾患 11%	

要支援者は関節疾患が最も多い

要介護	認知症 24%	脳血管疾患 19%	骨折・転倒 12%	高齢による衰弱 11%	

要介護者は認知症が最も多い

資料：厚生労働省「令和元年国民生活基礎調査」

③ 介護保険制度の概要

サービス利用の流れ

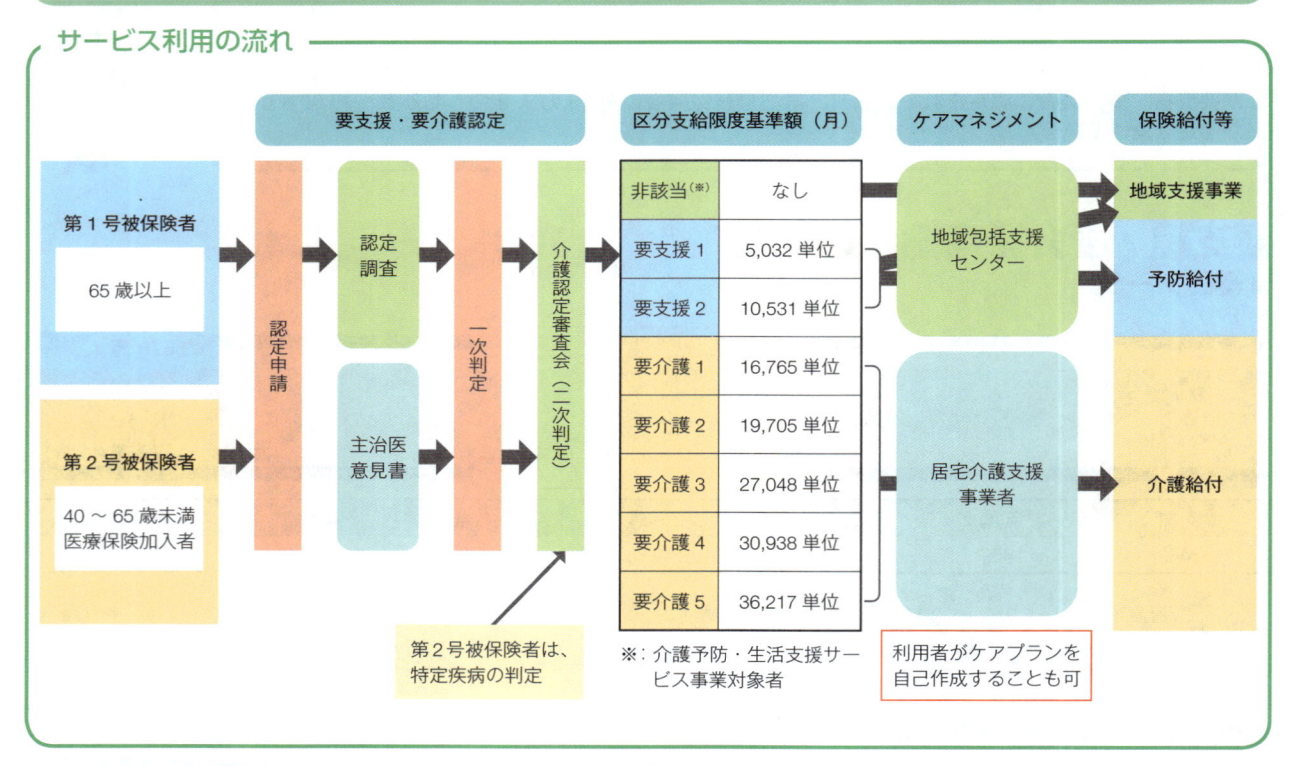

認定申請	●**市町村**に認定申請を行う（居宅介護支援事業者、地域包括支援センター等による**申請代行**もできる）
認定調査	●**市町村**が実施する（居宅介護支援事業者等に委託することもできる） ●調査項目は、**74 項目**ある
一次判定	●全国統一の**コンピューター**によって判定を行う
二次判定・認定	●**介護認定審査会**において審査し、非該当、**要支援 1 ～要介護 5** のいずれかに**判定**する ●**市町村**は、二次判定の結果に基づき**認定**する（有効期間は 3 ～ 48 か月）

ケアプランの作成		●被保険者は、法定代理受領でサービスを利用するには「ケアプラン」を作成しなければならない
	担当者	●介護予防・生活支援サービス事業対象者、要支援者 　　　→　**地域包括支援センター** ●要介護者　→　**居宅介護支援事業者** ●自己作成を希望する者　→　市町村に届けて自己作成することができる

保険給付等	●介護予防・生活支援サービス事業対象者は、地域支援事業の介護予防・日常生活支援総合事業を利用 ●要支援者は予防給付および介護予防・日常生活支援総合事業、要介護者は介護給付を利用することができる

保険者／財源
■ 行政の役割分担

保険者は市町村

国	都道府県	市町村および特別区（保険者）
●基本指針の策定 ●基準等の設定 ●財政支援 ●都道府県・市町村に対する情報提供・助言・監督　など	●介護保険事業支援計画の策定（3年を1期） ●介護保険審査会の設置 ●「居宅サービス」「施設サービス」事業者の指定・監督 ●財政安定化基金の設置 ●介護サービス情報公表　など	●介護保険事業計画の策定（3年を1期） ●介護認定審査会の設置 ●「地域密着型サービス」「介護予防支援」「居宅介護支援」事業者の指定・監督 ●被保険者の資格管理・要介護認定・保険給付等の事務　など

注：平成30年度より、「居宅介護支援事業者」の指定・監督は、市町村が行う

■ 財源

介護保険の財源は保険料と公費の2種類があり、市町村は介護保険に関する収入および支出について、特別会計を設けなければなりません。

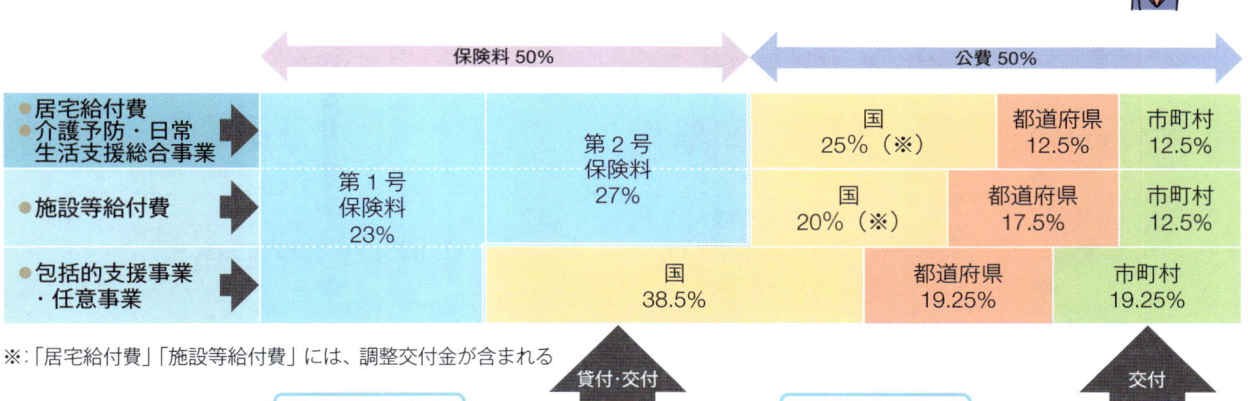

保険料 50%　　公費 50%

●居宅給付費 ●介護予防・日常生活支援総合事業	第1号保険料 23%	第2号保険料 27%	国 25%（※）	都道府県 12.5%	市町村 12.5%
●施設等給付費			国 20%（※）	都道府県 17.5%	市町村 12.5%
●包括的支援事業・任意事業		国 38.5%		都道府県 19.25%	市町村 19.25%

※：「居宅給付費」「施設等給付費」には、調整交付金が含まれる

財源は、国、都道府県、市町村が3分の1ずつ負担

財政安定化基金
保険料収納率の低下や介護給付費の増加などで赤字になった場合に貸付・交付

貸付・交付

調整交付金
国が負担する費用のうち、5%相当分は財政を調整するために市町村に調整交付金を交付

交付

介護保険の費用額と給付費の推移

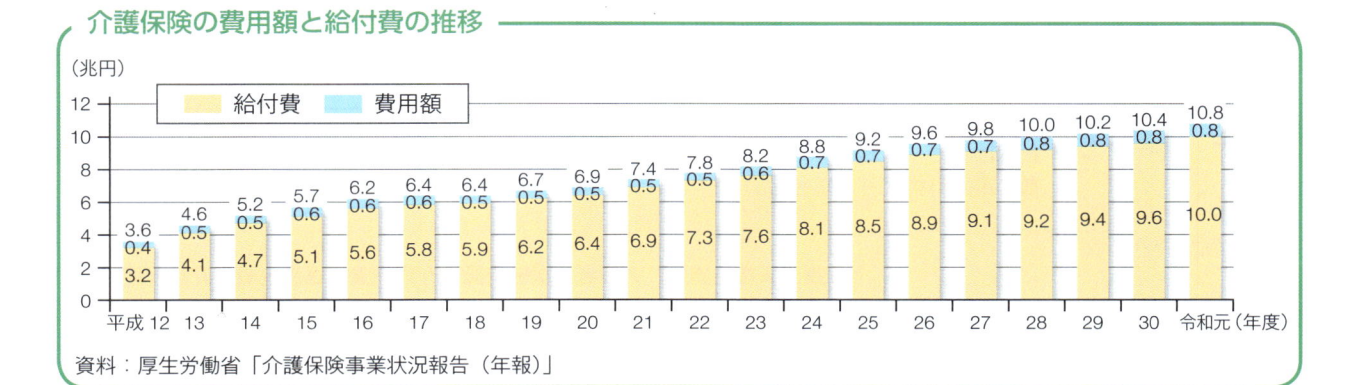

（兆円）

凡例：給付費　費用額

年度	平成12	13	14	15	16	17	18	19	20	21	22	23	24	25	26	27	28	29	30	令和元
費用額	3.6	4.6	5.2	5.7	6.2	6.4	6.4	6.7	6.9	7.4	7.8	8.2	8.8	9.2	9.6	9.8	10.0	10.2	10.4	10.8
上部	0.4	0.5	0.5	0.6	0.6	0.6	0.5	0.5	0.5	0.5	0.5	0.6	0.7	0.7	0.7	0.7	0.8	0.8	0.8	0.8
給付費	3.2	4.1	4.7	5.1	5.6	5.8	5.9	6.2	6.4	6.9	7.3	7.6	8.1	8.5	8.9	9.1	9.2	9.4	9.6	10.0

資料：厚生労働省「介護保険事業状況報告（年報）」

被保険者

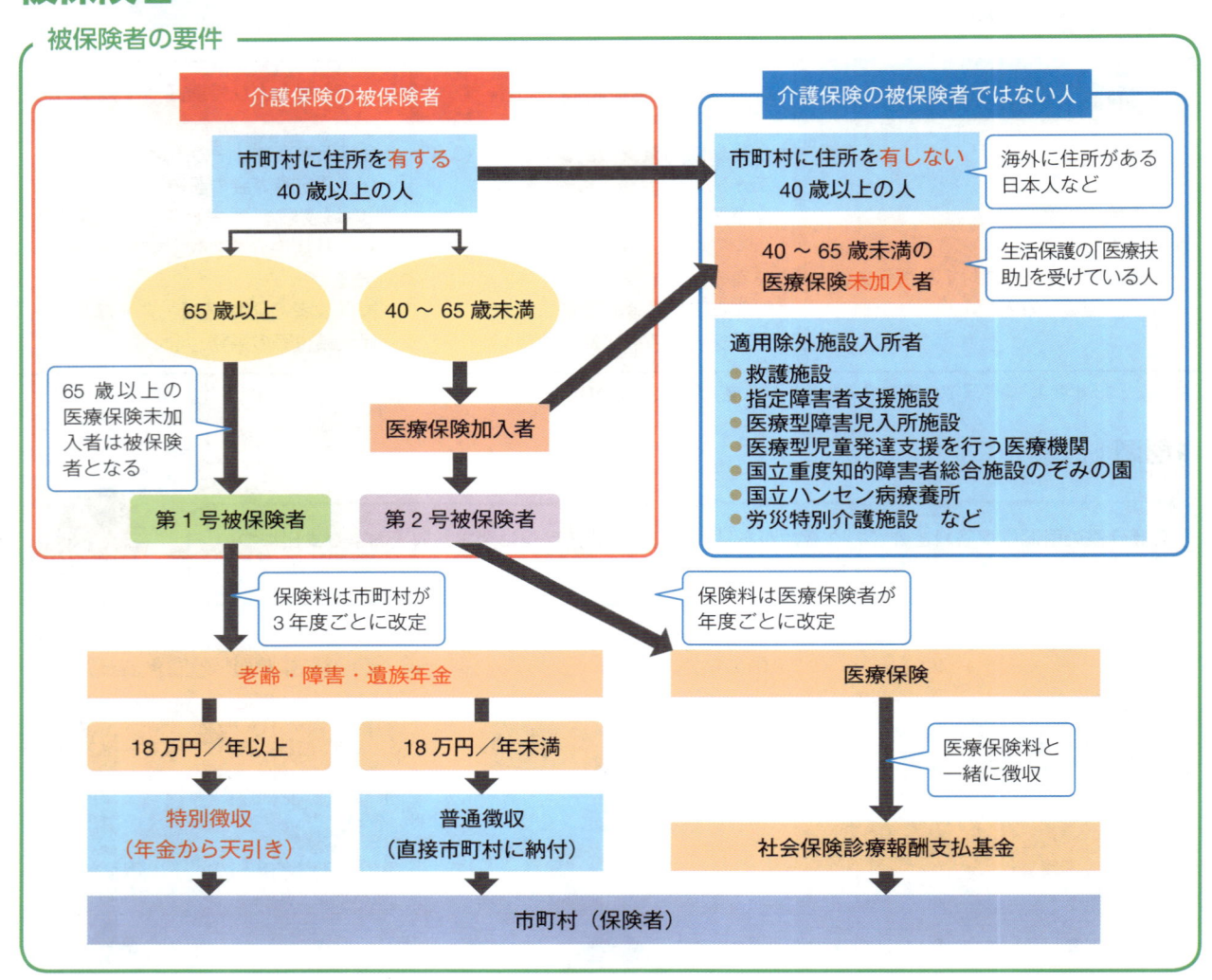

被保険者の要件

介護保険の被保険者		介護保険の被保険者ではない人	

市町村に住所を有する 40 歳以上の人 → 市町村に住所を有しない 40 歳以上の人 — 海外に住所がある日本人など

- 65 歳以上
- 40 ～ 65 歳未満

40 ～ 65 歳未満の医療保険未加入者 — 生活保護の「医療扶助」を受けている人

適用除外施設入所者
- 救護施設
- 指定障害者支援施設
- 医療型障害児入所施設
- 医療型児童発達支援を行う医療機関
- 国立重度知的障害者総合施設のぞみの園
- 国立ハンセン病療養所
- 労災特別介護施設　など

65 歳以上の医療保険未加入者は被保険者となる

医療保険加入者

第 1 号被保険者　第 2 号被保険者

保険料は市町村が 3 年度ごとに改定

保険料は医療保険者が年度ごとに改定

老齢・障害・遺族年金　医療保険

18 万円／年以上　18 万円／年未満

医療保険料と一緒に徴収

特別徴収（年金から天引き）　普通徴収（直接市町村に納付）　社会保険診療報酬支払基金

市町村（保険者）

住所地特例

住所地特例は、施設所在の市町村に要介護者が集中して保険給付費が増大し、市町村間の財政上の不均衡が生じることを防ぐために設けられた特例措置です。

住所地特例		● 被保険者が住所地以外の市区町村に所在する介護保険施設等に入所等をした場合、住所を移す前の市区町村が引き続き保険者となる特例措置
	対象施設	● 介護老人福祉施設、介護老人保健施設、介護療養型医療施設、介護医療院 ● 養護老人ホーム、軽費老人ホーム、有料老人ホーム（有料老人ホームに該当するサービス付き高齢者向け住宅を含む）

要介護認定

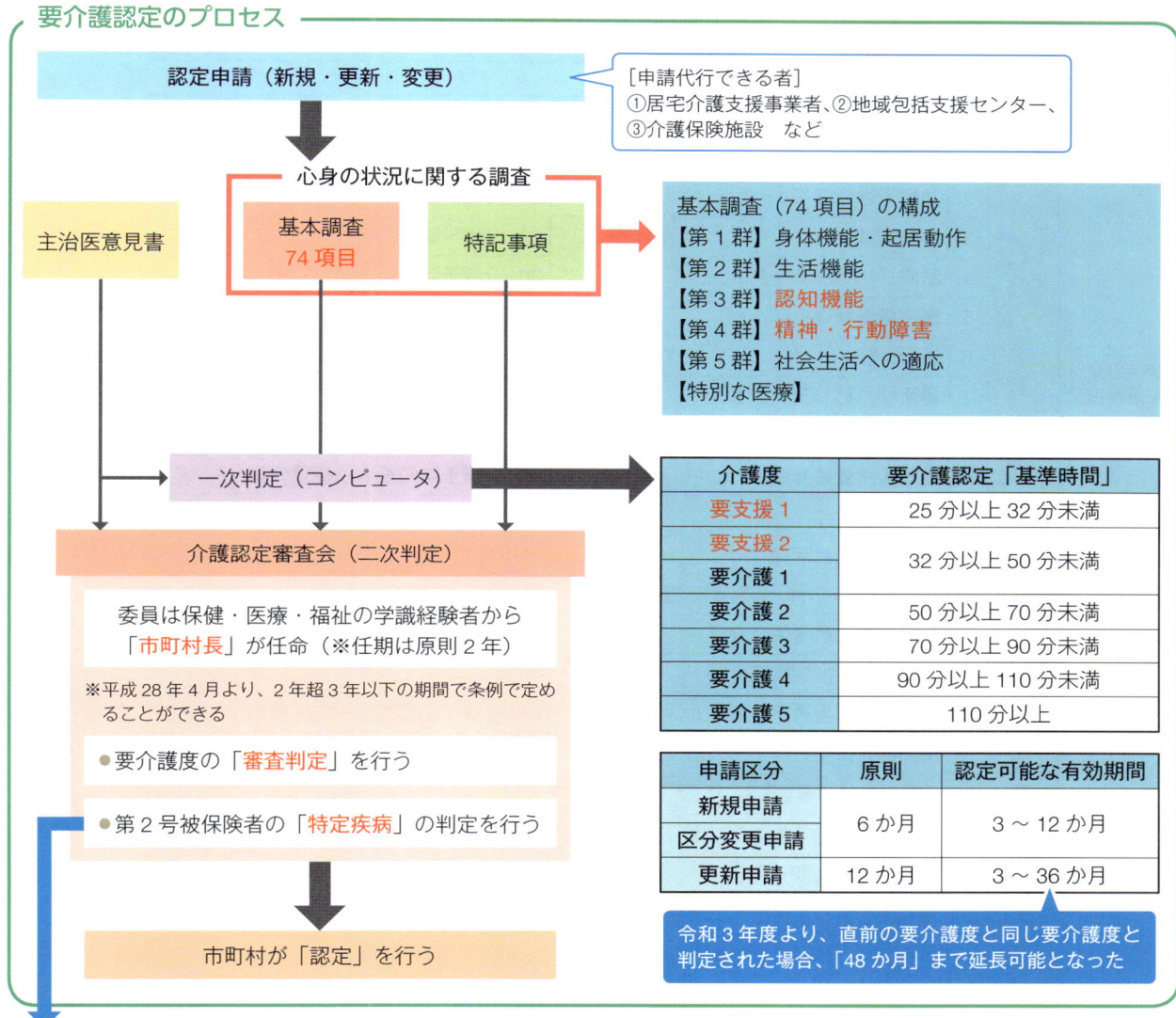

要介護認定のプロセス

認定申請（新規・更新・変更）

［申請代行できる者］
①居宅介護支援事業者、②地域包括支援センター、③介護保険施設　など

心身の状況に関する調査

| 主治医意見書 | 基本調査 74項目 | 特記事項 |

基本調査（74項目）の構成
【第1群】身体機能・起居動作
【第2群】生活機能
【第3群】認知機能
【第4群】精神・行動障害
【第5群】社会生活への適応
【特別な医療】

一次判定（コンピュータ）

介護認定審査会（二次判定）

委員は保健・医療・福祉の学識経験者から「市町村長」が任命（※任期は原則2年）

※平成28年4月より、2年超3年以下の期間で条例で定めることができる

● 要介護度の「審査判定」を行う

● 第2号被保険者の「特定疾病」の判定を行う

市町村が「認定」を行う

介護度	要介護認定「基準時間」
要支援1	25分以上32分未満
要支援2	32分以上50分未満
要介護1	
要介護2	50分以上70分未満
要介護3	70分以上90分未満
要介護4	90分以上110分未満
要介護5	110分以上

申請区分	原則	認定可能な有効期間
新規申請	6か月	3～12か月
区分変更申請		
更新申請	12か月	3～36か月

令和3年度より、直前の要介護度と同じ要介護度と判定された場合、「48か月」まで延長可能となった

特定疾病（16疾病）	①がん末期	⑨脊柱管狭窄症
	②関節リウマチ	⑩早老症
	③筋萎縮性側索硬化症	⑪多系統萎縮症
	④後縦靭帯骨化症	⑫糖尿病性神経障害・腎症・網膜症
	⑤骨折を伴う骨粗鬆症	⑬脳血管疾患
	⑥初老期認知症	⑭閉塞性動脈硬化症
	⑦パーキンソン病関連疾患	⑮慢性閉塞性肺疾患
	⑧脊髄小脳変性症	⑯両側の変形性膝（股）関節症

保険給付

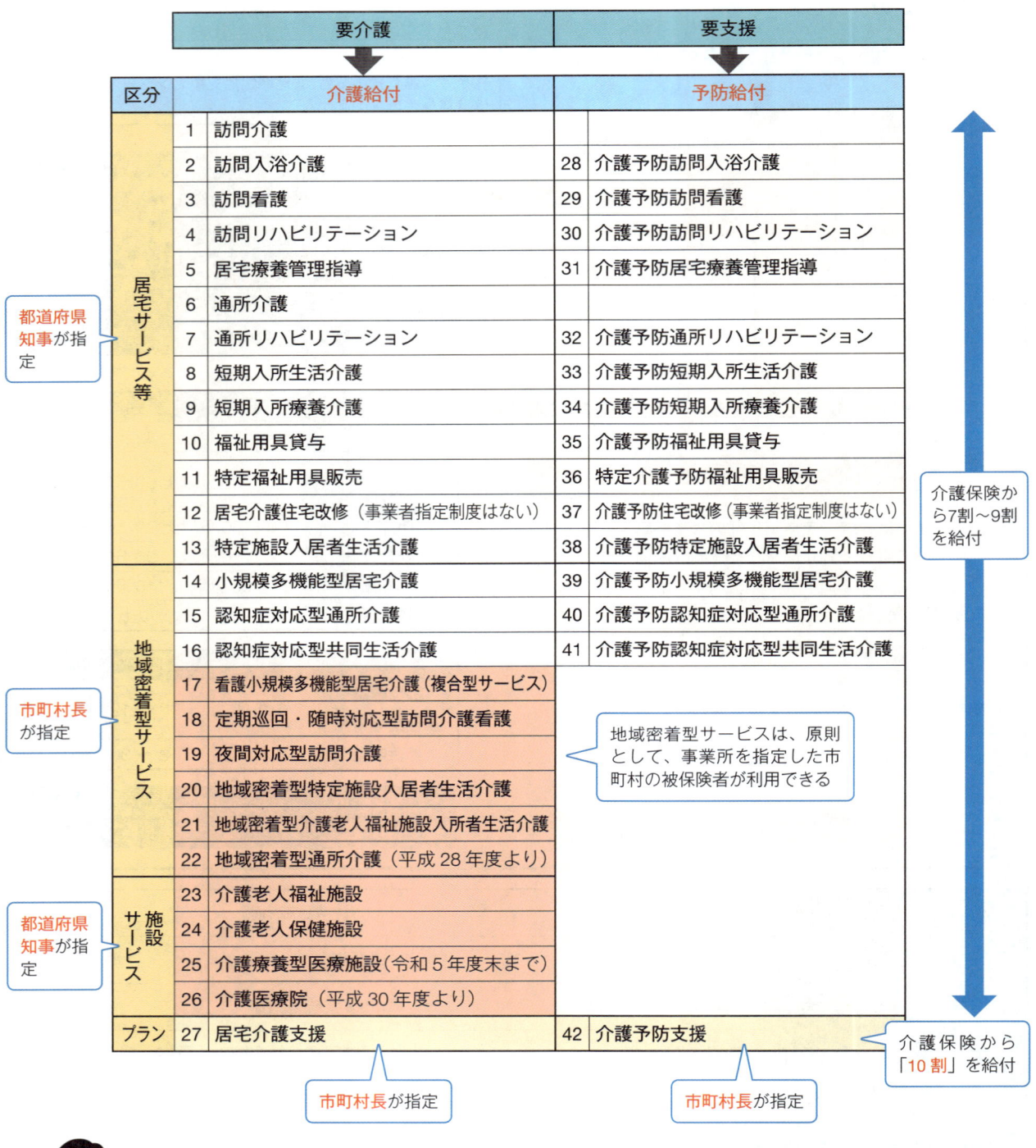

区分		要介護 介護給付			要支援 予防給付
居宅サービス等	1	訪問介護			
	2	訪問入浴介護	28	介護予防訪問入浴介護	
	3	訪問看護	29	介護予防訪問看護	
	4	訪問リハビリテーション	30	介護予防訪問リハビリテーション	
	5	居宅療養管理指導	31	介護予防居宅療養管理指導	
	6	通所介護			
	7	通所リハビリテーション	32	介護予防通所リハビリテーション	
	8	短期入所生活介護	33	介護予防短期入所生活介護	
	9	短期入所療養介護	34	介護予防短期入所療養介護	
	10	福祉用具貸与	35	介護予防福祉用具貸与	
	11	特定福祉用具販売	36	特定介護予防福祉用具販売	
	12	居宅介護住宅改修（事業者指定制度はない）	37	介護予防住宅改修（事業者指定制度はない）	
	13	特定施設入居者生活介護	38	介護予防特定施設入居者生活介護	
地域密着型サービス	14	小規模多機能型居宅介護	39	介護予防小規模多機能型居宅介護	
	15	認知症対応型通所介護	40	介護予防認知症対応型通所介護	
	16	認知症対応型共同生活介護	41	介護予防認知症対応型共同生活介護	
	17	看護小規模多機能型居宅介護（複合型サービス）			
	18	定期巡回・随時対応型訪問介護看護			
	19	夜間対応型訪問介護			
	20	地域密着型特定施設入居者生活介護			
	21	地域密着型介護老人福祉施設入所者生活介護			
	22	地域密着型通所介護（平成28年度より）			
施設サービス	23	介護老人福祉施設			
	24	介護老人保健施設			
	25	介護療養型医療施設（令和5年度末まで）			
	26	介護医療院（平成30年度より）			
プラン	27	居宅介護支援	42	介護予防支援	

- 都道府県知事が指定
- 市町村長が指定
- 都道府県知事が指定

介護保険から7割〜9割を給付

地域密着型サービスは、原則として、事業所を指定した市町村の被保険者が利用できる

介護保険から「10割」を給付

市町村長が指定

市町村長が指定

市町村は、「介護給付」「予防給付」のほかに、条例で定めて「市町村特別給付」を行うことができます（財源は、第1号被保険者の保険料のみで賄います）。

在宅（訪問、通所、短期入所、用具、ケアマネジメント）、施設（入居、入所）とサービス内容で整理すると 27 種類のサービス名を覚えやすくなります。

大区分	中区分		サービス名	サービス内容
在宅で利用するサービス	訪問	1	訪問介護	●居宅において行われる入浴、排せつ、食事等の介護
		2	訪問入浴介護	●居宅を訪問し、浴槽を提供して行われる入浴の介護
		3	訪問看護	●居宅において行う、療養上の世話または必要な診療の補助
		4	訪問リハビリテーション	●居宅において行う、リハビリテーション
		5	居宅療養管理指導	●居宅において医師等により行われる療養上の管理および指導
		6	定期巡回・随時対応型訪問介護看護	●日中・夜間を通じて、訪問介護と訪問看護が行う定期巡回と随時の対応
		7	夜間対応型訪問介護	●夜間において、訪問介護が行う定期巡回と随時の対応
	通所	8	通所介護	●老人デイサービスセンター等に通所して行う介護等
		9	地域密着型通所介護	●「定員18名以下」の通所介護
		10	通所リハビリテーション	●病院、診療所等に通所して行うリハビリテーション
		11	認知症対応型通所介護	●認知症の利用者に対する通所介護
		12	小規模多機能型居宅介護	●通いを中心に訪問や泊まりを組み合わせた多機能なサービス
		13	看護小規模多機能型居宅介護	●小規模多機能型居宅介護と訪問看護を組み合わせたサービス
	短期入所	14	短期入所生活介護	●老人短期入所施設等で行うショートステイ
		15	短期入所療養介護	●介護老人保健施設等で行うショートステイ
	用具	16	福祉用具貸与	●杖や歩行器、車いすなどの福祉用具を貸与
		17	特定福祉用具販売	●福祉用具のうち入浴または排せつの用に供するものの販売
		18	住宅改修	●手すりの取付け、段差の解消などの小規模な住宅改修
	ケアマネジメント	19	居宅介護支援	●居宅サービス計画の作成やサービス事業者との連絡調整
施設等のサービス	入居	20	特定施設入居者生活介護	●有料老人ホームやケアハウスなどで行われる介護等
		21	地域密着型特定施設入居者生活介護	●「定員29名以下」の介護専用型特定施設
		22	認知症対応型共同生活介護	●認知症の利用者に対する家庭的な環境での共同生活の支援
	入所	23	介護老人福祉施設	●原則要介護3以上の要介護者のための生活施設
		24	地域密着型介護老人福祉施設入所者生活介護	●「定員29名以下」の介護老人福祉施設
		25	介護老人保健施設	●要介護者にリハビリテーション等を提供し、在宅復帰を目指す施設
		26	介護医療院	●医療の必要な要介護高齢者の長期療養施設
		27	介護療養型医療施設	●医療の必要な要介護高齢者の長期療養施設（令和5年度末廃止）

■ 支給限度基準額

区分支給限度基準額の概要

限度額が適用されるサービス		
1	訪問サービス	●訪問介護、訪問入浴、訪問看護、訪問リハビリ、定期巡回・随時対応型訪問介護看護、夜間対応型訪問介護
2	通所サービス	●通所介護、通所リハビリ、認知症対応型通所介護、小規模多機能型居宅介護など
3	短期入所サービス	●短期入所生活介護、短期入所療養介護など
4	福祉用具貸与	

※居宅療養管理指導や居宅介護支援、入所・入居サービスは、区分支給限度基準額は適用されない

区分支給限度基準額

要介護度に応じた限度基準額内で利用

種類支給限度基準額

※地域のサービス基盤に限りがある場合など、市町村が条例で定める種類ごとの限度基準額内で利用

要介護度	区分支給限度基準額
要支援1	5,032 単位／月
要支援2	10,531 単位／月
要介護1	16,765 単位／月
要介護2	19,705 単位／月
要介護3	27,048 単位／月
要介護4	30,938 単位／月
要介護5	36,217 単位／月

区分支給限度基準額	●居宅サービスおよび地域密着型サービスのうち、サービス種類ごとの相互の代替性の有無を考慮して、月を単位として支給限度基準額を設定する ●市町村は、条例で定めるところにより、支給限度基準額を超える額を基準額とすることができる
種類支給限度基準額	●地域のサービス基盤の整備状況に応じて、区分支給限度基準額の範囲内において、サービスの種類ごとに市町村が条例で定める
福祉用具購入費支給限度基準額	●1年間（4月〜翌3月）につき10万円
住宅改修費支給限度基準額	●20万円 （要介護状態区分が3段階以上重くなったとき、転居した場合は再度20万円までの支給）

■ その他

利用者負担		●介護保険の利用者負担は、1割負担（第1号被保険者で一定所得以上は2割または3割負担） ●居宅介護支援、介護予防支援のケアマネジメントのサービスには利用者負担はない
介護サービス情報の報告および公表		●指定介護サービス事業者は、介護サービス情報を都道府県知事に報告しなければならない ●都道府県知事は、報告を受けた後、厚生労働省令で定めるところにより、報告の内容を公表しなければならない
更新制度	事業所	●「6年ごと」に更新を受けなければ、指定の効力がなくなる
	介護支援専門員	●「5年ごと」に更新を受けなければ、業務に従事できなくなる

地域支援事業

地域支援事業の体系

```
                    地域支援事業
     ┌──────────────┼──────────────┐
```

介護予防・日常生活支援総合事業	包括的支援事業	任意事業
介護予防・生活支援サービス事業 ①訪問型サービス ②通所型サービス ③その他の生活支援サービス ④介護予防ケアマネジメント （要支援者） **一般介護予防事業** ①介護予防把握事業 ②介護予防普及啓発事業 ③地域介護予防活動支援事業 ④一般介護予防事業評価事業 ⑤地域リハビリテーション活動支援事業	**地域包括支援センターの運営** ①介護予防ケアマネジメント （要支援者以外） ②包括的・継続的ケアマネジメント支援業務 ③総合相談支援業務 ④権利擁護業務 ⑤在宅医療・介護連携推進事業 ⑥生活支援体制整備事業 ⑦認知症総合支援事業 ⑧地域ケア会議推進事業	● 介護給付等費用適正化事業 ● 家族介護支援事業 ● その他の事業 （成年後見制度利用支援事業など） ※実施するかどうかは市町村の判断

介護予防・生活支援サービス事業 要支援者、事業対象者を対象（※）	①訪問型サービス （第1号訪問事業）	● 要支援者等に対し、掃除、洗濯等の日常生活上の支援を提供
	②通所型サービス （第1号通所事業）	● 要支援者等に対し、機能訓練や集いの場など日常生活上の支援を提供
	③その他の生活支援サービス （第1号生活支援事業）	● 要支援者等に対し、栄養改善を目的とした配食や一人暮らし高齢者等への見守りを提供
	④介護予防ケアマネジメント （第1号介護予防支援事業）	● 要支援者等に対し、総合事業によるサービス等が適切に提供できるようにケアマネジメントを提供
一般介護予防事業 第1号被保険者を対象	①介護予防把握事業	● 収集した情報等の活用により、閉じこもり等の何らかの支援を要する者を把握し、介護予防活動へつなげる
	②介護予防普及啓発事業	● 介護予防活動の普及・啓発を行う
	③地域介護予防活動支援事業	● 住民主体の介護予防活動の育成・支援を行う
	④一般介護予防事業評価事業	● 介護保険事業計画に定める目標値の達成状況等を検証し、一般介護予防事業の評価を行う
	⑤地域リハビリテーション活動支援事業	● 介護予防の取組みを機能強化するため、通所、訪問、地域ケア会議、住民主体の通いの場等へのリハビリ専門職等による助言等を実施

※：2021（令和3）年4月より、要介護認定によるサービスを受ける前から第1号事業のサービスを継続的に利用する居宅要介護被保険者（市町村が必要と認める者に限る）も対象

地域包括支援センター

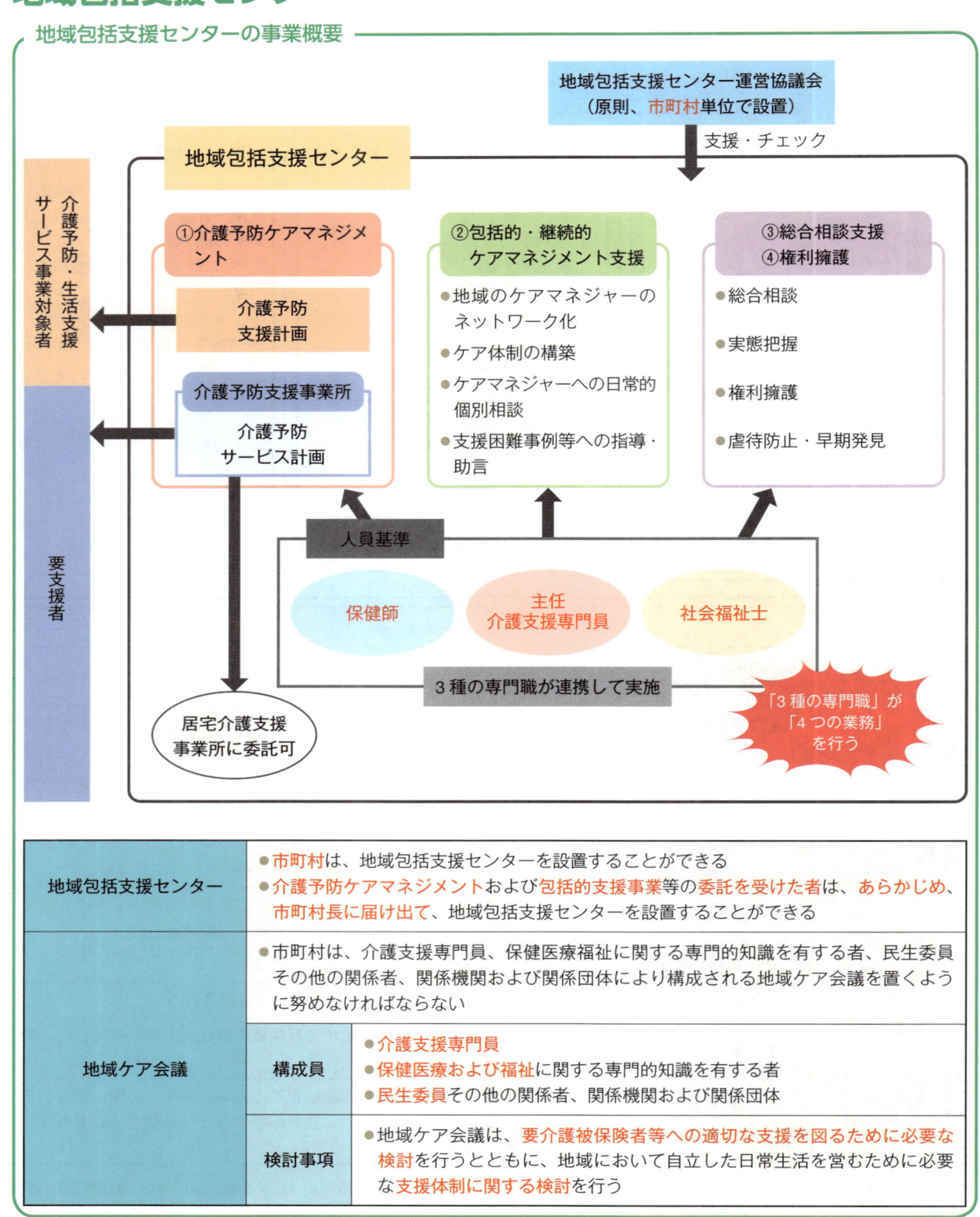

地域包括支援センター	●市町村は、地域包括支援センターを設置することができる ●介護予防ケアマネジメントおよび包括的支援事業等の委託を受けた者は、あらかじめ、市町村長に届け出て、地域包括支援センターを設置することができる		
地域ケア会議	●市町村は、介護支援専門員、保健医療福祉に関する専門的知識を有する者、民生委員その他の関係者、関係機関および関係団体により構成される地域ケア会議を置くように努めなければならない		
	構成員	●介護支援専門員 ●保健医療および福祉に関する専門的知識を有する者 ●民生委員その他の関係者、関係機関および関係団体	
	検討事項	●地域ケア会議は、要介護被保険者等への適切な支援を図るために必要な検討を行うとともに、地域において自立した日常生活を営むために必要な支援体制に関する検討を行う	

① 社会福祉の法体系

社会福祉の体系

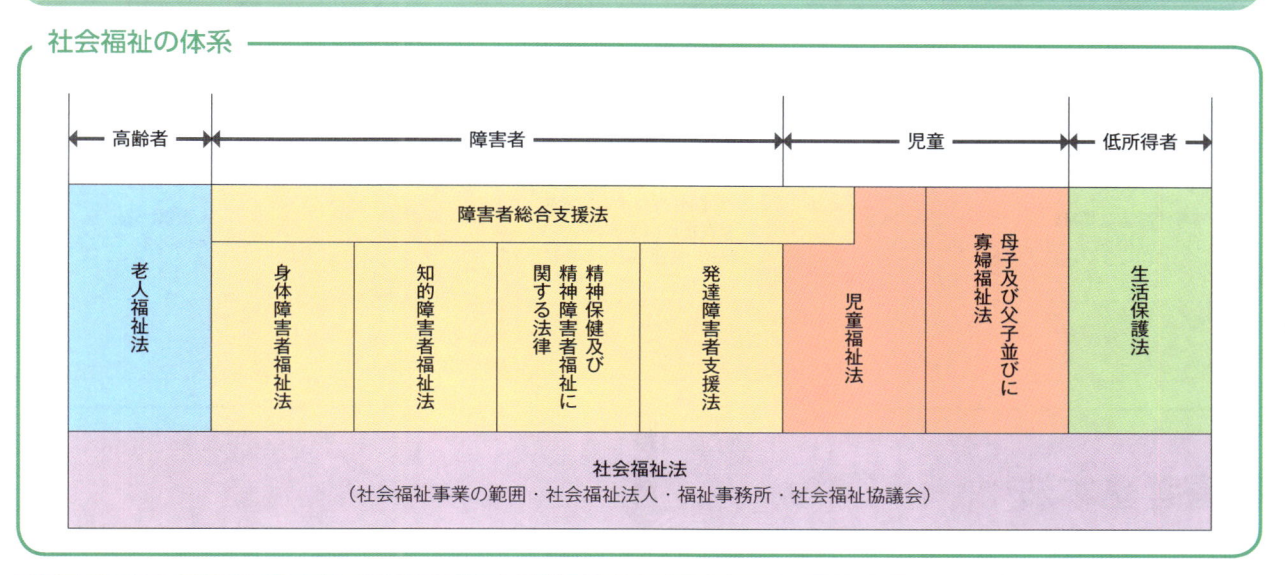

法律名	定めている事項	公布	
児童福祉法	「児童福祉施設」「児童相談所」「児童福祉司」「児童委員」「保育士」など	昭和22年	福祉三法体制
身体障害者福祉法	「更生援護」「身体障害者更生相談所」「身体障害者福祉司」「身体障害者社会参加支援施設」など	昭和24年	
生活保護法	「保護の種類」「保護の方法」「保護施設」など	昭和25年	
精神保健及び精神障害者福祉に関する法律	「精神保健福祉センター」「措置入院・医療保護入院等」「精神障害者保健福祉手帳」など	昭和25年（※1）	
社会福祉法	「福祉事務所」「社会福祉主事」「社会福祉法人」「社会福祉事業」「福祉サービスの適切な利用」「社会福祉協議会」など	昭和26年（※2）	
知的障害者福祉法	「更生援護」「知的障害者更生相談所」「知的障害者福祉司」など	昭和35年（※3）	福祉六法体制
老人福祉法	「老人福祉施設」「福祉の措置」「老人福祉計画」「有料老人ホーム」など	昭和38年	
母子及び父子並びに寡婦福祉法	「福祉の措置」「母子福祉施設」「福祉資金貸付」など	昭和39年（※4）	
発達障害者支援法	「発達障害の早期発見」「発達障害者の支援」「発達障害者支援センター」など	平成16年	
障害者総合支援法	「自立支援給付」「地域生活支援事業」「補装具」「自立支援医療」「障害福祉計画」など	平成17年（※5）	

※1：昭和25年「精神衛生法」⇒昭和63年「精神保健法」⇒平成7年「精神保健及び精神障害者福祉に関する法律」と改正
　2：昭和26年「社会福祉事業法」⇒平成12年「社会福祉法」と改正
　3：昭和35年「精神薄弱者福祉法」⇒平成11年「知的障害者福祉法」と改正
　4：昭和39年「母子福祉法」⇒昭和57年「母子及び寡婦福祉法」⇒平成26年「母子及び父子並びに寡婦福祉法」と改正
　5：平成17年「障害者自立支援法」⇒平成25年「障害者の日常生活及び社会生活を総合的に支援するための法律」と改正

① 障害者福祉の全体像

障害者制度のイメージ

サービスを利用するための共通の仕組みを定めている		**障害者総合支援法** （2005（平成 17）年公布）		平成 25 年 4 月より「障害者の日常生活及び社会生活を総合的に支援するための法律」（障害者総合支援法）に題名変更	

身体障害者福祉法 （1949（昭和 24）年公布）	知的障害者福祉法 （1960（昭和 35）年公布）	精神保健及び精神障害者福祉に関する法律 （1950（昭和 25）年公布）	発達障害者支援法 （2004（平成 16）年公布）	児童福祉法 （1947（昭和 22）年公布）

障害者基本法 （1970（昭和 45）年公布）	施策の「基本事項」を定めている

障害者基本法

目的		● すべての国民が、障害の有無によって分け隔てられることなく、相互に人格と個性を尊重し合いながら**共生する社会**を実現するため、**障害者の自立および社会参加の支援**等のための施策に関し、**基本原則**を定め、**施策の基本**となる事項を定めること等により、総合的かつ計画的に推進することを目的とする
定義	障害者	● **身体障害、知的障害、精神障害（発達障害を含む）**その他の心身の機能の障害がある者であって、**障害および社会的障壁**により**継続的に**日常生活または社会生活に相当な制限を受ける状態にあるものをいう
	社会的障壁	● 障害がある者にとって**日常生活または社会生活を営むうえで障壁**となるような社会における**事物、制度、慣行、観念**その他一切のものをいう
地域社会における共生等		● 共生する社会の実現は、次に掲げる事項を旨として図られなければならない
	1	● すべて障害者は、社会を構成する一員として**社会、経済、文化その他あらゆる分野の活動に参加する機会**が確保されること
	2	● すべて障害者は、可能な限り、**どこで誰と生活するか**についての**選択の機会**が確保され、地域社会において他の人々と**共生**することを妨げられないこと
	3	● すべて障害者は、可能な限り、**言語（手話を含む）その他の意思疎通のための手段**についての**選択の機会**が確保されるとともに、情報の取得または利用のための手段についての**選択の機会**の拡大が図られること
差別の禁止		● 何人も、障害者に対して、障害を理由として、**差別すること**その他の**権利利益を侵害する行為**をしてはならない
障害者週間		● 毎年 **12 月 3 日から 12 月 9 日**の 1 週間
障害者基本計画		● **政府**は**障害者基本計画**、都道府県は**都道府県障害者計画**、市町村は**市町村障害者計画**を策定しなければならない
障害者政策委員会		● **内閣府**に、障害者政策委員会を置く ● **障害者基本計画の策定または変更に当たって調査審議や意見具申を行う**とともに、計画の実施状況について**監視や勧告**を行う
	委員	● **障害者**、障害者の自立および社会参加に関する事業に従事する者ならびに学識経験のある者のうちから、内閣総理大臣が任命

	●国および地方公共団体は、基本原則にのっとり必要な施策を講じなければならない	
基本的施策	医療、介護等	●障害者が生活機能を回復し、取得し、または維持するために必要な医療の給付およびリハビリテーションの提供を行うよう必要な施策
	年金等	●障害者の自立および生活の安定に資するための年金、手当等の制度
	教育	●障害者である児童および生徒と障害者でない児童および生徒との交流および共同学習を積極的に進めることによって、その相互理解を促進するための施策
	雇用の促進等	●国および地方公共団体ならびに事業者における障害者の雇用を促進するため、障害者の優先雇用その他の施策
	療育	●障害のある子どもが可能な限りその身近な場所において療育その他これに関連する支援を受けられるための施策
	職業相談等	●個々の障害者の特性に配慮した職業相談、職業指導、職業訓練および職業紹介
	住宅の確保	●障害者のための住宅を確保し、および障害者の日常生活に適するような住宅の整備
	公共的施設のバリアフリー化	●官公庁施設、交通施設その他の公共的施設について、障害者が円滑に利用できるような施設の構造および設備の整備等の計画的推進
	相談等	●障害者に対する相談業務、成年後見制度その他の障害者の権利利益の保護等のための施策
	経済的負担の軽減	●障害者および障害者を扶養する者の経済的負担の軽減、障害者の自立の促進を図るため、税制上の措置、公共的施設の利用料等の減免
	文化的諸条件の整備等	●文化芸術活動、スポーツまたはレクリエーションを行うことができるように、施設、設備その他の諸条件の整備、文化芸術、スポーツ等に関する活動の助成
	防災および防犯	●障害者の性別、年齢、障害の状態および生活の実態に応じた、防災および防犯
	消費者としての障害者の保護	●障害者の消費者としての利益の擁護および増進が図られるようにするため、適切な方法による情報の提供
	選挙等における配慮	●選挙、国民審査または投票において、障害者が円滑に投票できるようにするため、投票所の施設または設備の整備
	司法手続における配慮等	●障害者が、刑事事件に関する手続の対象となった場合等において、個々の障害者の特性に応じた意思疎通の手段の確保等
	国際協力	●障害者の自立および社会参加の支援等のための施策を国際的協調の下に推進するため、外国政府、国際機関または関係団体等との情報の交換

① 障害者の定義

各法における定義

法律名	定めている事項	公布
障害者基本法	●「障害者」とは、身体障害、知的障害、精神障害（発達障害を含む）その他の心身の機能の障害がある者であって、障害および社会的障壁により継続的に日常生活または社会生活に相当な制限を受ける状態にあるものをいう	昭和45年
身体障害者福祉法	●「身体障害者」とは、別表に掲げる身体上の障害がある18歳以上の者であって、都道府県知事から身体障害者手帳の交付を受けたものをいう	昭和24年
知的障害者福祉法	なし	昭和35年
精神保健及び精神障害者福祉に関する法律	●「精神障害者」とは、統合失調症、精神作用物質による急性中毒またはその依存症、知的障害、精神病質その他の精神疾患を有する者をいう	昭和25年
児童福祉法	●「障害児」とは、身体に障害のある児童、知的障害のある児童、精神に障害のある児童（発達障害児を含む）または治療方法が確立していない疾病その他の特殊の疾病であって障害者総合支援法第4条第1項の政令で定めるものによる障害の程度が同項の厚生労働大臣が定める程度である児童をいう	昭和22年
特別児童扶養手当等の支給に関する法律	●「障害児」とは、20歳未満であって、第5項に規定する障害等級に該当する程度の障害の状態にある者をいう	昭和39年
発達障害者支援法	●「発達障害」とは、自閉症、アスペルガー症候群その他の広汎性発達障害、学習障害、注意欠陥多動性障害その他これに類する脳機能の障害であってその症状が通常低年齢において発現するものとして政令で定めるものをいう ●「発達障害者」とは、発達障害がある者であって発達障害および社会的障壁により日常生活または社会生活に制限を受けるものをいい、「発達障害児」とは、発達障害者のうち18歳未満のものをいう	平成16年
障害者の日常生活及び社会生活を総合的に支援するための法律	●「障害者」とは、身体障害者、知的障害者のうち18歳以上である者および精神障害者（発達障害者を含み、知的障害者を除く）のうち18歳以上である者ならびに治療方法が確立していない疾病その他の特殊の疾病であって政令で定めるものによる障害の程度が厚生労働大臣が定める程度である者であって18歳以上であるものをいう ●「障害児」とは、児童福祉法に規定する障害児をいう	平成17年
障害者の雇用の促進等に関する法律	●「障害者」とは、身体障害、知的障害、精神障害（発達障害を含む）その他の心身の機能の障害があるため、長期にわたり、職業生活に相当の制限を受け、または職業生活を営むことが著しく困難な者をいう	昭和35年
障害を理由とする差別の解消の推進に関する法律	●「障害者」とは、身体障害、知的障害、精神障害（発達障害を含む）その他の心身の機能の障害がある者であって、障害および社会的障壁により継続的に日常生活または社会生活に相当な制限を受ける状態にあるものをいう	平成25年
難病の患者に対する医療等に関する法律	●「難病」とは、発病の機構が明らかでなく、かつ、治療方法が確立していない希少な疾病であって、当該疾病にかかることにより長期にわたり療養を必要とすることとなるものをいう	平成26年

障害者の定義

区分	法律上の定義	内容	手帳制度	等級	有効期限	写真の貼付
身体障害者	あり	「身体障害者障害程度等級表」に掲げる身体上の障害がある18歳以上の者であって、都道府県知事から手帳の交付を受けたもの	身体障害者手帳（※1）15歳未満の障害児は保護者が申請	1～6級（等級表は7級まで）	原則なし（※2）	あり
知的障害者	なし	知的機能の障害が発達期（おおむね18歳まで）にあらわれ、日常生活に支障が生じているため、何らかの特別の援助を必要とする状態にあるもの（※3）	療育手帳	A、B（自治体によって異なる）	あり	あり
精神障害者	あり	統合失調症、精神作用物質による急性中毒またはその依存症、知的障害、精神病質その他の精神疾患を有する者	精神障害者保健福祉手帳（※4）	1～3級	2年	あり

※1：乳幼児の障害認定は、障害の種類に応じて、障害の程度を判定することが可能となる年齢（おおむね満3歳）以降に行う
2：乳幼児や指定医が再認定の必要ありとした人は、再認定の期日を指定される
3：厚生労働省「知的障害児（者）基礎調査」の定義
4：知的障害があり、他の精神疾患がない者は、療育手帳があるため手帳の対象とはならない

身体障害者障害程度等級表

等級表は1～7級まである

		1級	2級	3級	4級	5級	6級	7級
視覚障害		○	○	○	○	○	○	
聴覚障害			○	○	○		○	
平衡機能障害				○		○		
音声・言語・そしゃく機能障害				○	○			
肢体不自由	上肢	○	○	○	○	○	○	○
	下肢	○	○	○	○	○	○	○
	体幹	○	○	○		○		
内部障害	心臓機能障害	○		○	○			
	じん臓機能障害	○		○	○			
	呼吸器機能障害	○		○	○			
	膀胱または直腸機能障害	○		○	○			
	小腸機能障害	○		○	○			
	ヒト免疫不全ウイルスによる免疫機能障害	○	○	○	○			
	肝臓機能障害	○	○	○	○			

平成22年度より追加

- 同一の等級について2つの重複する障害がある場合は、1級上の級とする
- 異なる等級について2つ以上の重複する障害がある場合は、障害の程度を勘案して、当該等級より上の級とすることができる

障害等級の指数	1級（18）、2級（11）、3級（7）、4級（4）、5級（2）、6級（1）、7級（0.5）					
合計指数による認定等級	1級	2級	3級	4級	5級	6級
	18以上	11～17	7～10	4～6	2～3	1

② 精神障害者保健福祉手帳

2019年4月よりカード型の発行が可能になった

精神保健及び精神障害者福祉に関する法律に規定される精神障害者保健福祉手帳は、手帳を取得することで、各支援策を利用しやすくするなど、精神障害者の自立と社会参加の促進を図ることを目的としています。

障害者手帳

○○市

■ 精神障害者保健福祉手帳等級判定基準

●判定は、（1）精神疾患の存在の確認、（2）精神疾患（機能障害）の状態の確認、（3）能力障害の状態の確認、（4）精神障害の程度の総合判定という順を追って行われる

障害等級		1級	2級	3級
	判定基準	日常生活の用を弁ずることを不能ならしめる程度のもの	日常生活が著しい制限を受けるか、または日常生活に著しい制限を加えることを必要とする程度のもの	日常生活もしくは社会生活が制限を受けるか、または日常生活もしくは社会生活に制限を加えることを必要とする程度のもの
精神疾患の状態（抜粋）	統合失調症	高度の残遺状態または高度の病状があるため、高度の人格変化、思考障害、その他妄想・幻覚等の異常体験があるもの	残遺状態または病状があるため、人格変化、思考障害、その他の妄想・幻覚等の異常体験があるもの	残遺状態または病状があり、人格変化の程度は著しくはないが、思考障害、その他の妄想・幻覚等の異常体験があるもの
	気分（感情）障害	高度の気分、意欲・行動および思考の障害の病相期があり、かつ、これらが持続したり、ひんばんに繰り返したりするもの	気分、意欲・行動および思考の障害の病相期があり、かつ、これらが持続したり、ひんばんに繰り返したりするもの	気分、意欲・行動および思考の障害の病相期があり、その症状は著しくはないが、これを持続したり、ひんばんに繰り返すもの
能力障害の状態（抜粋）	食事摂取	調和のとれた適切な食事摂取ができない	調和のとれた適切な食事摂取は援助なしにはできない	調和のとれた適切な食事摂取は自発的に行うことができるがなお援助を必要とする
	身辺の清潔保持	洗面、入浴、更衣、清掃等の身辺の清潔保持ができない	洗面、入浴、更衣、清掃等の身辺の清潔保持は援助なしにはできない	洗面、入浴、更衣、清掃等の身辺の清潔保持は自発的に行うことができるがなお援助を必要とする
	金銭管理	金銭管理能力がなく、計画的で適切な買物ができない	金銭管理や計画的で適切な買物は援助なしにはできない	金銭管理や計画的で適切な買物はおおむねできるがなお援助を必要とする

■ 申請と判定

●申請は市町村に行う→ 1～2か月程度で交付
●精神保健指定医または、精神障害の診断または治療に従事する医師の診断書、写真を添付
●初診日から原則6か月以上 経過していること
●精神保健福祉センターの判定（精神障害を事由とする障害年金を受けているときは不要）に基づき都道府県知事または指定都市市長が交付決定する
●2年ごとに更新が行われる

■ 優遇措置等

①心身障害者扶養保険に基づく給付金の非課税、②所得税、住民税、相続税などの控除・減免、③公営住宅の優先入居、④NHK受信料の免除、⑤生活保護の障害者加算、⑥生活福祉資金の貸付、⑦NTTの無料番号案内、⑧携帯電話使用料の割引など

③ 療育手帳

療育手帳制度は、知的障害児（者）に対し一貫した相談・指導を行うとともに、各種の援助措置を受けやすくすることにより、知的障害児（者）の福祉の増進を図ることを目的としています。

カード型の発行も可能

療 育 手 帳

○ ○ 県

■療育手帳の通知上の基準

区分	要件	旅客運賃割引規則
重度「A」	●知能指数（IQ）がおおむね 35 以下の者であって、日常生活において常時介護を要する程度のもの ●肢体不自由、盲、ろうあ等の障害を有し、知能指数がおおむね 50 以下の者であって、日常生活において常時介護を要する程度のもの	第 1 種
その他「B」	●重度 A 以外	第 2 種

注：手帳の呼び方や判定基準は各都道府県・指定都市・中核市により異なる

名称	区分の例		判定基準の例	
（例） ●療育手帳 ●愛の手帳 ●愛護手帳 ●みどりの手帳	最重度	A1 や Ⓐ、1 度など	おおむね IQ20 以下	社会生活能力、専門医の診断結果などを総合的に判定
	重 度	A2 や A、2 度など	おおむね IQ21 ～ 35 以下	
	中 度	B1 や Ⓑ、3 度など	おおむね IQ36 ～ 50 以下	
	軽 度	B2 や B、4 度など	おおむね IQ51 ～ 70 （75） 以下	

■申請と判定

●申請は市町村に行う（申請書、写真、自治体によってはマイナンバー（個人番号）が必要）
●児童相談所（18 歳未満）、知的障害者更生相談所（18 歳以上）の判定に基づき、都道府県知事または指定都市市長が交付決定する
●一定期間後に更新のための再判定が行われる

■優遇措置等

①特別児童扶養手当、②心身障害者扶養保険に基づく給付金の非課税、③所得税、住民税、相続税などの控除・減免、④公営住宅の優先入居、⑤NHK 受信料の免除、⑥生活保護の障害者加算、⑦生活福祉資金の貸付、⑧NTT の無料番号案内、⑨携帯電話使用料の割引、⑩旅客鉄道株式会社などの旅客運賃の割引など

① 精神保健福祉法

昭和25年に施行された「精神衛生法」は、昭和62年に「精神保健法」、平成7年に「精神保健及び精神障害者福祉に関する法律（精神保健福祉法）」に改正されました。

第1章　総則	目的	●この法律は、精神障害者の医療および保護を行い、障害者総合支援法と相まってその社会復帰の促進およびその自立と社会経済活動への参加の促進のために必要な援助を行い、精神障害者の福祉の増進および国民の精神保健の向上を図ることを目的とする
	定義	●この法律で「精神障害者」とは、統合失調症、精神作用物質による急性中毒またはその依存症、知的障害、精神病質その他の精神疾患を有する者をいう
第2章　精神保健福祉センター		●都道府県は、精神保健の向上および精神障害者の福祉の増進を図るための機関を置くものとする
第3章　地方精神保健福祉審議会及び精神医療審査会	地方精神保健福祉審議会	●都道府県は、精神保健および精神障害者の福祉に関する事項を調査審議させるため、条例で、地方精神保健福祉審議会を置くことができる
	精神医療審査会	●入院の必要性や処遇妥当性の審査を行わせるため、都道府県に、精神医療審査会を置く
第4章　精神保健指定医、登録研修機関、精神科病院及び精神科救急医療体制	精神保健指定医	●厚生労働大臣は、その申請に基づき、精神保健指定医を指定する
	精神科病院	●都道府県は、精神科病院を設置しなければならない
第5章　医療及び保護	入院形態	●任意入院、医療保護入院、措置入院などについて規定している
	精神科病院における処遇等	●精神科病院における処遇、退院等の請求、報告徴収、改善命令等について規定している
第6章　保健及び福祉	精神障害者保健福祉手帳	●精神障害者は、厚生労働省令で定める書類を添えて、その居住地の都道府県知事に精神障害者保健福祉手帳の交付を申請することができる
	正しい知識の普及	●都道府県および市町村は、精神障害者の社会復帰およびその自立と社会経済活動への参加に対する地域住民の関心と理解を深めるように努めなければならない
	相談指導等	●都道府県等は、精神保健福祉相談員等に、精神障害者およびその家族等からの相談に応じさせ、およびこれらの者を指導させなければならない
第7章　精神障害者社会復帰促進センター		●厚生労働大臣が全国に一個に限り、指定することができる ●精神障害者社会復帰促進センターは、精神障害者の社会復帰の促進を図るための啓発活動および広報活動、研究開発などを行う
第8章　雑則	審判の請求	●市町村長は、精神障害者につき、その福祉を図るため特に必要があると認めるときは、後見開始の審判の請求をすることができる
第9章　罰則		●精神科病院の管理者、指定医、地方精神保健福祉審議会の委員、精神医療審査会の委員などが、職務の執行に関して知り得た人の秘密を正当な理由がなく漏らしたときは、1年以下の懲役または100万円以下の罰金に処する

② 医療および保護

入院患者割合

● 入院患者　約26万人の内訳（令和3年6月末）

任意入院　約49%	医療保護入院　約50%	その他の入院　0.5%

その他の入院　0.5%
措置入院　0.6%

資料：精神保健福祉資料（630調査）

措置入院

措置入院		● 都道府県知事は、医療および保護のために入院させなければその精神障害のために自身を傷つけまたは他人に害を及ぼすおそれがあると認めたときは、当該精神障害者を国等の設置した精神科病院または指定病院に入院させることができる ● 2名以上の精神保健指定医の診察の結果の一致が必要 ● 都道府県知事は、精神障害者に対し、措置入院を採る旨、退院等の請求に関することその他厚生労働省令で定める事項を書面で知らせなければならない
	緊急措置入院	● 急を要する場合は、1名の精神保健指定医の判断で、緊急措置入院（72時間が限度）の措置を採ることができる
申請・通報	診察および保護の申請	● 精神障害者またはその疑いのある者を知った者は、誰でも、その者について精神保健指定医の診察および必要な保護を都道府県知事に申請することができる
	警察官の通報	● 警察官は、精神障害のために自身を傷つけまたは他人に害を及ぼすおそれがあると認められる者を発見したときは、直ちに、その旨を、最寄りの保健所長を経て都道府県知事に通報しなければならない
	検察官の通報	● 検察官は、精神障害者またはその疑いのある被疑者または被告人について、不起訴処分をしたとき、または裁判が確定したときは、速やかに、その旨を都道府県知事に通報しなければならない
	保護観察所の長の通報	● 保護観察所の長は、保護観察に付されている者が精神障害者またはその疑いのある者であることを知ったときは、速やかに、その旨を都道府県知事に通報しなければならない
	矯正施設の長の通報	● 矯正施設の長は、精神障害者またはその疑いのある収容者を釈放、退院または退所させようとするときは、あらかじめ、本人の帰住地、氏名などを本人の帰住地の都道府県知事に通報しなければならない
精神保健指定医の診察等		● 都道府県知事は、申請、通報等のあった者について調査のうえ必要があると認めるときは、その指定する精神保健指定医をして診察をさせなければならない ● 都道府県知事は、診察をさせる場合には、当該職員を立ち会わせなければならない ● 精神保健指定医および当該職員は、必要な限度においてその者の居住する場所へ立ち入ることができる
費用の負担		● 措置入院に要する費用は、都道府県が負担する（健康保険等の給付が優先） ● 国は、都道府県が支出した費用のうち、4分の3を負担する ● 都道府県知事は、精神障害者または扶養義務者が入院費用を負担することができるときは費用の全部または一部を徴収することができる

医療保護入院

医療保護入院	●精神科病院の管理者は、次に掲げる者について、その家族等のうちいずれかの者の同意があるときは、本人の同意がなくてもその者を入院させることができる ●家族等がいない場合等は市町村長の同意により入院させることができる		
	1	●精神保健指定医による診察の結果、精神障害者であり、かつ、医療および保護のため入院の必要がある者で精神障害のために任意入院が行われる状態にないと判定されたもの	
	2	●医療保護入院等のために移送されたもの	
家族等	●精神障害者の配偶者、親権を行う者、扶養義務者および後見人または保佐人をいう		
	家族等になれない人	①行方の知れない者 ②当該精神障害者に対して訴訟をしている者またはした者ならびにその配偶者および直系血族 ③家庭裁判所で免ぜられた法定代理人、保佐人または補助人 ④心身の故障により入院の同意または不同意の意思表示を適切に行うことができない者として厚生労働省令で定めるもの ⑤未成年者	
特定医師の診察	●精神科病院の管理者は、緊急その他やむを得ない理由があるときは、精神保健指定医に代えて特定医師に診察を行わせることができる。この場合において、本人の同意がなくても、12時間に限り、その者を入院させることができる		
市町村長の同意	●精神科病院の管理者は、家族等がない場合またはその家族等の全員がその意思を表示することができない場合において、その者の居住地を管轄する市町村長の同意があるときは、本人の同意がなくてもその者を入院させることができる		
届出	●精神科病院の管理者は、医療保護入院者の入院届、退院届を10日以内に、最寄りの保健所長を経て都道府県知事に届け出なければならない		

任意入院

任意入院	●精神科病院の管理者は、精神障害者を入院させる場合においては、本人の同意に基づいて入院が行われるように努めなければならない ●精神科病院の管理者は、精神障害者に対して退院等の請求に関することその他厚生労働省令で定める事項を書面で知らせ、精神障害者から自ら入院する旨を記載した書面を受けなければならない	
退院制限	●「任意入院者」から退院の請求があった場合は、退院させなければならない ※精神保健指定医による診察の結果、入院を継続する必要がある場合は、72時間に限り退院させないことができる ※緊急その他やむを得ない場合は、「精神保健指定医以外」の医師の診察でも、12時間を限度に退院させないことができる	

応急入院

応急入院	●精神科病院の管理者は、医療および保護の依頼があった者について、**急速を要し、その家族等の同意を得ることができない場合**、本人の同意がなくても、**72 時間に限り**入院させることができる
対象	●**精神保健指定医の診察の結果**、精神障害者であり、かつ、直ちに入院させなければその者の医療および保護を図るうえで著しく支障がある者で任意入院が行われる状態にないと判定されたもの

移送

医療保護入院等のための移送	●**都道府県知事**は、医療保護入院の対象者で、家族等のうちいずれかの者の同意があるときは、本人の同意がなくても精神科病院に**移送**することができる（家族等がない場合等は、**市町村長の同意**で移送することができる）
措置入院等のための移送	●都道府県知事は、措置入院の入院措置を採ろうとする精神障害者を、当該入院措置にかかる病院に**移送しなければならない**

定期の報告

定期の報告	●精神科病院の管理者は、「**措置入院者**」「**医療保護入院者**」の症状などを定期に、最寄りの保健所長を経て**都道府県知事**に報告しなければならない ●都道府県知事は、改善命令等を行った「任意入院者」の症状などについて報告を求めることができる ●都道府県知事は、報告があったときは、精神医療審査会に入院の必要があるかどうかに関し審査を求めなければならない	
	措置入院	●入院後半年までは 3 か月ごと、半年以降は 6 か月ごと
	医療保護入院	●入院後 12 か月ごと

精神医療審査会

精神医療審査会		●次の審査を行わせるため、**都道府県**に、精神医療審査会を置く
	1	●**精神科病院の管理者**から、**医療保護入院の届出**や、**措置入院および医療保護入院の定期病状報告の提出**があったときに、入院の必要性を審査
	2	●**精神科病院に入院中の者またはその家族等**から、都道府県知事に対し、**退院の請求または処遇改善の請求**があった場合に入院の必要性、処遇の妥当性を審査
	委員	●**精神保健指定医、精神障害者の保健または福祉に関し学識経験を有する者**および**法律に関し学識経験を有する者**のうちから、**都道府県知事が任命**（**任期 2 年**。条例により 3 年まで延長可）
	審査の案件の取扱い	●精神医療審査会は、その指名する**委員 5 人**で構成する合議体で、審査の案件を取り扱う

精神保健指定医

精神保健指定医		●厚生労働大臣は、次に該当する医師のうち精神保健福祉法第19条の4に規定する職務を行うのに必要な知識および技能を有すると認められる者を、精神保健指定医に指定する
	指定医の要件	●精神科3年以上を含む5年以上の臨床経験を有すること ●厚生労働大臣が定める精神障害につき厚生労働大臣が定める程度の診断または治療に従事した経験を有すること ●厚生労働省令で定めるところにより行う研修の課程を修了していること
精神保健福祉法第19条の4に規定する職務	医療機関の職務	●医療保護入院や応急入院を要するかどうかの判定 ●退院制限を要するか、仮退院が可能かどうかの判定 ●隔離や身体拘束など行動制限を要するかどうかの判定　など
	非医療機関における職務(みなし公務員)	●措置入院や緊急措置入院を要するかどうかの判定 ●医療機関への移送を要するかどうかの判定　など

医療保護入院者の退院促進措置

退院後生活環境相談員		●精神科病院の管理者は、精神保健福祉士その他厚生労働省令で定める資格を有する者のうちから、退院後生活環境相談員を選任し、医療保護入院者の退院後の生活環境に関し、医療保護入院者およびその家族等からの相談に応じさせ、およびこれらの者を指導させなければならない
	資格	①精神保健福祉士 ②保健師、看護師、准看護師、作業療法士、社会福祉士で精神障害者に関する業務に従事した経験を有する者 ③3年以上精神障害者およびその家族等との退院後の生活環境についての相談および指導に関する実務に従事した経験があり、厚生労働大臣が定める研修を修了した者
	選任時期	●医療保護入院の入院から7日以内に選任
	配置の目安	●おおむね50人以下の医療保護入院者につき1人の相談員を配置
	業務内容	●退院に向けた相談支援業務、退院調整に関する業務 ●地域援助事業者等の紹介 ●医療保護入院者退院支援委員会に関する業務　など
医療保護入院者退院支援委員会		●精神科病院の管理者は、次の審議をするために、医療保護入院者退院支援委員会を設置する ①医療保護入院者の入院の必要性の有無とその理由 ②入院継続が必要な場合、さらに必要と推定される入院期間 ③今後の退院に向けた取組み
	審議の対象者	●入院診療計画書に記載した入院期間を経過するもの ●在院期間が1年未満で委員会の審議で設定された入院期間を経過するもの ●在院期間が1年以上で病院管理者が委員会での審議が必要と認めるもの
地域援助事業者の紹介		●精神科病院の管理者は、医療保護入院者の退院による地域における生活への移行を促進するために必要があると認められる場合には、特定相談支援事業等の事業や、事業の利用に向けた相談援助を行う「地域援助事業者」を紹介するよう努めなければならない

精神科病院における処遇

精神科病院における処遇	●精神科病院の管理者は、入院中の者につき、その医療または保護に欠くことのできない限度において、その行動について必要な制限を行うことができる（12時間を超える隔離等は指定医が必要と認める場合でなければ行うことができない） ●信書の発受の制限、行政機関の職員・弁護士・家族等との面接や電話の制限はできない		
患者の権利	●入院患者・家族等は、都道府県知事または精神科病院管理者に対し、退院または処遇改善の請求を行う権利がある		
厚生労働大臣が定める処遇の基準	●厚生労働大臣は、精神科病院に入院中の者の処遇について必要な基準を定めることができる ●精神科病院の管理者は、その基準を遵守しなければならない ●厚生労働大臣は、基準を定めようとするときは、あらかじめ、社会保障審議会の意見を聴かなければならない		
通信・面会について	●通信・面会は基本的に自由であることを、文書または口頭により、患者およびその家族等に伝えることが必要である		
	信書	●刃物、薬物等の異物が同封されていると判断される受信信書について、患者によりこれを開封させ、異物を取り出したうえ、患者に受信信書を渡し、その旨を診療録に記載する ●家族等からの手紙が患者の治療効果を妨げることが考えられる場合、あらかじめ家族等と十分連携を保って信書を控えさせたり、主治医宛に発信させたりする等の方法に努める	
	電話	●電話を制限した場合、その理由を診療録に記録して、適切な時点で患者と家族等にその旨と理由を知らせるものとする	
	面会	●面会する場合、患者が立会いなく面会できるようにするものとする。ただし、医療もしくは保護のため特に必要がある場合には病院の職員が立ち会うことができる	
患者の隔離について	●患者の隔離は、本人または周囲に危険性が及ぶ可能性が高く隔離以外の方法ではその危険を回避することが著しく困難であると判断される場合に、その危険を最小限に減らし、患者本人の医療または保護を図ることを目的として行われる ●12時間を超えない隔離については精神保健指定医の判断を要するものではないが、この場合にあってもその要否の判断は医師によって行われなければならない		
	対象となる患者	①他の患者との人間関係を著しく損なうおそれがある等、その言動が患者の病状の経過や予後に著しく悪く影響する場合 ②自殺企図または自傷行為が切迫している場合 ③他の患者に対する暴力行為や著しい迷惑行為、器物破損行為が認められ、他の方法ではこれを防ぎきれない場合　など	
身体的拘束について	●身体的拘束は、代替方法が見出されるまでの間のやむを得ない処置として行われる行動の制限であり、できる限り早期に他の方法に切り替えるよう努めなければならない		
任意入院者の開放処遇の制限について	●任意入院者の開放処遇の制限は、当該任意入院者の症状からみて、その開放処遇を制限しなければその医療または保護を図ることが著しく困難であると医師が判断する場合にのみ行われるものであって、制裁や懲罰あるいは見せしめのために行われるようなことは厳にあってはならない		

① 障害者総合支援法

障害者支援と障害児支援

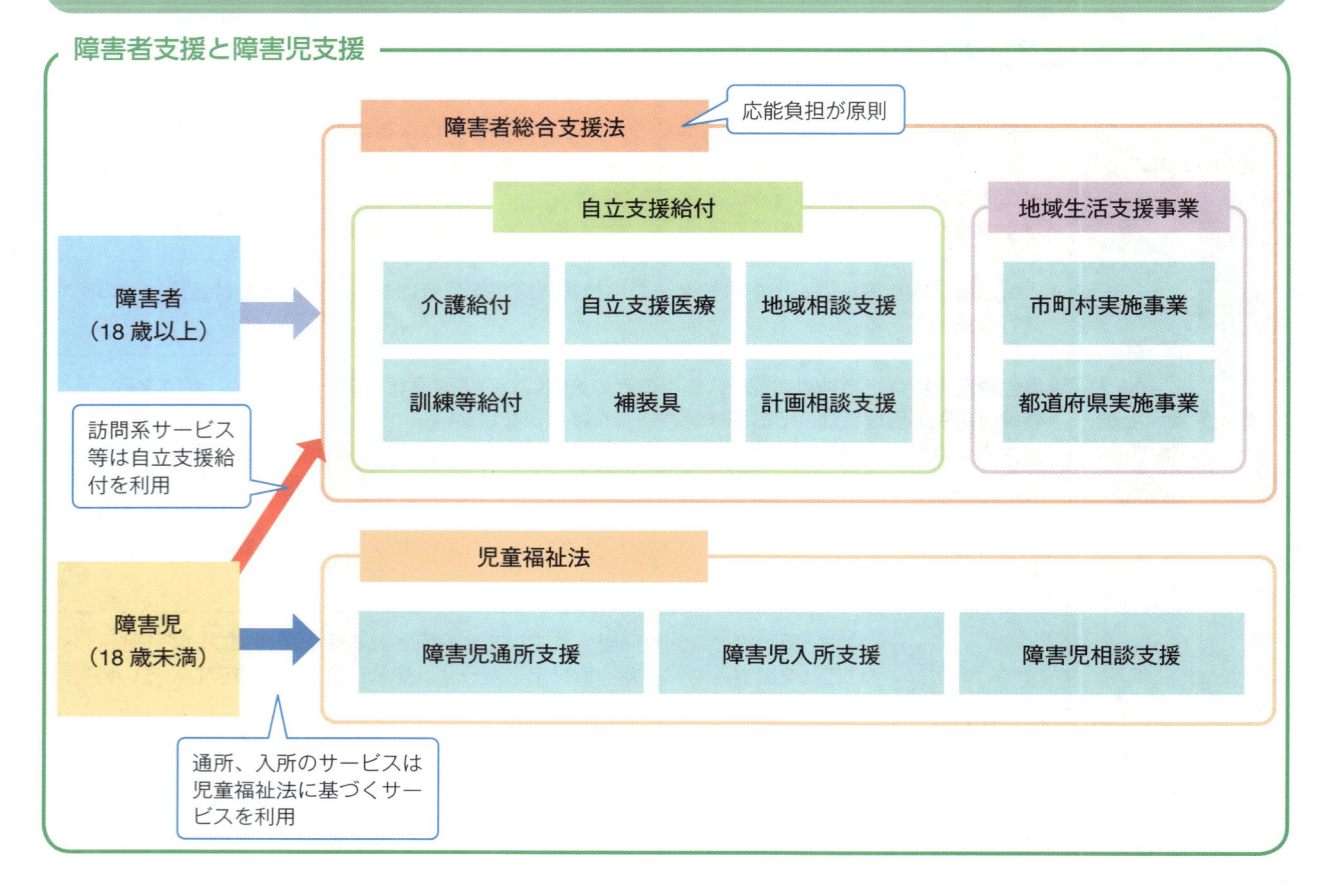

障害者の日常生活及び社会生活を総合的に支援するための法律の概要

目的	●障害者基本法の基本理念にのっとり、障害者および障害児が基本的人権を享有する個人としての尊厳にふさわしい日常生活または社会生活を営むことができるよう、必要な障害福祉サービスにかかる給付、地域生活支援事業その他の支援を総合的に行い、障害の有無にかかわらず国民が相互に人格と個性を尊重し安心して暮らすことのできる地域社会の実現に寄与することを目的とする		
基本理念	●障害者および障害児が日常生活または社会生活を営むための支援は、すべての国民が、障害の有無にかかわらず、等しく基本的人権を享有するかけがえのない個人として尊重されるものであるとの理念にのっとり、共生する社会を実現するため可能な限りその身近な場所において生活の機会が確保されることおよびどこで誰と生活するかについての選択の機会が確保され、地域社会において他の人々と共生することを妨げられないことならびに生活を営むうえで障壁となるような社会における事物、制度、慣行、観念等の除去に資することを旨として、総合的かつ計画的に行わなければならない		
障害者の定義 （平成 25 年 4 月「難病等」を追加）	●身体障害、知的障害、精神障害（発達障害を含む）、難病等※（令和 3 年 11 月から 366 疾病）		
	障害者	18 歳以上	
	障害児	18 歳未満	

※：障害者総合支援法の難病等の対象疾病は、130 疾病→ 151 疾病（平成 27 年 1 月〜）→ 332 疾病（平成 27 年 7 月〜）→ 358 疾病（平成 29 年 4 月〜）→ 359 疾病（平成 30 年 4 月〜）→ 361 疾病（令和元年 7 月〜）→ 366 疾病（令和 3 年 11 月〜）と拡大された

利用申請からサービス利用までの流れ

> 平成 24 年度より支給決定プロセスの見直しが行われ、支給決定の前にサービス等利用計画案を作成し、支給決定の参考とするようになりました。

利用申請からサービス利用までの流れ

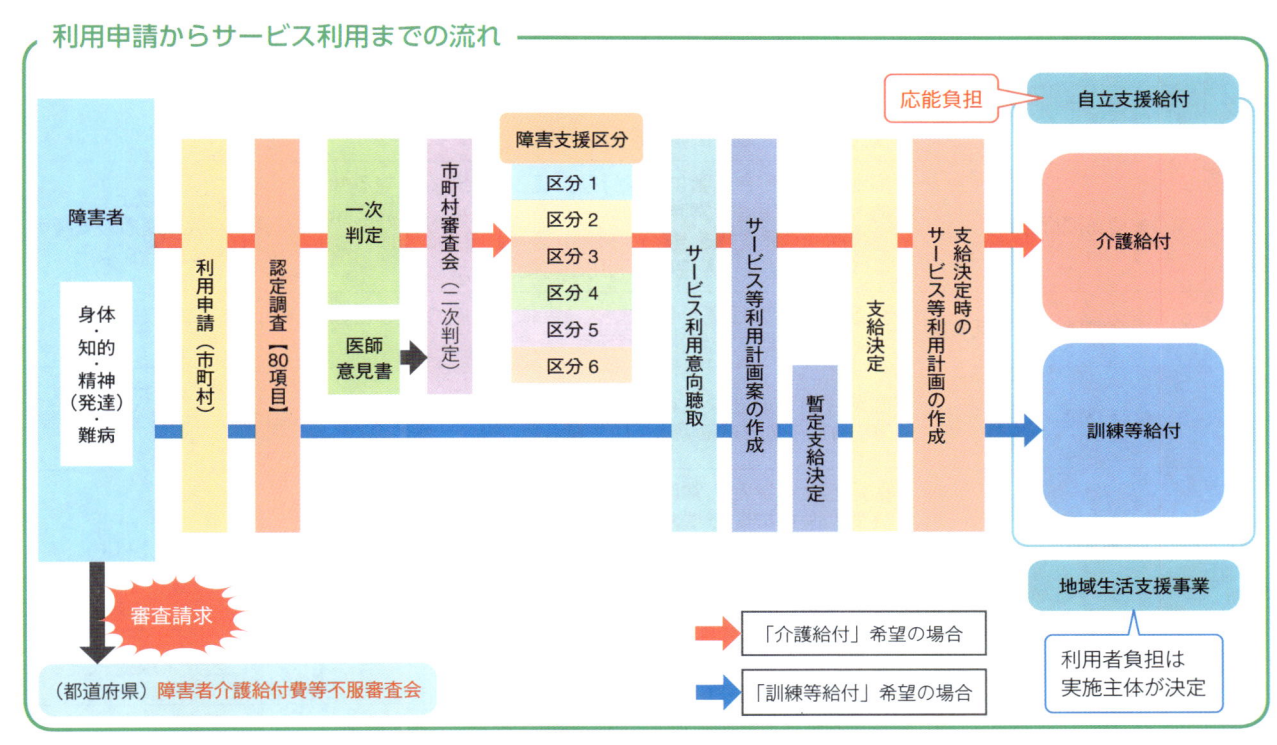

介護給付を希望の場合	利用申請	●市町村に利用申請を行う（指定一般相談支援事業者等による申請代行もできる）
	認定調査	●市町村が実施する（指定一般相談支援事業者等に委託することもできる） ●調査項目は、5つの領域から「80 項目」ある
	一次判定	●全国統一のコンピューターによって判定を行う
	二次判定・認定	●市町村審査会において審査し、非該当、区分 1 ～区分 6 のどれかに判定する ●市町村は、二次判定の結果に基づき認定する（認定有効期間は原則 3 年）
	サービス等利用計画案	●市町村は、必要と認められる場合に、指定特定相談支援事業者が作成するサービス等利用計画案の提出を求める（本人、家族、支援者等が作成するセルフプランも可）
	支給決定	●市町村は、サービス等利用計画案等を勘案して支給決定を行う ●支給決定を行った場合、支給量等を記載した「障害福祉サービス受給者証」を交付する
訓練等給付を希望の場合		●訓練等給付を希望の場合は、障害支援区分の認定は行われない（共同生活援助のうち身体介護を伴う場合を除く） ●正式の支給決定の前に、暫定支給決定が行われる（共同生活援助、自立生活援助、就労継続支援 B 型、就労定着支援を除く）

自立支援給付

区分		障害福祉サービス名	サービス内容	障害支援区分
介護給付	1	居宅介護	●自宅で入浴、排泄、食事等の介護や、掃除、買物などの家事支援を行う	区分1以上
	2	行動援護	●知的・精神障害により行動上著しい困難があり、常時介護が必要な人に危険を回避するために必要な支援、外出支援を行う	区分3以上
	3	同行援護	●視覚障害者に対して、移動に必要な情報の提供、移動の援護、その他の外出時に必要な援助を行う	なし
	4	重度訪問介護	●重度の肢体不自由者または行動上著しい困難を有する知的・精神障害者で常時介護を要する人に、身体介護、家事援助（育児支援を含む）、移動介護などを総合的に行う ●平成30年度より入院中の利用も可能になった	区分4以上 （入院中の意思疎通の支援等の場合は区分6以上）
	5	重度障害者等包括支援	●介護の必要の程度が著しく高い人に、居宅介護などの複数のサービスを包括的に行う	区分6
	6	生活介護	●常時介護が必要な人に、主に昼間、入浴、排泄、食事等の介護や創作的活動または生産活動の機会を提供する	区分3〔施設入所は4〕以上 （50歳以上は区分2〔施設入所は3〕以上）
	7	療養介護	●医療的なケアと、常時の介護を必要とする人に、主に昼間、医療機関で機能訓練、療養上の管理、看護等を行う ●療養介護のうち医療に係るものを療養介護医療として提供	区分5または6
	8	短期入所	●介護者が疾病等の場合などに、短期間、障害者支援施設などで入浴、排泄、食事等の介護を行う	区分1以上
	9	施設入所支援	●障害者支援施設に入所する人に、主に夜間、入浴、排泄、食事等の介護などを行う	区分4以上 （50歳以上は区分3以上）
訓練等給付	10	自立訓練 （機能訓練・生活訓練）	●自立した日常生活や社会生活が送れるように、一定期間、身体機能または生活能力の維持・向上のために必要な訓練を行う	原則、障害支援区分の要件なし
	11	就労移行支援	●一般企業等への就労を希望する人に、一定期間、就労に必要な知識、能力の向上のために必要な訓練を行う	
	12	就労継続支援 （A型・B型）	●一般企業等での就労が困難な人に、働く場を提供するとともに、知識や能力の向上のために必要な訓練を行う	
	13	共同生活援助 （グループホーム）	●主に夜間、共同生活を行う住居で、相談、入浴、排泄、食事の介護や日常生活上の援助を行う（外部サービス利用型、介護サービス包括型、サテライト型がある）	
	14	自立生活援助	●施設入所支援や共同生活援助を利用していた障害者が居宅において日常生活を送れるように、定期的な巡回訪問や随時の対応により、円滑な地域生活に向けた相談・助言等を行う	
	15	就労定着支援	●就労に向けた一定の支援を受けて通常の事業所に新たに雇用された障害者を対象として、就業に伴う生活面の課題に対応できるよう、事業所、家族等との連絡調整等の支援を行う	

地域生活支援事業

市町村事業	必須事業	理解促進研修・啓発事業	●障害者等の自立した日常生活および社会生活に関する理解を深めるための研修および啓発を行う
		自発的活動支援事業	●障害者等やその家族、地域住民等が自発的に行う活動を支援する
		相談支援事業	●一般的な相談支援事業のほか、基幹相談支援センター等機能強化事業、住宅入居等支援事業（居住サポート事業）を行う
		成年後見制度利用支援事業	●成年後見制度の利用に要する費用のうち、成年後見制度の申立てに要する経費および後見人等の報酬の全部または一部を補助する（→ p.171 参照）
		成年後見制度法人後見支援事業	●成年後見制度における後見等の業務を適正に行うことができる法人を確保できる体制を整備し、市民後見人の活用も含めた法人後見の活動を支援する
		意思疎通支援事業	●手話通訳者・要約筆記者を派遣する事業、点訳、代筆、代読、音声訳等による支援事業など、意思疎通を図ることに支障がある障害者等の意思疎通の円滑化を図る
		手話奉仕員養成研修事業	●聴覚障害者等との日常会話程度の手話表現技術を習得した手話奉仕員を養成研修する
		日常生活用具給付等事業	●障害者等に対し、日常生活上の便宜を図るための日常生活用具を給付または貸与する
		移動支援事業	●外出時に移動の支援が必要な障害者等に対し、社会生活上必要不可欠な外出および余暇活動等の社会参加のための外出の際の移動の支援を行う
		地域活動支援センター機能強化事業	●地域活動支援センター等において、障害者等に創作的活動または生産活動の機会の提供、社会との交流の促進等の便宜を供与する（→ p.135 参照）
	任意事業		●市町村の判断により、福祉ホームの運営、訪問入浴サービス、生活訓練等、日中一時支援、社会参加支援などを行う
都道府県事業	必須事業	専門性の高い相談支援事業	●障害児等療育支援事業、発達障害者支援センター運営事業、高次脳機能障害及びその関連障害に対する支援普及事業など、特に専門性の高い相談支援を行う
		専門性の高い意思疎通支援を行う者の養成研修・派遣事業	●手話通訳者・要約筆記者、盲ろう者向け通訳・介助員、失語症者向け意思疎通支援者の養成研修または派遣を行う
		意思疎通支援を行う者の派遣に係る市町村相互間の連絡調整事業	●市町村域または都道府県域を越えた広域的な派遣を円滑に実施するため、市町村間では派遣調整ができない場合に、都道府県が市町村間の派遣調整を行う
		広域的な支援事業	●都道府県相談支援体制整備事業など、市町村域を越えて広域的な支援が必要な事業を行う
	任意事業	サービス・相談支援者、指導者育成事業	●障害支援区分認定調査員等研修事業、相談支援従事者等研修事業、サービス管理責任者研修事業などを行う
		その他の任意事業	●都道府県の判断により、福祉ホームの運営、オストメイト社会適応訓練、音声機能障害者発声訓練、矯正施設等を退所した障害者の地域生活への移行促進などを行う

精神障害者に関連する主なサービス

■ 共同生活援助（グループホーム）

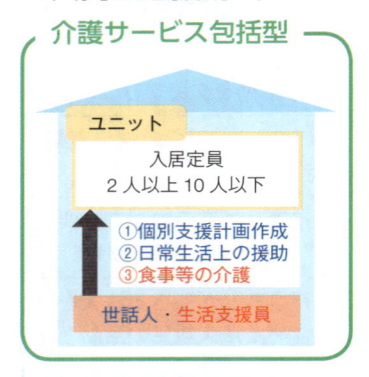
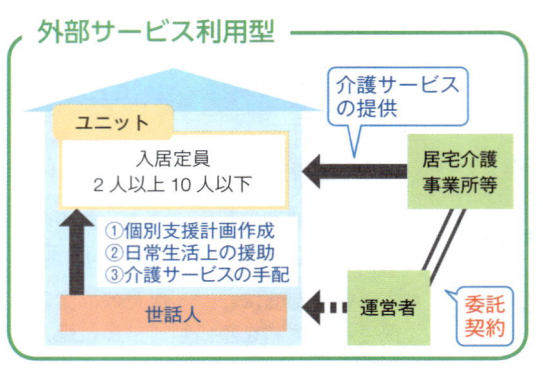
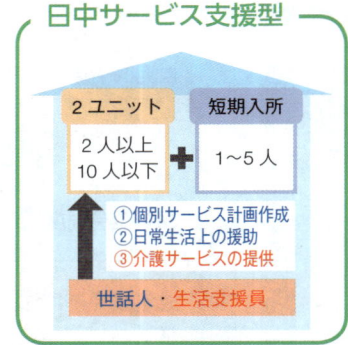

介護サービス包括型
ユニット
入居定員 2 人以上 10 人以下
①個別支援計画作成
②日常生活上の援助
③食事等の介護
世話人・生活支援員

外部サービス利用型
介護サービスの提供
ユニット
入居定員 2 人以上 10 人以下
①個別支援計画作成
②日常生活上の援助
③介護サービスの手配
世話人
居宅介護事業所等
運営者
委託契約

日中サービス支援型
2 ユニット 2 人以上 10 人以下 ＋ 短期入所 1〜5 人
①個別サービス計画作成
②日常生活上の援助
③介護サービスの提供
世話人・生活支援員

概　要		● 共同生活を営む住居において、主として夜間において、相談、入浴、排泄または食事の介護その他の日常生活上の援助を行う
	介護サービス包括型	● 当該事業所の従業者が、入浴、排泄または食事等の介護を提供 ● 入浴、排泄または食事等の介護の提供を受けることを希望する障害者は、障害支援区分の認定が必要
	外部サービス利用型	● 外部の居宅介護事業者に委託して、入浴、排泄または食事等の介護を提供 ● 日常生活上の援助など基本サービスに加えて、受託居宅介護サービスの提供を受けることを希望する障害者は障害支援区分の認定が必要
平成 30 年度創設	日中サービス支援型	● スケールメリットを活かした重度障害者への支援を可能とするため、1 つの建物への入居を 20 名まで認めた新たな類型のグループホーム

■ 行動援護

利用対象者

● 「知的障害」または「精神障害」による行動上著しい困難を有する障害者等で常時介護を必要とする者
　→以下のいずれにも該当する場合
　①障害支援区分 3 以上
　②障害支援区分の認定調査項目のうち行動関連項目等（12 項目）の合計点数が 10 点以上

	項目 \ 点数	0 点	1 点	2 点
行動関連項目等	1 コミュニケーション	①日常生活に支障がない	②特定の者であればできる ③会話以外の方法でできる	④独自の方法でできる ⑤コミュニケーションできない
	2 説明の理解	①理解できる	②理解できない	③理解できているか判断できない
	3 大声・奇声を出す	①支援が不要　②希に必要　③月 1 回以上必要	④週に 1 回以上支援が必要	⑤ほぼ毎日支援が必要
	4 異食行動	①支援が不要　②希に必要　③月 1 回以上必要	④週に 1 回以上支援が必要	⑤ほぼ毎日支援が必要
	5 多動・行動停止	①支援が不要　②希に必要　③月 1 回以上必要	④週に 1 回以上支援が必要	⑤ほぼ毎日支援が必要
	6 不安定な行動	①支援が不要　②希に必要　③月 1 回以上必要	④週に 1 回以上支援が必要	⑤ほぼ毎日支援が必要
	7 自らを傷つける行為	①支援が不要　②希に必要　③月 1 回以上必要	④週に 1 回以上支援が必要	⑤ほぼ毎日支援が必要
	8 他人を傷つける行為	①支援が不要　②希に必要　③月 1 回以上必要	④週に 1 回以上支援が必要	⑤ほぼ毎日支援が必要
	9 不適切な行為	①支援が不要　②希に必要　③月 1 回以上必要	④週に 1 回以上支援が必要	⑤ほぼ毎日支援が必要
	10 突発的な行動	①支援が不要　②希に必要　③月 1 回以上必要	④週に 1 回以上支援が必要	⑤ほぼ毎日支援が必要
	11 過食・反すう等	①支援が不要　②希に必要　③月 1 回以上必要	④週に 1 回以上支援が必要	⑤ほぼ毎日支援が必要
	12 てんかん	①年に 1 回以上	②月に 1 回以上	③週に 1 回以上

■ 就労移行支援

概　要

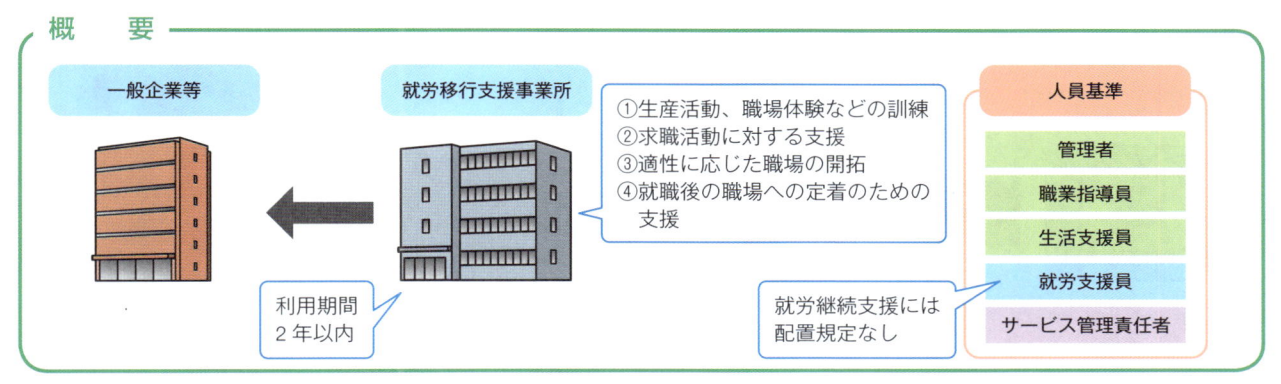

就労移行支援	利用対象者	●一般就労等を希望し、就労等が見込まれる65歳未満の障害者（ただし65歳以上の者も要件を満たせば利用可能） （例）就労に必要な知識および技術の習得等の支援が必要な者 　　　あん摩マッサージ指圧師免許、はり師免許またはきゅう師免許を取得希望者
	サービス内容	●一般就労等への移行に向けて、事業所内や企業における作業や実習、適性にあった職場探し、就労後の職場定着のための支援（標準利用期間2年以内） ●あん摩マッサージ指圧師、はり師、きゅう師免許を取得（標準利用期間3年または5年）

■ 就労継続支援

概　要

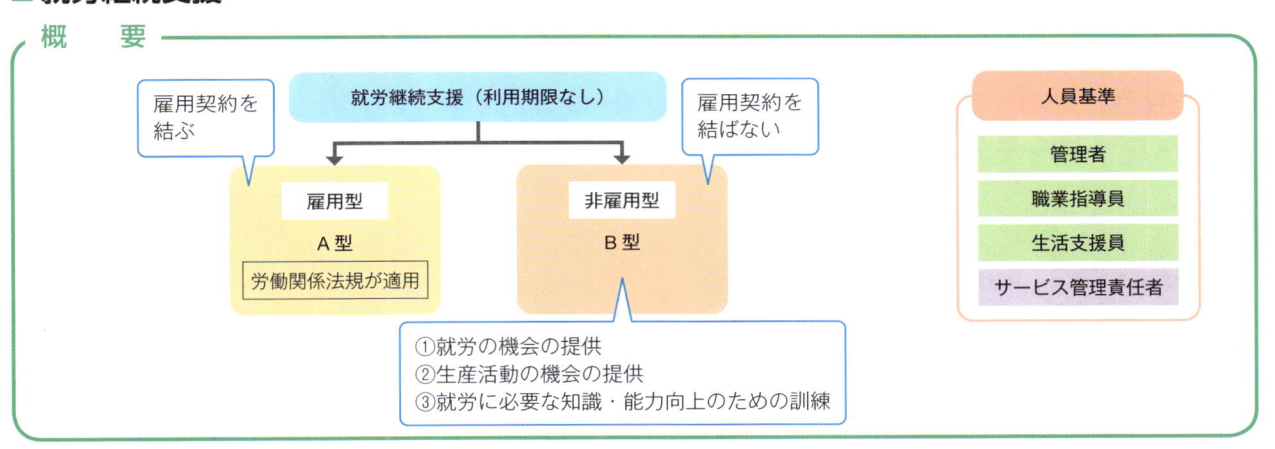

就労継続支援A型 （雇用型）	利用対象者	●生産活動にかかる知識・能力の向上を図ることにより、雇用契約に基づく就労が可能な者
	サービス内容	●通所により、雇用契約に基づく就労の機会を提供するとともに、一般就労に必要な知識、能力が高まった者について一般就労への移行に向けて支援（最低賃金法などの適用を受ける） ●利用期間の制限なし
就労継続支援B型 （非雇用型）	利用対象者	●就労移行支援等を利用したが一般企業の雇用に結びつかない者や一定年齢（50歳）に達している者など
	サービス内容	●通所により、雇用契約は結ばずに就労や生産活動の機会を提供するとともに、一般就労に必要な知識・能力が高まった者は、一般就労等への移行に向けて支援 ●利用期間の制限なし

■ 就労定着支援 平成30年度新設

概　要

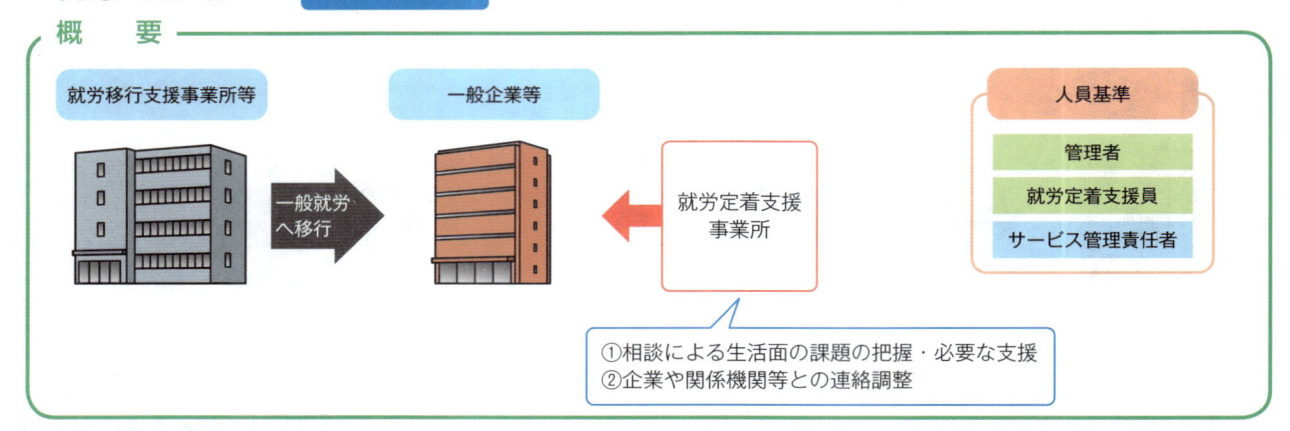

就労移行支援事業所等 → 一般就労へ移行 → 一般企業等 ← 就労定着支援事業所

①相談による生活面の課題の把握・必要な支援
②企業や関係機関等との連絡調整

人員基準
- 管理者
- 就労定着支援員
- サービス管理責任者

就労定着支援	利用対象者	●就労移行支援、就労継続支援、生活介護、自立訓練の利用を経て一般就労へ移行した障害者で、就労を継続している期間が6か月を経過した障害者であって、就労に伴う環境変化により生活面の課題が生じている者
	サービス内容	●障害者との相談を通じて生活面の課題を把握するとともに、企業や関係機関等との連絡調整やそれに伴う課題解決に向けて必要となる支援を実施 ●利用期間は3年を上限とし、経過後は障害者就業・生活支援センター等へ引き継ぐ

■ 自立生活援助 平成30年度新設

概　要

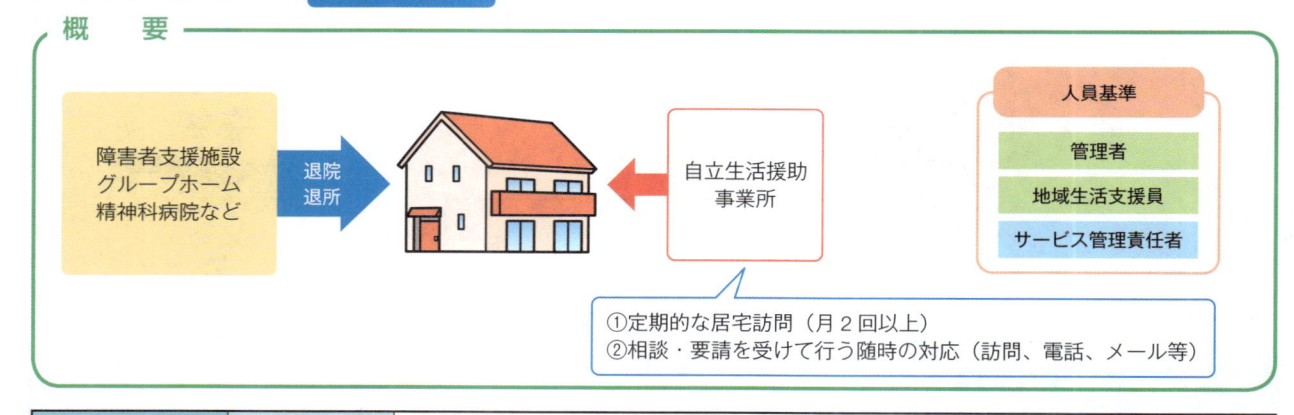

障害者支援施設 グループホーム 精神科病院など → 退院 退所 → ← 自立生活援助事業所

①定期的な居宅訪問（月2回以上）
②相談・要請を受けて行う随時の対応（訪問、電話、メール等）

人員基準
- 管理者
- 地域生活支援員
- サービス管理責任者

自立生活援助	利用対象者	●障害者支援施設やグループホーム、精神科病院等から地域での一人暮らしに移行した障害者等で、理解力や生活力等に不安がある者
	サービス内容	●おおむね週に1回以上（最低でも月2回以上）、利用者の居宅を訪問し、利用者の心身の状況、日常生活全般の状況等の把握を行い、必要な援助を行う ●利用者からの通報があった場合には、速やかに当該利用者の居宅への訪問等による状況把握を行う ●標準利用期間は1年

■ 自立訓練（生活訓練）

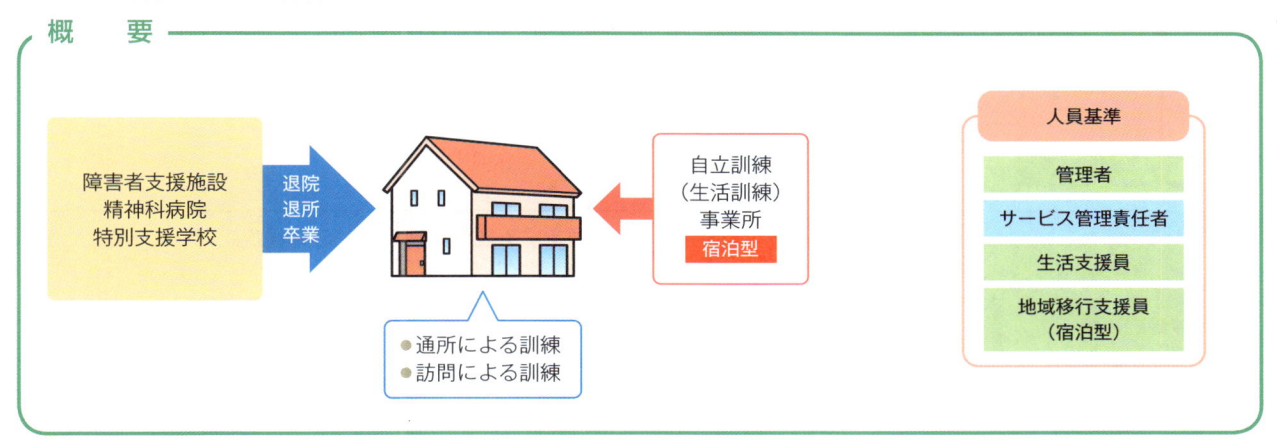

	利用対象者	●地域生活を営むうえで、生活能力の維持・向上等のため、一定の支援が必要な障害者
自立訓練（生活訓練）	サービス内容	●入浴、排泄および食事等に関する自立した日常生活を営むために必要な訓練、生活等に関する相談および助言その他の必要な支援を実施 ●標準利用期間は2年（長期入院者等の場合は3年）以内
	宿泊型自立訓練	●居住の場を提供し、家事等の日常生活能力を向上させるための支援、生活等に関する相談および助言その他の必要な支援を実施 ●標準利用期間は2年（長期入院者等の場合は3年）以内

■ 地域活動支援センター機能強化事業

	概　要	●障害者等を通わせ、創作的活動または生産活動の機会の提供、社会との交流の促進などの便宜を供与する
Ⅰ型	定員 20名以上/日	●専門職員（精神保健福祉士等）を配置し、医療・福祉および地域の社会基盤との連携強化のための調整、地域住民ボランティア育成、障害に対する理解促進を図るための普及啓発等の事業を実施 ●相談支援事業を実施または委託を受けている
Ⅱ型	定員 15名以上/日	●地域において、雇用・就労が困難な在宅障害者に対し、機能訓練、社会適応訓練、入浴等のサービスを実施
Ⅲ型	定員 10名以上/日	●地域の障害者のための援護対策としておおむね5年以上の実績を有し、安定的な運営が図られている事業所

② 自立支援医療

自立支援医療制度は、心身の障害を除去・軽減するための医療について、医療費の自己負担額を軽減する公費負担医療制度です。

自立支援医療

精神通院医療	対象	●精神保健福祉法第5条に規定する統合失調症などの精神疾患を有する者で、通院による精神医療を継続的に要する病状にある者
	医療の範囲	●精神障害に起因して生じた病態に対して入院しないで行われる医療（外来、デイ・ケア、訪問看護等）が対象
	有効期間	●医療受給者証の有効期間は1年間（1年ごとに更新）
更生医療		●身体障害者手帳の交付を受けた者で、その障害を除去・軽減する手術等の治療により確実に効果が期待できる者（18歳以上）
育成医療		●身体に障害を有する児童で、その障害を除去・軽減する手術等の治療により確実に効果が期待できる者（18歳未満）

申請（実施主体）	●市町村 （実施主体は、更生医療・育成医療 → 市町村、精神通院医療 → 都道府県・指定都市）

●世帯の所得状況等に応じて設定された下記の自己負担限度額と自立支援医療にかかる費用の1割相当額のうち、いずれか低い額を負担

利用者負担（1か月あたり）	所得区分	負担上限月額		
		重度かつ継続以外		重度かつ継続
		更生医療 精神通院医療	育成医療	
	一定所得以上 （市町村民税23万5000円以上）＜所得割＞	公費負担の対象外 （医療保険の適応のみ）		20,000円 ^(※)
	中間所得　2 （市町村民税3万3000円以上 23万5000円未満）＜所得割＞	医療保険の 自己負担限度額		10,000円
	中間所得　1 （市町村民税3万3000円未満）＜所得割＞			5,000円
	低所得　2 （市町村民税非課税：本人収入80万1円以上）	5,000円		
	低所得　1 （市町村民税非課税：本人収入80万円以下）	2,500円		
	生活保護	0円		

「重度かつ継続」の範囲	更生医療・育成医療	腎臓機能障害、小腸機能障害、HIVによる免疫機能障害、心臓機能障害（心臓移植後の抗免疫療法に限る）、肝臓機能障害（肝臓移植後の抗免疫療法に限る）の者
	精神通院	統合失調症、気分障害、てんかん、認知症等の脳機能障害、薬物関連障害等の者
	その他	医療保険の多数回該当の者

※：「重度かつ継続の一定所得以上」の区分については、2021年3月末までの経過的特例であったが、2024年3月末まで延長された

③ 障害福祉サービスの利用者負担

利用者負担上限月額

介護給付費等は、障害福祉サービス等に要する費用の額から、負担上限月額（1割相当額と比べ低いほうの額）を差し引いた額が支給される

| 障害福祉サービスの費用 | − | 一部負担の額
（1割相当額と比べ低いほう） | = | ●介護給付費
●訓練等給付費
●障害児入所給付費 |

（サービスの単位数）×（1単位の単価）

利用者負担段階区分			負担上限月額			
			障害者		障害児（※）	
			居宅・通所	入所施設等	居宅・通所	入所施設等
一般2	●市町村民税 課税世帯	所得割16万円（障害児は28万円）以上	37,200円	37,200円	37,200円	37,200円
一般1		所得割16万円（障害児は28万円）未満	9,300円		4,600円	9,300円
低所得	●市町村民税非課税世帯		0円			
生活保護	●生活保護受給者		0円			

※：2019（令和元）年10月より、障害児通所支援（放課後等デイサービスを除く）、障害児入所施設の利用料は、満3歳になった日以降の最初の4月から小学校入学まで無償化

2018（平成30）年4月より、65歳まで長期にわたり障害福祉サービスを利用してきた高齢障害者が障害福祉サービスに相当する介護保険サービスを利用する場合に、一定の要件に該当する利用者には、高額障害福祉サービス等給付費が支給されます。

高額障害福祉サービス等給付費

1か月あたりの障害福祉サービス費（介護保険や補装具費の利用者負担を含む）の利用負担が著しく高額であるときに、世帯の高額費算定基準額を超える金額が支給される（償還払い）

| 世帯の利用者負担の合計額 | − | 世帯の高額費算定基準額 | = | 高額障害福祉サービス等給付費 |

●障害福祉サービスの利用者負担
●介護保険の利用者負担
●補装具費の利用者負担
※自立支援医療は含まれない

利用者負担段階区分		世帯の基準額
一般	●市町村民税課税世帯	37,200円/月
低所得	●市町村民税非課税世帯	0円/月
生活保護	●生活保護受給者	

■世帯の範囲

種別	世帯の範囲
18歳以上の障害者（施設入所者は20歳以上）	本人と配偶者
障害児（施設入所者は20歳未満）	保護者の属する住民基本台帳での世帯

④ 障害児通所支援 （児童福祉法）

障害児通所支援は、児童福祉法に基づく 18 歳未満の障害児の通所サービスで、児童発達支援、医療型児童発達支援、放課後等デイサービス、保育所等訪問支援、居宅訪問型児童発達支援があります。

障害児通所支援の決定プロセス

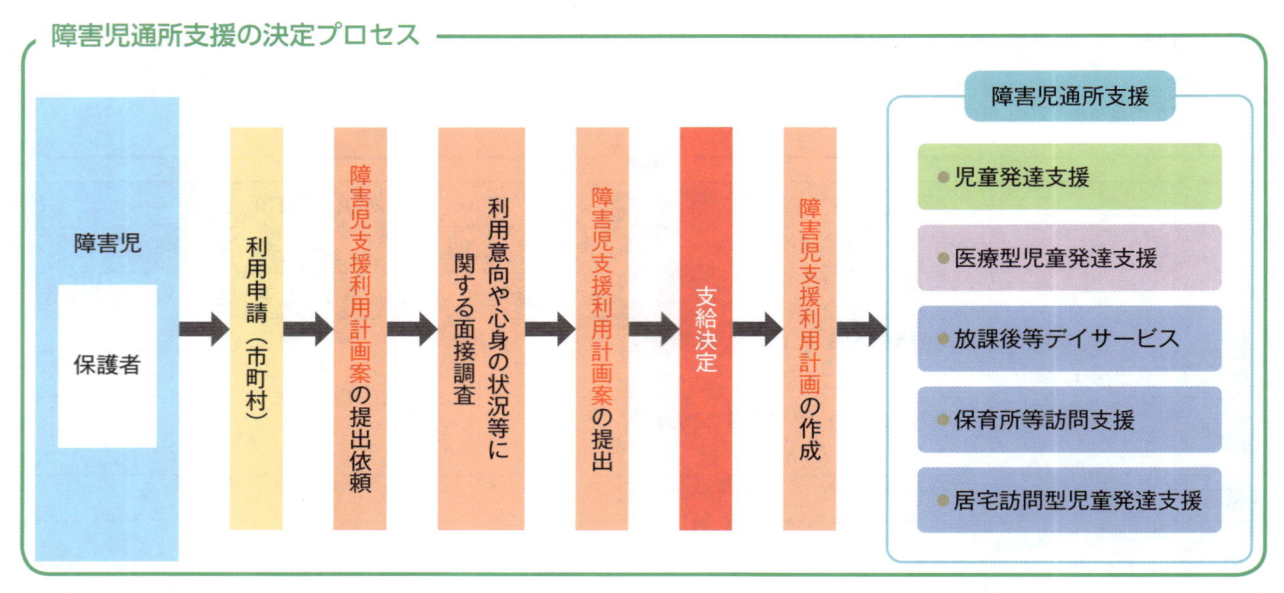

■ 申請の流れ

- 障害児の保護者の居住地の市町村に申請（代理人による申請も可）
- 市町村は、障害児支援利用計画案の提出を求め、心身の状況や環境などの調査を実施
- 通所給付決定の勘案事項、障害児支援利用計画案などを勘案して支給決定する
- 支給量、支給期間などを記載した「障害児通所受給者証」を交付する

■ 障害児通所支援サービスの概要

	サービス内容	対象児童
児童発達支援	● 児童発達支援センター等に通わせ、日常生活における基本的な動作の指導、知識技能の付与、集団生活への適応訓練などを行う	● 療育の観点から集団療育および個別療育を行う必要があると認められる未就学の障害児
医療型児童発達支援	● 医療型児童発達支援センターまたは指定医療機関に通わせ、児童発達支援および治療を行う	● 肢体不自由があり、理学療法等の機能訓練または医学的管理下での支援が必要な障害児
放課後等デイサービス	● 児童発達支援センター等に通わせ、生活能力の向上のために必要な訓練、社会との交流の促進などを行う	● 学校等に就学しており、授業の終了後または休業日に支援が必要な障害児
保育所等訪問支援	● 保育所等を訪問し、障害児以外の児童との集団生活への適応のための専門的な支援などを行う（2018（平成30）年4月より乳児院・児童養護施設の障害児に拡大された）	● 保育所等に通う障害児で、当該施設を訪問し、専門的な支援が必要な障害児
平成30年度より新設 居宅訪問型児童発達支援	● 児童の居宅を訪問し、日常生活における基本的な動作の指導、知識技能の付与、生活能力の向上のために必要な訓練などを行う	● 重度の障害等により、外出が著しく困難な障害児

⑤ 障害児入所支援（児童福祉法）

障害児入所支援は、児童福祉法に基づく 18 歳未満の障害児の入所サービスで、福祉型障害児入所施設と医療型障害児入所施設があります。

障害児入所支援の決定プロセス

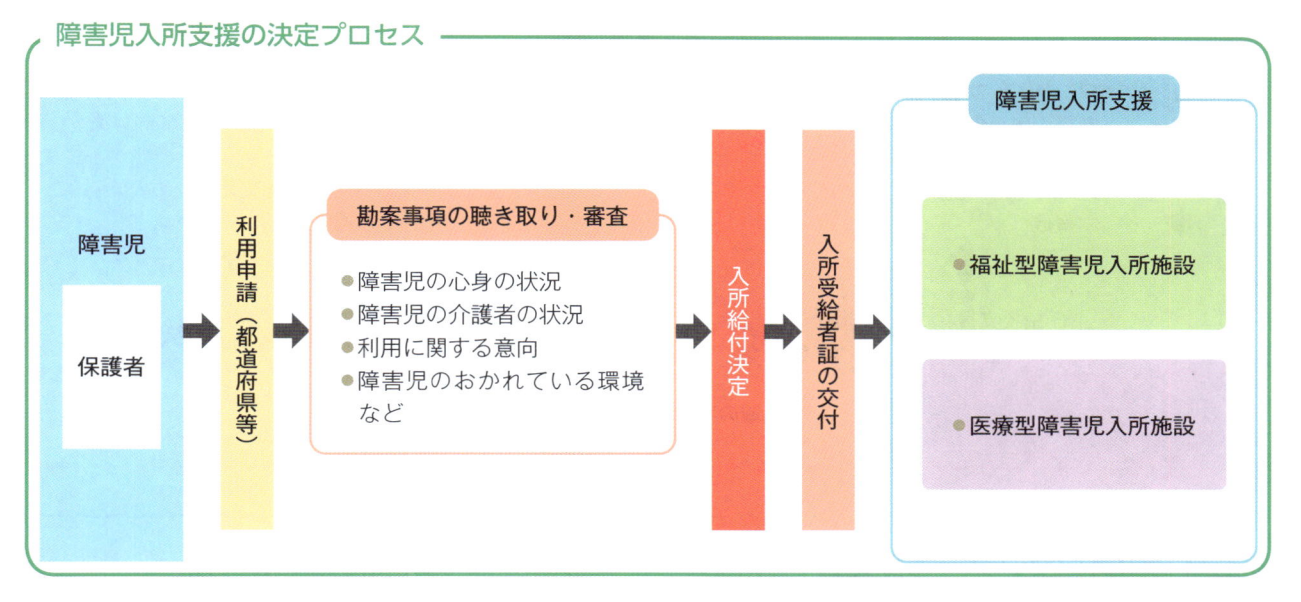

■ **申請の流れ**

- 障害児の保護者（18 歳以上は本人）が、**都道府県**、**政令指定都市**、**児童相談所設置市**に申請する
- 都道府県等は、障害児の心身の状況、介護者の状況などを勘案して入所給付決定を行う
- 給付決定期間、利用者負担上限月額等を記載した「**障害児入所受給者証**」（医療型施設の場合は医療受給者証も）を交付する

■ **「措置」により入所する場合**

①**保護者が不在**であることが認められ、利用契約の締結が困難な場合
②保護者が**精神疾患等**の理由により、**制限行為能力者**またはこれに準ずる状態にある場合
③**保護者の虐待等**により、入所が必要であるにもかかわらず利用契約の締結が困難と認められる場合

■ **障害児入所支援サービスの概要**

	サービス内容	対象児童（※）
福祉型障害児入所施設	**保護、日常生活の指導**、独立自活に必要な**知識技能の付与**などを障害の特性に応じて提供する	●身体に障害のある児童、知的障害のある児童、精神に障害のある児童（発達障害児を含む） ●手帳の有無は問わない
医療型障害児入所施設	**保護、日常生活の指導**、独立自活に必要な**知識技能の付与、治療**などを障害の特性に応じて提供する（医療法に規定する病院でもある）	●上記のうち、**知的障害児、肢体不自由児、重症心身障害児**など

※：引き続き入所支援を受けなければその福祉を損なうおそれがあると認めるときは、**満 20 歳**に達するまで利用することができる

⑥ 基幹相談支援センター

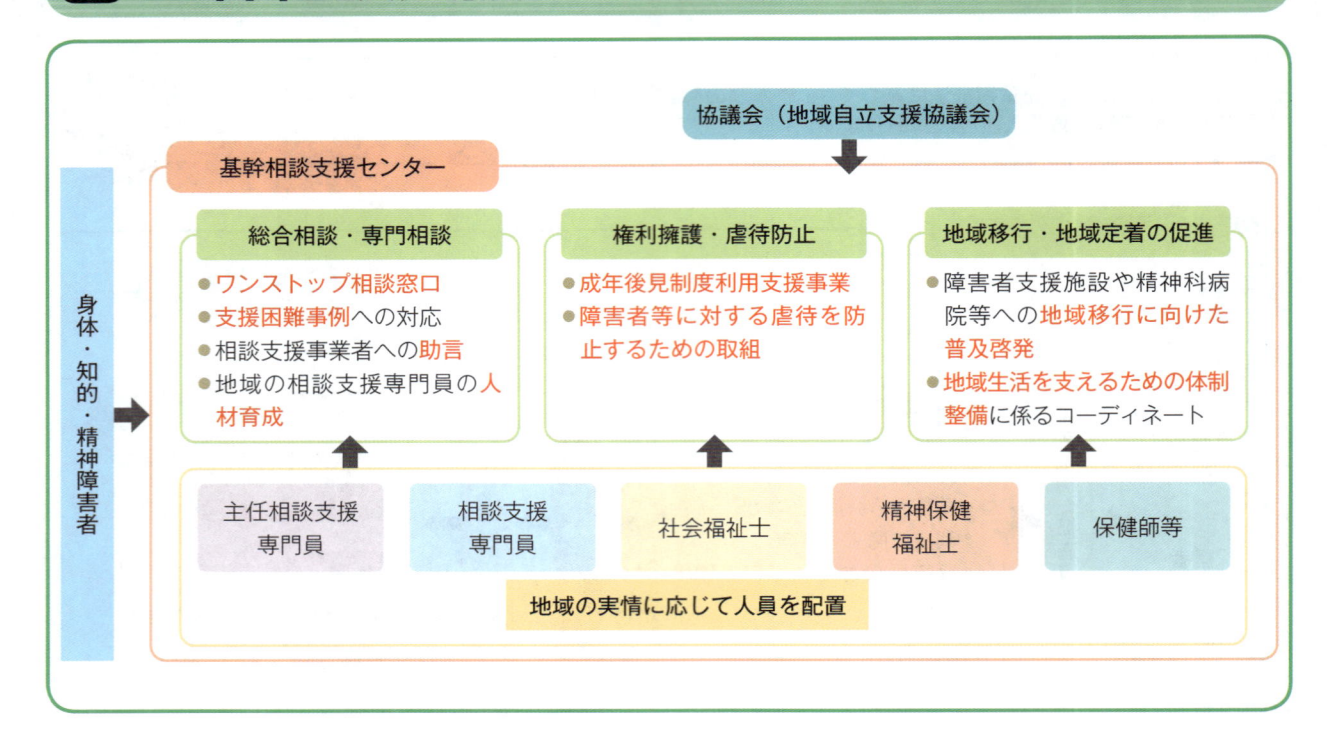

■ 基幹相談支援センターと協議会

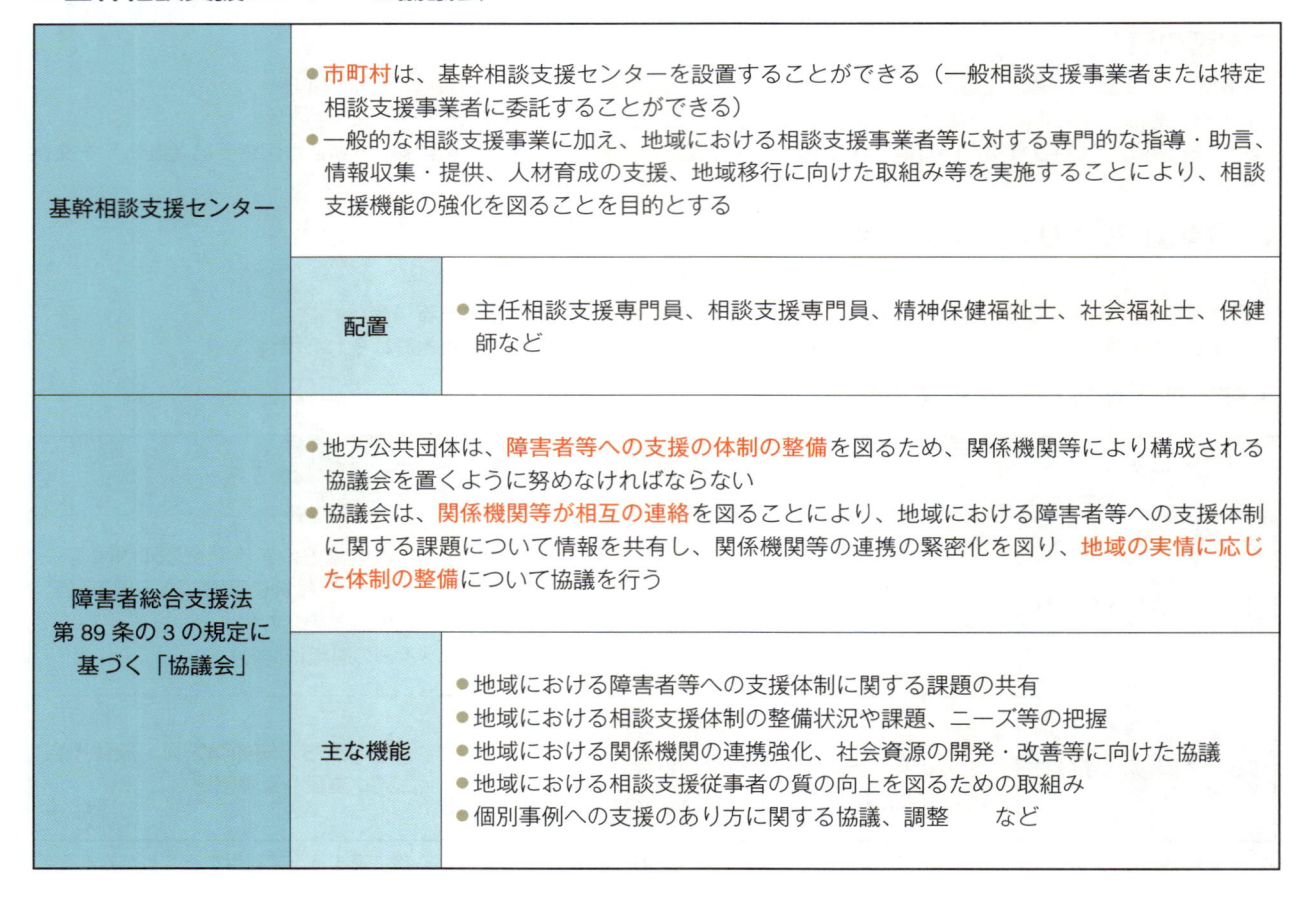

基幹相談支援センター		●**市町村**は、基幹相談支援センターを設置することができる（一般相談支援事業者または特定相談支援事業者に委託することができる） ●一般的な相談支援事業に加え、地域における相談支援事業者等に対する専門的な指導・助言、情報収集・提供、人材育成の支援、地域移行に向けた取組み等を実施することにより、相談支援機能の強化を図ることを目的とする
	配置	●主任相談支援専門員、相談支援専門員、精神保健福祉士、社会福祉士、保健師など
障害者総合支援法 第89条の3の規定に 基づく「協議会」		●地方公共団体は、**障害者等への支援の体制の整備**を図るため、関係機関等により構成される協議会を置くように努めなければならない ●協議会は、**関係機関等が相互の連絡**を図ることにより、地域における障害者等への支援体制に関する課題について情報を共有し、関係機関等の連携の緊密化を図り、**地域の実情に応じた体制の整備**について協議を行う
	主な機能	●地域における障害者等への支援体制に関する課題の共有 ●地域における相談支援体制の整備状況や課題、ニーズ等の把握 ●地域における関係機関の連携強化、社会資源の開発・改善等に向けた協議 ●地域における相談支援従事者の質の向上を図るための取組み ●個別事例への支援のあり方に関する協議、調整　　　など

⑦ 相談支援機関

障害者（児）の相談支援機関

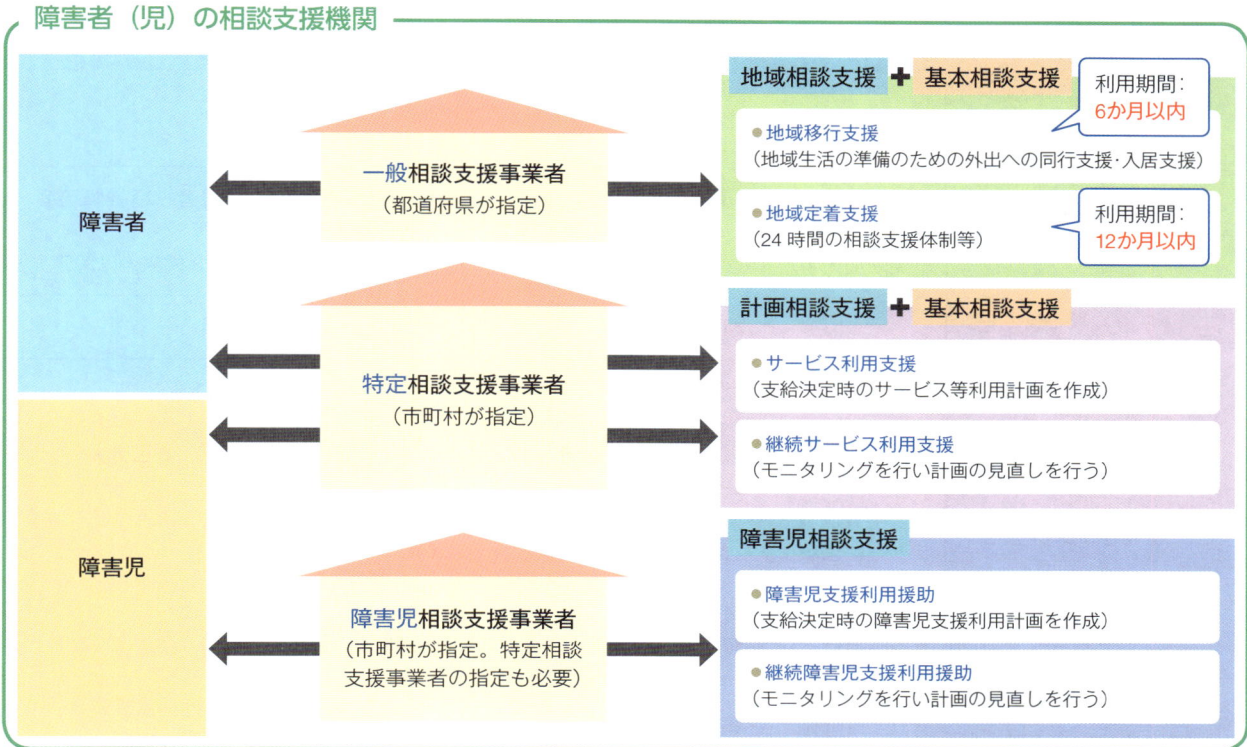

障害者総合支援法	地域相談支援	地域移行支援	対象者	(1) 障害者支援施設、のぞみの園、児童福祉施設、療養介護を行う病院の入所者 (2) 精神科病院に入院している精神障害者 (3) 救護施設または更生施設に入所している障害者 (4) 刑事施設、少年院に収容されている障害者 (5) 更生保護施設に入所している障害者または自立更生促進センター、就業支援センターもしくは自立準備ホームに宿泊している障害者
			サービスの内容	● 住居の確保その他の地域生活に移行するための活動に関する相談 ● 地域生活への移行のための外出時の同行 ● 障害福祉サービス（生活介護、自立訓練、就労移行支援、就労継続支援に限る）の体験利用、体験宿泊 ● 地域移行支援計画の作成
		地域定着支援	対象者	(1) 居宅において単身であるため緊急時の支援が見込めない状況にある障害者 (2) 同居の家族等が障害、疾病等のため、緊急時の支援が見込めない状況にある障害者（共同生活援助（グループホーム）、宿泊型自立訓練の入居者は対象外）
			サービスの内容	● 常時の連絡体制の確保（夜間職員の配置、携帯電話等による利用者や家族との連絡体制の確保） ● 緊急時の対応（迅速な訪問、電話等による状況把握、関係機関等の連絡調整、一時的な滞在による支援）
	計画相談支援			● 障害福祉サービスを利用する障害者（児）に対し、支給決定時のサービス等利用計画の作成、支給決定後の計画の見直しを行う
児童福祉法	障害児相談支援			● 障害児通所支援等を利用する障害児に対し、支給決定時の障害児支援利用計画の作成、支給決定後の計画の見直しを行う

⑧ 介護保険と障害者総合支援法

		介護保険	障害者総合支援法
保険者 （実施主体）		市町村	市町村
被保険者 （対象者）		●第1号被保険者　65歳以上 ●第2号被保険者　40歳から64歳の医療保険加入者	●身体障害者・知的障害者・精神障害者・発達障害者・難病患者等 （18歳以上は障害者、18歳未満は障害児）
要支援・ 要介護認定 （障害支援 区分）	調査項目	74項目	80項目
	審査会	介護認定審査会	市町村審査会
	認定	要支援1～要介護5の「7区分」	区分1～区分6の「6区分」
ケアマネジメント		●居宅介護支援事業所、地域包括支援センターによるケアマネジメント	●特定相談支援事業所等によるケアマネジメント
サービス		●介護給付　27種類 ●予防給付　15種類	●介護給付　　9種類 ●訓練等給付　6種類
地域支援事業 （地域生活支援事業）		市町村　（必須事業と任意事業）	市町村　（必須事業と任意事業） 都道府県　（必須事業と任意事業）
費用負担		保険料　50%　公費　50% （国1/2、都道府県1/4、市町村1/4が原則）	公費　100% （国1/2、都道府県1/4、市町村1/4が原則）
計画		●都道府県介護保険事業支援計画　（3年を1期） ●市町村介護保険事業計画　（3年を1期）	●都道府県障害福祉計画　（3年を1期） ●市町村障害福祉計画　（3年を1期）
情報公表		介護サービス情報の公表	障害福祉サービス等情報公表制度
審査請求		介護保険審査会	都道府県（障害者介護給付費等不服審査会）
利用者負担		応益負担（1割～3割） （ケアマネジメントは無料）	応能負担 （ケアマネジメントは無料）
優先関係		両方利用できるときは「介護保険」優先	
共生型サービス		●訪問介護	●居宅介護 ●重度訪問介護
		●通所介護	●生活介護 ●自立訓練（機能訓練・生活訓練） ●児童発達支援 ●放課後等デイサービス
		●短期入所生活介護	●短期入所

① 発達障害者支援法

発達障害者支援法
2004（平成16）年公布

発達障害者の支援の一層の充実を図るため、発達障害者支援法が平成28年5月に改正されました。

発達障害者支援法の目的		●障害者基本法の基本的な理念にのっとり、発達障害者が基本的人権を享有する個人としての尊厳にふさわしい日常生活または社会生活を営むことができるよう、発達障害を早期に発見し、学校教育における支援、就労の支援等について定め、発達障害者の自立および社会参加のためのその生活全般にわたる支援を図り、すべての国民が、障害の有無によって分け隔てられることなく、相互に人格と個性を尊重しあいながら共生する社会の実現に資することを目的とする
定義	発達障害	●自閉症、アスペルガー症候群その他の広汎性発達障害、学習障害、注意欠陥多動性障害その他これに類する脳機能の障害であってその症状が通常低年齢において発現するものとして政令で定めるものをいう
	発達障害者	●発達障害がある者であって発達障害および社会的障壁により日常生活または社会生活に制限を受けるものをいう
	発達障害児	●発達障害者のうち18歳未満のものをいう
	社会的障壁	●発達障害がある者にとって日常生活または社会生活を営む上で障壁となるような社会における事物、制度、慣行、観念その他一切のものをいう
	発達支援	●発達障害者に対し、その心理機能の適正な発達を支援し、および円滑な社会生活を促進するため行う個々の発達障害者の特性に対応した医療的、福祉的および教育的援助をいう
発達障害の早期発見		●市町村は、母子保健法に規定する健康診査を行うに当たり、発達障害の早期発見に十分留意しなければならない ●市町村の教育委員会は、学校保健安全法に規定する健康診断を行うに当たり、発達障害の早期発見に十分留意しなければならない
早期の発達支援		●市町村は、発達障害児が早期の発達支援を受けることができるよう、発達障害児の保護者に対し、その相談に応じ、センター等を紹介し、または助言を行い、その他適切な措置を講じる
教育		●国および地方公共団体は、発達障害児がその年齢および能力に応じ、かつ、その特性をふまえた十分な教育を受けられるよう、適切な教育的支援を行うこと、個別の教育支援計画の作成および個別の指導に関する計画の作成の推進、いじめの防止等のための対策の推進その他の支援体制の整備を行うこと、その他必要な措置を講じる
発達障害者支援センター		●都道府県知事は、次に掲げる業務を、発達障害者支援センターに行わせることができる
	職員の配置	●相談支援を担当する職員（社会福祉士）、発達支援を担当する職員、就労支援を担当する職員
	業務内容	●発達障害者およびその家族その他の関係者に対し、専門的に、その相談に応じ、または情報の提供もしくは助言を行うこと ●発達障害者に対し、専門的な発達支援および就労の支援を行うこと　など
発達障害者支援地域協議会		●都道府県は、発達障害者の支援の体制の整備を図るため、発達障害者およびその家族、関係者等により構成される発達障害者支援地域協議会を設置することができる

② 居住支援

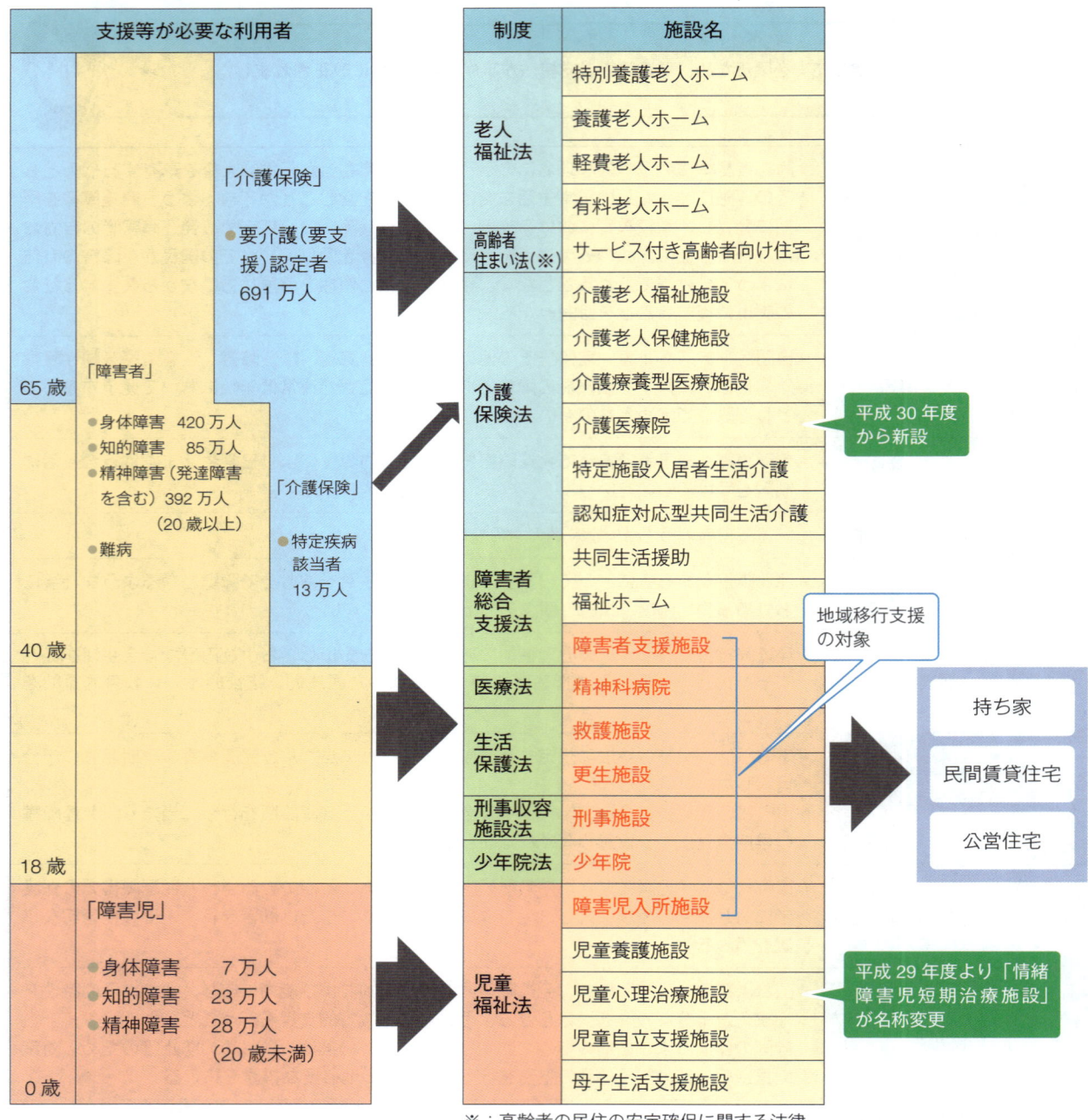

支援等が必要な利用者	制度	施設名

支援等が必要な利用者

65歳

「介護保険」
- 要介護（要支援）認定者 691万人

「障害者」
- 身体障害　420万人
- 知的障害　85万人
- 精神障害（発達障害を含む）392万人（20歳以上）
- 難病

「介護保険」
- 特定疾病該当者 13万人

40歳

18歳

「障害児」
- 身体障害　7万人
- 知的障害　23万人
- 精神障害　28万人（20歳未満）

0歳

制度・施設名

老人福祉法
- 特別養護老人ホーム
- 養護老人ホーム
- 軽費老人ホーム
- 有料老人ホーム

高齢者住まい法（※）
- サービス付き高齢者向け住宅

介護保険法
- 介護老人福祉施設
- 介護老人保健施設
- 介護療養型医療施設
- 介護医療院 ← 平成30年度から新設
- 特定施設入居者生活介護
- 認知症対応型共同生活介護

障害者総合支援法
- 共同生活援助
- 福祉ホーム
- 障害者支援施設

医療法
- 精神科病院

生活保護法
- 救護施設
- 更生施設

刑事収容施設法
- 刑事施設

少年院法
- 少年院

児童福祉法
- 障害児入所施設
- 児童養護施設
- 児童心理治療施設 ← 平成29年度より「情緒障害児短期治療施設」が名称変更
- 児童自立支援施設
- 母子生活支援施設

地域移行支援の対象

- 持ち家
- 民間賃貸住宅
- 公営住宅

※：高齢者の居住の安定確保に関する法律

在宅の精神障害者保健福祉手帳所持者の住まいの状況

			グループホーム等 4%	
65歳未満	自分の持ち家 12%	家族の持ち家 43%	民間賃貸住宅 21%	公営住宅 14%	その他
65歳以上	自分の持ち家 46%	家族の持ち家 19%	公営住宅 13%	民間賃貸住宅 10%	その他

グループホーム等 7%

資料：厚生労働省「平成28年生活のしづらさなどに関する調査（全国在宅障害児・者等実態調査）」

■ 住宅セーフティネット法（※）

平成19年施行
平成29年10月改正

目　的		●住宅確保要配慮者の円滑な入居を促進するための賃貸住宅の登録制度等について定めることにより、住宅確保要配慮者に対する賃貸住宅の供給の促進に関する施策を総合的かつ効果的に推進する
	住宅確保要配慮者	●低額所得者、被災者、高齢者、障害者、子どもを育成する家庭その他住宅の確保に特に配慮を要する者
住宅確保要配慮者円滑入居賃貸住宅事業の登録		●賃貸人が、住宅確保要配慮者の入居を拒まない賃貸住宅として、都道府県に登録をすることができる ●都道府県は、登録住宅の改修への支援、住居確保要配慮者に対する家賃低廉化補助を行うことができる
	登録基準	●床面積が原則として各戸25㎡以上 ●耐震性を有すること、一定の設備（台所、便所、浴室等）を設置している ●家賃が近傍同種の住宅と均衡を失しないこと　など
公的賃貸住宅の供給の促進		●公的賃貸住宅の管理者は、公的賃貸住宅の入居者の選考に当たり、住宅確保要配慮者の居住の安定に配慮するよう努めなければならない
民間賃貸住宅への円滑な入居の促進		●民間賃貸住宅を賃貸する事業を行う者は、国および地方公共団体が講ずる住宅確保要配慮者の民間賃貸住宅への円滑な入居の促進のための施策に協力するよう努めなければならない
住宅確保要配慮者居住支援法人		●都道府県は、居住支援に取り組む法人を住宅確保要配慮者居住支援法人として指定することができる

※：住宅確保要配慮者に対する賃貸住宅の供給の促進に関する法律

■ 住宅入居等支援事業（居住サポート事業）

市町村地域生活支援事業の「相談支援事業」に含まれる

概　要		●障害者総合支援法に基づく市町村地域生活支援事業の必須事業の1つ ●賃貸契約による一般住宅（公営住宅および民間の賃貸住宅）への入居を希望しているが、保証人がいない等の理由により入居が困難な障害者等に対し、入居に必要な調整等に係る支援を行うとともに、家主等への相談・助言を通じて障害者等の地域生活を支援する
対象となる障害者		●障害者等であって、賃貸契約による一般住宅への入居を希望しているが、保証人がいない等の理由により入居が困難な者
事業内容	入居支援	●不動産業者に対する物件斡旋依頼、および家主等との入居契約手続き支援を行う ●地域において公的保証人制度がある場合は利用支援を行う
	24時間支援	●夜間を含め、緊急に対応が必要となる場合における相談支援、関係機関との連絡・調整等必要な支援を行う
	関係機関によるサポート体制の調整	●利用者の生活上の課題に応じ、関係機関から必要な支援を受けることができるよう調整を行う

■ 公営住宅法　_{昭和 26 年施行}

公営住宅	●公営住宅法によって定められ、地方公共団体が建設、買取りまたは借上げを行い、低所得者向けに賃貸する ●自治体によっては、障害者等の家賃の特別減免制度を設けているところもある
公営住宅の入居資格	●入居者の収入が条例で定める金額を超えないこと ●現に住宅に困窮していることが明らかであること
シルバーハウジング	●バリアフリー化された「公営住宅」等と生活援助員（ライフサポートアドバイザー）による日常生活支援サービスの提供を併せて行う、高齢者世帯向けの公的賃貸住宅

■ 高齢者の居住の安定確保に関する法律　_{平成 13 年施行}

高齢者の居住の安定確保に関する法律		●高齢者向けの賃貸住宅等の登録制度を設けることなどにより、高齢者の居住の安定の確保を図り、もってその福祉の増進に寄与することを目的とする
サービス付き高齢者向け住宅		●基準を満たす住宅は、都道府県知事の登録を受けることができる ●この制度に登録すれば、有料老人ホームの届出は不要（有料老人ホームとみなされる） ●所定の登録要件を満たしたサービス付き高齢者向け住宅の建設や改修等に対しては、国の補助制度がある
	登録基準	●居室は原則 25㎡以上（台所などが共有の場合は 18㎡以上） ●サービスの提供（状況把握サービス、生活相談サービスなど） ●前払い家賃などの保全措置など

■ 児童福祉施設

施設名	概　　要
乳児院	●乳児（特に必要のある場合には幼児を含む）を入院させて養育する施設
児童養護施設	●保護者のない児童（特に必要のある場合には乳児を含む）、虐待されている児童などを入所させて養護する施設
児童心理治療施設	●家庭環境、学校における交友関係その他の環境上の理由により社会生活への適応が困難となった児童を、短期間、入所または通わせて、社会生活に適応するために必要な心理に関する治療および生活指導を行う施設（平成 29 年 4 月 1 日より「情緒障害児短期治療施設」の名称が変更された）
児童自立支援施設	●不良行為をなし、またはなすおそれのある児童および家庭環境その他の環境上の理由により生活指導等を要する児童を入所または通わせて、個々の児童の状況に応じて必要な指導を行い、その自立を支援する施設
母子生活支援施設	●配偶者のない女子またはこれに準ずる事情にある女子およびその者の監護すべき児童を入所させて保護し、自立の促進のために生活を支援する施設
自立援助ホーム （児童自立生活援助事業）	●義務教育終了後、児童養護施設や児童自立支援施設を退所し、就職する児童等に対し、自立援助ホームにおいて、日常生活上の援助・相談・生活指導を行う ●定員 5 ～ 20 人

■ 高齢者関連施設

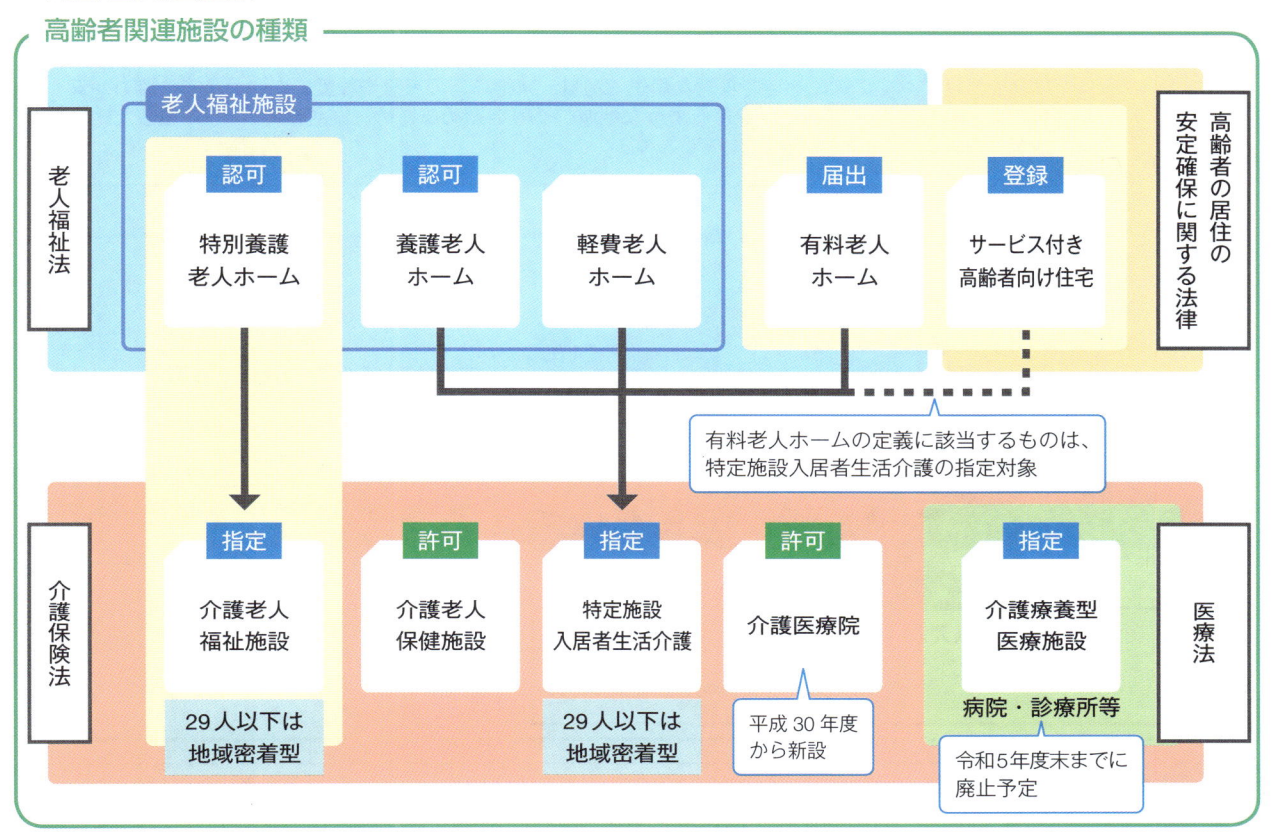

高齢者関連施設の種類

介護老人福祉施設	● 老人福祉法において認可を受けた**特別養護老人ホーム**が、**介護保険法の指定**を受けた施設
介護老人保健施設	● 介護老人保健施設の開設根拠は、**介護保険法**に規定されている。**介護保険法で許可**を受ければ、あらためて指定を受ける必要はない
介護療養型医療施設	● 医療法に規定される病院・診療所、老人性認知症疾患療養病床を有する病院が、原則として病棟単位で介護保険の指定を受けることができる（令和5年度末までに廃止予定）
介護医療院	● 介護医療院の開設根拠は、介護保険法に規定されている。介護保険法で許可を受ければ、あらためて指定を受ける必要はない（平成30年度から新設）
特定施設入居者生活介護	● **特定施設**とは、**有料老人ホーム**、**養護老人ホーム**、**軽費老人ホーム**をいう ● 特定施設のうち、指定基準を満たすと、特定施設入居者生活介護の**指定**を受けることができる
特別養護老人ホーム	● 65歳以上で、**身体上または精神上著しい障害があるために常時の介護を必要**とし、かつ居宅において介護を受けることが困難な人を入所させ、必要な援助を行う施設
養護老人ホーム	● 65歳以上で、**環境上の理由および経済的理由**により居宅において養護を受けることが困難な人を入所させ、必要な援助を行う施設
軽費老人ホーム	● 60歳以上の人に、**無料または定額な料金**で、食事の提供その他日常生活上必要な便宜を提供する施設
有料老人ホーム	● 高齢者を入居させ、入浴、排泄もしくは食事の介護、食事の提供またはその他の日常生活上必要な便宜を提供する施設（**介護付**、**住宅型**、**健康型**がある）

③ 精神障害にも対応した地域包括ケアシステム

 精神疾患はすべての人にとって身近な病気であり、精神障害の有無や程度にかかわらず、誰もが安心して自分らしく暮らすことができるような地域づくりを進めるため、「精神障害にも対応した地域包括ケアシステム」の構築を推進しています。

精神障害にも対応した地域包括ケアシステム

日常生活圏域
（地域包括ケアシステムの構築）

基本圏域（市町村）

障害保健福祉圏域

→ 市町村ごとの保健・医療・福祉関係者による協議の場

→ 障害保健福祉圏域ごとの保健・医療・福祉関係者による協議の場

バックアップ ↑

国（アドバイザー組織）

| 広域アドバイザー | 都道府県等密着アドバイザー |

精神障害にも対応した地域包括ケアシステムの構築推進事業	●保健・医療・福祉関係者による協議の場を設置したうえで、精神障害者の住まいの確保支援など、地域包括ケアシステムの構築に資する事業を実施		
	実施主体		●都道府県・指定都市・特別区・保健所設置市
	事業内容	必須	①保健・医療・福祉関係者による協議の場の設置
		任意	②普及啓発に係る事業 ③精神障害者の家族支援に係る事業 ④精神障害者の住まいの確保支援に係る事業 ⑤ピアサポートの活用に係る事業 ⑥アウトリーチ支援に係る事業 ⑦措置入院者および緊急措置入院者の退院後の医療等の継続支援に係る事業 ⑧構築推進サポーターの活用に係る事業 ⑨精神医療相談に係る事業 ⑩医療連携体制の構築に係る事業 ⑪精神障害者の地域移行・地域定着関係職員に対する研修に係る事業 ⑫入院中の精神障害者の地域生活支援に係る事業 ⑬地域包括ケアシステムの構築状況の評価に係る事業 ⑭その他、地域包括ケアシステムの構築に資する事業
精神障害にも対応した地域包括ケアシステムの構築支援事業	●都道府県等においてモデル圏域を設定し、保健・医療・福祉関係者に対して、精神障害にも対応した地域包括ケアシステムの構築推進に係る実践経験を有するアドバイザーによる支援を行う		
	国		●地域包括ケアシステムの構築の推進に実践経験のある「広域アドバイザー」「都道府県等密着アドバイザー」から構成される組織を設置する
	都道府県・指定都市・特別区		●広域アドバイザーのアドバイスを受けながら、都道府県等密着アドバイザーと連携し、モデル障害保健福祉圏域等における、精神障害にも対応した地域包括ケアシステムの構築を推進する

④ アウトリーチ事業

目的	●精神障害者が住み慣れた地域を拠点とし、本人の意向に即して、本人が充実した生活を送ることができるよう、統合失調症をはじめとする入院患者の減少および地域生活への移行に向けた支援、地域生活を継続するための支援を推進する ●ひきこもり等の精神障害者に対し、アウトリーチ（多職種による訪問支援）を円滑に実施する等、専門的な支援の推進を目的とする	
実施主体	●都道府県、指定都市、保健所設置市、特別区	
アウトリーチ事業	●都道府県は、保健医療スタッフと福祉スタッフ等から構成する多職種による支援体制（アウトリーチチーム）を整備する	
	アウトリーチチーム	●保健所、精神保健福祉センター、相談支援事業所等に設置する ●原則24時間、365日の相談支援体制 ●保健師、看護師、精神保健福祉士、作業療法士のいずれかを1名以上配置
支援対象者	●統合失調症、統合失調型障害および妄想性障害 ●気分（感情）障害 ●認知症による行動・心理症状（BPSD）がある者およびその疑いのある者	
	精神疾患が疑われる未治療者	●地域生活の維持・継続が困難であり、家族・近隣との間でトラブルが生じるなどの日常生活上の危機が生じており、精神疾患が疑われ、入院以外の手法による医療導入が望ましいと判断される者
	ひきこもりの精神障害者	●特に身体疾患等の問題がないにもかかわらず、おおむね6か月以上、社会参加活動を行わない状態や自室に閉じこもり家族等との交流がない状態が続いている者で、精神疾患による入院歴または定期的な通院歴のあるものまたは、症状等から精神疾患が疑われるもの
	その他	●精神科医療機関の受診中断、または服薬中断等により、日常生活上の危機が生じている者 ●精神疾患による長期の入院（おおむね1年以上）、または入院を頻繁に繰り返し、病状が不安定な者
ケースカンファレンスの開催	●保健所等は、事前調査を行い必要に応じて関係機関と調整のうえ、支援対象者の選定を行う ●チームは、支援内容の検討や支援計画の作成を行うため関係者等の参画を求め、カンファレンスを開催する	
支援内容	●24時間（休日、夜間含む）、対象者および家族への迅速な訪問、相談対応 ●ケアマネジメントの技法を用いた多職種チームによる支援 ●関係機関との連絡、調整およびケースカンファレンスの開催	
支援期間	●医療機関や障害福祉サービスによる安定的な支援に移行するまでの間（おおむね6か月を目安）	

⑤ 地域生活支援拠点等の整備

厚生労働省では、障害福祉計画の基本指針に位置づけて整備を進める方針を示しており、各市町村や圏域では、地域の実情に応じた創意工夫のもと、地域生活支援拠点等を整備し、障害者の生活を地域全体で支えるサービス提供体制の構築を目指しています。

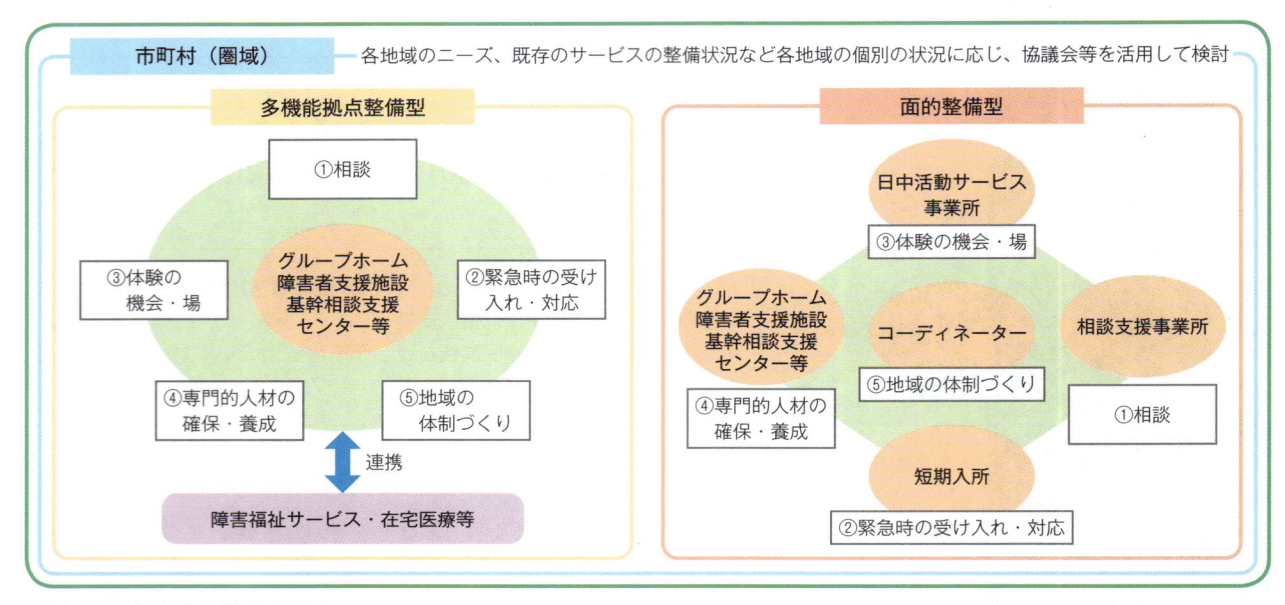

目的		●緊急時の迅速・確実な相談支援の実施および短期入所等の活用を可能とすることにより、地域における生活の安心感を担保する機能を備える ●体験の機会の提供を通じて、施設や親元から共同生活援助、一人暮らし等への生活の場の移行をしやすくする支援を提供する体制を整備することなどにより、障害者等の地域での生活を支援する
地域生活支援拠点等		●障害者の重度化・高齢化や「親亡き後」を見据えた、居住支援のための機能をもつ場所や体制のこと ●居住支援のための主な機能は、相談、緊急時の受け入れ・対応、体験の機会・場、専門的人材の確保・養成、地域の体制づくりの5つを柱としている
必要な機能	1 相談	●基幹相談支援センター、特定相談支援、地域定着支援などを活用してコーディネーターを配置し、緊急時の支援が見込めない世帯を事前に把握・登録したうえで、常時の連絡体制を確保し、緊急の事態等に必要なサービスのコーディネートや相談その他必要な支援を行う機能
	2 緊急時の受け入れ・対応	●短期入所を活用した常時の緊急受入体制等を確保したうえで、介護者の急病や障害者の状態変化等の緊急時の受け入れや医療機関への連絡等の必要な対応を行う機能
	3 体験の機会・場	●地域移行支援や親元からの自立等にあたって、共同生活援助等の障害福祉サービスの利用や一人暮らしの体験の機会・場を提供する機能
	4 専門的人材の確保・養成	●医療的ケアが必要な者や行動障害を有する者、高齢化に伴い重度化した障害者に対して、専門的な対応を行うことができる体制の確保や、専門的な対応ができる人材の養成を行う機能
	5 地域の体制づくり	●基幹相談支援センター、特定相談支援、一般相談支援等を活用してコーディネーターを配置し、地域のさまざまなニーズに対応できるサービス提供体制の確保や、地域の社会資源の連携体制の構築等を行う機能

⑥ 障害者差別解消法

国連の「障害者の権利に関する条約」の締結に向けた国内法制度の整備の一環として、障害を理由とする差別の解消を推進することを目的として、平成25年6月に「障害を理由とする差別の解消の推進に関する法律（障害者差別解消法）」が制定されました（平成28年4月施行）。

目的	●障害を理由とする差別の解消を推進し、すべての国民が、障害の有無によって分け隔てられることなく、相互に人格と個性を尊重し合いながら共生する社会の実現に資することを目的とする	
対象者	●身体障害、知的障害、精神障害（発達障害を含む）その他の心身の機能の障害がある者であって、障害および社会的障壁により継続的に日常生活又は社会生活に相当な制限を受ける状態にあるもの	
国民の責務	●国民は、障害を理由とする差別の解消の推進に寄与するよう努めなければならない	
基本方針	●政府は、障害を理由とする差別の解消の推進に関する基本方針を定めなければならない	
障害を理由とする差別の禁止	●行政機関等や事業者は、障害を理由として障害者でない者と不当な差別的取扱いをすることにより、障害者の権利利益を侵害してはならない	
	不当な差別的取扱いの例	●障害を理由に窓口対応を拒否する ●障害を理由に対応の順序を後回しにする ●障害を理由に書面の交付、資料の送付、パンフレットの提供等を拒む ●障害を理由に説明会、シンポジウム等への出席を拒む　など
合理的な配慮	●行政機関等は、障害者から意思の表明があった場合、社会的障壁の除去の実施について必要かつ合理的な配慮をしなければならない（事業者は努力義務（※）） ※：2021（令和3）年6月4日から起算して3年を超えない範囲内で、事業者にも合理的配慮が義務づけられる	
	合理的配慮の例	●困っていると思われるときは、まずは声をかけ、手伝いの必要性を確かめてから対応する ●疲労や緊張などに配慮し別室や休憩スペースを設ける ●一度に多くの情報が入ると混乱するので、伝える情報は紙に書くなどして整理してゆっくり具体的に伝えることを心がける ●薬物療法が主な治療となるため、内服を続けるために配慮する　など
障害者差別解消支援地域協議会	●国および地方公共団体の機関であって、医療、介護、教育その他の障害者の自立と社会参加に関連する分野の事務に従事するものは、当該地方公共団体の区域において関係機関が行う障害を理由とする差別に関する相談および当該相談に係る事例を踏まえた障害を理由とする差別を解消するための取組みを効果的かつ円滑に行うため、障害者差別解消支援地域協議会を組織することができる	

⑦ 経済的負担の軽減

制度区分	障害種別	身体障害者	知的障害者	精神障害者	
				精神障害者保健福祉手帳1級	精神障害者保健福祉手帳2、3級
税制	所得税の障害者控除	○	○	○ ・特別障害者控除 40万円 ・同居特別障害者 扶養控除 75万円	○ （27万円）
	住民税の障害者控除	○	○	○ ・特別障害者控除 30万円 ・同居特別障害者 扶養控除 53万円	○ （26万円）
	贈与税の非課税	○	○	○ （6000万円まで）	○ （3000万円まで）
	相続税の障害者控除	○	○	○ （満85歳に達するまでの年数1年につき20万円を控除）	○ （満85歳に達するまでの年数1年につき10万円を控除）
	自動車税・自動車取得税	○	○	○	×
	少額貯蓄（350万円まで）の利子等の非課税	○	○	○	
運賃割引	JR運賃の割引	○	○	×	
	有料道路の通行料金の割引	○	○	×	
	航空旅客運賃割引	○	○	○	
住宅	公営住宅の優先入居	○	○	△	
利用料	NHK放送受信料の免除	○	○	○	
	携帯電話の基本使用料の割引	○	○	○	
	心身障がい者用低料第三種郵便	○	○	○	
生活保護	障害者加算	○	○	○ （1、2級）	
手当	特別障害者手当	○	○	○	
	特別児童扶養手当	○	○	○	
	障害児福祉手当	○	○	○	

⑧ 生活保護

生活保護の基本原理・原則

> 生活保護法
> 1950（昭和25）年公布

基本原理	第1条	国家責任の原理	●憲法第25条の理念に基づき、国が生活に困窮するすべての国民に対し、その最低限度の生活を保障するとともに、その自立を助長する
	第2条	無差別平等の原理	●すべての国民は、この法律の定める要件を満たす限り、保護を無差別平等に受けることができる ●保護を要する状態に立ち至った原因の如何や、社会的な身分や信条などにより優先的または差別的に取り扱われることはない
	第3条	最低生活の原理	●保障される最低限度の生活は、健康で文化的な生活水準を維持することができるものでなければならない
	第4条	保護の補足性の原理	●その利用し得る資産、能力その他あらゆるものを、その最低限度の生活の維持のために活用することを要件として行われる ●民法に定める扶養義務者の扶養が生活保護法による保護に優先して行われる
保護の原則	第7条	申請保護の原則	●「要保護者」「扶養義務者」「同居の親族」の申請に基づいて開始する ●急迫した状況にあるときは、保護の申請がなくても、必要な保護を行うことができる
	第8条	基準および程度の原則	●保護は、厚生労働大臣の定める基準により測定した要保護者の需要をもととして行う ●基準は、必要な事情を考慮した最低限度の生活の需要を満たすに十分なものであって、かつ、これを超えないものでなければならない
	第9条	必要即応の原則	●要保護者の年齢別、性別、健康状態などその個人または世帯の実際の必要の相違を考慮して、有効かつ適切に行う
	第10条	世帯単位の原則	●世帯単位を原則とする。これによりがたいときは、個人を単位とすることもできる

保護施設

 保護施設は5種類

種別		施設種類	概要
第1種 社会福祉事業	1	救護施設	●身体上または精神上著しい障害があるために日常生活を営むことが困難な要保護者を入所させて、生活扶助を行うことを目的とする施設 ●救護施設は、自立支援の観点から、保護施設退所者を対象に、通所による生活指導・指導訓練等と居宅等への訪問による生活指導等の事業も行うものとされている
	2	更生施設	●身体上または精神上の理由により養護および生活指導を必要とする要保護者を入所させて、生活扶助を行うことを目的とする施設
	3	授産施設	●身体上もしくは精神上の理由または世帯の事情により就業能力の限られている要保護者に対して、就労または技能の修得のために必要な機会および便宜を与えて、その自立を助長することを目的とする施設
	4	宿所提供施設	●住居のない要保護者の世帯に対して、住宅扶助を行うことを目的とする施設
第2種 社会福祉事業	5	医療保護施設	●医療を必要とする要保護者に対して、医療の給付を行うことを目的とする施設

生活扶助の範囲および方法

種類		内　　容
生活扶助	生活扶助の範囲	①衣食その他日常生活の需要を満たすために必要なもの ②移送
	生活扶助の方法	●原則として金銭給付によって行う（必要があるときは、現物給付も行うことができる） ●保護金品は、原則として1か月分以内を限度として前渡しする ●居宅において生活扶助を行う場合は、世帯単位に計算し、世帯主に交付する（必要があるときは、被保護者個々に交付できる） ●施設介護を受けている場合は、施設の長に対して交付することができる

生活扶助費は、「第1類」＋「第2類」＋「各種加算」により算出されます。

生活扶助			内容
	第1類		●食費・被服費等の個人単位の経費（年齢別に設定されている）
	第2類		●光熱費、家具什器等の世帯単位の経費（世帯人員別に設定されている）
		冬季加算	●冬季の暖房費など（平成27年10月より地区別に期間が異なる） ●Ⅰ・Ⅱ区（10〜4月）、Ⅲ・Ⅳ区（11〜4月）、Ⅴ・Ⅵ区（11〜3月）
	入院患者日用品費		●病院等に入院している被保護者の一般生活費
	介護施設入所者基本生活費		●介護施設に入所している被保護者の一般生活費
	各種加算	妊産婦加算	●妊婦および産後6か月までの妊婦に対する栄養補給に対する加算
		母子加算	●父母の一方もしくは両方が欠けている場合などに加算（父子世帯も対象）
		障害者加算	●身体障害1〜3級、障害基礎年金1〜2級、精神障害者保健福祉手帳1〜2級の障害者の特別な需要に対して加算
		介護施設入所者加算	●介護施設に入所中の教養娯楽等特別な需要に対する加算
		在宅患者加算	●在宅患者の栄養補給等のための特別な需要に対する加算
		放射線障害者加算	●原爆放射能による負傷、疾病等の状態にある者に対する特別な需要に対する加算
		児童養育加算	●高校生までの児童の教養文化的経費等の特別な需要に対する加算　　平成30年10月から高校生まで
		介護保険料加算	●介護保険の第1号被保険者の介護保険料に対する加算
	期末一時扶助		●年末（12月）の特別需要に対する経費
	一時扶助		●保護開始時、出生、入学準備、入退院等に際して、緊急やむを得ない場合などの経費

種類		内　容
出産扶助	扶助の範囲	①分べんの介助 ②分べん前および分べん後の処置 ③脱脂綿、ガーゼその他の衛生材料
	扶助の方法	●原則、金銭給付によって行う（必要があるときは、現物給付） ●現物給付は、指定を受けた助産師に委託して行う ●保護金品は、被保護者に対し交付する
教育扶助	扶助の範囲	①義務教育に伴って必要な教科書その他の学用品 ②学校給食費、通学のための交通費 ③学習支援費（クラブ活動費用など）
	扶助の方法	●原則、金銭給付によって行う（必要があるときは、現物給付） ●保護金品は、被保護者、その親権者、未成年後見人、被保護者が通学する学校の長に対して交付する
生業扶助	扶助の範囲	①生業費（生業に必要な資金、器具または資料） ②技能修得費（技能を修得するための経費、高等学校等への就学費用） ③就職支度費（就職のために直接必要となる洋服代、履物等の購入費用）
	扶助の方法	●原則、金銭給付によって行う（必要があるときは、現物給付） ●現物給付は、授産施設等に委託して行う ●保護金品は、被保護者に交付する。技能の修得費などは、授産施設の長に交付できる
住宅扶助	扶助の範囲	①住居（借家・借間の場合の家賃・間代等や、転居時の敷金、契約更新料等） ②補修その他住宅の維持のために必要なもの（家屋の補修費または建具、水道設備等の修理経費等）
	扶助の方法	●原則、金銭給付によって行う（必要があるときは、現物給付） ●現物給付は、宿所提供施設に委託して行う ●保護金品は、世帯主に交付する
医療扶助	扶助の範囲	①診察 ②薬剤または治療材料 ③医学的処置、手術およびその他の治療ならびに施術 ④居宅における療養上の管理および療養に伴う世話その他の看護 ⑤病院または診療所への入院およびその療養に伴う世話その他の看護 ⑥移送
	扶助の方法	●原則、現物給付によって行う（必要があるときは金銭給付） ●医療の給付は、指定医療機関に委託して行う ●国の開設した医療機関は厚生労働大臣が、その他の医療機関は都道府県知事が指定する
介護扶助	扶助の範囲	①居宅介護（介護予防）（居宅介護支援計画（介護予防支援計画）に基づき行うものに限る） ②福祉用具（介護予防福祉用具） ③住宅改修（介護予防住宅改修） ④施設介護 ⑤移送
	扶助の方法	●原則、現物給付によって行う（必要があるときは、金銭給付） ●居宅介護等の給付は、指定介護機関に委託して行う ●保護金品は、被保護者に対し交付する（実際は法定代理受領方式）
葬祭扶助	扶助の範囲	①検案 ②死体の運搬 ③火葬または埋葬 ④納骨その他葬祭のために必要なもの
	扶助の方法	●原則、金銭給付によって行う（必要があるときは、現物給付） ●保護金品は、葬儀を行う者に交付する ●死亡した被保護者に葬祭を行う扶養義務者がいないときは、葬儀を行う者に対して葬祭扶助を行うことができる

⑨ 生活困窮者自立支援法

平成25年12月公布
平成27年4月施行

生活困窮者等の一層の自立の促進を図るため、平成30年6月に生活困窮者自立支援法が改正され、平成30年10月と平成31年4月に施行されました。

目 的		●生活困窮者自立相談支援事業の実施、生活困窮者住居確保給付金の支給その他の生活困窮者に対する自立の支援に関する措置を講ずることにより、生活困窮者の自立の促進を図ることを目的とする
生活困窮者の定義		●就労の状況、心身の状況、地域社会との関係性などの事情により、現に経済的に困窮し、最低限度の生活を維持することができなくなるおそれのある者（要保護者以外の生活困窮者）
実施主体		●福祉事務所を設置する自治体（都道府県、市、福祉事務所を設置する町村）
必須事業	自立相談支援事業	●主任相談支援員、相談支援員、就労支援員を配置 支援内容：①生活困窮者からの相談に応じ、必要な情報の提供および助言　②認定生活困窮者就労訓練事業の利用についてのあっせん　③自立支援計画の作成、自立支援に基づく支援
	住居確保給付金	●離職等により住宅を失った生活困窮者等に対し家賃相当の「住居確保給付金」を支給（原則3か月。最大9か月）
努力義務	就労準備支援事業	●雇用による就業が困難な生活困窮者に対し、就労に必要な知識および能力の向上のために必要な訓練を行う事業（原則1年以内）
	家計改善支援事業	●収入、支出その他家計の状況を適切に把握することおよび家計の改善の意欲を高めることを支援するとともに、生活に必要な資金の貸付けのあっせんを行う事業
任意事業	一時生活支援事業	●住居のない生活困窮者に対して一定期間宿泊場所や衣食の提供等を実施（最長3か月） ●シェルター等の施設退所者や地域社会から孤立している者に対する訪問等による見守り・生活支援を創設
	子どもの学習・生活支援事業	●生活保護受給世帯を含む生活困窮世帯の子どもに対し、学習の援助を行う事業 ●子どもおよび保護者に対し、子どもの生活習慣および育成環境の改善に関する助言を行う事業
就労訓練事業（中間的就労）		●雇用による就業を継続して行うことが困難な生活困窮者に対し、就労の機会を提供するとともに、就労に必要な知識および能力の向上のために必要な訓練などを行う ●国および地方公共団体は、認定生活困窮者就労訓練事業を行う者の受注の機会の増大を図るように努める ●就労訓練事業を行うにあたっては、事業所ごとに、都道府県知事の認定を受けなければならない
支援会議の設置		●都道府県等は、関係機関、都道府県等から生活困窮者自立相談支援事業等の委託を受けた者、生活困窮者に対する支援に関係する団体などにより構成される会議を組織することができる
利用勧奨等		●都道府県等は、福祉、就労、教育、税務、住宅その他のその所掌事務に関する業務の遂行にあたって、生活困窮者を把握したときは、生活困窮者自立支援法に基づく事業の利用の勧奨その他適切な措置を講ずるように努める

⑩ 生活福祉資金貸付制度

生活福祉資金貸付制度は、低所得者、障害者または高齢者に対し、資金の貸付けと必要な相談支援を行うことにより、経済的自立および生活意欲の助長促進、在宅福祉および社会参加の促進を図り、安定した生活を送れるようにすることを目的としています。

生活福祉資金貸付制度の概要

実施主体		●都道府県社会福祉協議会（窓口業務などは市区町村社会福祉協議会で実施）
貸付対象者	低所得世帯	●必要な資金を他から借り受けることが困難な世帯（市町村民税非課税程度）
	障害者世帯	●身体障害者手帳、療育手帳、精神障害者保健福祉手帳の交付を受けた者などの属する世帯
	高齢者世帯	●65歳以上の高齢者の属する世帯
申込方法		●「市区町村社会福祉協議会」→「都道府県社会福祉協議会」（貸付決定）
貸付の要件	自立相談支援事業	●総合支援資金、緊急小口資金は、原則として生活困窮者自立支援制度における自立相談支援事業の利用が貸付の要件
	連帯保証人	●原則として、連帯保証人を立てることが必要だが、連帯保証人を立てない場合も借入できる
貸付利子		●総合支援資金と福祉費は、連帯保証人を立てる場合は無利子、立てない場合は年1.5% ●教育支援資金と緊急小口資金は無利子

■ 貸付の種類

資金の種類			貸付利子
総合支援資金	生活支援費	●生活再建までの間に必要な生活費	①無利子 （連帯保証人あり） ②年1.5% （連帯保証人なし）
	住宅入居費	●敷金・礼金等住宅の賃貸借契約を結ぶために必要な費用	
	一時生活再建費	●生活を再建するために一時的に必要な費用など	
福祉資金	福祉費	●生業を営むための費用、技能習得に必要な費用、障害者用自動車の購入費用など	
	緊急小口資金	●緊急かつ一時的に生計の維持が困難となった場合に貸し付ける小額の費用	無利子
教育支援資金	教育支援費	●低所得世帯に属する者が高等学校、大学または高等専門学校に就学するのに必要な経費	
	就学支度費	●高等学校、大学または高等専門学校への入学に際し必要な経費	
不動産担保型生活資金		●「低所得」または「要保護」の高齢者世帯に対し、一定の居住用不動産を担保として生活資金を貸し付ける資金	年3%、または長期プライムレートのいずれか低い利率

⑪ 社会手当

根拠法	児童手当法 （昭和46年公布）	児童扶養手当法 （昭和36年公布）	特別児童扶養手当等の支給に関する法律 （昭和39年公布）		
名称	児童手当	児童扶養手当	特別児童扶養手当	障害児福祉手当	特別障害者手当
支給要件児童等	●15歳に達する日以後の最初の3月31日までの間にある児童	●18歳に達する日以後の最初の3月31日までの間にある児童 （障害児は20歳未満）	●20歳未満で精神または身体に障害を有する児童	●精神または身体に重度の障害を有するため、日常生活において常時の介護を必要とする在宅の20歳未満の者	●精神または身体に著しく重度の障害を有するため、日常生活において常時特別の介護を必要とする状態にある在宅の20歳以上の者
支給要件	父母等に支給 ●支給要件児童を監護し、かつ児童と生計を同じくする父または母等 （未成年後見人がある場合は未成年後見人） 施設等設置者に支給 ●児童養護施設、障害児入所施設、里親などに委託されているとき	父母に支給 ●父母が離婚、父または母の死亡、障害、生死不明、DV保護命令を受けた等のとき 養育者に支給 ●上記に該当する場合で、父または母以外の者が児童を養育するとき	父母に支給 ●障害児の父もしくは母がその障害児を監護するとき 養育者に支給 ●障害児の父母以外の者でその障害児を養育するとき	本人に支給	本人に支給
手当月額 （令和4年4月現在）	●3歳未満　15,000円 ●3歳～小学校修了前 第1・2子 10,000円、 第3子以降 15,000円 ●中学生　10,000円 ●所得制限以上　5,000円	●全部支給 43,070円 第2子 最大10,170円加算 第3子以降 最大6,100円加算 ●一部支給 43,060円～10,160円	●1級　52,400円 ●2級　34,900円	14,850円	27,300円
支給制限　住所		●原則として、児童が日本国内に住所がないときは支給しない			
支給制限　施設入所	●施設等設置者に支給	●児童福祉施設（母子生活支援施設、保育所、通園施設を除く）に入所しているときは支給しない			●施設入所、3か月を超える入院をしているときは支給しない
支給制限　所得制限	●2022（令和4）年10月支給分より、所得が一定の額以上の場合は支給しない	●所得が一定の額以上であるときは支給しない			
費用負担	●国 2／3、地方 1／3 ●被用者（3歳未満）は事業主負担あり	●国　1／3 ●地方 2／3	●国 1／1	●国　3／4 ●地方 1／4	

① 虐待防止関連法のまとめ

		高齢者虐待防止法 （平成18年4月施行） 平成17年11月公布	障害者虐待防止法 （平成24年10月施行） 平成23年6月公布	児童虐待防止法 （平成12年11月施行） 平成12年5月公布	配偶者暴力防止法 （平成13年10月施行） 平成13年4月公布
虐待等の定義	対象	65歳以上の者 （養介護施設に入所する65歳未満の障害者等を含む）	身体障害、知的障害、精神障害（発達障害を含む）その他の心身の機能の障害がある者	保護者が監護する児童（18歳未満）	配偶者（事実婚を含む）からの暴力を受けた者
	身体的虐待	○	○	○	●配偶者からの身体に対する暴力またはこれに準ずる心身に有害な影響を及ぼす言動
	心理的虐待	○	○	○	
	性的虐待	○	○	○	
	ネグレクト	○	○	○	
	経済的虐待	○	○		
通報	発見した人	●虐待を発見し、高齢者の生命または身体に重大な危険が生じている場合は通報義務 ●虐待を受けたと思われる高齢者を発見した場合は、通報努力義務	●虐待を受けたと思われる障害者を発見した者は、通報義務	●虐待を受けたと思われる児童を発見した者は、通告義務	●配偶者からの暴力（身体的暴力のみ）を受けている者を発見した者は、通報努力義務
	専門職等	●関係団体、専門職は、高齢者虐待の早期発見努力義務 ●施設従事者等は、職員による虐待を「受けたと思われる」者を発見した場合は、通報義務	●関係団体、専門職は、障害者虐待の早期発見努力義務 ●施設従事者等による虐待を受けたと思われる者を発見した場合は、通報義務 ●使用者による虐待を受けたと思われる者を発見した場合は、通報義務	●関係団体、専門職は、児童虐待の早期発見努力義務	●医療関係者は、暴力によって負傷などした者を発見したときは、通報することができる ●通報は、本人の意思を尊重するよう努めなければならない
	通報先	●市町村	●市町村など	●市町村、児童相談所など	●配偶者暴力相談支援センター、警察官
対応	通報を受けた場合	●事実確認 ●立入調査など	●事実確認 ●立入調査など	●児童の安全確認 ●児童委員や児童福祉司等による立入調査など	●配偶者暴力相談支援センターによる助言など ●福祉事務所による自立支援など
	一時保護	●市町村による老人短期入所施設等への措置	●市町村による障害福祉施設等への措置	●児童相談所による一時保護	●婦人相談所等による一時保護
	警察署長等	●立入調査などに協力	●立入調査などに協力	●立入調査などに協力	●被害の発生を防止するために必要な援助
	措置等	●面会の制限 ●市町村長による成年後見開始の審判など	●面会の制限 ●市町村長による成年後見開始の審判など	●施設入所等の措置 ●面会・通信の制限 ●接近禁止 ●親権の喪失の審判など	●地方裁判所の保護命令 ・接近禁止（6か月） ・住居からの退去（2か月）など

② 障害者虐待防止法

障害者虐待の防止、障害者の養護者に対する支援等に関する法律
2011（平成23）年公布

障害者虐待のデータ

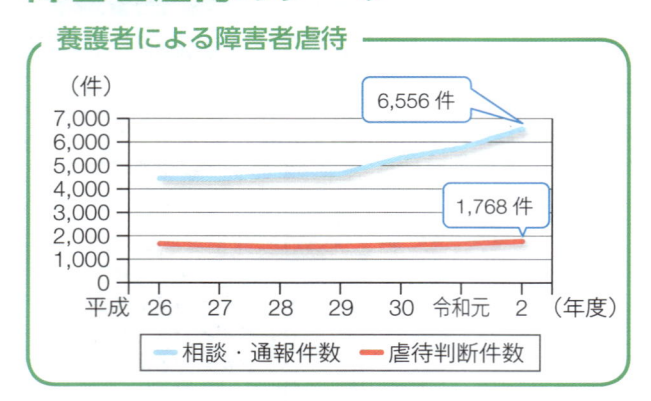

養護者による障害者虐待

（件）
相談・通報件数 6,556 件
虐待判断件数 1,768 件

平成 26 27 28 29 30 令和元 2 （年度）
— 相談・通報件数　— 虐待判断件数

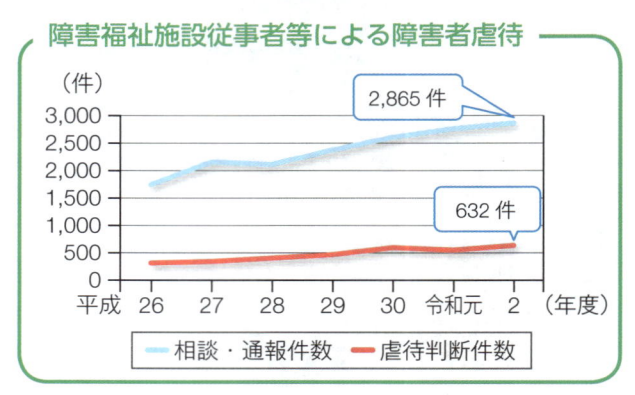

障害福祉施設従事者等による障害者虐待

（件）
相談・通報件数 2,865 件
虐待判断件数 632 件

平成 26 27 28 29 30 令和元 2 （年度）
— 相談・通報件数　— 虐待判断件数

■ 養護者による虐待

| 虐待の種類 | 身体的 | 1,187 件（67%） | | | |
| | 心理的 | 556 件（31%） | | | |

| 被虐待者 | 性別 | 女性 64% | | 男性 36% | |
| | 障害種別
（重複障害あり） | 知的障害
843 人 | 精神障害
739 人 | 身体障害
307 人 | その他 |

| 虐待者 | 同居・別居 | 虐待者と同居
85% | | | 別居 |
| | 続柄 | 父
25% | 母
23% | 兄弟姉妹
18% | 夫
15% | その他 |

対応状況	相談・通報者 ・届出者	警察 44%	本人による届出 15%	相談支援専門員 13%	施設・事業所の 職員 11%	その他
	分離	被虐待者と分離 37%	分離していない 45%		
	分離の方法	障害福祉サービス利用 45%	医療機関への 一時入院 14%	緊急一時保護 12%	やむを得ない 事由等による 措置 10%	その他

■ 障害者福祉施設従事者等による虐待

| 虐待の種類 | 身体的 | 334 件（53%） | | | |
| | 心理的 | 266 件（42%） | | | |

| 被虐待者 | 性別 | 男性 62% | | 女性 38% | |
| | 障害種別
（重複障害あり） | 知的障害
637 人 | 精神障害
173 人 | 身体障害
162 人 | その他 |

| 虐待者 | 施設の種別 | 障害者支援施設
21% | 共同生活援助
21% | 放課後等
デイサービス
15% | 生活介護
13% | 就労継続
支援B型
11% | その他 |

■ 使用者による虐待

| 対応状況 | 相談・通報者 | 本人による届出 46% | 相談支援
専門員
10% | 家族・親族
9% | 障害者
福祉施設
従事者等
7% | その他 |

資料：厚生労働省「令和2年度 障害者虐待の防止、障害者の養護者に対する支援等に関する法律に基づく対応状況等に関する調査結果」

障害者虐待防止法の内容

定義	障害者		●障害者虐待防止法において、障害者とは、障害者基本法に規定する障害者をいう
	障害者基本法の定義		●身体障害、知的障害、精神障害（発達障害を含む）その他の心身の機能の障害がある者であって、障害および社会的障壁により継続的に日常生活または社会生活に相当な制限を受ける状態にあるものをいう
	障害者虐待		●障害者虐待とは、養護者による障害者虐待、障害者福祉施設従事者等による障害者虐待、使用者による障害者虐待をいう
	虐待の種類	身体的虐待	●障害者の身体に外傷が生じ、もしくは生じるおそれのある暴行を加え、または正当な理由なく障害者の身体を拘束すること
		心理的虐待	●障害者に対する著しい暴言または著しく拒絶的な対応その他の障害者に著しい心理的外傷を与える言動を行うこと
		性的虐待	●障害者にわいせつな行為をすることまたは障害者をしてわいせつな行為をさせること
		放棄・放置	●障害者を衰弱させるような著しい減食または長時間の放置、養護者以外の同居人による虐待の放置等養護を著しく怠ること
		経済的虐待	●養護者または障害者の親族が当該障害者の財産を不当に処分することその他当該障害者から不当に財産上の利益を得ること
障害者に対する虐待の禁止			●何人も、障害者に対し、虐待をしてはならない
機関	市町村障害者虐待防止センター		●市町村は、障害者福祉に関する事務を所掌する部局または市町村が設置する施設において、市町村障害者虐待防止センターとしての機能を果たすようにする ●市町村は、市町村障害者虐待対応協力者のうち適当と認められるものに、業務の全部または一部を委託することができる
	都道府県障害者権利擁護センター		●都道府県は、障害者福祉に関する事務を所掌する部局または都道府県が設置する施設において、都道府県障害者権利擁護センターとしての機能を果たすようにする ●都道府県は、都道府県障害者虐待対応協力者のうち適当と認められるものに、業務の全部または一部を委託することができる
通報義務	養護者による障害者虐待		●養護者による障害者虐待を受けたと思われる障害者を発見した者は、速やかに、これを市町村に通報しなければならない
	障害者福祉施設従事者等による障害者虐待		●障害者福祉施設従事者等による障害者虐待を受けたと思われる障害者を発見した場合は、速やかに、市町村に通報しなければならない ●障害者福祉施設従事者は、通報をしたことを理由として、解雇その他不利益な取扱いを受けない ●都道府県知事は、毎年度、虐待の状況、虐待があった場合に採った措置等を公表する
	使用者による障害者虐待		●使用者による障害者虐待を受けたと思われる障害者を発見した者は、速やかに、市町村または都道府県知事に通報しなければならない ●労働者は、通報をしたことを理由として、解雇その他不利益な取扱いを受けない
●障害者虐待の通報は、守秘義務に関する法律の規定に妨げられない			

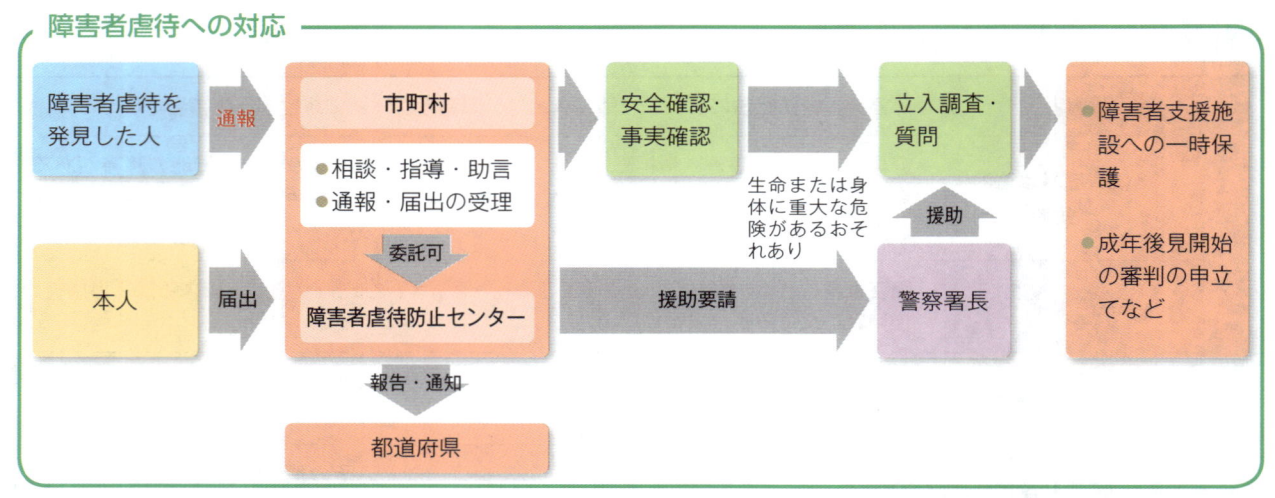

障害者虐待への対応

養護者による障害者虐待	対応の協議	●市町村は、通報または届出を受けたときは、速やかに、障害者の安全の確認、事実の確認のための措置を講じ、対応について協議を行う
	立入調査	●市町村長は、障害者の生命または身体に重大な危険が生じているおそれがあると認めるときは、障害者の住所または居所に立ち入り、必要な調査または質問をさせることができる
	援助要請	●市町村長は、立入りおよび調査または質問をさせようとする場合に、必要があると認めるときは、障害者の所在地を管轄する警察署長に対し援助を求めることができる
	一時保護	●市町村は、養護者による障害者虐待により生命または身体に重大な危険が生じているおそれがあると認められる場合は、障害者支援施設等に一時保護することができる
	面会の制限	●一時保護の措置が採られた場合は、市町村長または障害者支援施設等は、虐待を行った養護者について障害者との面会を制限することができる
	後見開始の審判	●市町村長は、必要と認められる場合は後見開始の審判の申立てをすることができる
	養護者の支援	●市町村は、養護者の負担の軽減のため、養護者に対する相談、指導および助言など必要な措置を講ずる
障害者福祉施設従事者等による障害者虐待	都道府県へ報告	●市町村は、通報または届出を受けたときは、障害者虐待に関する事項を、都道府県に報告しなければならない
	守秘義務	●市町村が通報または届出を受けた場合においては、通報または届出をした者を特定させるものを漏らしてはならない
	通報等を受けた場合の措置	●通報等を受けた場合は、市町村長または都道府県知事は、社会福祉法、障害者の日常生活及び社会生活を総合的に支援するための法律その他関係法律の規定による権限を適切に行使する
使用者による障害者虐待	都道府県へ通知	●市町村は通報または届出を受けたときは、障害者虐待に係る事業所の所在地の都道府県に通知しなければならない
	都道府県労働局に報告	●都道府県は、通報、届出または通知を受けたときは、障害者虐待に係る事業所の所在地を管轄する都道府県労働局に報告しなければならない
	報告を受けた場合の措置	●都道府県労働局が報告を受けたときは、都道府県労働局長等は、都道府県との連携を図りつつ、労働基準法、障害者の雇用の促進等に関する法律、個別労働関係紛争の解決の促進に関する法律等の規定による権限を適切に行使する

③ 児童虐待防止法

児童虐待の防止等に関する法律
2000（平成12）年公布

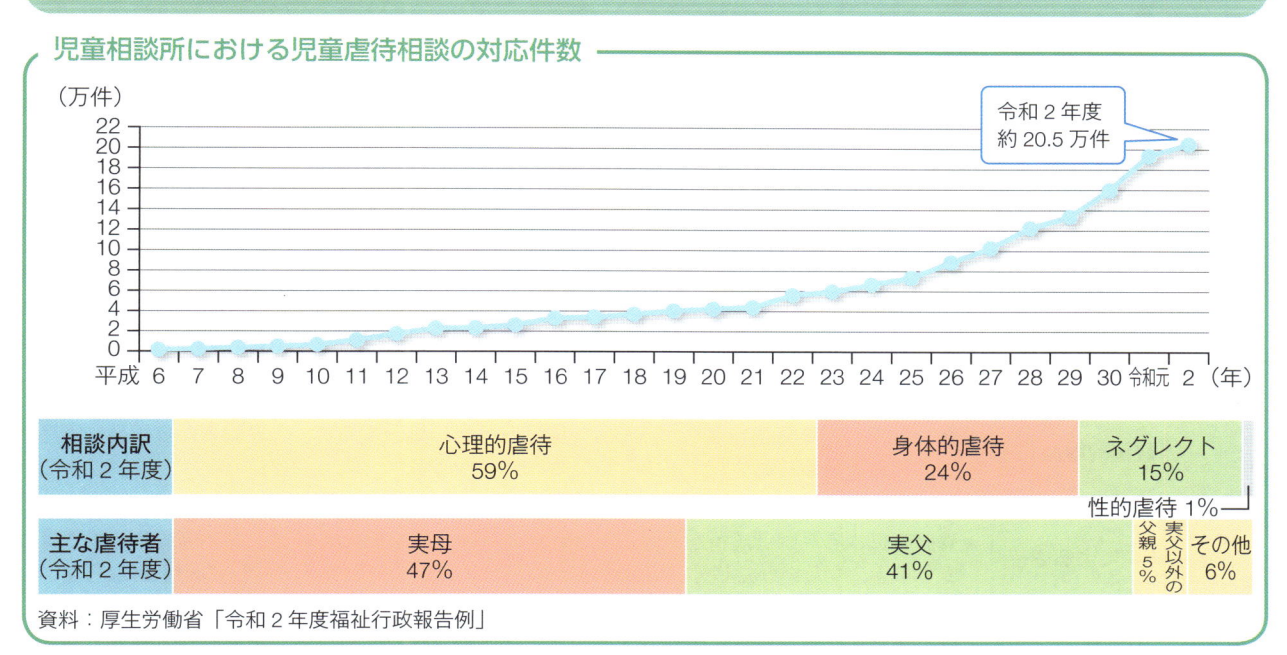

児童相談所における児童虐待相談の対応件数

令和2年度
約20.5万件

相談内訳 （令和2年度）	心理的虐待 59%		身体的虐待 24%	ネグレクト 15%

性的虐待 1%

主な虐待者 （令和2年度）	実母 47%	実父 41%	実父以外の 父親 5%	その他 6%

資料：厚生労働省「令和2年度福祉行政報告例」

児童虐待防止法の内容

定義	児童虐待		●保護者（親権を行う者、未成年後見人等で、児童を現に監護するもの）が、その監護する児童（18歳に満たない者）について行う次の虐待行為をいう
	虐待の種類	身体的虐待	●児童の身体に外傷が生じ、または生じるおそれのある暴行を加えること
		心理的虐待	●児童に対する著しい暴言または著しく拒絶的な対応、児童が同居する家庭における配偶者に対する暴力その他の児童に著しい心理的外傷を与える言動を行うこと
		性的虐待	●児童にわいせつな行為をすることまたは児童をしてわいせつな行為をさせること
		ネグレクト	●児童の心身の正常な発達を妨げるような著しい減食または長時間の放置、保護者以外の同居人による虐待の放置等保護者としての監護を著しく怠ること
児童に対する虐待の禁止			●何人も、児童に対し、虐待をしてはならない
体罰の禁止等 （令和2年4月施行）			●児童の親権を行う者は、児童のしつけに際して、当該児童に対し、体罰を加えてはならない
通報義務	保護者による虐待		●児童虐待を受けたと思われる児童を発見した者は、速やかに、これを市町村、都道府県の設置する福祉事務所、児童相談所に通告しなければならない
	被措置児童等虐待 （児童福祉法）		●被措置児童等虐待を受けたと思われる児童を発見した者は、速やかに、児童相談所等に通告しなければならない ●施設職員等は、この通報をしたことを理由として、解雇その他不利益な取扱いを受けない
			●児童虐待の通報は、守秘義務に関する法律の規定に妨げられない

④ 高齢者虐待防止法

高齢者虐待の防止、高齢者の養護者に対する支援等に関する法律
2005（平成17）年公布

虐待の種類	身体的虐待	●身体に外傷が生じ、または生じるおそれのある暴行を加えること
	心理的虐待	●高齢者に対する著しい暴言、著しく拒否的な対応、その他高齢者に心理的外傷を与える言動を行うこと
	性的虐待	●高齢者にわいせつな行為をすること、高齢者にわいせつな行為をさせること
	介護放棄	●高齢者を衰弱させるような著しい減食、長時間の放置、養護者以外の同居人による虐待の放置等養護を著しく怠ること
	経済的虐待	●養護者または高齢者の親族が高齢者の財産を不当に処分すること、高齢者から不当に財産上の利益を得ること
通報義務	養護者による虐待	●養護者による高齢者虐待を受けたと思われる高齢者を発見した者は、高齢者の生命または身体に重大な危険が生じている場合は、速やかに、これを市町村に通報しなければならない
	養介護施設従事者等による虐待	●養介護施設従事者等は、施設従事者等による高齢者虐待を受けたと思われる高齢者を発見した場合は、速やかに、市町村に通報しなければならない ●養介護施設従事者等は、この通報をしたことを理由として、解雇その他不利益な取扱いを受けない
		●高齢者虐待の通報は、守秘義務に関する法律の規定に妨げられない
対応		●通報を受けた市町村は、速やかに、当該高齢者の安全の確認など、通報または届出に係る事実確認を行い、地域包括支援センターなどと対応策を検討する ●虐待により、高齢者の生命または身体に重大な危険が生じているおそれがある場合は、地域包括支援センターの職員などに、高齢者の住所、居所などに立ち入り、必要な調査または質問をさせることができる ●市町村は、立入調査または質問をさせる場合、必要がある場合は、警察署長に援助を求めることができる ●市町村は、必要に応じ、高齢者を一時保護するために、特別養護老人ホームなどに老人福祉法に基づく措置などを行う ●認知症高齢者などで、必要があるときは、市町村長は、成年後見開始の審判の申立てを行うことができる

高齢者虐待への対応

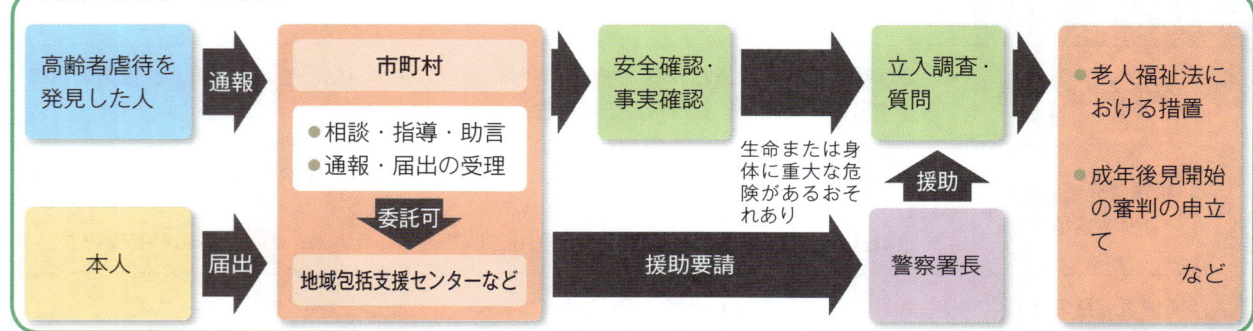

高齢者虐待のデータ

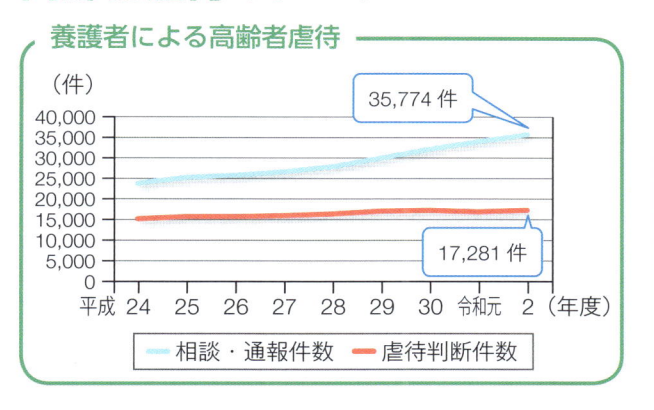

養護者による高齢者虐待

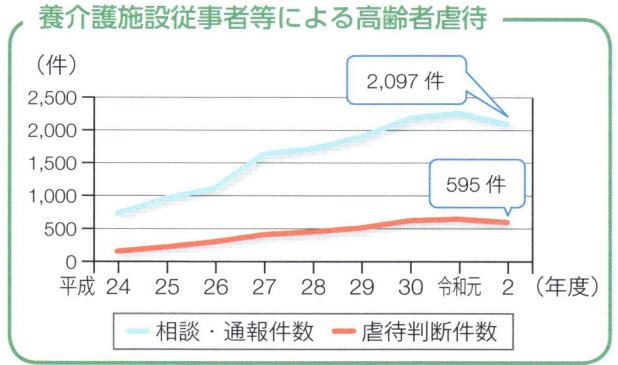

養介護施設従事者等による高齢者虐待

■ 養護者による虐待

虐待の種類	身体的	12,128人（68%）
	心理的	7,362人（41%）
	介護等放棄	3,319人（19%）

> 身体的虐待が最も多い

被虐待者	性別	女性 75%		男性 25%
	年齢	65〜74歳 23%	75〜79歳 21%	80歳以上 56%
	要介護認定	認定済み 66%		
	認知症	認知症日常生活自立度Ⅱ以上 72%	Ⅰまたはなし等 28%	未申請等

虐待者	家族形態	虐待者とのみ同居 52%	虐待者および他家族と同居 36%	虐待者と別居 11% その他
	続柄	息子 40%	夫 22%	娘 18% 妻 7% その他

対応状況	相談・通報者	警察 31%	介護支援専門員 25%	家族・親族 8% 本人 6% 行政職員 6% 介護保険事務所職員 5% その他
	分離	被虐待者と分離 27%	分離していない 51%	
	分離の方法	介護保険サービス利用 32%	医療機関への一時入院 19% やむを得ない事由等による措置 14% 住まい・施設等の利用 14% 緊急一時保護 10% その他	

■ 養介護施設従事者等による虐待

虐待の種類	身体的	641人（52%）
	心理的	321人（26%）

被虐待者	性別	女性 69%			男性 30%
	年齢	65〜74歳 8%	75〜79歳 9% 80〜84歳 16%	85歳以上 55%	その他

虐待者	施設の種別	特別養護老人ホーム 28%	有料老人ホーム 27%	認知症対応型共同生活介護 14% 介護老人保健施設 8%	その他

資料：厚生労働省「令和2年度 高齢者虐待の防止、高齢者の養護者に対する支援等に関する法律に基づく対応状況等に関する調査結果」

⑤DV 防止法

配偶者からの暴力の防止及び被害者の保護等に関する法律
2001（平成 13）年公布

配偶者暴力相談支援センターにおける相談件数

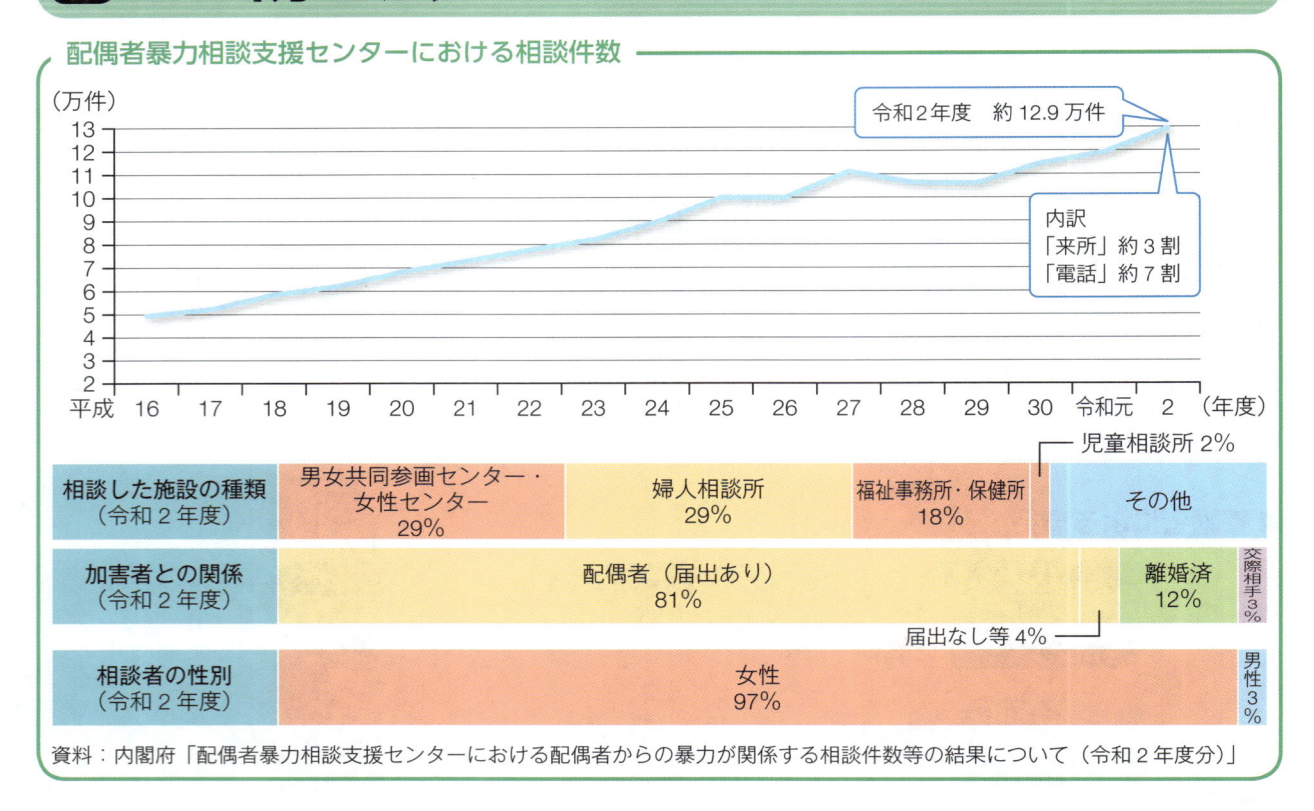

資料：内閣府「配偶者暴力相談支援センターにおける配偶者からの暴力が関係する相談件数等の結果について（令和 2 年度分）」

配偶者暴力防止法の内容

定義	配偶者からの暴力		●配偶者からの身体に対する暴力またはこれに準ずる心身に有害な影響を及ぼす言動をいい、配偶者からの身体に対する暴力等を受けた後に、その者が離婚をし、またはその婚姻が取り消された場合にあっては、当該配偶者であった者から引き続き受ける身体に対する暴力等を含む
	暴力の種類	身体的暴力	●身体に対する不法な攻撃であって生命または身体に危害を及ぼすもの ※保護命令の対象となるのは、身体に対する暴力のみ
		精神的暴力	●身体的な暴力に準ずる心身に有害な影響を及ぼす言動
	配偶者		●「配偶者」には、婚姻の届出をしていないが事実上婚姻関係と同様の事情にある者を含む ●「離婚」には、婚姻の届出をしていないが事実上婚姻関係と同様の事情にあった者が、事実上離婚したと同様の事情に入ることを含む
準用			●生活の本拠を共にする交際をする関係にある相手からの暴力およびその被害について、この法律を準用する（平成 26 年 1 月施行）
配偶者暴力相談支援センター			●都道府県は、婦人相談所その他の適切な施設において、配偶者暴力相談支援センターとしての機能を果たすようにするものとする ●配偶者暴力相談支援センターは、情報の提供、助言、関係機関との連絡調整、被害者の緊急時における安全の確保および一時保護などを行う
婦人保護施設における保護			●都道府県は、婦人保護施設において被害者の保護を行うことができる
通報			●配偶者からの暴力を受けている者を発見した者は、その旨を配偶者暴力相談支援センターまたは警察官に通報するよう努めなければならない

DV への対応

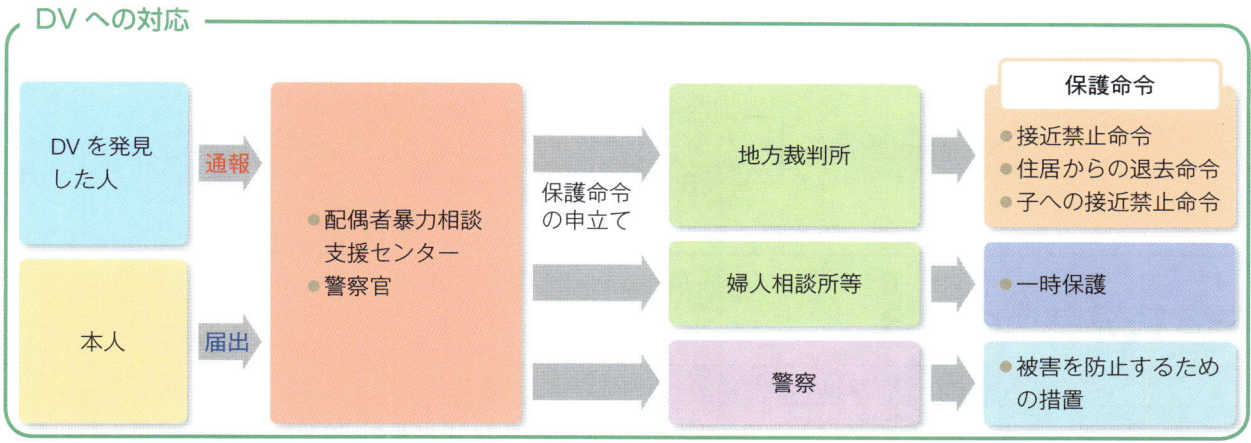

被害者の保護	保護についての説明等	●配偶者暴力相談支援センターは、通報または相談を受けた場合は、被害者に対し、配偶者暴力相談支援センターが行う業務の内容について説明および助言を行うとともに、必要な保護を受けることを勧奨する
	警察官による被害の防止	●警察官は暴力の制止、被害者の保護その他の配偶者からの暴力による被害の発生を防止するために必要な措置を講ずるよう努めなければならない
	警察本部長等の援助	●警察本部長または警察署長は、配偶者からの暴力による被害を自ら防止するための援助を受けたい旨の申出があり、その申出を相当と認めるときは、被害を自ら防止するための措置の教示その他配偶者からの暴力による被害の発生を防止するために必要な援助を行う
保護命令		●裁判所は、被害者の申立てにより、その生命または身体に危害が加えられることを防止するため、配偶者に対し、接近禁止命令や退去命令を命ずることができる
	接近禁止命令	●命令の効力が生じた日から起算して6か月間、被害者の住居等において被害者の身辺につきまとい、または被害者の住居、勤務先等の付近をはいかいしてはならないことを命ずることができる ●接近禁止命令を発するときは、配偶者に対し、被害者に対して次に掲げる行為をしてはならないと命ずる
	子や親族等への接近禁止命令	●被害者が同居している子や被害者の親族等に関して必要があると認めるときは、裁判所は配偶者に対し、6か月間、子や親族等の身辺につきまとい、または通常所在する場所の付近をはいかいしてはならないことを命ずることができる
	退去命令	●命令の効力が生じた日から起算して2か月間、被害者と共に生活の本拠としている住居から退去することおよび当該住居の付近をはいかいしてはならないことを命ずることができる
	罰則	●保護命令に違反した場合は、1年以下の懲役または100万円以下の罰金に処せられる
調査研究の推進等		●国および地方公共団体は、加害者の更生のための指導の方法、被害者の心身の健康を回復させるための方法等に関する調査研究の推進に努める
	DV加害者プログラム	●2019（令和元）年度に「配偶者暴力被害者支援における機関連携及び加害者対応に関する調査研究事業」でDV加害者プログラムの試行実施調査が行われた ●NPO法人などを中心にDV加害者更生プログラムが実施されている

① 成年後見制度

成年後見制度の分類

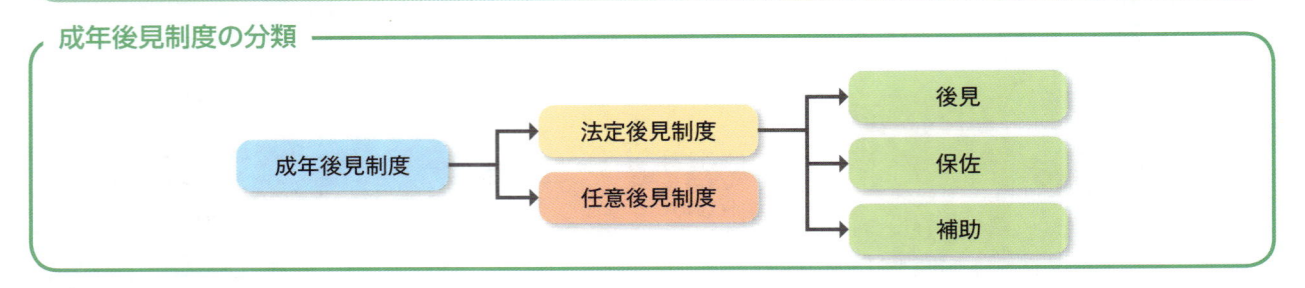

法定後見制度の内容

	後見	保佐	補助
対象となる人	判断能力が欠けている常況にある人	判断能力が著しく不十分な人	判断能力が不十分な人
鑑定の要否	原則として必要 （明らかに鑑定が必要のない場合は不要）		原則として診断書等で可
取消権または同意権の範囲	「日常生活」や「身分行為」に関する行為以外の行為の取消権 ※同意権はなし	民法第13条第1項の所定の行為 1. 元本を領収し、または利用すること 2. 借財または保証をすること 3. 不動産等に関する権利の得喪 4. 訴訟行為 5. 贈与、和解または仲裁合意 6. 相続の承認・放棄、遺産の分割 7. 贈与の拒絶、遺贈の放棄等 8. 新築、改築、増築、大修繕 9. 短期賃貸借期間を超える賃貸借 ※民法第13条第1項以外の行為についても請求により家庭裁判所の審判を受けることができる	申立ての範囲内で家庭裁判所が審判で定める「特定の法律行為」 （民法第13条第1項の所定の行為の一部）
取消権または同意権を付与する場合の本人の同意	不要		必要
代理権の範囲	財産に関するすべての法律行為	申立ての範囲内で家庭裁判所が審判で定める「特定の法律行為」 （民法第13条第1項の所定の行為の一部）	
代理権を付与する場合の本人の同意	不要	必要	
代理権の制限	●本人の住居用不動産の処分をするには、家庭裁判所の許可が必要 ●本人と利益相反する行為は、家庭裁判所が選任した特別代理人（あるいは臨時保佐人・臨時補助人）が本人を代理する ●身分行為（結婚・離婚・認知など）は、代理権の対象とならない ●入院手続きなど医療契約の代理はできるが、手術など医療行為の同意権はないとされる		

後見人の職務

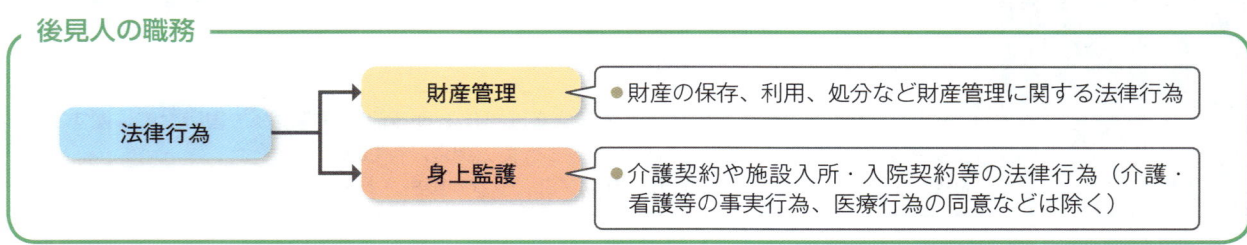

法定後見制度手続きの流れ

判断能力が不十分になった… ➡ **家庭裁判所** 申立て ➡ 調査官による事実の調査 ➡ 精神鑑定 ➡ 審判 ➡ 法定後見開始【法務局に登記】

申立てができる人	● 本人・配偶者・4親等内の親族、検察官など ※ 申立権者がみつからない等の場合は、市町村長も可
審判	● 家庭裁判所は申立て者の請求により、後見開始・保佐開始・補助開始の審判をすることができる （本人以外の申立て者の請求により補助開始の審判をするときには、本人の同意が必要）
後見人などの選任	● 家庭裁判所は、成年後見開始の審判をするときには、職権で成年後見人を選任し、保佐人および補助人についても同様に職権で選任する
後見人になれる人	**家族** ● 配偶者、子、孫、兄弟姉妹などの親族 **第三者** ●（個人）社会福祉士、弁護士、司法書士など ●（法人）社会福祉法人、株式会社、社会福祉協議会など **複数人の選択** ● 身上監護を家族後見人、財産管理を第三者後見人が担うなど、複数の後見人を選任して役割分担することもできる
後見人になれない人	● 未成年者、家庭裁判所で免ぜられた法定代理人等、破産者、被後見人に対して訴訟をした者、行方の知れない者など
後見人の報酬	● 家庭裁判所は、後見人および被後見人の資力その他の事情によって、被後見人の財産のなかから、相当な報酬を後見人に与えることができる
後見人等の義務	● 善良な管理者の注意義務がある ● 本人の意思を尊重し、かつその心身の状態および生活の状況に配慮しなければならない ● 利益相反行為については、特別代理人を選任することを家庭裁判所に請求しなければならない
後見（保佐、補助）監督人	● 家庭裁判所は、必要があると認めるときは、本人、その親族もしくは後見人の請求によりまたは職権で、後見（保佐、補助）監督人を選任することができる ● 後見監督人または家庭裁判所は、後見人に対し後見の事務や被後見人の財産の状況をいつでも調査することができる
後見人の解任	● 後見人に不正な行為、著しい不行跡その他後見の任務に適しない事由があるときは、家庭裁判所は、後見監督人等の請求によりまたは職権で解任することができる
成年後見人による郵便物等の管理	● 家庭裁判所は、成年後見人の請求により、信書の送達の事業を行う者に対し、6か月以内の期間を定めて、成年被後見人に宛てた郵便物等を成年後見人に配達すべき旨を嘱託することができる 2016（平成28）年10月施行
成年被後見人の死亡後の成年後見人の権限	● 成年後見人は、成年被後見人が死亡した場合において、成年被後見人の相続人の意思に反することが明らかなときを除き、相続人が相続財産を管理することができるに至るまで、相続財産に属する特定の財産の保存に必要な行為や債務の弁済などを行うことができる

任意後見制度

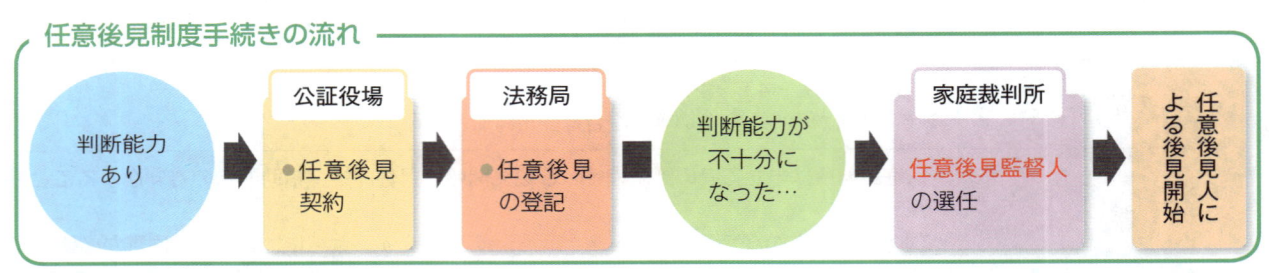

任意後見制度は、「任意後見契約に関する法律」で規定されています。認知症などにより判断能力が不十分になったときなどのために、「事前に」後見人になってくれる人と後見事務の内容を契約によって決めておく制度です。

任意後見制度手続きの流れ

判断能力あり ➡ 公証役場 ●任意後見契約 ➡ 法務局 ●任意後見の登記 ➡ 判断能力が不十分になった… ➡ 家庭裁判所 任意後見監督人の選任 ➡ 任意後見人による後見開始

任意後見契約	●委任者が、受任者に対し、判断能力が不十分な状況における自己の生活、療養看護および財産の管理に関する事務の全部または一部を委託し、その委託に係る事務について代理権を付与する委任契約であって、任意後見監督人が選任された時からその効力を生ずる旨の定めのあるものをいう
任意後見契約の方式	●任意後見契約は、公証役場で、公正証書によってしなければならない
登記	●任意後見契約の公正証書が作成されると、公証人の嘱託により法務局に登記される
任意後見監督人の選任	●本人の事理を弁識する能力が不十分な状況にあるときは、家庭裁判所は、本人、配偶者、4親等内の親族または任意後見受任者の請求により、任意後見監督人を選任する
欠格事由	●任意後見受任者または任意後見人の配偶者、直系血族および兄弟姉妹は、任意後見監督人となることができない
職務	●任意後見人の事務を監督すること ●任意後見人の事務に関し、家庭裁判所に定期的に報告をすること ●急迫の事情がある場合に、任意後見人の代理権の範囲内において、必要な処分をすること ●任意後見人と本人との利益が相反する行為について本人を代表すること
任意後見契約の解除	●任意後見監督人が選任される前においては、本人または任意後見受任者は、いつでも、公証人の認証を受けた書面によって、任意後見契約を解除することができる ●任意後見監督人が選任された後においては、本人または任意後見人は、正当な事由がある場合に限り、家庭裁判所の許可を得て、任意後見契約を解除することができる

後見登記制度

登記制度	●法務局に登記される
登記の流れ	●後見開始審判などは、裁判所書記官の嘱託により、任意後見契約締結は公証人の嘱託により登記される
登記事項証明書	●本人、法定後見人の住所・氏名、法定後見人の権限の範囲、任意後見契約の内容など登記所に登記されている事項を証明するもの

市区町村長による申立て

今後、親族等による成年後見の困難な者が増加すると見込まれており、介護サービス利用契約などを中心に、成年後見の担い手として市民の役割が強まると考えられることから、市区町村では、市民後見人の育成を推進しています。

成年後見制度の市区町村長による申立件数の推移

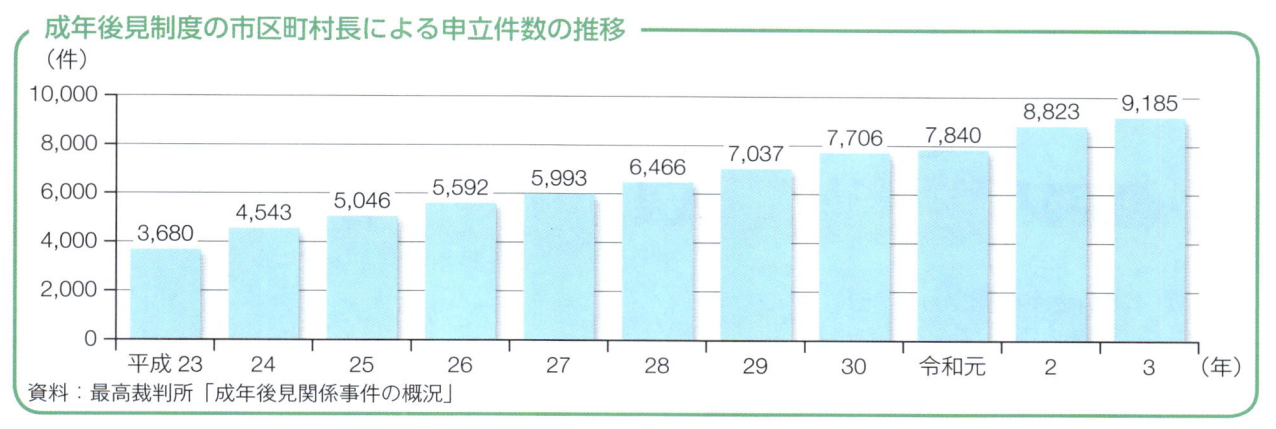

（件）

平成23	24	25	26	27	28	29	30	令和元	2	3	（年）
3,680	4,543	5,046	5,592	5,993	6,466	7,037	7,706	7,840	8,823	9,185	

資料：最高裁判所「成年後見関係事件の概況」

市区町村長の申立てによる成年後見開始の流れ

財産管理などの支援が必要な認知症高齢者・知的障害者・精神障害者 ➡ 2親等内の親族の有無の確認 ➡ 3親等または4親等の親族で審判請求をする人が明らかでない ➡ 家庭裁判所に後見・保佐・補助の開始等の審判の請求 ➡ 家庭裁判所による審判手続

審判の請求	老人福祉法	●市町村長は、65歳以上の者につき、福祉を図るために必要がある場合は、後見、保佐および補助の審判の請求をすることができる
	知的障害者福祉法	●市町村長は、知的障害者につき、福祉を図るために必要がある場合は、後見、保佐および補助の審判の請求をすることができる
	精神保健福祉法	●市町村長は、精神障害者につき、福祉を図るために必要がある場合は、後見、保佐および補助の審判の請求をすることができる

成年後見制度利用支援事業

概　要	●障害福祉サービスの利用の観点から成年後見制度を利用することが有用であると認められる知的障害者または精神障害者に対し、成年後見制度の利用を支援することにより、障害者の権利擁護を図る
対象となる障害者	●障害福祉サービスを利用しまたは利用しようとする知的障害者または精神障害者であり、後見人等の報酬等必要とする経費の一部について、補助を受けなければ成年後見制度の利用が困難であると認められる者
事業内容	●成年後見制度の利用に要する費用のうち、成年後見制度の申立てに要する経費および後見人等の報酬等の全部または一部を補助する

② 日常生活自立支援事業

日常生活自立支援事業の全体図

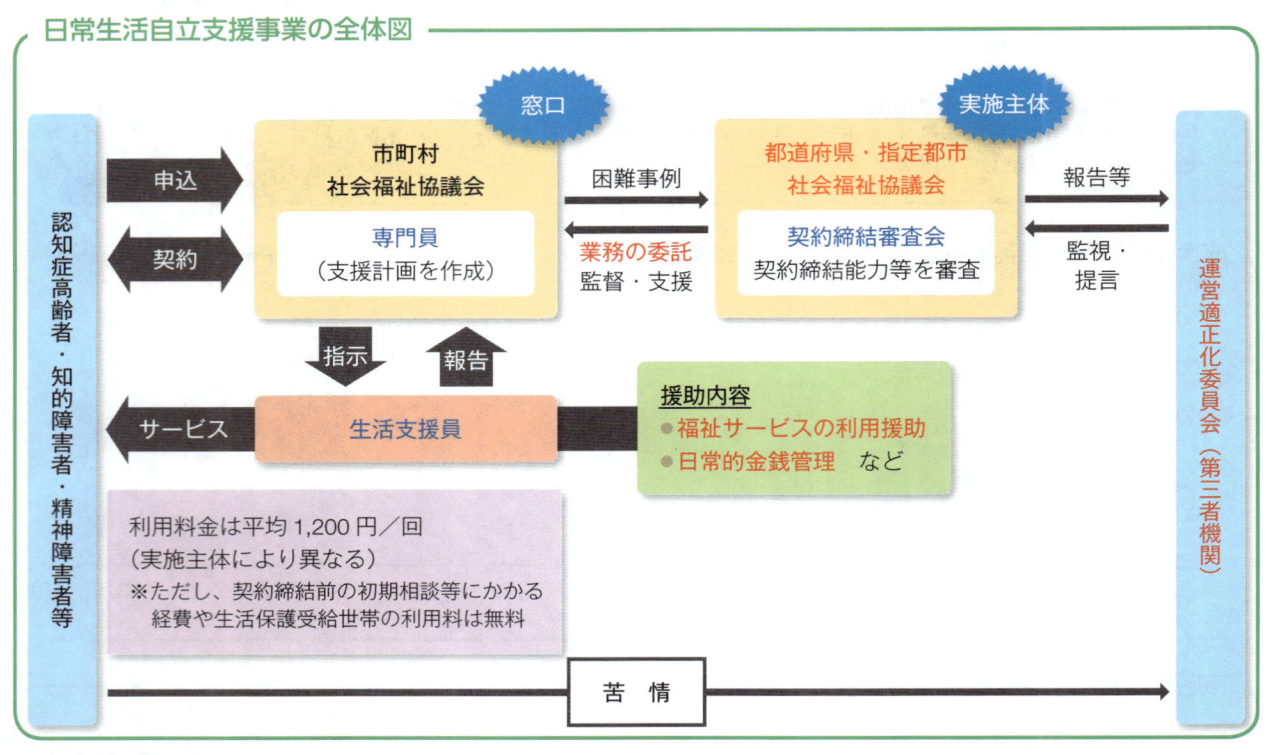

事業名		●第二種社会福祉事業に規定された福祉サービス利用援助事業、福祉サービス利用援助事業の従事者の資質の向上のための事業、普及・啓発事業を総称して「日常生活自立支援事業」という
実施主体		●都道府県・指定都市の社会福祉協議会 ●業務の一部を市町村社会福祉協議会（基幹的社協）等に委託できる
利用対象者		●認知症高齢者・知的障害者・精神障害者で、判断能力が不十分な人 （本事業の契約内容が判断できる能力が必要）
実施体制等	生活支援員	●支援計画に基づき援助する
	専門員	●支援計画の作成や契約締結の業務、生活支援員の指導等を行う ●原則として、社会福祉士・精神保健福祉士などから任用される
	契約締結審査会	●都道府県・指定都市社会福祉協議会に設置。契約締結能力に疑義がある場合に審査する
	運営適正化委員会	●事業の実施状況の定期的報告を受け、必要に応じ勧告を行う等、事業の監視、提言をする
援助内容	福祉サービスの利用援助	●福祉サービスの利用に関する援助 ●福祉サービスの利用に関する苦情解決制度の利用援助 ●住宅改造、居住家屋の賃貸、日常生活上の消費契約、行政手続き（住民票の届出等）に関する援助など
	日常的金銭管理など	●預金の払い戻し、預金の解約、預金の預け入れの手続きなど ●定期的な訪問による生活変化の察知
	援助の方法	●原則として、情報提供、助言、契約手続、利用手続等の同行または代行によって行う
利用にあたって		●入院・入所した場合でも、日常生活自立支援事業を利用することができる ●一定の要件を満たせば、成年後見制度と日常生活自立支援事業を併用することができる

③ 成年後見制度と日常生活自立支援事業の比較

	成年後見制度	日常生活自立支援事業
法律	● 民法	● 社会福祉法
管轄	● 法務省	● 厚生労働省
機関	● 家庭裁判所	● 都道府県・指定都市社会福祉協議会
対象者	● 認知症高齢者・知的障害者・精神障害者	
	● 後見＝判断能力を欠く常況にある者 ● 保佐＝判断能力が著しく不十分な者 ● 補助＝判断能力が不十分な者	● 判断能力が不十分な者
手続き	● 家庭裁判所に申立て （申立てができる人：本人・配偶者・4親等内の親族、検察官、市区町村長等） ※本人の同意（後見・保佐は不要、補助は必要）	● 社会福祉協議会に相談・申込み （申込みができる人：本人、家族、関係者・機関等） ※本人と社会福祉協議会との契約
意思能力の確認・審査や鑑定・診断	● 後見・保佐＝医師の鑑定書、補助＝診断書を家庭裁判所に提出	●「契約締結判定ガイドライン」により確認。困難な場合は契約締結審査会で審査
援助の方法	● 家庭裁判所による援助内容の決定	● 本人と社会福祉協議会による援助内容の決定
援助者	● 後見人、保佐人、補助人、任意後見人	● 専門員、生活支援員
援助の種類	● 財産管理・身上監護に関する法律行為 （財産管理、遺産分割協議、介護保険サービス契約、身上監護等に関する法律行為）	
	同意権・取消権：● 後見＝日常生活に関する行為以外の行為（※同意権はなし）● 保佐＝民法第13条第1項の所定の行為 ● 補助＝民法第13条第1項の所定の行為の一部（※本人の同意が必要）	● 福祉サービスの利用援助 ● 日常的金銭管理 ● 書類等の預かり
	代理権：● 後見＝財産に関するすべての法律行為 ● 補助・保佐＝申立ての範囲内で家庭裁判所が審判で定める「特定の法律行為」	
費用	● 本人の財産から支弁	● 社会福祉事業として、契約締結までの費用は公費負担。契約締結後の援助は利用者負担
費用の減免・助成	● 成年後見制度利用支援事業等による助成	● 生活保護受給者は公費補助
両制度の併用	● 本人に契約能力がない場合　⇒　後見人等との間で利用契約が可能（補助、保佐は代理権をもつ場合） ● 本人に契約能力がある場合　⇒　成年後見制度を利用していても日常生活自立支援事業の利用ができる	

① 犯罪の動向

■ 刑法犯の検挙人数

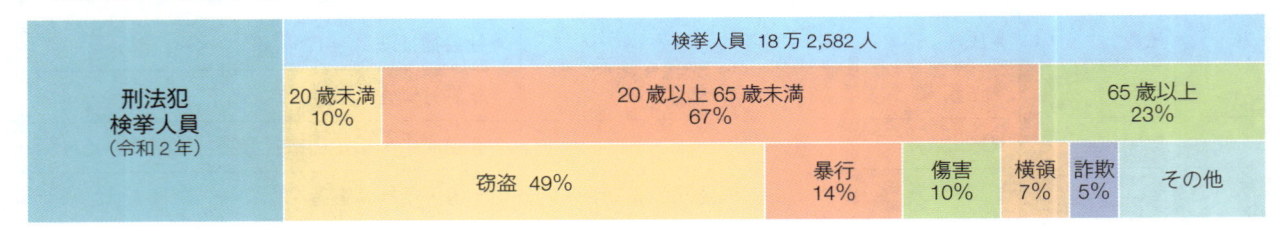

刑法犯 検挙人員 （令和2年）	検挙人員 18万2,582人		
	20歳未満 10%	20歳以上65歳未満 67%	65歳以上 23%
	窃盗 49%	暴行 14% ／ 傷害 10% ／ 横領 7% ／ 詐欺 5%	その他

■ 刑法犯の年齢層別構成比

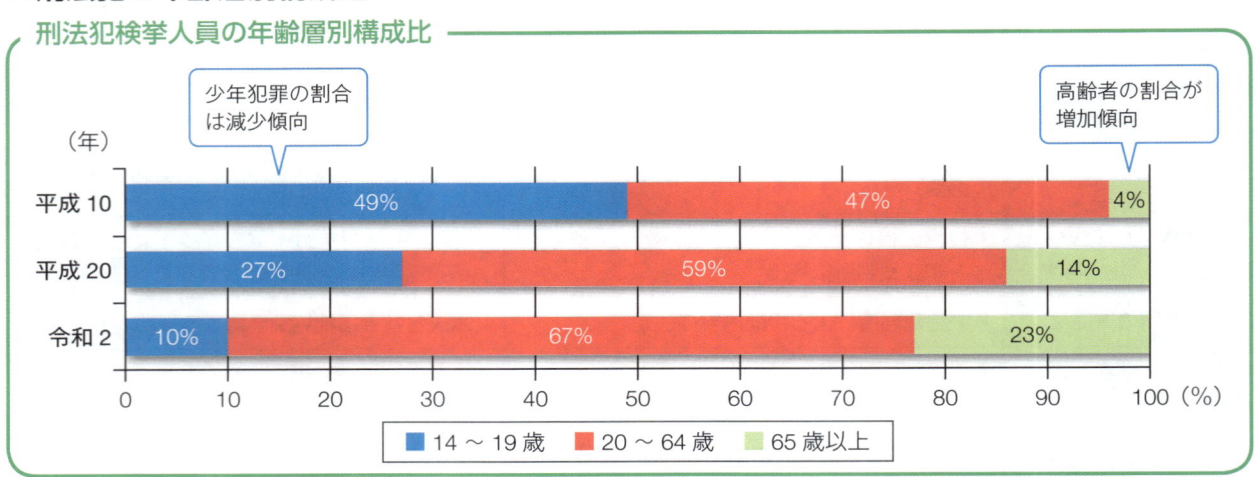

刑法犯検挙人員の年齢層別構成比

少年犯罪の割合は減少傾向

高齢者の割合が増加傾向

（年）

平成10	49%	47%	4%
平成20	27%	59%	14%
令和2	10%	67%	23%

0 10 20 30 40 50 60 70 80 90 100（%）

■ 14〜19歳　■ 20〜64歳　■ 65歳以上

■ 刑事施設

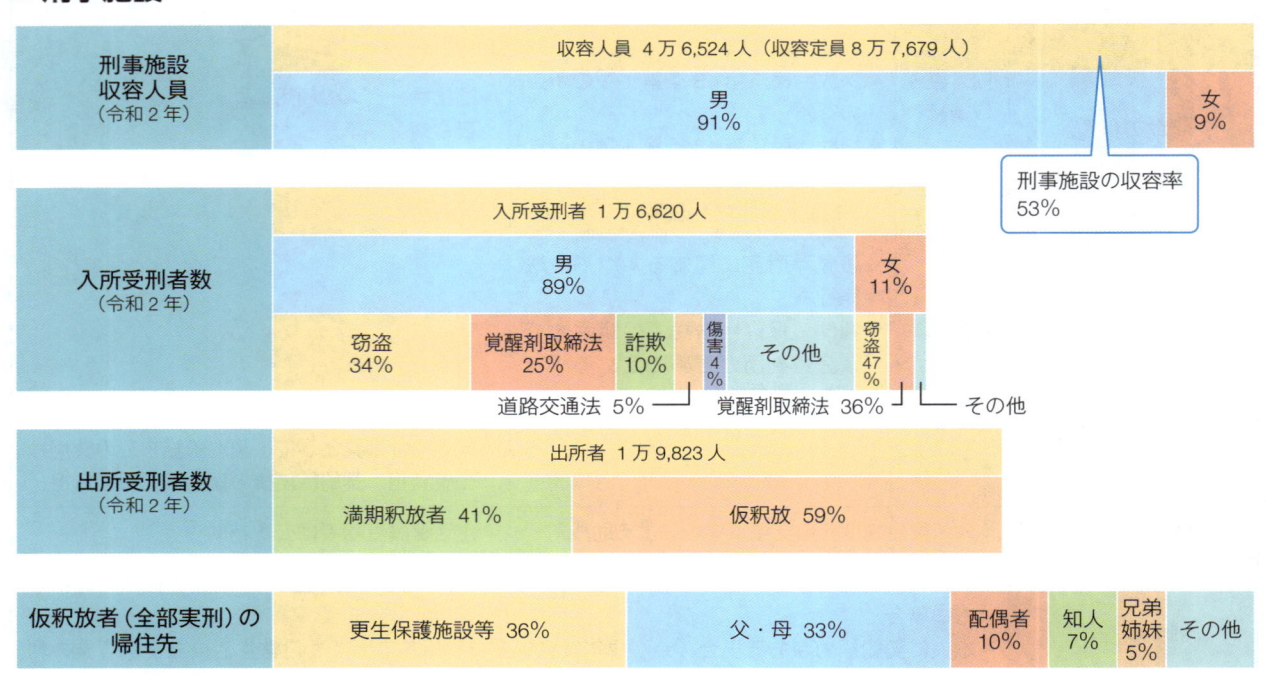

刑事施設 収容人員 （令和2年）	収容人員 4万6,524人（収容定員 8万7,679人）	
	男 91%	女 9%

刑事施設の収容率 53%

入所受刑者数 （令和2年）	入所受刑者 1万6,620人	
	男 89%	女 11%
	窃盗 34% ／ 覚醒剤取締法 25% ／ 詐欺 10% ／ 傷害 4% ／ その他	窃盗 47%

道路交通法 5%　　覚醒剤取締法 36%　　その他

出所受刑者数 （令和2年）	出所者 1万9,823人	
	満期釈放者 41%	仮釈放 59%

仮釈放者（全部実刑）の 帰住先	更生保護施設等 36%	父・母 33%	配偶者 10%	知人 7%	兄弟姉妹 5%	その他

資料：法務省『令和3年版犯罪白書』

② 更生保護

更生保護の全体図（刑事司法の流れ）

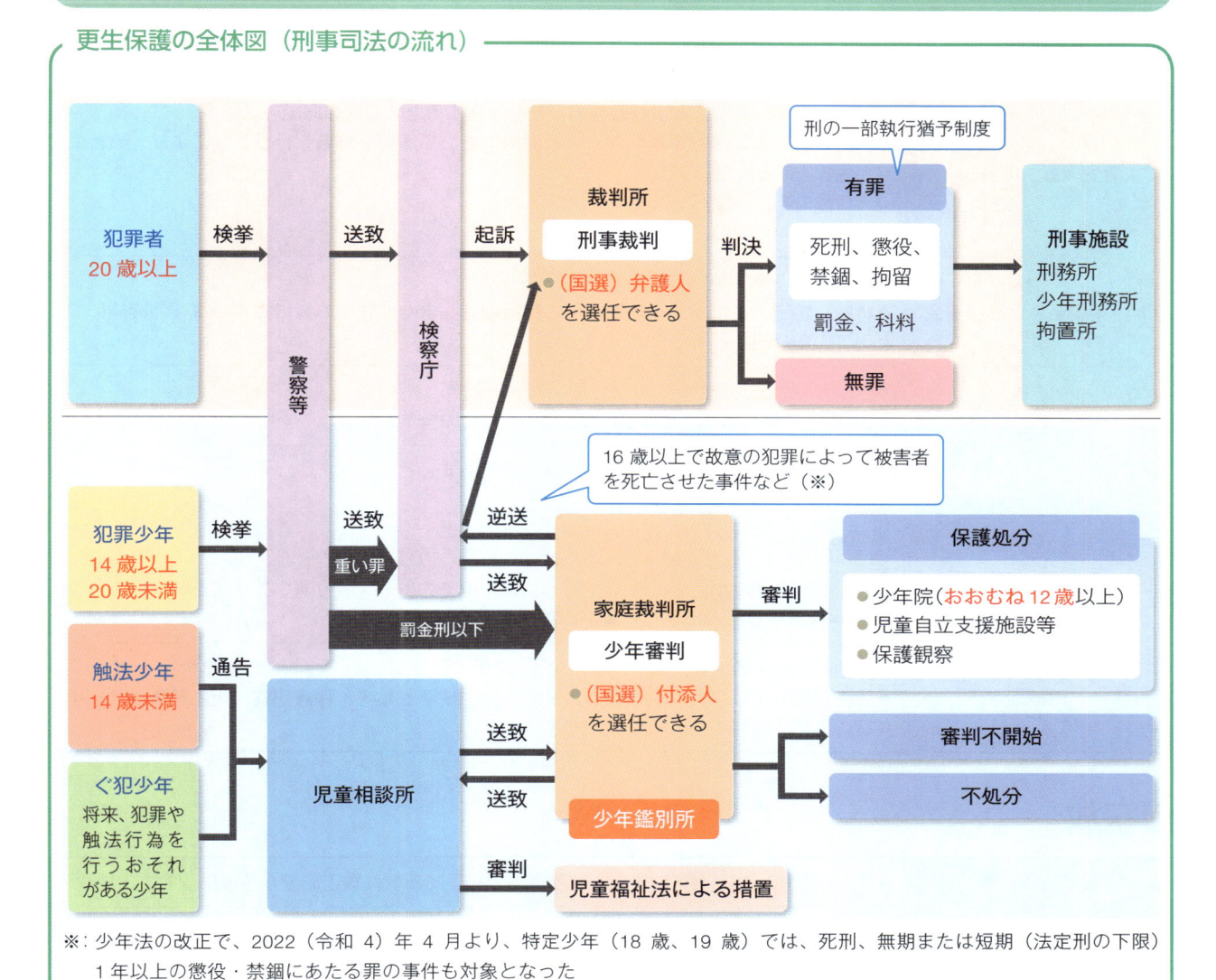

※：少年法の改正で、2022（令和4）年4月より、特定少年（18歳、19歳）では、死刑、無期または短期（法定刑の下限）
1年以上の懲役・禁錮にあたる罪の事件も対象となった

刑の一部執行猶予制度　◀ 平成28年6月施行

刑法等の一部を改正する法律	● 前に禁錮以上の実刑に処せられたことがない等一定の要件に該当する者が、3年以下の懲役または禁錮の言渡しを受けた場合において、再犯を防ぐために必要であると認められる場合は、1年以上5年以下の期間、その刑の一部を猶予することができる ● 猶予の期間中、保護観察に付することができる
薬物使用等の罪を犯した者に対する刑の一部の執行猶予に関する法律	● 薬物使用等の罪を犯した者が、3年以下の懲役または禁錮の言渡しを受けた場合において、刑事施設における処遇に引き続き社会内においても規制薬物等に対する依存の改善に資する処遇を実施することが再犯予防に必要なときは、1年以上5年以下の期間、その刑の一部の執行を猶予することができる ● 猶予の期間中、保護観察に付される

更生保護の実施体制

			更生保護法の目的	●社会を保護し、個人および公共の福祉を増進するために次の取組みを行う ・犯罪者および非行少年に対し、社会内において適切な処遇を行うことにより、改善更生することを助ける ・恩赦の適正な運用を図る ・犯罪予防の活動の促進等を行う
実施体制		中央更生保護審査会		●法務省に設置 ●特赦、特定の者に対する減刑、刑の執行の免除または特定の者に対する復権の実施についての申し出などを行う
		地方更生保護委員会		●法務省の地方支分部局として全国に8か所設置 ●3人以上15人以内の委員で組織される（任期3年）
			所掌事務	●仮釈放を許し、またはその処分を取り消すこと ●仮出場を許すこと ●少年院からの仮退院または退院を許すこと ●保護観察を仮に解除し、またはその処分を取り消すこと ●婦人補導院からの仮退院を許し、またはその処分を取り消すこと（売春防止法） ●保護観察所の事務を監督すること　など
		保護観察所		●各地方裁判所の管轄区域ごとに全国50か所に設置 ●更生保護および精神保健観察の第一線の実施機関として、保護観察、更生緊急保護、恩赦の上申、犯罪予防活動などを実施

仮釈放

		仮釈放の概要	●矯正施設に収容されている人を収容期間が満了する前に矯正施設から仮に釈放する措置
法定期間			●刑事施設の長は、法定期間が経過したときは、地方更生保護委員会に通告しなければならない
	有期刑		執行すべき刑期の3分の1を経過する末日など
	無期刑		10年を経過する末日（少年のときに言渡しを受けた場合は7年）
地方更生保護委員会の審理			●3人の委員で構成される合議体で仮釈放の適否を審理 ●審理においては、その構成員である委員に、審理対象者と面接させなければならない ●審理において必要があると認めるときは、審理対象者との面接、関係人に対する質問その他の方法により、調査を行うことができる
	許可基準		①悔悟の情が認められること ②改善更生の意欲が認められること ③再犯のおそれがないと認められること ④社会の感情が釈放を是認すると認められること　など
仮釈放を許す処分			●仮釈放を許す処分および仮出場を許す処分は、地方更生保護委員会の決定をもって行われる ●仮釈放を許された者は、仮釈放の期間中、保護観察に付される

更生緊急保護

対象者	●次の者が、刑事上の手続または保護処分による身体の拘束を解かれた後、親族や公的機関などからの援助を受けることができない場合	
	1	懲役、禁錮または拘留の刑の執行を終わった者（または免除を得た者）
	2	懲役または禁錮につき刑の全部の執行猶予の言渡しを受け、その裁判が確定するまでの者（または保護観察に付されなかった者）
	3	懲役または禁錮につき刑の一部の執行猶予の言渡しを受け、その猶予の期間中保護観察に付されなかった者で、その刑のうち執行が猶予されなかった部分の期間の執行を終わったもの
	4	罰金または科料の言渡しを受けた者
	5	少年院から退院し、または仮退院を許された者（保護観察に付されなかった者）など
更生緊急保護の開始	●更生緊急保護は、対象となる者の申し出があった場合で、保護観察所の長がその必要があると認めたときに限り行う	
内容	●金品を給与または貸与、宿泊場所の供与・帰住を支援、医療・療養の支援、就職または教養訓練の支援、社会生活に適応させるために必要な生活指導などを行う	
期間	●身体の拘束を解かれた後、原則として6か月以内（さらに6か月を超えない範囲内で延長できる）	
費用負担	●更生保護委託費は、国が負担する	

刑務所出所者等を支援する施設

更生保護施設	●主に保護観察所から委託を受けて、住居がなかったり、頼るべき人がいないなどの理由で直ちに自立することが難しい保護観察または更生緊急保護の対象者を宿泊させ、食事を給与するほか、就職援助、生活指導等を行う施設
	●法務大臣の認可を受けて運営 ●全国の103施設のうち、更生保護法人により100施設が運営されている（令和3年4月現在）
自立準備ホーム	●更生保護施設だけでは定員に限界があることなどから、社会のなかにさらに多様な受皿を確保する方策として、平成23年度から緊急的住居確保・自立支援対策を実施 ●あらかじめ保護観察所に登録されたNPO法人、社会福祉法人などがそれぞれの特長を生かして自立を促す ●登録事業者数　447　（令和3年4月現在）
自立更生促進センター	●仮釈放者等を対象として、入所者個々の問題性に応じ、専門的処遇プログラムや生活指導、対人関係指導等を集中的に実施（現在、福島と北九州の2か所設置）
就業支援センター	●仮釈放者、少年院仮退院者等を対象として、主として農業等の職業訓練を実施し、就農による自立を支援するとともに、保護観察官による生活指導や社会技能訓練等を実施（現在、北海道（沼田町）と茨城県の2か所設置）

保護観察

保護観察の流れ

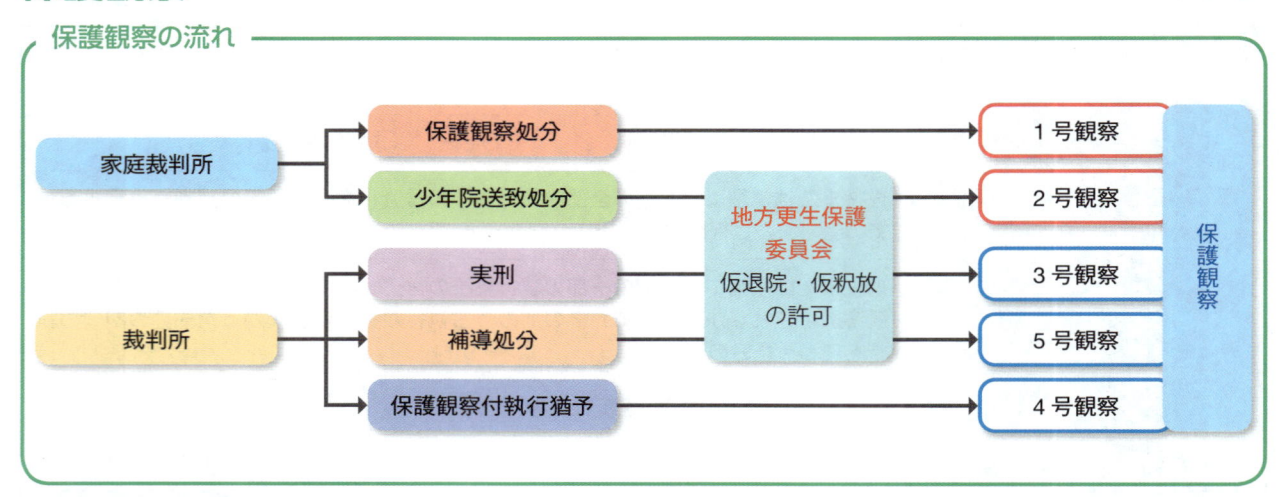

保護観察の種類と期間	● 保護観察は、刑事施設や少年院で行う施設内処遇と異なり、保護観察官や保護司の指導・監督を受けながら社会内で更生の処遇が実施される		
	1号観察	家庭裁判所で保護観察処分に付された少年	20歳に達するまで（その期間が2年に満たない場合は2年間）
	2号観察	少年院からの仮退院を許された少年	仮退院期間
	3号観察	刑事施設から仮釈放を許された人	残刑期間
	4号観察	刑の執行を猶予され保護観察に付された人	執行猶予の期間
	5号観察	婦人補導院から仮退院を許された人（売春防止法）	補導処分の残期間
保護観察の方法	● 保護観察官および保護司が協働して、指導監督および補導援護を行う		
	指導監督	● 面接などにより保護観察対象者と接触を保ち、その行状を把握する ● 遵守事項を守り、生活行動指針に即して生活、行動するよう必要な指示その他の措置をとる ● 特定の犯罪的傾向を改善するための専門的処遇を実施	
	補導援護	● 適切な住居等を得たり、同所に帰住したりするように助ける ● 医療・療養、職業補導、就職、教養訓練を得ることを助ける ● 生活環境の改善・調整、生活指導等を行う	
遵守事項	● 保護観察対象者には遵守事項が定められ、違反した場合は矯正施設への収容などの不良措置がとられることがある		
	一般遵守事項	● 健全な生活態度を保持すること、保護観察官・保護司による指導監督を誠実に受けること　など ● 届け出た住所に居住すること、転居または7日以上の旅行をするときは、あらかじめ保護観察所の長の許可を受けること　など	
	特別遵守事項	● 保護観察対象者の改善更生に特に必要と認められる範囲内で、保護観察所の長または地方更生保護委員会が定める	

保護観察対象者に対する処遇

類型別処遇等の問題性に応じた処遇	類型別処遇		● 保護観察対象者の問題性を類型化して把握し、類型ごとに共通する問題性等に焦点を当てた効率的な処遇を実施する制度 ● 覚せい剤事犯、ギャンブル等依存、精神障害等、無職等、家庭内暴力などの類型がある
	特定暴力対象者等に対する処遇		● 仮釈放者または保護観察付執行猶予者のうち、暴力的犯罪を繰り返していた者で、処遇上特に注意を要する者に対する処遇
	専門的処遇プログラム		● ある種の犯罪的傾向を有する保護観察対象者に対し、専門的処遇プログラムとして、認知行動療法を理論的基盤として開発され、体系化された手順による処遇が行われている ● 仮釈放者および保護観察付執行猶予者のうち性犯罪、依存性薬物の使用、暴力的犯罪、飲酒運転を繰り返す者に対し、処遇を受けることを特別遵守事項として義務づけて実施
		1	性犯罪者処遇プログラム
		2	薬物再乱用防止プログラム（再乱用を防止するための教育課程と簡易薬物検出検査を組み合わせて実施）
		3	暴力防止プログラム
		4	飲酒運転防止プログラム
	しょく罪指導プログラム		● 自己の犯罪により被害者を死亡させ、または重大な傷害を負わせた保護観察対象者に処遇を行うとともに、被害者等の意向にも配慮して、誠実に慰謝等の措置に努めるように指導

民間協力者および団体

BBS会	● 非行のある少年や悩みをもつ子どもたちに、兄や姉のような立場で接しながら、その立ち直りや成長を支援する活動等（BBS運動：Big Brothers and Sisters Movement）を行う青年のボランティア団体 ● BBS会の地区会数は455、会員数は4,432人（令和3年1月現在）
更生保護女性会	● 地域の犯罪予防や青少年の健全育成、犯罪者・非行少年の改善更生に協力する女性のボランティア団体 ● 更生保護女性会の地区会数は1,281、会員数は14万539人（令和3年4月現在）
協力雇用主	● 犯罪・非行の前歴等のために定職に就くことが容易でない保護観察または更生緊急保護の対象者を、その事情を理解したうえで雇用し、改善更生に協力する民間の事業主 ● 協力雇用主は2万4,213（令和2年10月現在） 協力雇用主の業種：建設業 54%／サービス業 16%／製造業 10%／その他

資料：法務省『令和3年版犯罪白書』

更生保護における犯罪被害者施策

意見等聴取制度	●地方更生保護委員会が行う加害者の仮釈放・仮退院の審理において、意見等を述べることができる ●申し出や意見等を述べることができるのは、仮釈放等の審理期間中に限られる	
	被害者等の範囲	●被害者本人、被害者の法定代理人、被害者が死亡した場合またはその心身に重大な故障がある場合におけるその配偶者、直系の親族または兄弟姉妹
心情等伝達制度	●保護観察中の加害者に対し、保護観察所を通じて、被害に関する心情などを伝えることができる ●申し出や心情を述べることができるのは、加害者の保護観察中に限られる	
	被害者等の範囲	●意見等聴取制度と同じ
被害者等通知制度	●加害者の仮釈放・仮退院審理や保護観察の状況等に関する情報を、被害者等に通知する制度 ●被害者等の申し出に基づき実施され、通常は文書の郵送により行われる	
相談・支援	●主に保護観察所が、被害者や遺族等のための制度や手続等に関する情報の提供、関係機関・団体等の紹介等を行う	

地域生活定着促進事業

地域生活定着促進事業は、高齢または障害を有するため、福祉的な支援を必要とする刑務所等退所予定者および退所者等の社会復帰と地域への定着を促進する事業です。

実施主体		●都道府県 ●地域生活定着支援センターを原則として都道府県に1か所設置
対象者		●高齢であり、または障害を有するため、福祉的な支援を必要とする、矯正施設（刑務所、少年刑務所、拘置所、少年院）退所予定者および退所者等
地域生活定着支援センター		●社会福祉士、精神保健福祉士等を1名以上配置
事業内容		●センターは、刑事司法関係機関、福祉関係機関と連携・協働し、次の業務を実施する
	1	●矯正施設退所予定者の帰住地調整支援を行うコーディネート業務
	2	●矯正施設退所者を受け入れた施設等への助言等を行うフォローアップ業務
	3	●被疑者、被告人の福祉サービス等の利用調整や釈放後の継続的な援助等を行う被疑者等支援業務
	4	●犯罪をした者、非行少年等への福祉サービス等についての相談支援業務

① 医療観察法

心神喪失等の状態で重大な他害行為を行った者の医療及び観察等に関する法律
2003（平成 15）年公布

医療観察制度　終局処理人数

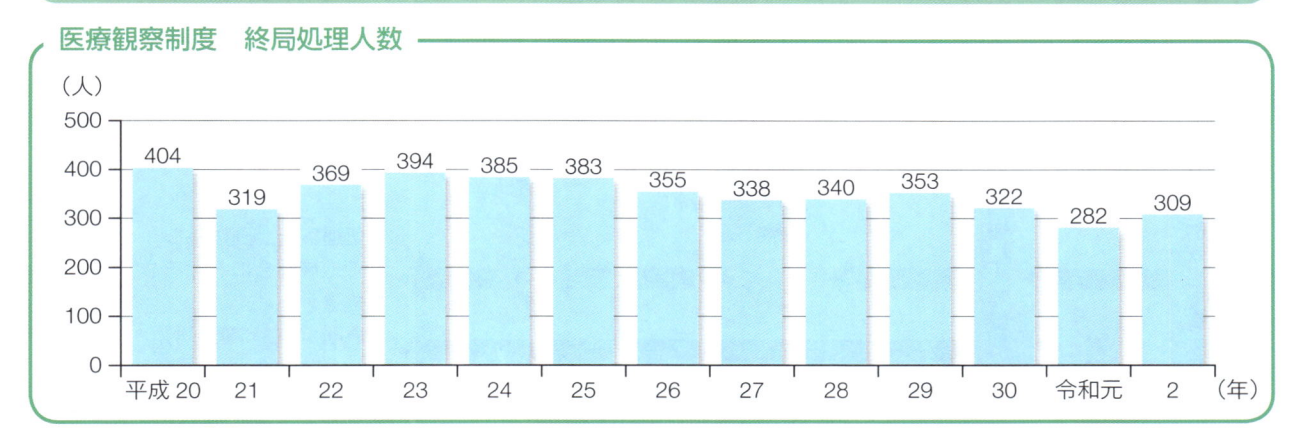

（人）

平成20	21	22	23	24	25	26	27	28	29	30	令和元	2（年）
404	319	369	394	385	383	355	338	340	353	322	282	309

■ 地方裁判所の審判の終局処理人員（対象行為別）

（令和2年）

対象行為		総数	入院決定	通院決定	医療を行わない旨の決定	却下（心神喪失者等ではない）ほか
総数		309	236	33	31	9
1	殺人	72	55	9	7	1
2	傷害	139	113	13	6	7
3	放火	86	61	10	14	1
4	強盗	6	4	1	1	0
5	強制性交等・強制わいせつ	6	3	0	3	0

資料：法務省『令和3年版犯罪白書』

■ 精神障害等による刑法犯検挙人数

（令和2年）

区分	総数	殺人	傷害・暴行	放火	強盗	強制性交等・強制わいせつ	脅迫	窃盗	詐欺	その他
精神障害者等	1,345	61	426	86	17	21	55	267	33	379
検挙人員総数に占める精神障害者等の比率	0.7%（※）	6.9%	1.0%	14.8%	1.0%	0.5%	1.9%	0.3%	0.4%	1.2%

※：平成13年（0.6%）、平成21年（0.9%）、平成25年（1.4%）、平成28年（1.8%）、平成30年（1.3%）、令和元年（1.0%）
資料：法務省『令和3年版犯罪白書』

■ 精神障害を有すると診断された入所受刑者・少年院入院者の人員

（令和2年）

種別	総数	うち精神障害を有する者	知的障害	人格障害	神経症性障害	発達障害	その他の精神障害
入所受刑者	16,620	2,544（15%）	297	63	337	—	1,847
少年院入院者	1,624	458（28%）	139	11	7	200	101

資料：法務省『令和3年版犯罪白書』

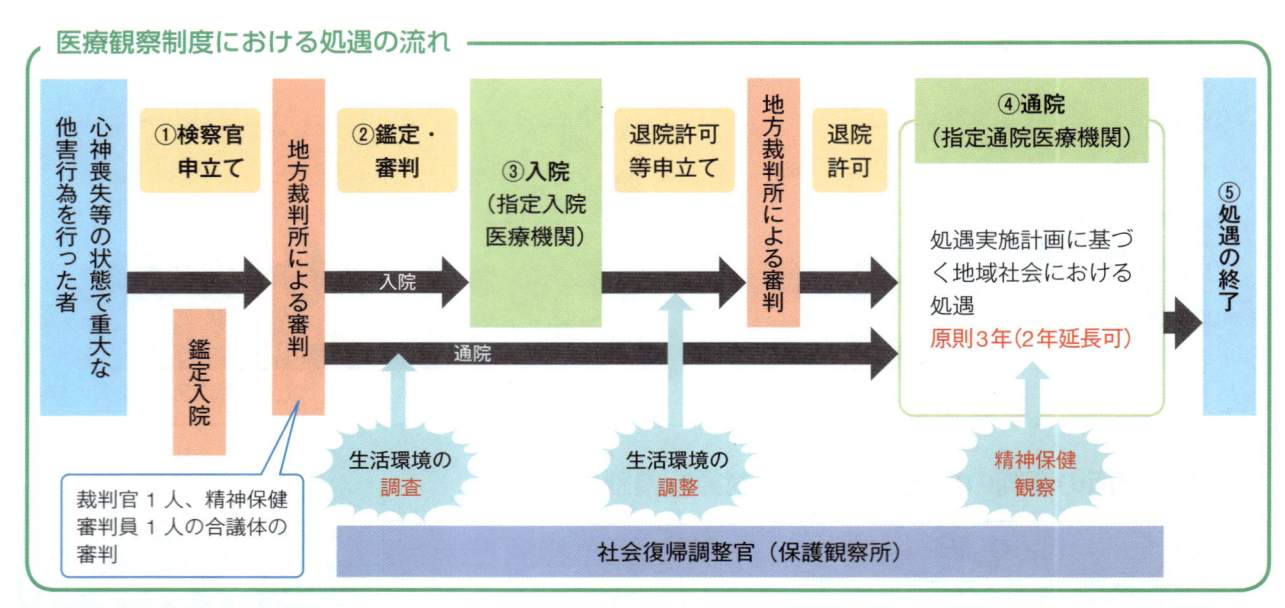

医療観察制度における処遇の流れ

心神喪失者等医療観察制度の対象		●不起訴処分において、対象行為を行ったことおよび心神喪失または心神耗弱であることが認められた者 ●対象行為について、心神喪失を理由に無罪の確定裁判を受けた者、または、心神耗弱を理由に刑を減軽する旨の確定裁判を受けた者
	対象行為	①殺人、②傷害、③放火、④強盗、⑤強制性交等、⑥強制わいせつ
医療観察制度における処遇	①検察官申立てと鑑定入院	●不起訴処分や無罪の裁判などが確定した場合は、原則として検察官は、裁判所に対し、処遇の要否・内容の決定を求める申立てを行う
	鑑定入院期間	原則2か月以内（1か月延長可）
	②地方裁判所による審判	●1人の裁判官と1人の精神保健審判員の合議体による審判で、処遇の要否と内容（入院、通院）を決定
	③入院処遇	●入院の場合も、入院中から生活環境の調整を継続的に行う ●指定入院医療機関の管理者は入院処遇の必要がなくなった場合は、退院の許可の申立てを行う
	入院期間	●ガイドラインでおおむね18か月を目標としている ●地方裁判所は、6か月ごとに入院処遇の継続の確認を行う
	④通院処遇	●処遇実施計画に基づき地域社会における処遇が行われる。指定通院医療機関により医療を提供
	通院処遇期間	原則3年間（さらに2年まで延長可）
	⑤処遇の終了	●本制度の処遇を終了し、一般の精神医療・精神保健を継続

指定医療機関		● 指定入院医療機関は、厚生労働大臣の指定を受けた国、都道府県、特定独立行政法人等が開設する精神医療を専門に実施している医療機関（令和3年4月現在33か所827床） ● 指定通院医療機関は、厚生労働大臣の指定を受けた病院、診療所（令和3年4月現在3,854か所）
精神保健審判員	任命	● 精神保健審判員の職務を行うのに必要な学識経験を有する精神保健判定医から任命する ● 厚生労働大臣は、精神保健判定医の名簿を最高裁判所に送付する ● 処遇事件ごとに、名簿から地方裁判所が任命する（特別職の国家公務員であり、非常勤の裁判所職員）
	職務	● 審判において裁判官と合議体を形成し、対象者を入院治療させるかまたは通院治療させるかを決定する ● 心神喪失者等医療観察法による医療を受けさせる必要性の判断および入院、通院、退院、医療の終了等について意見を述べる
精神保健参与員	指定	● 精神障害者の保健および福祉に関する専門的知識を有する精神保健福祉士等から指定する ● 厚生労働大臣は、精神保健福祉士等の名簿を地方裁判所に送付する ● 処遇事件ごとに、名簿から地方裁判所が指定する（特別職の国家公務員）
	職務	● 審判において裁判官と精神保健審判員が行う処遇決定に対し、精神保健福祉の観点から必要な意見を述べる
社会復帰調整官	資格	● 保護観察所に配置される ● 精神障害者の保健および福祉に関する専門的知識を有する精神保健福祉士等でなければならない
	職務	● 生活環境の調査、生活環境の調整、精神保健観察の実施、関係機関相互間の連携の確保に関することなどを行う
保護観察所		● 保護観察所は、生活環境の調査、生活環境の調整、精神保健観察の実施、関係機関相互間の連携の確保に関することなどを行う
	生活環境の調査	● 社会復帰調整官は、鑑定医による鑑定が行われる場合、本人との面接、家族等関係者との面接などで、住居、生計、家族の状況など生活環境について調査を行う ● 保護観察所の長は、意見を付して調査結果を裁判所に報告する
	生活環境の調整	● 社会復帰調整官は、入院医療を受けている人について、円滑に社会復帰ができるように、関係機関と連携協力しながら退院後に必要な医療や援助の実施体制の整備を進める ● 保護観察所の長は、意見書を作成し、指定入院医療機関に提出する
	処遇の実施計画	● 保護観察所の長は、関係機関と協議の上、処遇の実施計画を定めなければならない ● 実施計画には、指定通院医療機関による医療、社会復帰調整官が実施する精神保健観察などの援助の内容および方法を記載する ● 対象者本人は、原則として保護観察所が主催するケア会議に出席して意見を述べることができる
	精神保健観察	● 通院医療の期間は、精神保健観察に付される ● 精神保健観察に付されている者と適当な接触を保ち、必要な医療を受けているか否かなど、生活の状況を見守る
		守るべき事項
		● 一定の住居に居住すること ● 住居を移転し、または長期の旅行をするときは、あらかじめ、保護観察所の長に届け出ること ● 保護観察所の長から出頭または面接を求められたときは、これに応ずること

① 障害者雇用促進法

障害者の雇用の促進等に関する法律
1960（昭和35）年公布

民間企業における障害者の雇用状況

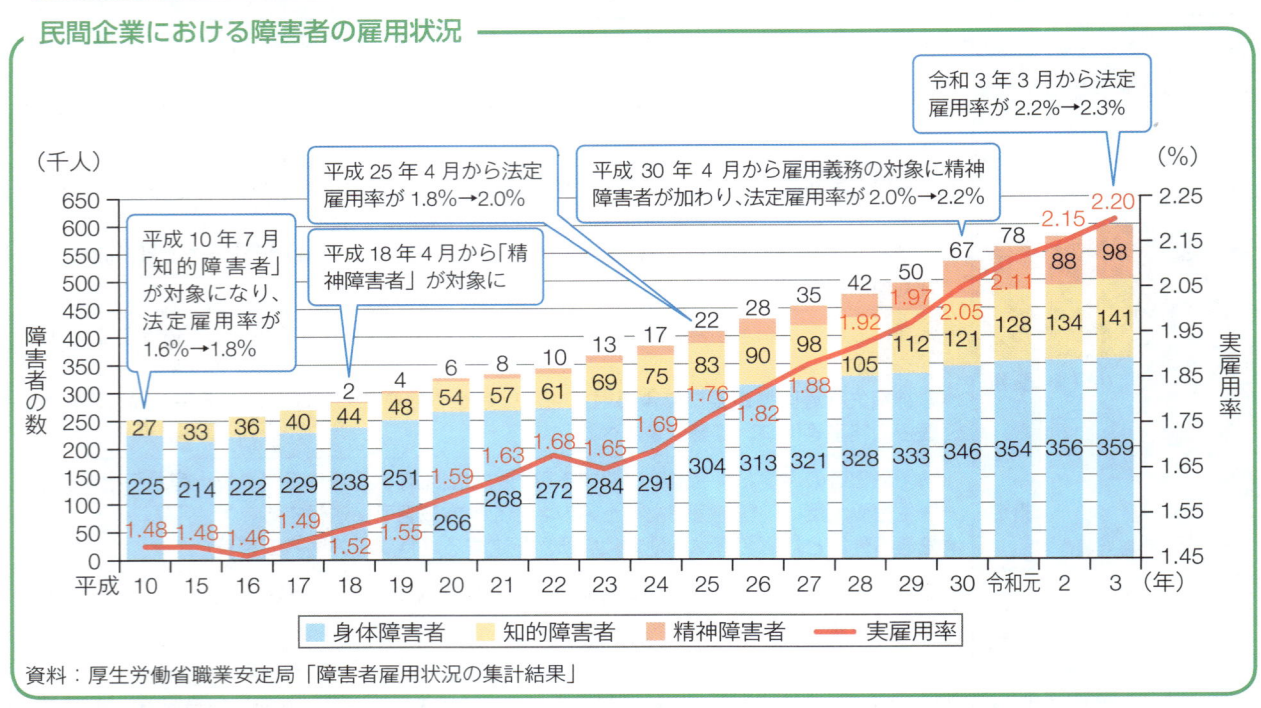

令和3年3月から法定雇用率が2.2%→2.3%

平成25年4月から法定雇用率が1.8%→2.0%

平成30年4月から雇用義務の対象に精神障害者が加わり、法定雇用率が2.0%→2.2%

平成10年7月「知的障害者」が対象になり、法定雇用率が1.6%→1.8%

平成18年4月から「精神障害者」が対象に

凡例：身体障害者　知的障害者　精神障害者　実雇用率

資料：厚生労働省職業安定局「障害者雇用状況の集計結果」

目　的	●障害者の雇用の促進のための措置、雇用の分野における障害者と障害者でない者との均等な機会および待遇の確保、障害者がその有する能力を有効に発揮することができるようにするための措置、職業リハビリテーションの措置などを通じて障害者の職業の安定を図ることを目的とする
平成25年6月改正 **障害者の範囲**	●身体障害、知的障害、精神障害（発達障害を含む）その他の心身の機能の障害があるため、長期にわたり、職業生活に相当の制限を受け、または職業生活を営むことが著しく困難な者
法定雇用率の算定	●身体障害者、知的障害者、精神障害者（精神障害者保健福祉手帳の所持者）が対象

カウント方法

●重度障害者は、1人を2人として計算
●短時間労働者は0.5人として計算して計算

	身体	重度	知的	重度	精神
常勤（30時間/週以上）	1	2	1	2	1
短時間（20～30時間/週）	0.5	1	0.5	1	0.5 [※]

※：雇入れから3年以内または精神障害者保健福祉手帳取得から3年以内は「1」（2023（令和5）年3月31日まで）

法定雇用率

※雇用率は、「企業単位」で計算される

一般の民間企業（43.5人以上の規模の企業）	2.3%
国、地方公共団体、特殊法人等	2.6%
都道府県等の教育委員会	2.5%

2021（令和3）年3月より0.1%引き上げられた

納付金制度等

障害者雇用納付金制度	●障害者雇用率未達成企業から障害者雇用納付金を徴収し、障害者を多く雇用している企業に障害者雇用調整金や報奨金、助成金などを支給する制度 ●納付金や調整金は、常用労働者100人超の規模の企業が対象

	障害者雇用納付金	1人につき　5万円／月	（徴収）
常用労働者100人超	障害者雇用調整金	1人につき　2.7万円／月	（支給）
常用労働者100人以下	報奨金	1人につき　2.1万円／月	

特例給付金	●週所定労働時間が10時間以上20時間未満の障害者を雇用する事業主に特例給付金を支給（2020（令和2）年4月施行）
状況報告	●常用労働者数が43.5人以上の民間企業は、毎年、雇用状況を公共職業安定所に報告しなければならない
企業名公表	●厚生労働大臣は、障害者雇入れ計画の適正実施勧告に従わず、障害者の雇用状況に改善がみられない場合、企業名を公表することができる
優良な中小事業主に対する認定制度	●厚生労働大臣は、障害者雇用に関する実施状況が優良なものであること等の基準に適合する中小事業主（常用労働者300人以下）を認定することができる（2020（令和2）年4月施行） ●認定を受けると、商品や広告等に「障害者雇用優良中小事業主認定マーク」を付することができる
特例子会社	●子会社を親会社の一部門とみなして、雇用する障害者を親会社の雇用数に合算することができる（単独適用） ●関連会社を含めて、（特例子会社がない場合でも）グループ全体で合算して実雇用率を算定することも認められる（グループ適用）

支援者

障害者雇用推進者	●国および地方公共団体は、障害者雇用推進者（障害者雇用の促進等の業務を担当する者）を選任しなければならない（2019（令和元）年9月6日施行） ●事業主は、常用労働者数が43.5人以上あるときは、障害者雇用推進者を選任するように努めなければならない
障害者職業生活相談員	●国および地方公共団体は、障害者職業生活相談員（各障害者の職業生活に関する相談および指導を行う者）を選任しなければならない（2019（令和元）年9月6日施行） ●事業主は5人以上の障害者を雇用する事業所に障害者職業生活相談員を選任し、障害者の職業生活全般についての相談、指導を行わせなければならない
精神・発達障害者しごとサポーター	●発達障害を含む精神障害のある人が働く職場で、障害に関する正しい知識と理解をもって、発達障害を含む精神障害のある人を温かく見守り、支援する応援者 ●精神・発達障害者しごとサポーター養成講座（90分〜120分の単日講座）を受講する

② 就労支援の実施機関

職業安定法 公共職業安定所（ハローワーク）		●障害者の雇用に対する技術的助言・指導、職業相談、職業紹介、関係機関との連携などを行う	
		障害者トライアル雇用助成金	●障害者を最長3か月間試用雇用できる。事業主には助成金を支給 ※平成30年4月から精神障害者の試行雇用に対する助成内容が拡大された
		特定求職者雇用開発助成金	●障害者や生活保護受給者等を継続して雇用する事業主に対して、賃金の一部を助成
		就職支援ナビゲーター	●生活保護受給者に対する就労支援を実施。職業相談の経験者等のなかから都道府県労働局長が委嘱する非常勤職員
		精神障害者雇用トータルサポーター	●精神保健福祉士等を配置し、精神障害者等に対するカウンセリングや企業に対して精神障害者の雇用に関する意識啓発などの業務を実施
障害者職業センター	障害者職業総合センター		●全国に1か所設置 ●職業リハビリテーションに関する研究、技法の開発、専門職員の養成等を実施
	広域障害者職業センター		●全国に2か所設置 ●障害者職業能力開発校や医療施設等と密接に連携した系統的な職業リハビリテーションを実施
	地域障害者職業センター		●全国47都道府県に設置 ●障害者に対する次の専門的な職業リハビリテーションを実施
		職業評価など	●障害者に対する職業評価、職業指導、職業準備訓練および職業講習を行う
		職場適応援助	●障害者に対する職場への適応に関する事項についての助言または指導 ●職場適応援助者（ジョブコーチ）の養成および研修
		障害者職業カウンセラー	●職業評価、職業リハビリテーションカウンセリング等の専門的な知識・技術に基づいて職業リハビリテーションサービス等を行う
		職場適応援助者（ジョブコーチ）	●障害者職業カウンセラーが策定した支援計画に基づき、事業所において障害者や事業主に対して、雇用の前後を通じて、障害特性をふまえた専門的な援助を行う
障害者雇用促進法 障害者就業・生活支援センター			●全国に338か所設置（令和4年4月現在） ●障害者の身近な地域において、雇用、保健福祉、教育等の関係機関の連携拠点として、就業面および生活面における一体的な相談支援を実施
		就業面の支援	●職業準備訓練、職場実習あっせん、就職活動の支援など
		生活面の支援	●生活習慣の形成、健康管理、日常生活の管理に関する助言など
		就業支援担当者	●就業支援（就業に関する相談支援など）を行う
		生活支援担当者	●生活支援（日常生活、地域生活に関する助言など）を行う
		主任職場定着支援担当者	●企業等から職場定着や雇用管理等についての相談、他の支援機関等とのコーディネート、地域のジョブコーチ等への助言を行う
職業能力開発促進法 障害者職業能力開発校			●全国に19か所設置（令和3年4月現在） ●訓練科目・訓練方法等に特別の配慮を加えつつ、障害の特性に応じた職業訓練、技術革新の進展等に対応した在職者訓練等を実施

職場復帰支援（リワーク支援）

職場復帰支援（リワーク支援）のプロセス

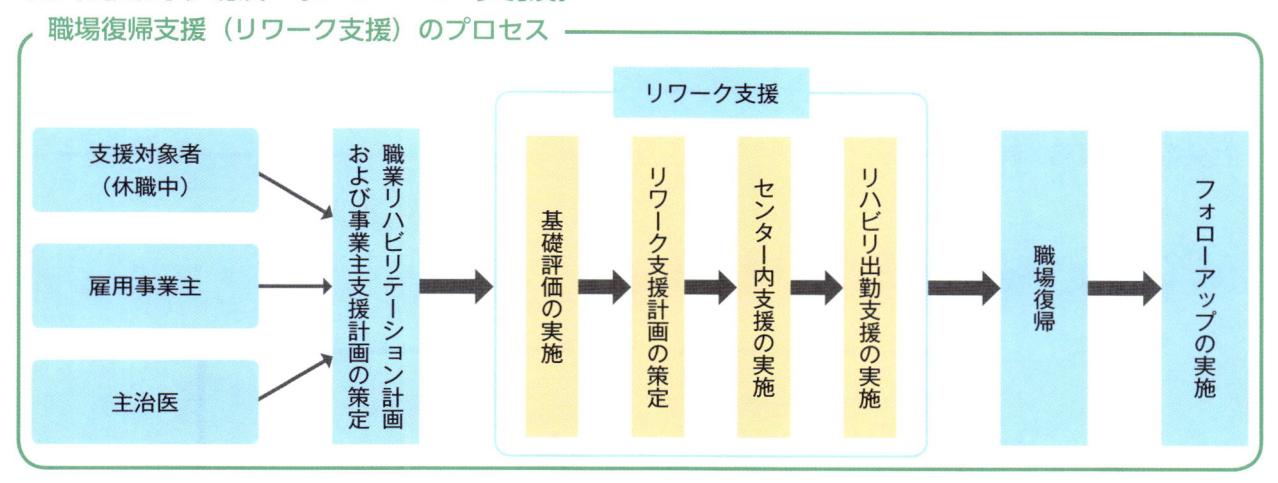

実施主体	●地域障害者職業センター		
支援対象者	●うつ病などにより休職中の人で、主治医が職場復帰のための活動を開始することを了解している人（会社を離職した人、主治医からまだ休養が必要と判断されている人は対象外） ●支援の開始にあたっては、支援対象者、雇用事業主、主治医の三者の同意が必要		
支援内容	●障害者職業カウンセラーが、主治医、会社の担当者と相談しながら、生活リズムの構築、ストレスへの対処方法、リハビリ出勤、会社との調整などを行う		
	雇用事業主に対して	●職場復帰のための職務内容、労働条件等の設定に関する助言・援助 ●職場復帰受入れのための上司、同僚等の理解の促進に関する助言・援助 ●職場復帰後の支援対象者の状況把握や適切な対処方法に関する助言・援助 ●家族・主治医との連携に関する助言・援助	
	支援対象者に対して	●生活リズムの構築および通勤等に必要な基礎的な体力の向上 ●作業遂行に必要な集中力、持続力等の向上 ●ストレス場面での気分、体調の自己管理および対人技能の習得	
支援期間	●12〜16週を標準として、個々に設定する		

就労支援プログラム

IPS （Individual Placement and Support）	●個別就労支援プログラム ●ケアマネジメントの手法を用いて実践され、本人の長所に注目した求職活動と同伴的なサポートを行う ●基本原則として、職探しは本人の興味や好みに基づく、一般就労を目指す、就職後のサポートを継続的に行うことなどをあげている
EAP （Employee Assistance Program）	●従業員支援プログラム ●メンタルヘルスを通して、職場内または個人の問題を抱える従業員を支援するプログラム ●「セルフケア」「ラインによるケア」「事業場内産業保健スタッフによるケア」「事業場外資源によるケア」という4つのレベルの取り組みが求められる
職業準備支援	●地域障害者職業センターにおける職業準備支援 ●ハローワークにおける職業紹介、職業訓練、職場適応援助者（ジョブコーチ）による支援等、就職に向かう次の段階に移行させるため、基本的な労働習慣の体得、社会生活技能の向上等、個々の障害者のニーズに合った支援を提供し、就職、復職、職場適応に向けた準備性を高める

① 社会福祉の実施体制の概要

「どこに」「どのような相談機関があって」「誰が配置されているのか」の全体像をつかみましょう。

社会福祉の実施体制

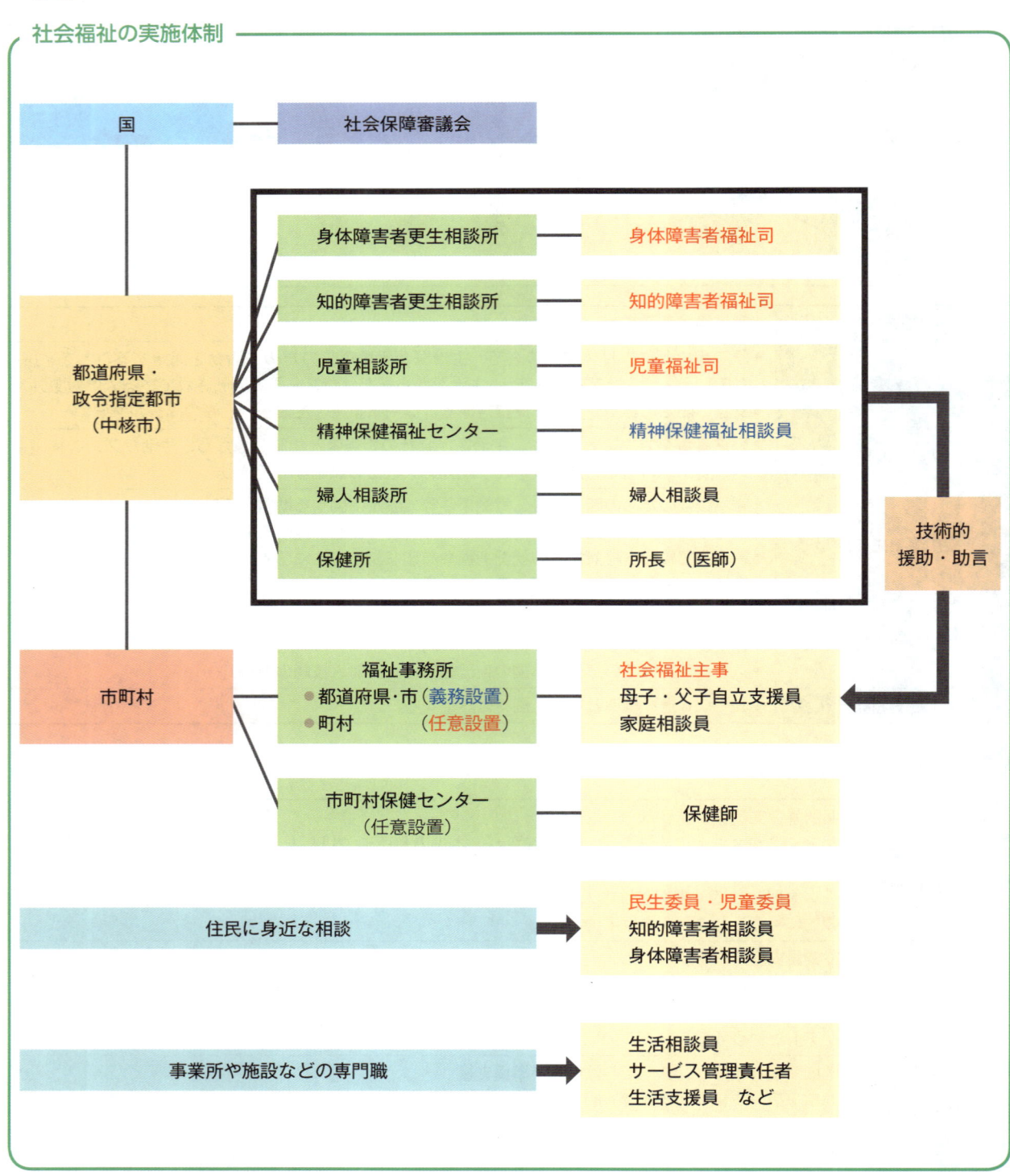

国	社会保障審議会

都道府県・政令指定都市（中核市）	
身体障害者更生相談所	身体障害者福祉司
知的障害者更生相談所	知的障害者福祉司
児童相談所	児童福祉司
精神保健福祉センター	精神保健福祉相談員
婦人相談所	婦人相談員
保健所	所長　（医師）

技術的援助・助言

市町村	福祉事務所 ●都道府県・市（義務設置） ●町村　　　（任意設置）	社会福祉主事 母子・父子自立支援員 家庭相談員
	市町村保健センター（任意設置）	保健師

住民に身近な相談	民生委員・児童委員 知的障害者相談員 身体障害者相談員

事業所や施設などの専門職	生活相談員 サービス管理責任者 生活支援員　など

② 社会福祉・保健の実施体制

公的機関の業務内容と配置職員

機関（根拠法）		業務内容		配置職員
精神保健福祉センター （精神保健福祉法）		●都道府県は、精神保健の向上および精神障害者の福祉の増進を図るための機関を置くものとする		精神保健福祉相談員など
	業務内容	1	精神医療審査会の審査に関する事務	
		2	自立支援医療（精神通院医療）の判定	
		3	精神障害者保健福祉手帳の判定	
		4	精神障害者福祉に関する相談および指導のうち、複雑または困難なもの	
		5	調査研究、普及啓発、技術指導および技術援助、組織育成、企画立案、人材育成など	
保健所 （地域保健法）		●食品衛生、環境衛生、精神保健、感染症の予防など、広域的・専門的な保健サービスを行う ●精神保健福祉業務として、訪問指導、入院等関係事務、社会復帰および自立と社会参加への支援、相談、普及啓発、研修、組織育成などを行う		●所長（医師） ●歯科医師、薬剤師、獣医師、保健師、管理栄養士など
	入院等関係事務	●措置入院関係（一般人からの診察および保護の申請、警察官通報、精神科病院の管理者からの届出の受理とその対応など） ●医療保護入院等関係（医療保護入院届および退院届の受理と進達、応急入院届の受理と進達） ●定期病状報告等関係（医療保護入院、措置入院）		
	訪問指導	●訪問指導は、本人の状況、家庭環境、社会環境等の実情を把握し、これらに適応した支援を行う。危機介入的な訪問など所長等が必要と認めた場合にも行うことができる ●訪問支援は、医療の継続または受診についての相談援助や勧奨のほか、日常生活への支援、家庭内暴力、ひきこもりやその他の家族がかかえる問題等についての相談指導を行う		
身体障害者更生相談所 （身体障害者福祉法）		●身体障害者に関する専門的な知識および技術を必要とする相談や指導、医学的、心理学的および職能的判定、補装具の適合判定などを行う		●身体障害者福祉司など
知的障害者更生相談所 （知的障害者福祉法）		●知的障害者に関する専門的な知識および技術を必要とする相談や指導、医学的、心理学的および職能的判定などを行う		●知的障害者福祉司など
児童相談所 （児童福祉法）		●専門的な知識および技術を必要とする相談、医学的、心理学的、教育学的、社会学的および精神保健上の判定、児童の一時保護などを行う		●児童福祉司など
婦人相談所 （売春防止法）		●要保護女子の相談に応じ、必要な調査並びに医学的、心理学的および職能的判定、要保護女子の一時保護などを行う		●婦人相談員など
福祉事務所 （社会福祉法）		社会福祉法に規定されている、第一線の社会福祉行政機関。都道府県および市は義務設置、町村は任意設置		●所長 ●査察指導員（社会福祉主事） ●現業員（社会福祉主事）など
	都道府県福祉事務所	●福祉事務所を設置していない町村を管轄する ●福祉三法（生活保護法、児童福祉法、母子及び父子並びに寡婦福祉法）に定める事務を司る		
	市町村福祉事務所	●福祉六法（生活保護法、児童福祉法、母子及び父子並びに寡婦福祉法、老人福祉法、身体障害者福祉法、知的障害者福祉法）に定める事務を司る		

③ 公的機関の専門職

公的機関に配置される専門職

福祉従事者	配置場所	資格要件・業務内容など
身体障害者福祉司	身体障害者更生相談所・福祉事務所（任意）	●社会福祉士、社会福祉主事（2年以上経験）など ●身体障害者更生相談所の長の命を受けて、身体障害者に関する専門的な知識および技術を必要とする相談および指導を行う
知的障害者福祉司	知的障害者更生相談所・福祉事務所（任意）	●社会福祉士、社会福祉主事（2年以上経験）など ●知的障害者更生相談所の長の命を受けて、知的障害者に関する専門的な知識および技術を必要とする相談および指導を行う
児童福祉司	児童相談所	●社会福祉士、精神保健福祉士、公認心理師、社会福祉主事（2年以上経験）など ●児童相談所長の命を受けて、児童の保護その他児童の福祉に関する事項について、相談に応じ、専門的技術に基づいて必要な指導を行う
社会福祉主事	福祉事務所	●都道府県、市、福祉事務所設置町村に配置（補助機関） ●都道府県知事または市町村長のもとで措置に関する事務を行う
婦人相談員	婦人相談所・福祉事務所など	●都道府県知事（市長も可）が委嘱 ●要保護女子につき、その発見に努め、相談、指導等を行う
家庭相談員	福祉事務所（家庭児童相談室）	●社会福祉主事（2年以上経験）など ●家庭児童福祉に関する問題などの相談、助言指導等を行う
精神保健福祉相談員	精神保健福祉センター・市町村・保健所など	●都道府県および市町村は、精神保健福祉センターおよび保健所等に配置できる（任意） ●精神保健福祉士その他政令で定める資格を有する者のうちから、都道府県知事または市町村長が任命する
保護観察官	地方更生保護委員会・保護観察所	●保護観察、調査、生活環境の調整など、更生保護や犯罪の予防に関する事務に従事する
社会復帰調整官	保護観察所	●保護観察所において、医療観察法の業務に従事する ●精神保健福祉士等の有資格者で一定の業務経験を有する者が配置される
福祉専門官	刑事施設	●刑事施設において特別調整など支援の必要な受刑者に対応する ●精神保健福祉士もしくは社会福祉士などが配置される
知的障害者相談員	（民間奉仕者）	●市町村から委託される ●知的障害者またはその保護者の相談、更生のために必要な援助を行う
身体障害者相談員	（民間奉仕者）	●市町村から委託される ●身体に障害のある者の相談、更生のために必要な援助を行う
民生委員・児童委員	（民間奉仕者）	●都道府県知事の推薦で厚生労働大臣が委嘱する。任期3年 ●民生委員は児童委員を兼ねる ●住民の生活状況を把握し、相談・助言などを行う。福祉事務所の仕事に協力する
保護司	（民間奉仕者）	●法務大臣の委嘱を受ける。非常勤の国家公務員、任期2年 ●保護観察所の指揮監督を受けて、保護観察の実施、犯罪予防活動等の更生保護に関する活動を行う

④ 医療系の専門職

資格	職務内容
医師	●医療および保健指導を行う ●医師でなければ、医業を行ってはならない
歯科医師	●歯科医療および保健指導を行う ●歯科医師でなければ歯科医業を行ってはならない
薬剤師	●調剤、医薬品の供給、薬事衛生を行う
保健師	●保健師の名称を用いて、保健指導を行う（名称独占）
助産師	●助産、妊婦・じょく婦・新生児の保健指導を行う
看護師	●傷病者等に対する療養上の世話または診療の補助を行う
救急救命士	●医師の指示の下に、救急救命処置を行う
理学療法士	●身体に障害のあるものに対し、主としてその基本的動作能力の回復を図るため、治療体操その他の運動を行わせ、および電気刺激、マッサージ、温熱その他の物理的手段を行う
作業療法士	●身体または精神に障害のある者に対し、主としてその応用的動作能力または社会適応能力の回復を図るために、手芸、工作、その他の作業を行わせる（精神科デイケアなどに配置）
言語聴覚士	●音声機能、言語機能または聴覚に障害のある者に、機能の維持向上を図るため、言語訓練その他の訓練、これに必要な検査および助言、指導その他の援助を行う
視能訓練士	●両眼視機能に障害のある者に対し、その両眼視力の回復のための矯正訓練およびこれに必要な検査を行う
義肢装具士	●義肢および装具の装着部位の採型、義肢・装具の製作、身体への適合を行う
臨床工学技士	●医師の指示の下に、生命維持管理装置の操作および保守点検を行う
診療放射線技師	●医師または歯科医師の指示の下に、放射線を人体に照射する
臨床検査技師	●微生物学的検査、血清学的検査、血液学的検査、病理学的検査などの検査を行う
歯科衛生士	●歯牙および口腔の疾患の予防処置、歯科診療の補助、歯科保健指導を行う
歯科技工士	●歯科医療用の補てつ物、矯正装置などを作成、修理、加工する
管理栄養士	●療養上、高度の専門的知識を必要とする健康の保持増進のための栄養指導などを行う
公認心理師	●心理に関する支援を要する者の心身状態の観察・分析、心理相談による助言・指導などを行う

⑤ 事業所・施設などの専門職

分野	名称		概要
障害者	相談支援専門員		● 指定特定・指定一般相談支援事業所等に配置される ● サービス等利用計画の作成、関係機関との連絡調整などを行う
	サービス管理責任者		● 障害福祉サービス事業所（療養介護、生活介護、共同生活援助など）に配置 ● 個別支援計画の作成、相談、助言、連絡調整などを行う
	生活支援員		● 障害福祉サービス事業所（療養介護、生活介護、共同生活援助など）に配置 ● 相談援助、入退所手続き、連絡調整などを行う
	職業指導員		● 就労移行支援、就労継続支援事業所に配置される ● 職業上の技術を習得させる訓練、指導などを行う
	居宅介護等従業者		● 指定居宅介護事業所などに配置される ● 居宅において身体介護、家事援助などを行う
高齢者	サービス提供責任者		● 介護保険法の指定訪問介護事業所、障害者総合支援法の指定居宅介護事業所などに配置される ● 訪問（居宅）介護計画の作成、助言、指導などを行う ● 資格要件は介護福祉士、実務者研修修了者など
	介護支援専門員		● 居宅介護支援事業所、介護保険施設などに配置される ● ケアプラン作成、介護全般に関する相談援助・関係機関との連絡調整などを行う ● 介護支援専門員証の有効期間は5年で、申請により更新
	相談員	生活相談員	● 指定通所介護事業所、指定介護老人福祉施設などに配置される ● 相談援助、入退所手続き、連絡調整などを行う
		支援相談員	● 介護老人保健施設に配置される ● 相談援助、入退所手続き、連絡調整などを行う
児童	児童指導員		● 児童養護施設、障害児施設などに配置 ● 児童の生活指導、学習指導、職業指導、家庭環境の調整、関係機関との連絡調整などを行う
	家庭支援専門相談員 （ファミリーソーシャルワーカー）		● 乳児院、児童養護施設、児童心理治療施設などに配置 ● 家庭復帰等を図るための総合的な支援を行う
	母子支援員		● 母子生活支援施設に配置される ● 母子の就労、児童の養育などに関する相談、助言、関係機関との連携などを行う
	児童生活支援員 児童自立支援専門員		● 児童自立支援施設に配置される ● 生活、学習、職業指導などを行う
	児童発達支援管理責任者		● 障害児通所支援事業所や障害児入所支援事業所に配置 ● 児童発達支援計画の作成、相談、助言、連絡調整などを行う
	スクールカウンセラー		● 児童生徒の心のケアに加え、教員のカウンセリング能力等の向上のための校内研修や児童生徒の困難・ストレスへの対処方法等に資する教育プログラムを実施 ● 臨床心理士、精神科医、大学教員等から選任
	養護教諭		● 保健室などに常駐し、学校内における幼児・児童・生徒の応急処置、疾病予防を行ったり、健康診断・健康観察等を通して、在学生の心身の健康をつかさどる学校職員である
福祉の資格	保育士		● 児童福祉法に基づく国家資格 ● 都道府県知事の登録を受け、保育士の名称を用いて、児童の保育および児童の保護者に対する保育に関する指導を行うことを業とする
	介護福祉士		● 社会福祉士及び介護福祉士法に基づく国家資格 ● 介護福祉士の名称を用いて、心身の状況に応じた介護、介護に関する指導を業とする

✓ 穴埋め問題でチェック！

社会保障制度を理解する科目（Unit14 〜 28）の達成度を確認しましょう！

	Q 15 =過去の出題回	A

Unit14 医療保険

☐☐ **❶** 健康保険に加入している精神障害者が精神科病院に入院した場合、食事代のうち、標準負担額を除いた費用が＿＿＿＿＿として保険適用される。 **16** → 入院時食事療養費

☐☐ **❷** 療養病床に入院する65歳以上の人（特定長期入院被保険者）の食費と居住費は、標準負担額を除いた費用が＿＿＿＿＿として支給される。 **24** → 入院時生活療養費

☐☐ **❸** 健康保険に加入している精神障害者は、医師の指示に基づいて看護師から訪問看護を受けた場合、＿＿＿＿＿が支給される。 **24** → 訪問看護療養費

☐☐ **❹** 健康保険に加入している精神障害者が死亡した場合、定額の＿＿＿＿＿が支給される。 **16** → 埋葬料

☐☐ **❺** 被保険者が傷病のため連続して3日以上休業したとき、4日目から通算して1年6か月の範囲内で休業補償として＿＿＿＿＿が支給される。 **22** → 傷病手当金

☐☐ **❻** 高額療養費制度の自己負担限度額は、＿＿＿＿＿単位で設定される。 **21** → 1か月

Unit15 年金保険

☐☐ **❼** 障害基礎年金は、初診日の前日において初診日の属する月の前々月までに加入すべき期間の＿＿＿＿＿以上の期間、保険料を納付することが要件である。 **14** → 3分の2

☐☐ **❽** 障害基礎年金の保険料納付の直近1年要件とは、＿＿＿＿＿の属する月の前々月までの1年間に保険料の未納期間がないことを意味する。 **14** → 初診日

☐☐ **❾** 障害基礎年金は、＿＿＿＿＿前に初診日がある場合は、保険料の拠出を要件としないで支給される。 **24** → 20歳

☐☐ **❿** 障害基礎年金の等級は、1級から＿＿＿＿＿級まである。 **20** → 2

☐☐ **⓫** 障害厚生年金3級の障害よりやや程度の軽い障害が残ったときは＿＿＿＿＿が支給される。 **24** → 障害手当金

☐☐ **⓬** ＿＿＿＿＿は、国民年金加入が任意だった時代に未加入のまま障害を負い、障害基礎年金を受け取れない障害者に給付金を支給する制度である。 **23** → 特別障害給付金

Unit16 労働保険・労働関連法

☐☐ **⓭** 雇用保険における求職者給付の基本手当の申請窓口は、＿＿＿＿＿である。 **23** → 公共職業安定所（ハローワーク）

☐☐ **⓮** 療養補償給付の自己負担は、＿＿＿＿＿である。 **21** → 無料

☐☐ **⓯** 業務上の事由により精神疾患に罹患した場合、精神科病院で＿＿＿＿＿保険による診療を受けることができる。 **19** → 労働者災害補償（労災）

☐☐ **⓰** 精神障害の労災認定基準の認定要件における基本的な考え方は、＿＿＿＿＿理論に基づいている。 **15** → ストレス―脆弱性

☐☐ **⓱** ＿＿＿＿＿法では、妊娠中および産後の女性の危険有害業務の就業制限を規定している。 **20** → 労働基準

☐☐ **⓲** 労働安全衛生法に基づくストレスチェック制度は、労働者数＿＿＿＿＿人以上の事業場の事業者に、実施義務がある。 **21** → 50

☐☐ **⓳** ストレスチェックの実施において、厚生労働大臣の定める研修を修了することなく検査の実施者となることができる者は＿＿＿＿＿である。 **24** → 医師、保健師

序章

第1章

第2章

第3章

社会保障制度を理解する科目 ✓ 穴埋め問題でチェック！

193

	Q	15 =過去の出題回	A

Unit17 介護保険

☐☐ ⑳ 介護保険のサービスと「障害者総合支援法」の障害福祉サービスが重複する場合は、＿＿＿＿が優先する。 **16** — 介護保険

☐☐ ㉑ 介護保険の認定調査における基本調査項目は、＿＿＿＿項目である。 — 74

☐☐ ㉒ 介護保険の住所地特例の対象施設は、＿＿＿＿施設、養護老人ホーム、軽費老人ホーム、有料老人ホーム（有料老人ホームに該当するサービス付き高齢者向け住宅を含む）である。 **16** — 介護保険

☐☐ ㉓ ＿＿＿＿は、身体介護、生活援助、通院等の乗降介助などを実施するサービスである。 **23** — 訪問介護

☐☐ ㉔ ＿＿＿＿センターは、地域住民の保健・福祉・医療の向上、虐待防止、介護予防ケアマネジメントなどを総合的に行う介護保険法に規定された機関である。 **20** — 地域包括支援

Unit18 障害者基本法

☐☐ ㉕ 1993（平成5）年の障害者基本法改正は、＿＿＿＿の理念を実現するために行われた。 **17** — 国際障害者年

☐☐ ㉖ 2011（平成23）年の障害者基本法の改正で、障害者の定義の精神障害に＿＿＿＿が加わった。 **15** — 発達障害

☐☐ ㉗ 障害者基本法では、市町村において精神障害者を含めた＿＿＿＿計画を策定しなければならないとされている。 **19** — 市町村障害者

☐☐ ㉘ 障害者政策委員会は、＿＿＿＿法に規定されている。 **21** — 障害者基本

Unit19 障害者の定義

☐☐ ㉙ 障害者の定義に「社会的障壁」が含まれている法律は、障害者基本法と＿＿＿＿がある。 **20** — 障害を理由とする差別の解消の推進に関する法律

☐☐ ㉚ 「精神保健福祉法」では、精神障害者を「統合失調症、＿＿＿＿、知的障害、精神病質その他の精神疾患を有する者」と定義している。 **18** — 精神作用物質による急性中毒又はその依存症

☐☐ ㉛ 発達障害者支援法では、発達障害者を「発達障害がある者であって発達障害及び社会的障壁により＿＿＿＿に制限を受けるもの」と規定している。 **16** — 日常生活又は社会生活

☐☐ ㉜ 「障害者総合支援法」では、障害者を身体障害者、知的障害者、精神障害者（発達障害者を含む）、＿＿＿＿の者であって18歳以上の者としている。 **16** — 難病等

☐☐ ㉝ 「障害者雇用促進法」では、障害者を「身体障害、知的障害、＿＿＿＿その他の心身の機能の障害があるため、長期にわたり、職業生活に相当の制限を受け、又は職業生活を営むことが著しく困難な者」としている。 **16** — 精神障害（発達障害を含む。）

☐☐ ㉞ 精神障害者保健福祉手帳の申請は、初診日から＿＿＿＿以上経過している必要がある。 **21** — 6か月

☐☐ ㉟ 精神障害者保健福祉手帳の申請に対する判定業務を行う機関は、＿＿＿＿である。 **21** — 精神保健福祉センター

Unit20 精神保健福祉

☐☐ ㊱ 都道府県及び市町村が「精神障害者の社会復帰及びその自立と社会経済活動への参加に対する地域住民の関心と理解を深めるように努めなければならない」と条文に明記されている法律は＿＿＿＿法である。 **24** — 精神保健福祉

		Q	A
□□	㊲	措置入院は、自傷他害のおそれがあると認めた場合、＿＿＿の権限により入院させることができる。 **23**	都道府県知事
□□	㊳	医療保護入院を行うためには精神保健指定医 1 名の診察による判定とともに、＿＿＿が必要である。 **23**	家族等のうちいずれかの者の同意
□□	㊴	医療保護入院は、患者に家族等がいない場合、＿＿＿の同意により入院させることができる。 **19**	市町村長
□□	㊵	任意入院では、精神保健指定医が必要と認めれば＿＿＿時間に限り退院を制限できる。 **23**	72
□□	㊶	＿＿＿は、急速を要し、その家族等の同意を得ることができない場合、本人の同意がなくても、72 時間に限り入院させることができる。 **24**	応急入院
□□	㊷	＿＿＿は、処遇改善請求に関する審査を行う。 **22**	精神医療審査会
□□	㊸	退院後生活環境相談員は、おおむね＿＿＿人以下の医療保護入院者につき 1 人が配置される。 **23**	50
□□	㊹	12 時間以上の隔離や、身体拘束など行動制限を要するかどうかの判定は＿＿＿が行う。 **22**	精神保健指定医
□□	㊺	精神保健指定医以外の医師が隔離を行う場合は、＿＿＿時間までの制限がある。 **20**	12

Unit21 障害者総合支援法

		Q	A
□□	㊻	「障害者総合支援法」において対象としている障害者は、年齢が＿＿＿以上の者である。 **21**	18 歳
□□	㊼	＿＿＿給付費を受ける場合には、障害支援区分の認定が必要となる。 **18**	介護
□□	㊽	障害支援区分は、＿＿＿段階で認定される。 **18**	6
□□	㊾	＿＿＿は、知的障害または精神障害により行動上著しい困難を有する障害者等であって常時介護を有する者で、障害支援区分が区分 3 以上が利用できる。 **24**	行動援護
□□	㊿	＿＿＿は、重度の肢体不自由者または行動上著しい困難を有する知的・精神障害者で常時介護を要する人に、介護を提供する。 **21**	重度訪問介護
□□	51	＿＿＿は、短期間の入所により食事や入浴の提供などを行うサービスである。 **24**	短期入所
□□	52	＿＿＿は、宿泊によって、家事等の日常生活能力を向上させるための支援、生活等に関する相談および助言を行う。 **23**	宿泊型自立訓練
□□	53	＿＿＿事業は、通常の事業所に雇用されることが可能と見込まれる就労希望者が対象である。 **20**	就労移行支援
□□	54	就労継続支援＿＿＿型は、雇用契約の締結による就労機会を提供する。 **22**	A
□□	55	就労継続支援＿＿＿型は、雇用契約は結ばずに就労や生産活動の機会を提供する。 **23**	B
□□	56	＿＿＿は、施設退所後の障害者が居宅において日常生活を送れるように、定期的な巡回訪問や随時の対応などを行う。 **22**	自立生活援助
□□	57	＿＿＿は、就労に向けた一定の支援を受けて一般就労へ移行した障害者を対象として、事業所、家族等との連絡調整等の支援を行う。 **21**	就労定着支援

	Q	15 =過去の出題回	A
□□ 58	高次脳機能障害及びその関連障害に対する支援普及事業は、＿＿に位置づけられている。 21		都道府県地域生活支援事業
□□ 59	地域活動支援センター＿＿型は、地域のボランティア育成や障害に対する理解促進を図るための普及啓発等の事業を実施する。 24		I
□□ 60	自立支援医療の根拠となる法律は、＿＿法である。 21		障害者総合支援
□□ 61	自立支援医療（精神通院医療）の実施主体は都道府県・指定都市で、申請窓口は＿＿である。 24		市町村
□□ 62	＿＿は、地域の相談支援の拠点として総合的な相談業務を実施する。 23		基幹相談支援センター
□□ 63	特定相談支援事業者は、＿＿が指定する。 24		市町村
□□ 64	地域移行支援計画は、＿＿事業者が作成する。 21		指定一般相談支援
□□ 65	＿＿は、単身であるため緊急時の支援が見込めない障害者に、常時の連絡体制の確保や緊急時の対応などを行う。 20		地域定着支援
□□ 66	障害者総合支援法の介護給付費の費用負担は、国＿＿、都道府県＿＿、市町村＿＿を負担する。 24		1/2、1/4、1/4

Unit22 その他の福祉施策

	Q		A
□□ 67	発達障害者支援センターは、＿＿法に基づき、＿＿が設置する。 24		発達障害者支援／都道府県
□□ 68	住宅入居等支援事業（居住サポート事業）は、＿＿が実施主体で、本人と家主等との入居契約の手続支援を行う。 24		市町村
□□ 69	精神障害者保健福祉手帳所持者のうち、障害等級2、3級の者は所得税の＿＿控除の対象である。 23		障害者
□□ 70	自動車取得税の減免は、精神障害者保健福祉手帳＿＿級以上が対象である。 18		1
□□ 71	生活保護の障害者加算は、精神障害者保健福祉手帳＿＿級以上が対象である。 17		2
□□ 72	通院移送費は、生活保護の＿＿扶助に含まれる。 21		医療
□□ 73	生活困窮者自立支援法の＿＿は、離職等により住宅を失った生活困窮者等に対し家賃相当の給付金を支給する。 23		住居確保給付金
□□ 74	生活福祉資金貸付制度の実施主体は＿＿社会福祉協議会、申請窓口は＿＿社会福祉協議会である。 19		都道府県／市町村
□□ 75	特別障害者手当の支給には、所得制限が＿＿。 19		ある

Unit23 虐待

	Q		A
□□ 76	障害者虐待の種類は、身体的虐待、心理的虐待、放棄・放置、性的虐待、＿＿虐待の5類型である。 19		経済的
□□ 77	養護者による虐待を受けたと思われる18歳以上の障害者を発見した者は、＿＿に通報しなければならない。 19		市町村
□□ 78	児童虐待を行った者として最も多い続柄は、＿＿である。 14		実母

☐☐ ⑦ 児童が同居する家庭における配偶者に対する暴力は、「児童虐待防止法」において＿＿＿＿虐待として定義されている。 **22** — 心理的

☐☐ ⑧ 高齢者虐待を行った者として最も多い続柄は、＿＿＿＿である。 **15** — 息子

☐☐ ⑧ 「DV 防止法」において、被害者の申立てにより配偶者に保護命令を発することができる機関は＿＿＿＿である。 **24** — 裁判所

Unit24 成年後見制度

☐☐ ⑧ 成年後見制度の法定後見は、＿＿＿＿、保佐、補助の 3 類型ある。 **19** — 後見

☐☐ ⑧ ＿＿＿＿制度は、判断能力が低下する前に、あらかじめ後見人を選んでおく制度である。 **18** — 任意後見

☐☐ ⑧ 日常生活自立支援事業の実施主体は、＿＿＿＿である。 **19** — 都道府県・指定都市社会福祉協議会

☐☐ ⑧ 日常生活自立支援事業は、判断能力が＿＿＿＿な人で、契約内容について判断できる能力がある人が利用できる。 **20** — 不十分

Unit25 更生保護

☐☐ ⑧ 仮釈放の決定を行うのは、＿＿＿＿である。 **24** — 地方更生保護委員会

☐☐ ⑧ ＿＿＿＿とは、引受人がいないなどの理由で適切な居住地が見つからず、生活の場が確保できない人を保護するための施設で、法務大臣が認可する。 **22** — 更生保護施設

☐☐ ⑧ ＿＿＿＿とは、あらかじめ保護観察所に登録された NPO 法人、社会福祉法人などが、それぞれの特長をいかして、自立を促す施設である。 **16** — 自立準備ホーム

☐☐ ⑧ ＿＿＿＿は、高齢または障害を有するため福祉的な支援を必要とする矯正施設退所者について、退所後直ちに福祉サービス等につなげる役割がある。 **21** — 地域生活定着支援センター

Unit26 医療観察制度

☐☐ ⑨ 「医療観察法」における重大な他害行為は、殺人、傷害、強盗、強制わいせつ、強制性交等、＿＿＿＿の 6 つが対象である。 **21** — 放火

☐☐ ⑨ ＿＿＿＿は、原則として 2 か月行われ、医学的観点から「医療観察法」に基づく入院による医療の必要性について意見をまとめる。 **23** — 鑑定入院

☐☐ ⑨ 「医療観察法」における通院処遇は、指定通院医療機関で行われ、その期間は原則＿＿＿＿年である。 **17** — 3

☐☐ ⑨ ＿＿＿＿は、当初審判において、裁判官と精神保健審判員が行う対象者の処遇の決定に対し、精神障害者の保健や福祉に関する専門家の立場から意見を述べる。 **22** — 精神保健参与員

☐☐ ⑨ 精神保健参与員を指定する機関は、＿＿＿＿である。 **18** — 地方裁判所

☐☐ ⑨ 社会復帰調整官は、通院処遇中の対象者に対して、＿＿＿＿を行う。 **24** — 精神保健観察

☐☐ ⑨ 通院医療の継続が必要な場合は、＿＿＿＿が延長の申立てを行う。 **23** — 保護観察所の長

☐☐ ⑨ 「医療観察法」の指定入院医療機関に入院している者またはその保護者による処遇改善の請求先は＿＿＿＿である。 **18** — 厚生労働大臣

序章　第1章　第2章　第3章

社会保障制度を理解する科目　✓穴埋め問題でチェック！

Q	15 =過去の出題回	A

Unit27 就労支援

	Q	A
☐☐ 98	障害者雇用率の算定は、精神障害者の場合、＿＿＿の所持が前提となる。 23	精神障害者保健福祉手帳
☐☐ 99	「障害者雇用促進法」では、常時雇用している労働者数が 100 人以下の事業主で、基準を超えて障害者を雇用している場合には、＿＿＿が支給される。 17	報奨金
☐☐ 100	公共職業安定所（ハローワーク）には、精神障害者を支援する専門職として＿＿＿が配置されている。 24	精神障害者雇用トータルサポーター
☐☐ 101	＿＿＿は、円滑な就職と職場適応ができるよう、就業面の支援に併せて、体調や生活のリズムの管理に関する支援を行う。 23	職場適応援助者（ジョブコーチ）
☐☐ 102	職場復帰支援（リワーク支援）は、＿＿＿の業務である。 22	地域障害者職業センター
☐☐ 103	リワーク支援事業においては、＿＿＿が、主治医、会社の担当者と相談しながら、生活リズムの構築、ストレスへの対処方法、リハビリ出勤、会社との調整などを行う。 22	障害者職業カウンセラー

Unit28 専門職と専門機関

	Q	A
☐☐ 104	精神障害者保健福祉手帳の申請の受理は＿＿＿が行い、判定は＿＿＿が行う。 22	市町村／精神保健福祉センター
☐☐ 105	＿＿＿は、都道府県が設置し、精神医療審査会の事務などを行う。 23	精神保健福祉センター
☐☐ 106	保健所の精神保健福祉業務として、医療保護入院者の＿＿＿がある。 23	入院届の受理
☐☐ 107	市町村保健センターは、＿＿＿法に基づき設置される。 20	地域保健
☐☐ 108	＿＿＿は、精神保健福祉センター等に配置され、精神保健および精神障害者の福祉に関する相談に応じ、必要な指導を行う。 23	精神保健福祉相談員
☐☐ 109	保護観察官は、＿＿＿に配置され、保護観察対象者の社会復帰のための指導・援助を行う。 16	保護観察所
☐☐ 110	＿＿＿は、厚生労働大臣から委嘱されて、住民の立場に立って、相談に応じ助言を行う。 20	民生委員
☐☐ 111	＿＿＿は、法務大臣から委嘱された非常勤の国家公務員である。 20	保護司
☐☐ 112	＿＿＿は、患者の状態像をアセスメントし、医師の指示のもとに、社会的適応能力等の回復を図るため、工作等の作業指導を行う。 19	作業療法士
☐☐ 113	＿＿＿は、計画相談支援において、サービスの支給決定にかかるアセスメントを行う。 18	相談支援専門員
☐☐ 114	＿＿＿は、個別支援計画の策定やモニタリング等、サービス提供のプロセス全体を管理する。 21	サービス管理責任者
☐☐ 115	＿＿＿は、指定通所介護事業所や指定介護老人福祉施設に配置され、入退所における面接や利用者の相談援助を行う。 23	生活相談員

第3章

精神保健福祉士の
仕事を理解する科目

精神保健福祉士の仕事を理解する科目は、専門科目80点中、過去4回の平均で36点出題されています。

中項目		単元：Unit	出題数				出題平均
			第21回	第22回	第23回	第24回	
⑨精神保健福祉士	29	精神保健福祉士					
	30	ソーシャルワークの定義・倫理綱領	1				
⑩社会福祉援助技術	31	相談援助の理念	13	15	9	8	36点
	32	面接技術	1	2	1	1	
	33	相談援助の展開	2	2	3	4	
		相談援助の展開（対応問題）	10	9	16	16	
	34	グループワーク	2		1	1	
	35	コミュニティワーク		2			
	36	ケアマネジメント		1	2	1	
	37	モデル・アプローチ	1	3	2	1	
	38	社会調査	1	3	1	1	
⑪まとめて整理	39	歴史・海外	1	1	1	1	
	40	人名		2	2	1	

① 精神保健福祉士法 1997（平成9）年公布

精神保健福祉士の定義

定　義 （第2条）	●精神保健福祉士の名称を用いて、精神障害者の保健および福祉に関する専門的知識および技術をもって、精神科病院その他の医療施設において精神障害の医療を受け、または精神障害者の社会復帰の促進を図ることを目的とする施設を利用している者の地域相談支援の利用に関する相談その他の社会復帰に関する相談に応じ、助言、指導、日常生活への適応のために必要な訓練その他の援助を行うことを業とする者をいう
登　録 （第28条）	●精神保健福祉士となる資格を有する者が精神保健福祉士となるには、精神保健福祉士登録簿に、氏名、生年月日その他厚生労働省令で定める事項の登録を受けなければならない

欠格事由

令和元年6月改正

欠格事由 （第3条）	●心身の故障により精神保健福祉士の業務を適正に行うことができない者として厚生労働省令で定めるもの ●禁錮以上の刑に処せられ、その執行を終わり、または執行を受けることがなくなった日から起算して2年を経過しない者 ●精神障害者の保健または福祉に関する法律などの規定により、罰金の刑に処せられ、その執行を終わり、または執行を受けることがなくなった日から起算して2年を経過しない者 ●登録を取り消され、その取消しの日から起算して2年を経過しない者

義務など

	法の条文	罰　則
名称の使用制限 （第42条）	●精神保健福祉士でない者は、精神保健福祉士という名称を使用してはならない	30万円以下の罰金
秘密保持義務 （第40条）	●正当な理由がなく、その業務に関して知り得た人の秘密を漏らしてはならない。精神保健福祉士でなくなった後においても、同様とする	1年以下の懲役または30万円以下の罰金
信用失墜行為の禁止 （第39条）	●精神保健福祉士は、精神保健福祉士の信用を傷つけるような行為をしてはならない	登録の取消または名称の使用の停止
連　携 （第41条）	●精神保健福祉士は、その業務を行うに当たって精神障害者に主治の医師があるときは、その指導を受けなければならない	
	●精神保健福祉士は、その業務を行うに当たっては、その担当する者に対し、保健医療サービス、障害福祉サービス、地域相談支援に関するサービスその他のサービスが密接な連携の下で総合的かつ適切に提供されるよう、これらのサービスを提供する者その他の関係者等との連携を保たなければならない	平成22年改正で追加
誠実義務 （第38条の2）	●個人の尊厳を保持し、自立した生活を営むことができるよう、常にその者の立場に立って、誠実にその業務を行わなければならない	
資質向上の責務 （第41条の2）	●精神保健および精神障害者の福祉を取り巻く環境の変化による業務の内容の変化に適応するため、相談援助に関する知識および技能の向上に努めなければならない	

② 社会福祉士及び介護福祉士法

> 1987（昭和62）年公布

社会福祉士の定義

社会福祉士の定義 （第2条第1項）	●社会福祉士の名称を用いて、専門的知識および技術をもって、身体上若しくは精神上の障害があることまたは環境上の理由により日常生活を営むのに支障がある者の福祉に関する相談に応じ、助言、指導、福祉サービスを提供する者または医師その他の保健医療サービスを提供する者その他の関係者との連絡および調整その他の援助を行うことを業とする者をいう

義務など

	法の条文	罰　則
名称の使用制限 （第48条第1項）	●社会福祉士でない者は、社会福祉士という名称を使用してはならない	30万円以下の罰金
秘密保持義務 （第46条）	●正当な理由がなく、その業務に関して知り得た人の秘密を漏らしてはならない。社会福祉士でなくなった後においても、同様とする	1年以下の懲役または 30万円以下の罰金
信用失墜行為の禁止 （第45条）	●社会福祉士の信用を傷つけるような行為をしてはならない	登録の取消または 名称の使用の停止
誠実義務 （第44条の2）	●個人の尊厳を保持し、自立した日常生活を営むことができるよう、常にその者の立場に立って、誠実にその業務を行わなければならない	平成19年 改正で追加
資質向上の責務 （第47条の2）	●社会福祉を取り巻く環境の変化による業務の内容の変化に適応するため、相談援助に関する知識および技能の向上に努めなければならない	
連　携 （第47条第1項）	●福祉サービスおよびこれに関連する保健医療サービスその他のサービスが総合的かつ適切に提供されるよう、地域に即した創意と工夫を行いつつ、福祉サービスを提供する者または医師その他の保健医療サービスを提供する者その他の関係者との「連携」を保たなければならない	

精神保健福祉士と社会福祉士の比較

	根拠法	利用対象者	援助内容	登録者数 （令和4年5月末）
精神保健福祉士	精神保健福祉士法	●精神障害の医療を受けている者 ●精神障害者の社会復帰施設を利用している者	●地域相談支援の利用に関する相談 ●社会復帰に関する相談 ●助言、指導、日常生活への適応訓練	9万8801人
社会福祉士	社会福祉士及び介護福祉士法	●身体上、精神上、環境上の理由により日常生活を営むのに支障がある者	●福祉に関する相談 ●助言、指導、関係者との連絡・調整	27万743人

③ 認定精神保健福祉士／認定社会福祉士

精神保健福祉士の生涯研修制度

精神保健福祉士には生涯研修制度として、日本精神保健福祉士協会への入会後の基礎研修とその後の3種類の基幹研修からなる研修認定精神保健福祉士の制度があります。

研修認定精神保健福祉士制度の課程

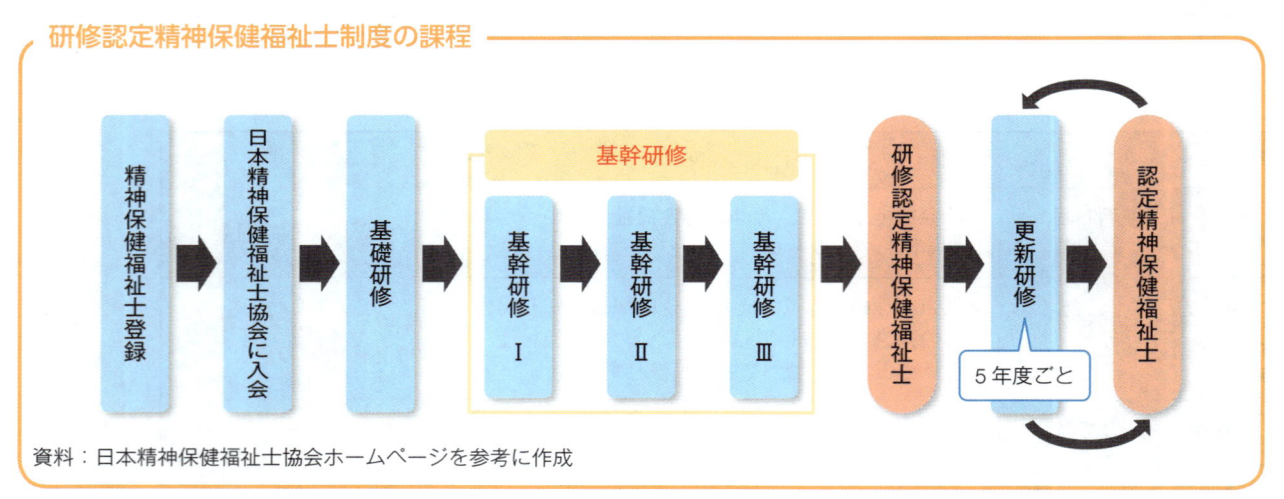

精神保健福祉士登録 → 日本精神保健福祉士協会に入会 → 基礎研修 → 【基幹研修】基幹研修Ⅰ → 基幹研修Ⅱ → 基幹研修Ⅲ → 研修認定精神保健福祉士 → 更新研修（5年度ごと）→ 認定精神保健福祉士

資料：日本精神保健福祉士協会ホームページを参考に作成

社会福祉士の認定社会福祉士制度

2011（平成23）年に認定社会福祉士認証・認定機構が設立され、「認定社会福祉士」と「認定上級社会福祉士」の認定が始まりました。

認定社会福祉士制度の課程

社会福祉士登録 → 日本社会福祉士会などに入会 →【実務経験5年以上】研修を受講（30単位）→ ①共通専門10単位 ②分野専門10単位 ③スーパービジョン10単位 → 【認定社会福祉士】①高齢分野 ②障害分野 ③児童・家庭分野 ④医療分野 ⑤地域社会・多文化分野 → 更新研修（5年度ごと）→【実務経験5年以上】研修を受講（30単位）→ 認定上級社会福祉士 → 更新研修（5年度ごと）

資料：日本社会福祉士会ホームページを参考に作成

① ソーシャルワークの定義

ソーシャルワークの「定義」「倫理綱領」「業務指針」について体系的に整理しましょう。

定義	●ソーシャルワーク専門職のグローバル定義	国際ソーシャルワーカー連盟（IFSW） 国際ソーシャルワーク学校連盟（IASSW）
倫理綱領	●ソーシャルワーカーの倫理綱領	日本ソーシャルワーカー連盟（JFSW）
	●精神保健福祉士の倫理綱領	日本精神保健福祉士協会
業務指針	●精神保健福祉士業務指針	日本精神保健福祉士協会

ソーシャルワーク専門職のグローバル定義

2014年7月にオーストラリア・メルボルンにて開催された、国際ソーシャルワーカー連盟（IFSW）総会および国際ソーシャルワーク学校連盟（IASSW）総会において、ソーシャルワーク専門職のグローバル定義が採択されました。

ソーシャルワーク専門職のグローバル定義「国際ソーシャルワーカー連盟（IFSW）」			●ソーシャルワークは、社会変革と社会開発、社会的結束、および人々のエンパワメントと解放を促進する、実践に基づいた専門職であり学問である
			●社会正義、人権、集団的責任、および多様性尊重の諸原理は、ソーシャルワークの中核をなす
			●ソーシャルワークの理論、社会科学、人文学、および地域・民族固有の知を基盤として、ソーシャルワークは、生活課題に取り組みウェルビーイングを高めるよう、人々やさまざまな構造に働きかける
			●この定義は、各国および世界の各地域で展開してもよい
	注釈	中核となる任務	●ソーシャルワーク専門職の中核となる任務には、社会変革・社会開発・社会的結束の促進、および人々のエンパワメントと解放がある
		原則	●ソーシャルワークの大原則は、人間の内在的価値と尊厳の尊重、危害を加えないこと、多様性の尊重、人権と社会正義の支持である
		知	●ソーシャルワークは、複数の学問分野をまたぎ、その境界を超えていくものであり、広範な科学的諸理論および研究を利用する
		実践	●ソーシャルワークの正統性と任務は、人々がその環境と相互作用する接点への介入にある ●ソーシャルワークは、できる限り、「人々のために」ではなく、「人々とともに」働くという考え方をとる

② ソーシャルワーカーの倫理綱領

ソーシャルワーカーの倫理綱領（2020年6月2日改定）

前文			●われわれソーシャルワーカーは、すべての人が人間としての尊厳を有し、価値ある存在であり、平等であることを深く認識する。われわれは平和を擁護し、社会正義、人権、集団的責任、多様性尊重および全人的存在の原理に則り、人々がつながりを実感できる社会への変革と社会的包摂の実現をめざす専門職であり、多様な人々や組織と協働することを言明する
			●われわれは、社会システムおよび自然的・地理的環境と人々の生活が相互に関連していることに着目する。社会変動が環境破壊および人間疎外をもたらしている状況にあって、この専門職が社会にとって不可欠であることを自覚するとともに、ソーシャルワーカーの職責についての一般社会および市民の理解を深め、その啓発に努める
			●われわれは、われわれの加盟する国際ソーシャルワーカー連盟と国際ソーシャルワーク教育学校連盟が採択した、「ソーシャルワーク専門職のグローバル定義」（2014年7月）を、ソーシャルワーク実践の基盤となるものとして認識し、その実践の拠り所とする
原理		人間の尊厳	●ソーシャルワーカーは、すべての人々を、出自、人種、民族、国籍、性別、性自認、性的指向、年齢、身体的精神的状況、宗教的文化的背景、社会的地位、経済状況などの違いにかかわらず、かけがえのない存在として尊重する
		人権	●ソーシャルワーカーは、すべての人々を生まれながらにして侵すことのできない権利を有する存在であることを認識し、いかなる理由によってもその権利の抑圧・侵害・略奪を容認しない
		社会正義	●ソーシャルワーカーは、差別、貧困、抑圧、排除、無関心、暴力、環境破壊などの無い、自由、平等、共生に基づく社会正義の実現をめざす
		集団的責任	●ソーシャルワーカーは、集団の有する力と責任を認識し、人と環境の双方に働きかけて、互恵的な社会の実現に貢献する
		多様性の尊重	●ソーシャルワーカーは、個人、家族、集団、地域社会に存在する多様性を認識し、それらを尊重する社会の実現をめざす
		全人的存在	●ソーシャルワーカーは、すべての人々を生物的、心理的、社会的、文化的、スピリチュアルな側面からなる全人的な存在として認識する
倫理基準	クライエントに対する倫理責任	クライエントとの関係	●ソーシャルワーカーは、クライエントとの専門的援助関係を最も大切にし、それを自己の利益のために利用しない
		クライエントの利益の最優先	●ソーシャルワーカーは、業務の遂行に際して、クライエントの利益を最優先に考える
		受容	●ソーシャルワーカーは、自らの先入観や偏見を排し、クライエントをあるがままに受容する
		説明責任	●ソーシャルワーカーは、クライエントに必要な情報を適切な方法・わかりやすい表現を用いて提供する
		クライエントの自己決定の尊重	●ソーシャルワーカーは、クライエントの自己決定を尊重し、クライエントがその権利を十分に理解し、活用できるようにする。また、ソーシャルワーカーは、クライエントの自己決定が本人の生命や健康を大きく損ねる場合や、他者の権利を脅かすような場合は、人と環境の相互作用の視点からクライエントとそこに関係する人々相互のウェルビーイングの調和を図ることに努める
		参加の促進	●ソーシャルワーカーは、クライエントが自らの人生に影響を及ぼす決定や行動のすべての局面において、完全な関与と参加を促進する
		クライエントの意思決定への対応	●ソーシャルワーカーは、意思決定が困難なクライエントに対して、常に最善の方法を用いて利益と権利を擁護する
		プライバシーの尊重と秘密の保持	●ソーシャルワーカーは、クライエントのプライバシーを尊重し秘密を保持する
		記録の開示	●ソーシャルワーカーは、クライエントから記録の開示の要求があった場合、非開示とすべき正当な事由がない限り、クライエントに記録を開示する
		差別や虐待の禁止	●ソーシャルワーカーは、クライエントに対していかなる差別・虐待もしない

		権利擁護	●ソーシャルワーカーは、クライエントの権利を擁護し、その権利の行使を促進する
倫理基準	組織・職場に対する倫理責任	情報処理技術の適切な使用	●ソーシャルワーカーは、情報処理技術の利用がクライエントの権利を侵害する危険性があることを認識し、その適切な使用に努める
		最良の実践を行う責務	●ソーシャルワーカーは、自らが属する組織・職場の基本的な使命や理念を認識し、最良の業務を遂行する
		同僚などへの敬意	●ソーシャルワーカーは、組織・職場内のどのような立場にあっても、同僚および他の専門職などに敬意を払う
		倫理綱領の理解の促進	●ソーシャルワーカーは、組織・職場において本倫理綱領が認識されるよう働きかける
		倫理的実践の推進	●ソーシャルワーカーは、組織・職場の方針、規則、業務命令がソーシャルワークの倫理的実践を妨げる場合は、適切・妥当な方法・手段によって提言し、改善を図る
		組織内アドボカシーの促進	●ソーシャルワーカーは、組織・職場におけるあらゆる虐待または差別的・抑圧的な行為の予防および防止の促進を図る
		組織改革	●ソーシャルワーカーは、人々のニーズや社会状況の変化に応じて組織・職場の機能を評価し必要な改革を図る
	社会に対する倫理責任	ソーシャル・インクルージョン	●ソーシャルワーカーは、あらゆる差別、貧困、抑圧、排除、無関心、暴力、環境破壊などに立ち向かい、包摂的な社会をめざす
		社会への働きかけ	●ソーシャルワーカーは、人権と社会正義の増進において変革と開発が必要であるとみなすとき、人々の主体性を活かしながら、社会に働きかける
		グローバル社会への働きかけ	●ソーシャルワーカーは、人権と社会正義に関する課題を解決するため、全世界のソーシャルワーカーと連帯し、グローバル社会に働きかける
	専門職としての倫理責任	専門性の向上	●ソーシャルワーカーは、最良の実践を行うために、必要な資格を所持し、専門性の向上に努める
		専門職の啓発	●ソーシャルワーカーは、クライエント・他の専門職・市民に専門職としての実践を適切な手段をもって伝え、社会的信用を高めるよう努める
		信用失墜行為の禁止	●ソーシャルワーカーは、自分の権限の乱用や品位を傷つける行いなど、専門職全体の信用失墜となるような行為をしてはならない
		社会的信用の保持	●ソーシャルワーカーは、他のソーシャルワーカーが専門職業の社会的信用を損なうような場合、本人にその事実を知らせ、必要な対応を促す
		専門職の擁護	●ソーシャルワーカーは、不当な批判を受けることがあれば、専門職として連帯し、その立場を擁護する
		教育・訓練・管理における責務	●ソーシャルワーカーは、教育・訓練・管理を行う場合、それらを受ける人の人権を尊重し、専門性の向上に寄与する
		調査・研究	●ソーシャルワーカーは、すべての調査・研究過程で、クライエントを含む研究対象の権利を尊重し、研究対象との関係に十分に注意を払い、倫理性を確保する
		自己管理	●ソーシャルワーカーは、何らかの個人的・社会的な困難に直面し、それが専門的判断や業務遂行に影響する場合、クライエントや他の人々を守るために必要な対応を行い、自己管理に努める

資料：日本ソーシャルワーカー連盟「ソーシャルワーカーの倫理綱領」（2005年1月27日制定、2020年6月2日改定）

③ 精神保健福祉士の倫理綱領

前文・目的

前 文	●われわれ精神保健福祉士は、個人としての尊厳を尊び、人と環境の関係を捉える視点を持ち、共生社会の実現をめざし、社会福祉学を基盤とする精神保健福祉士の価値・理論・実践をもって精神保健福祉の向上に努めるとともに、クライエントの社会的復権・権利擁護と福祉のための専門的・社会的活動を行う専門職としての資質の向上に努め、誠実に倫理綱領に基づく責務を担う	
目 的	●この倫理綱領は、精神保健福祉士の倫理の原則および基準を示すことにより、以下の点を実現することを目的とする	
	1	精神保健福祉士の専門職としての価値を示す
	2	専門職としての価値に基づき実践する
	3	クライエントおよび社会から信頼を得る
	4	精神保健福祉士としての価値、倫理原則、倫理基準を遵守する
	5	他の専門職や全てのソーシャルワーカーと連携する
	6	すべての人が個人として尊重され、共に生きる社会の実現をめざす

倫理原則

倫理原則	①クライエントに対する責務	クライエントへの関わり	●精神保健福祉士は、クライエントの基本的人権を尊重し、個人としての尊厳、法の下の平等、健康で文化的な生活を営む権利を擁護する
		自己決定の尊重	●精神保健福祉士は、クライエントの自己決定を尊重し、その自己実現に向けて援助する
		プライバシーと秘密保持	●精神保健福祉士は、クライエントのプライバシーを尊重し、その秘密を保持する
		クライエントの批判に対する責務	●精神保健福祉士は、クライエントの批判・評価を謙虚に受けとめ、改善する
		一般的責務	●精神保健福祉士は、不当な金品の授受に関与してはならない。また、クライエントの人格を傷つける行為をしてはならない
	②専門職としての責務	専門性の向上	●精神保健福祉士は、専門職としての価値に基づき、理論と実践の向上に努める
		専門職自律の責務	●精神保健福祉士は同僚の業務を尊重するとともに、相互批判を通じて専門職としての自律性を高める
		地位利用の禁止	●精神保健福祉士は、職務の遂行にあたり、クライエントの利益を最優先し、自己の利益のためにその地位を利用してはならない
		批判に関する責務	●精神保健福祉士は、自己の業務に対する批判・評価を謙虚に受けとめ、専門性の向上に努める
		連携の責務	●精神保健福祉士は、他職種・他機関の専門性と価値を尊重し、連携・協働する
	③機関に対する責務		●精神保健福祉士は、所属機関がクライエントの社会的復権を目指した理念・目的に添って業務が遂行できるように努める
	④社会に対する責務		●精神保健福祉士は、人々の多様な価値を尊重し、福祉と平和のために、社会的・政治的・文化的活動を通し社会に貢献する

倫理基準（抜粋）

倫理基準	①クライエントに対する責務	クライエントへの関わり		●精神保健福祉士は、クライエントをかけがえのない一人の人として尊重し、専門的援助関係を結び、クライエントとともに問題の解決を図る
		自己決定の尊重	a	●クライエントの知る権利を尊重し、クライエントが必要とする支援、信頼のおける情報を適切な方法で説明し、クライエントが決定できるよう援助する
			b	●業務遂行に関して、サービスを利用する権利および利益、不利益について説明し、疑問に十分応えた後、援助を行う。援助の開始にあたっては、所属する機関や精神保健福祉士の業務について契約関係を明確にする
			c	●クライエントが決定することが困難な場合、クライエントの利益を守るため最大限の努力をする
		プライバシーと秘密保持		●精神保健福祉士は、クライエントのプライバシーの権利を擁護し、業務上知り得た個人情報について秘密を保持する。なお、業務を辞めたあとでも、秘密を保持する義務は継続する
			a	●第三者から情報の開示の要求がある場合、クライエントの同意を得た上で開示する。クライエントに不利益を及ぼす可能性がある時には、クライエントの秘密保持を優先する
			b	●秘密を保持することにより、クライエントまたは第三者の生命、財産に緊急の被害が予測される場合は、クライエントとの協議を含め慎重に対処する
		クライエントの批判に対する責務		●精神保健福祉士は、自己の業務におけるクライエントからの批判・評価を受けとめ、改善に努める
		一般的責務	a	●精神保健福祉士は、職業的立場を認識し、いかなる事情の下でも精神的・身体的・性的いやがらせ等人格を傷つける行為をしてはならない
			b	●精神保健福祉士は、機関が定めた契約による報酬や公的基準で定められた以外の金品の要求・授受をしてはならない
	②専門職としての責務	専門性の向上	a	●精神保健福祉士は専門職としての価値・理論に基づく実践の向上に努め、継続的に研修や教育に参加しなければならない
		専門職自律の責務	a	●精神保健福祉士は、適切な調査研究、論議、責任ある相互批判、専門職組織活動への参加を通じて、専門職としての自律性を高める
			b	●精神保健福祉士は、個人的問題のためにクライエントの援助や業務の遂行に支障をきたす場合には、同僚等に速やかに相談する。また、業務の遂行に支障をきたさないよう、自らの心身の健康に留意する
		地位利用の禁止		●精神保健福祉士は業務の遂行にあたりクライエントの利益を最優先し、自己の個人的・宗教的・政治的利益のために自己の地位を利用してはならない。また、専門職の立場を利用し、不正、搾取、ごまかしに参画してはならない
		批判に関する責務	a	●精神保健福祉士は、同僚の業務を尊重する
			b	●精神保健福祉士は、自己の業務に関する批判・評価を謙虚に受けとめ、改善に努める
		連携の責務	a	●精神保健福祉士は、クライエントや地域社会の持つ力を尊重し、協働する
			b	●精神保健福祉士は、クライエントや地域社会の福祉向上のため、他の専門職や他機関等と協働する
	③機関に対する責務			●精神保健福祉士は、所属機関等が、クライエントの人権を尊重し、業務の改善や向上が必要な際には、機関に対して適切・妥当な方法・手段によって、提言できるように努め、改善を図る
	④社会に対する責務			●精神保健福祉士は、専門職としての価値・理論・実践をもって、地域および社会の活動に参画し、社会の変革と精神保健福祉の向上に貢献する

資料：公益社団法人日本精神保健福祉士協会「精神保健福祉士の倫理綱領」2018.

④ 精神保健福祉士業務指針

2014（平成26）年に採択された「精神保健福祉士業務指針及び業務分類 第2版」が改定され、2020（令和2）年に「精神保健福祉士業務指針 第3版」が発表されました。

精神保健福祉士の主な業務と定義

		業務名	定義
ミクロレベルの業務	1	サービス利用に関する支援	●精神保健福祉サービスを必要とする人に対して、利用上の問題を調整し、適切なサービスの利用が図れるように支援する
	2	受診／受療に関する支援	●心身の変調により、受診／受療上の課題を抱えている人に対して、課題を解決、調整し、必要な医療が受けられるように支援する
	3	退院／退所支援	●病院／施設からクライエントが望む場所へ退院／退所し、その人らしい暮らしを実現するために支援する
	4	経済的問題解決の支援	●生活費や医療・福祉サービス利用費または財産管理等の経済的問題の調整を通して、クライエントが安心して主体的に生活を営めるよう支援する
	5	居住支援	●住居および生活の場の確保や居住の継続に関して、クライエントの希望を尊重しながら支援することをとおし、地域におけるその人らしい暮らしを実現する
	6	就労に関する支援	●就労に関するクライエントの希望を尊重し、そのニーズに応じた就労環境の調整を通して、主体的に社会参加できるよう支援する
	7	雇用に関する支援	●雇用上の問題解決およびクライエントの職業上の自己実現を支援するとともに、精神障害のある労働者への合理的配慮を雇用主に提案、調整し雇用の安定を図る
	8	就学に関する支援	●就学／復学に関するクライエントの希望を尊重し、そのニーズに応じた環境調整を図り、クライエントが主体的に学ぶことができるよう支援する
	9	対人関係／社会関係の問題調整	●クライエントと周囲の人々との間で生じる問題や葛藤に対して、課題の整理と調整を図り、クライエントが対人関係／社会関係において安心して生活できるよう支援する
	10	生活基盤の形成・維持に関する支援	●衣・食・住・心身の保全などの日常生活における基盤を形成・維持し、安心・安定した地域生活が送れるよう必要に応じた支援を行う
	11	心理情緒的支援	●生活のなかで生じる不安や葛藤、悲哀などの心理・情緒的問題に対して、クライエントが受け止め、見通しをもって取り組めるように支援する
	12	疾病／障害の理解に関する支援	●疾病や障害を抱える体験や思いを受け止め、クライエントが疾病／障害について理解し、それらとつき合いながらその人らしく生きることを支援する

		業務名	定義
	13	権利行使の支援	● 権利侵害の状況に関する点検を行うとともに、クライエントが有する権利を適切に行使できるよう支援する
	14	家族支援	● 家族を一つのシステムとしてとらえ、家族が抱える問題の整理と調整を通して、家族成員個々が安心して健康な生活を送れるよう支援する
	15	グループ（集団）による支援・グループワーク	● 共通のテーマをもつ人々の問題解決やニーズの充足を目指し、集団の力動を活用した意図的なグループ経験を通じて、個人の成長や目標の達成を支援する
	16	活動・交流場面の提供	● 社会的役割をもち、豊かな生活を営む権利を保障するために、安心して過ごせる場、他者との交流の機会、創造的活動の機会を提供する
メゾレベルの業務	17	セルフヘルプグループ、当事者活動への側面的支援	● セルフヘルプグループ、当事者活動（ピアサポーター、ピアスタッフ等含む）などが、当事者性におけるそれぞれの力を発揮し継続的に活動展開できるよう側面的に支援する
	18	スーパービジョン	● 精神保健福祉士の業務をソーシャルワークの専門性に基づき遂行し、実践力の向上を図るために、精神保健福祉士同士で行う相互作用のプロセス（実習指導を含む）
	19	コンサルテーション	● 業務遂行上の問題を抱えたコンサルティ（個人、集団、組織、地域社会）からの相談に対して、精神保健福祉士の専門性に基づき助言を行う
	20	多職種／多機関連携	● クライエントの課題解決やニーズの実現に向けて、複数の異なる専門職、専門機関等が互いの役割や機能を理解し協働する
	21	記録	● 支援内容や運営管理にかかわる事項を文書化し、ソーシャルワークサービスの向上および機関の支援機能の向上のために活用する
	22	組織運営／経営	● 人々の福祉を目指す組織の理念に基づき、安定したサービスが提供できるよう、持続可能な組織基盤の形成と適切な運営管理を行う
	23	組織介入／組織改革	● 精神保健福祉士の理念に基づき、人々の権利保障の視点から組織を点検し、クライエントのニーズに対応したサービスの改善・開発を行う
マクロレベルの業務	24	地域活動／地域づくり	● 精神保健福祉にかかわる地域課題を発見・分析し、誰もが暮らしやすい地域づくりに向けた資源開発や諸資源のネットワーキングおよび組織化による課題解決を図る
	25	調査研究	● 精神保健福祉士がかかわる実践について検証し、よりよい実践につなげるとともに、精神保健福祉にかかる実態把握や状況分析を行い、その結果を社会に発信する
	26	政策提言／政策展開	● 精神保健福祉に関連する制度・政策を分析し、改善のための具体的な提言を行い、共生社会の実現に向けた施策の展開に関与する

資料：公益社団法人日本精神保健福祉士協会「精神保健福祉士業務指針 第3版」2020.

⑤ ソーシャルワーカーの活動領域

ケアマネジメント

相談支援専門員		●指定特定相談支援事業所等に配置され、サービス等利用計画の作成、関係機関との連絡調整などを行う
	要件	●障害者の相談支援・直接支援等の業務に一定期間（3～10年）従事し、都道府県が実施する相談支援従事者初任者研修を受講することが必要。5年ごとに現任研修を修了すると資格の更新ができる
介護支援専門員		●居宅介護支援事業所や介護保険施設等に配置され、ケアプラン作成、介護全般に関する相談援助・関係機関との連絡調整などを行う
	要件	●5年以上の実務経験を有する一定の資格取得者が、都道府県が実施する介護支援専門員実務研修受講試験に合格し、実務研修を修了すると介護支援専門員になれる。5年ごとに更新研修を修了すると資格の更新ができる

医療の分野

医療ソーシャルワーカー		●保健医療機関に勤務するソーシャルワーカー ●療養中の心理的・社会的問題の解決、調整援助、退院援助、社会復帰援助、受診・受療援助、経済的問題の解決、調整援助等を行う ●2010（平成22）年度から日本医療社会福祉協会で、認定医療社会福祉士の認定制度事業を実施している
	要件	●認定医療社会福祉士は、保健医療分野における実務経験が通算5年以上あり、認定医療社会福祉士認定資格取得にかかわる研修において、合計180ポイント以上を取得したときに申請が行える

教育の分野

スクールソーシャルワーカー		●教育分野に関する知識に加えて、社会福祉等の専門的な知識・技術を用いて、児童生徒の置かれたさまざまな環境に働きかけて、支援を行うソーシャルワーカー ●2008（平成20）年度より文部科学省の事業として始まった
	要件	●精神保健福祉士、社会福祉士、専門的な知識・技術・経験を有する者のなかから選考される

司法の分野

ソーシャルワーカーの配置	●全国の刑務所、更生保護施設に精神保健福祉士または社会福祉士が配置されている（2009（平成21）年度から）
地域生活定着支援センターのコーディネーター	●精神保健福祉士、社会福祉士等が配置される ●高齢や障害等福祉的な支援を必要とする刑務所出所者等の社会復帰を支援する
社会復帰調整官	●保護観察所へ配属され、心神喪失者等の精神障害者の社会復帰を支援する ●精神保健福祉士等から選任される

① 相談援助の理念

アドボカシー（権利擁護）	分類		●ソーシャルワーカーが、クライエントの生活と権利を擁護するため、援助過程において積極的に弁護活動（代弁）を展開する方法
		ケースアドボカシー	●個人または家族の権利を擁護する
		クラスアドボカシー	●同じ課題を抱えた特定の集団の代弁や制度の改善・開発を目指す
		セルフアドボカシー	●自分自身で権利を主張したり、ニーズ実現のための自己決定等を行う
		シチズンアドボカシー	●同じ地域で暮らす市民が、権利の抑圧を受けている他の市民の権利獲得やニーズ実現のために援助する
		リーガルアドボカシー	●弁護士や法的な訓練を受けた人が、法律を利用して権利獲得やニーズ実現を行う
	機能	調整の機能	●クライエントとサービス提供者の間で個別に行われるケースアドボカシーのこと
		介入の機能	●クライエントが地域福祉政策を活用できるように介入すること
		変革の機能	●解決困難な課題に対して、変革主体者・弁護的変革者としての役割を果たすこと
		発見の機能	●クライエントの置かれている環境や状況に関する問題発見、問題提起をすること
		対決の機能	●制度や組織の厚い壁に対して、専門職としての中立性は保ちながらも当事者の利益のために代弁すること
		ネットワーキング機能	●地域に散在する社会資源の組み合わせや相互のつながりを活用すること
ノーマライゼーション			●ノーマライゼーションとは、障害を特別視するのではなく、一般社会のなかで普通の生活が送れるような条件を整えるべきであり、ともに生きる社会こそノーマルな社会であるとの考え方を指している
バンク-ミケルセン, N. E.（Bank-Mikkelsen, N. E.）			●1950年代にデンマークで知的障害のある人たちの親の会の活動を通じて具現化されてきた ●1959年にデンマークの「1959法」にノーマライゼーションの思想が導入された
ニィリエ, B.（Nirje, B.）			●スウェーデンのニィリエ, B. は、アメリカの知的障害のある人たちの施設を訪問し、人として扱われていない状況を報告した ●ニィリエは、知的障害者がノーマルな生活をするために、①1日のノーマルなリズム、②1週間のノーマルなリズム、③1年間のノーマルなリズム、④ライフサイクルでのノーマルなリズム、⑤ノーマルな要求の尊重、⑥異性との生活、⑦ノーマルな経済的基準、⑧ノーマルな環境基準の8つの原理を定めた
ヴォルフェンスベルガー, W.（Wolfensberger, W.）			●ノーマライゼーションの理念をアメリカに導入し、ソーシャルロール・バロリゼーション（価値ある社会的役割を獲得すること）としてのノーマライゼーションの概念を再構築した
糸賀一雄			●1946（昭和21）年、戦災で家族を失い浮浪児となっていた子どもたちと、知的障害のある子どもたちを支援する施設として滋賀県大津市に近江学園を設立 ●『この子らを世の光に』を著した

ソーシャルインクルージョン （社会的包摂）	● 共生社会、排除しない社会を目指す考え方 ● 社会的に孤立・疎外・排除された人々を、社会の構成員として包み込み、誰もがともに生きる社会の創造を目指す ● ソーシャルワーク専門職のグローバル定義では、「ソーシャルワーク専門職は、社会的包摂と社会的結束を促進すべく努力する」としている
ソーシャルエクスクルージョン （社会的排除）	● 福祉制度や労働市場等、社会のさまざまな領域において、社会で活躍できないように排除すること ● 「ソーシャルインクルージョン（社会的包摂）」の反対語として使われることもある
エンパワメント	● エンパワメントの考え方は、クライエントが自ら力を回復し、自分たちを取り巻く問題状況を解決していけるようにしようというもの ● 心理、社会、身体の障害のために、自ら問題を解決する能力を阻害されている状態から、再び自らの問題解決能力を取り戻していくこと、また引き出していくこと
ストレングス	● ストレングスは、その人に備わっている特性、技能、才能、能力、環境、関心など個人、グループ、地域社会の潜在的な力 ● ストレングスは、エンパワメント実践を行っていくための土台とみなされ、すべての人々や地域社会がもつ潜在能力に近い概念
リカバリー	● 病気や障害によって失ったものを回復する過程であり、人生の新しい意味と目的をつくり出すこと ● 疾患や障害を通じて、その人の態度、価値観、感情、目的、技量、役割を建設的に変容していく ● リカバリーの概念は、1980年代後半からアメリカの精神保健領域を中心に用いられるようになり、日本の精神保健福祉領域では1998年頃から広がりつつある
レジリエンス	● 人に潜在的に備わっている、逆境から復元できる力のことをいう ● レジリエンスは、個々の人に備わっているとされ、リカバリーの土台ともいわれている
インフォームドコンセント	● 治療や手術、検査などを受ける際、前もって、その内容や期待される効果、起こり得る危険性などについて医師から十分に説明を受けたうえで患者が与える同意のこと
ソーシャルサポート ネットワーク	● フォーマルサポートとインフォーマルサポートを有機的に結合して包括的に支援を行う
ソーシャルキャピタル （社会関係資本）	● 人々の協調行動を活発にすることによって、社会の効率性を高めることのできる、「信頼」「規範」「ネットワーク」といった社会組織の特徴
ソーシャルポリシー （社会政策）	● 労働政策や福祉政策のことを指し、行政責任のもと、策定・実施される
ソーシャルファーム	● ヨーロッパや韓国で発展している障害者の雇用形態で、障害者あるいは労働市場で不利な立場にある人々のために、仕事を生み出し、また支援付き雇用の機会を提供することに焦点をおいたビジネス

アカウンタビリティ	● 説明責任のことである ● 相談援助活動において、援助における判断や介入の根拠、援助の効果やそのための費用についての情報の開示や説明を、関係者や社会に対して行うことが重要である
アウトリーチ	● 相談援助機関にもちこまれる相談を待つのではなく、地域社会に出向き、相談援助を展開していくこと
ピアサポート	● 同じような体験をした人が、対等な関係で仲間を支え合うことをいう。「ピアカウンセリング」「ピアヘルパー」「ピア・スーパービジョン」などがある
ピアサポーター	● 対等な立場で仲間を支えること。ロールモデルとして期待される
ヘルパーセラピー原則	● ガートナー（Gartner, A.）とリースマン（Riessman, F.）が提唱した、援助する人が援助される人よりもっと多くのものを得るという考え方を指す
ファシリテーター	● グループなどで何かが起こるのを助け、促進する（facilitate）役割をもった人を指す ● 会議やミーティングなどにおいて、議論をスムーズに調整しながら合意形成や相互理解に向けて調整する
メディエーター	● 意見の食い違いなどが起こった場合、双方の意見を聞いて問題解決に導く仲介の役割をもった人
ナチュラルサポート	● 障害のある人が働いている職場の従業員が、職場内において、障害のある人が働き続けるために必要なさまざまな援助を、自然もしくは計画的に提供すること
元気回復行動プラン（WRAP）	● 当事者自身が自らの力で、生活や健康を管理することを目的とした、精神障害者当事者のセルフケア・プログラムで、「日常生活管理プラン」「注意サインに対処するプラン」など、6つのプログラムで構成される
アファーマティブアクション（差別改善措置）	● 被差別や格差の問題を抱えた弱者集団に対し、所属する環境におけるルールの改正や優遇措置の導入などにより、そのハンディキャップを是正するための積極的な行動をいう
クラブハウス・モデル	● 1948年に最初のクラブハウスがアメリカに創設された ● 精神障害者の包括的地域リハビリテーションで自助と相互支援の当事者型活動を特徴としている
カルチュラル・コンピテンス	● 多様な文化的背景をもつクライエントに対して、統合的・実践的に対応する能力
ユニバーサルデザイン	● 年齢や障害の有無などにかかわらず、すべての人が使いやすいように施設、製品などをデザインすること
コラボレーション	● 異なる分野の人や団体が協力して制作すること

ブレインストーミング	● 自由な雰囲気で、相互に批判をしないというルールのもとで多様な意見を出し合い、最終的に一定の課題によりよい解決を得ようとする方法
パネルディスカッション	● あるテーマについてパネラーと呼ばれる複数の議論参加者が、司会者（ファシリテーター）の進行により、異なる意見を表明しながら進める討論形式の1つ
エビデンス・ベースド・プラクティス（EBP）	● 科学的根拠に基づく実践のこと。ソーシャルワーカーの個人的な経験や慣習などに依存した支援ではなく、科学的に検証された研究成果に基づいた支援を実践すること
コンプライアンス	● 服薬遵守（医師の指示どおりに服薬する）など、クライエントが専門家の決定した援助方針に従って行動すること
アドヒアランス	● クライエントが積極的に援助方針の決定に参加し、その決定に従って自ら行動すること
インスティテューショナリズム	● 施設に長期にわたって入所することにより、次第に自発性を失い、依存的となること
セルフエフィカシー（自己効力感）	● 自分がある結果を生み出すために必要な行動を、うまく行うことができると確信していること
シェイピング	● 目標とする行動を獲得するために、その行動を小さなステップに分けて、段階的に獲得へ導いていく方法

ソーシャルワークの実践領域

ミクロレベル	● 個人・家族など個人が日常生活のなかで直接に接触していて相互作用するレベル	
	例	精神科デイケアで、相互作用を活用しながら個人の成長や課題解決を図る
メゾレベル	● 学校・教会、自治体・地域社会など個人の毎日の生活に影響を与えるレベル	
	例	地域移行に向けて、病院内の環境を整備する
マクロレベル	● 社会、国家など社会全体の福利増進を目指すレベル	
	例	居住支援を通じて明らかになった政策的課題の解決に向けた提言を行う

ソーシャルワークの実践モデル

治療モデル	生活モデル	ストレングスモデル
●対象としてのクライエント ●直接的因果関係 ●問題の分類 ●エビデンス重視	●人と環境との交互作用 ●関係性を重視 ●生活ストレスと対処 ●コンピテンス	●主体としてのクライエント ●意味の付与 ●ナラティブ重視 ●主観性、実在性

治療モデル	●クライエントを対象としてとらえ、クライエントが抱える問題や課題、病気や障害などに焦点を当てるモデル
生活モデル	●人と環境との交互作用に焦点を当て、環境との関係性を重視するモデル
ストレングスモデル	●強さや能力に焦点を当てようとするモデル ●クライエントを主体として強調し、強さを見出し、それを意味づけしていくことを重視する

精神科医療チームにおける多職種連携のモデル

マルチディシプリナリ・モデル	●階層構造のなかで、医師の指示・指導のもとに各職種がそれぞれの専門性を発揮するチーム
インターディシプリナリ・モデル	●階層性はないが、各職種の役割はおおむね固定されて、多職種が明確な役割分担に基づいて利用者にかかわるチーム
トランスディシプリナリ・モデル	●ほかのモデルより、課題達成のために多職種間で役割を横断的に共有することが多いチーム ●共通の達成課題を掲げ、各専門職の役割代替が認められる

マッピング技法

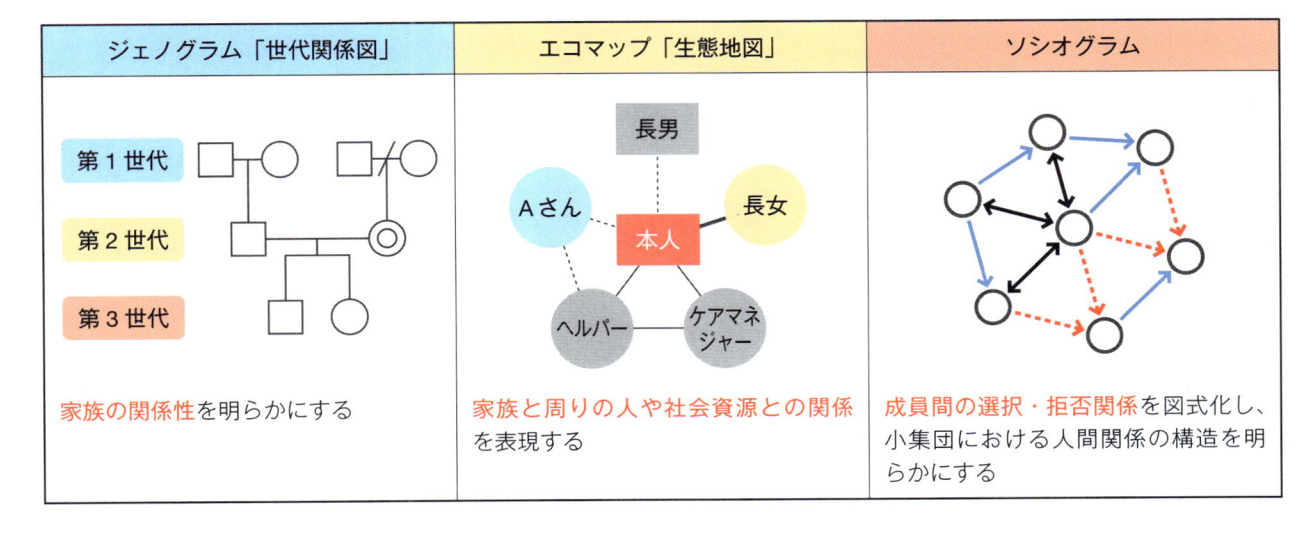

ジェノグラム「世代関係図」	エコマップ「生態地図」	ソシオグラム
第1世代 第2世代 第3世代	長男 Aさん 本人 長女 ヘルパー ケアマネジャー	
家族の関係性を明らかにする	家族と周りの人や社会資源との関係を表現する	成員間の選択・拒否関係を図式化し、小集団における人間関係の構造を明らかにする

相談援助の技法

ソーシャルアクション （社会活動法）	●社会福祉の制度・サービスの創設・改善・維持を目指して、議会・行政機関や企業・民間団体に対して行われる社会的行動のこと ●住民組織型（住民の身近な生活問題への行動）、当事者組織型（福祉問題を共有する人たちの組織化や権利要求の行動）などの形態がある
ソーシャルワークリサーチ （社会福祉調査）	●さまざまな福祉課題の解決を導くために、関連するデータを収集・分析し、実証的な解明を図る技術
ソーシャルプランニング （社会福祉計画）	●社会を構成する諸要素の変動によって多様化する社会福祉ニーズに対して、社会資源の確保などの課題を明確にして、社会計画をあらかじめ立てることでその変動に対応しようとする技術
ソーシャルアドミニストレーション（社会福祉運営管理）	●福祉施設、医療機関などの組織運営・管理を、ソーシャルワークの観点から実践する技術

バイステックの7原則

個別化	●利用者を個人としてとらえる。社会生活史を把握して働きかけることが重要とする
意図的な感情表出	●利用者が自由に感情を表出できるように援助者が意図的にかかわる
統制された情緒的関与	●援助者は自分の感情をコントロールして意図的にかかわる
受容	●道徳的批判などを加えずに、利用者のあるがままを受け入れる
非審判的態度	●援助者は、道徳的観念や自分自身の価値観で利用者を裁いてはいけない
自己決定	●ものごとを決定するのは、「利用者本人」である ●場合により、代弁的役割（アドボカシー）を果たすことがある
秘密保持	●秘密を要する利用者の情報は他人に漏らしてはいけない ●情報提供が必要な場合は、利用者の同意が必要

記録

記録の文体	叙述体	圧縮叙述体	全体の支援過程を「圧縮」して比較的短く記述する
		過程叙述体	ソーシャルワーカーと利用者の支援過程の「詳細」を記述する
		逐語体	ソーシャルワーカーと利用者の支援過程の「ありのまま」を記述する
	要約体		ソーシャルワーカーの思考を通して利用者へのかかわりを整理し、「要約」して記述する
	説明体		ソーシャルワーカーが解釈や分析、考察結果に「説明」を加える記述
記録の方法	SOAP方式		●問題志向型記録の叙述的経過記録方式。S（Subject：主観的データ）、O（Object：客観的データ）、A（Assessment：判断・分析）、P（Plan：計画）で経過を記録する

スーパービジョン

スーパービジョン		●スーパーバイザーが、責任をもってスーパーバイジーの能力を最大限生かしてよりよい実践ができるように援助する過程 ●意義は、クライエントへのサービスの質、専門性の質などの維持・向上を図るために業務の振り返りを促すことにある	
	スーパーバイザー	●スーパーバイズする立場の人	
	スーパーバイジー	●スーパーバイズされる立場の人	
スーパービジョンの種類	個人スーパービジョン	●スーパーバイザーとスーパーバイジーが1対1で行うスーパービジョン	
	グループ・スーパービジョン	●1人のスーパーバイザーが複数のスーパーバイジーに対して行うスーパービジョン	
	ライブ・スーパービジョン	●スーパーバイザーが援助者の実践場面に同席して行うスーパービジョン	
	ピア・スーパービジョン	●複数のスーパーバイジーがスーパーバイザーの同席なしに行うスーパービジョン	
	セルフ・スーパービジョン	●スーパーバイジー自身がスーパーバイザーとなって自己分析すること	
スーパービジョンの機能	管理的機能	●業務遂行が可能になるように適切な業務量などに目配りすること	
	教育的機能	●専門職としての知識・技術・価値・倫理を習得させること	
	支持的機能	●スーパービジョン関係を用いて情緒的・心理的な面をサポートすること	
パラレルプロセス		●スーパーバイジーであるソーシャルワーカーとクライエントとの関係とよく似た状況が、スーパーバイザーとスーパーバイジーとの関係において起こること	

コンサルテーション

コンサルテーション		●コンサルタントがコンサルティに対して、問題の解決などの助言や指導などによる間接的な支援を行い、最終的にクライエント支援につながる支援方法 ●コンサルティが得られた助言の内容は、自ら評価し、採用するかを決める
	コンサルタント	●コンサルティングを行うことを業としている個人もしくは法人
	コンサルティ	●業務上の課題を抱えた個人、集団、組織、地域社会

① 面接技術

面接の場面		●面接の場面はさまざま考えられるが、主なものとして面接室による面接、生活場面面接、電話による面接がある
	面接室	●面接者と利用者の座る位置は、対面法よりも直角法のほうが緊張感や不安をもたらしにくい <対面法>　<直角法>
	生活場面	●利用者の生活の場で行われるため、面接室では知ることのできない重要な情報を生活場面から得ることができる
	電話	●お互いの表情が見えないので、言葉の選択、声のトーン、質、速さなどについて、より注意を向けたほうがよい
コミュニケーション手段		●面接時に用いるコミュニケーション技法に、非言語的コミュニケーションと言語的コミュニケーションがある
	非言語的コミュニケーション	●視線、表情、身振り、態度、声の高さ、利用者との距離など言語を使用せずにメッセージを交わす方法
	言語的コミュニケーション	●言葉を使用してメッセージを交わす方法
質問		●質問方法には、閉じられた質問と開かれた質問の2種類あり、状況に応じて効果的に使い分け、面接を行う
	閉じられた質問	●「はい」「いいえ」または一言で答えられる質問 ●事実を確認するときなどに用いる
	開かれた質問	●利用者が自由に答えることができる質問 ●問題を明らかにするときや思いを引き出すときなどに用いる
面接技法	受容	●利用者を評価したりせず、相手をありのままに受け入れること
	明確化	●自分の思いを明確に言語化できない利用者に、利用者の思いや感情を代わりに言葉にして他の人に伝えること
	感情の反映	●利用者の感情を受容し、その感情を言語化し、利用者に伝えること
	要約	●利用者が語った経験、行動、感情の経過を要約し、利用者に伝えること
	直面化	●利用者の言語と感情や態度の不一致や矛盾などから、利用者自身の内面にある葛藤状態に直面させることで問題の明確化を図ること
	支持・励まし	●利用者の発言内容を尊重し、承認することで、言語・非言語の方法で伝達すること
	言い換え	●利用者の発言を別の表現で言い換えて応答すること
	リフレーミング	●利用者の発言内容を、今とは違った見方をすることで、それらの意味を変化させて、ポジティブなものにしていくこと
	動機づけ面接	●利用者の変わりたい気持ちを引き出し、考えや行動を変化させるために必要なことを一緒に考え、変わるための行動を起こすことができるように支援する面接法

① ケースワーク

相談援助（ケースワーク）の展開過程

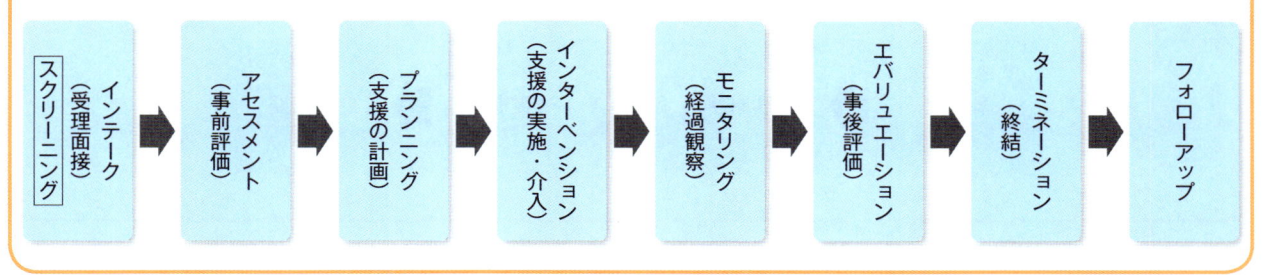

インテーク（受理面接）	●利用者の主訴を共感的に傾聴し、問題が何であるか、どのような援助を必要としているのかを明らかにするとともに、ワーカーの属する機関や施設が提供するサービスについて説明をする ●インテークでは、援助についての契約を結ぶ
スクリーニング	●心身機能の状態、生活状況などについて、規定の書式を用いて情報を収集し、相談機関が対応可能かどうかを判断する
アセスメント（事前評価）	●インテーク段階で、利用者が当該機関を選択決定したことを受けて始まる ●クライエントの社会生活の全体性を見て、多様な環境と人との相互作用のうち、どれが問題に関連しているかを検討できる広い視野が必要
プランニング（支援の計画）	●援助についての具体的な目標と方向性を定める ●利用者の参加を促すことによって利用者自身の問題解決主体者としての意識を高めることが重要
インターベンション（支援の実施・介入）	●人々や社会システムおよび両者の関連性へのかかわりのみならず、社会資源の開発に関与することまで含む
モニタリング（経過観察）	●支援計画の進捗状況、新しいニーズの追加、短期目標の達成度の確認、現在の支援計画における実施状況の観察などを実施
エバリュエーション（事後評価）	●支援の結果、どのような効果をもたらしたか、効果的であったかどうかなどを総合的に判定する過程
ターミネーション（終結）	●問題解決が達成され、これ以上援助を必要としないと判断した場合などに終結段階を迎える ●将来新たな問題が生じたときに、再び援助関係を結ぶことが可能であることや、受入れ準備があることなどを伝える
フォローアップ	●支援の終結後、クライエントへの援助効果やその後の状況を確認するために行われる

① グループワーク

グループワークの展開過程

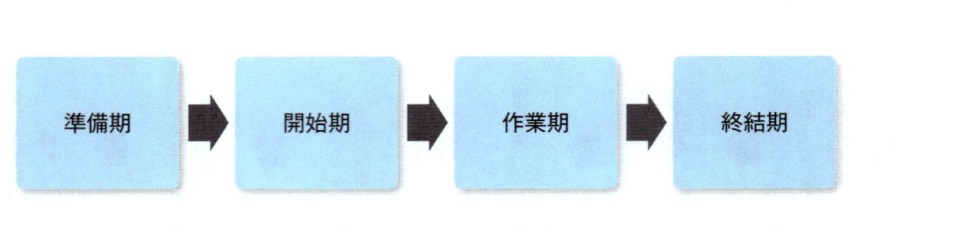

準備期 ▶ 開始期 ▶ 作業期 ▶ 終結期

準備期	●グループワークの必要性が生じたときに、メンバーが初めて顔を合わせる前に「準備」をする段階 ●援助者がグループワークを開始するにあたり、グループの計画の立案、波長合わせ、予備的接触などを行う	
	波長合わせ	●援助者がメンバーの生活状況・感情・ニーズ等をあらかじめ理解すること ●援助者が援助を通じてどのような反応をするのか予測し、心理的準備をするなど援助者自身の波長合わせも重要
開始期	●最初の集まりから、グループとして動き出すまでの「契約」の段階 ●初期段階ではメンバーは緊張していることが多いので、受容的な雰囲気をつくることが重要 ●契約作業では、グループ活動上における基本的な約束事を確認する	
作業期	●課題に取り組み、目的達成のために明確な成果がでるように進めていく「媒介」の段階 ●個々のメンバーの問題解決という目的に向かって援助する（メンバーの個別化） ●援助者は、グループ内にできるサブグループを適切に取り扱うことが求められる	
終結期	●グループ援助を終わりにする段階。次の段階に移っていく「移行期」でもある ●突然終結するのではなく、終結と移行のための準備期間を設けることが重要 ●援助者は、グループで経験したことを次にどのように活かしていくかをメンバーが考えることができるようにする	

コノプカ（Konopka, G.）のグループワークの14の原則	①メンバーの個別化（各個人の独自性、相違点を認識する）
	②グループの個別化（独自のグループとして認識する）
	③受容の原則（各個人をその個人独特の長所・短所とともに純粋に受け入れること）
	④ワーカーとメンバーの援助関係の構築（ワーカーとメンバーとの間に意図的な援助関係を樹立する）
	⑤メンバー同士の協力関係の促進（メンバーの間によい協力関係ができるように援助する）
	⑥必要に応じたグループ過程の修正（グループ過程に必要な変更を加えること）
	⑦参加の原則（メンバーが各自の能力の段階に応じて参加するよう援助する）
	⑧問題解決過程へのメンバー自身の関与（メンバーが問題解決の過程に参加できるように援助）
	⑨葛藤解決の原則（メンバーが葛藤解決のためのよりよい方法を経験するように援助する）
	⑩経験の原則（人間関係をもつことなど、多くの新しい経験を与えること）
	⑪制限の原則（故意にグループに混乱をもたらすような行為は制限する）
	⑫プログラムの活用（状況にふさわしいプログラムを意図的に用いていくこと）
	⑬継続的評価（個人およびグループ過程について継続して評価を行うこと）
	⑭グループワーカー自身の活用（ワーカーは、自己を援助の道具として用いる）

① コミュニティソーシャルワーク

> コミュニティソーシャルワークは、地域住民の社会福祉問題に対応し、地域の社会資源の有機的な連携を創出し、個々の利用者に提供する仕組みをつくる援助方法です。

コミュニティソーシャルワークの展開過程

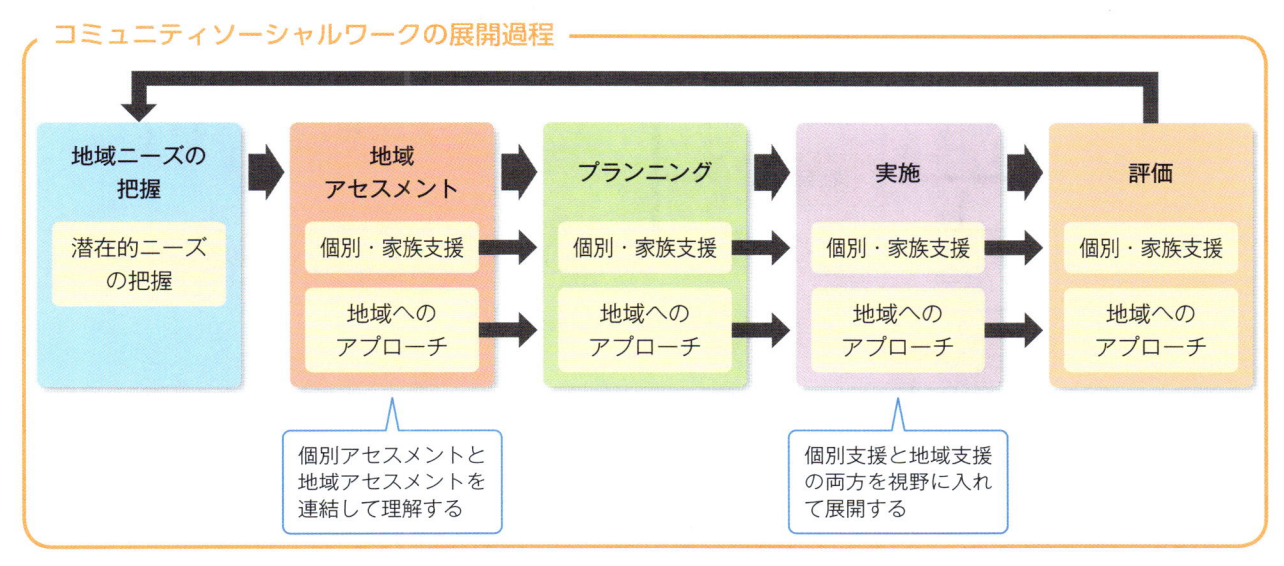

地域ニーズの把握	●地域にどのような福祉問題があるのか発見・把握する ●潜在的なニーズを掘り起こし早期にキャッチする ●アウトリーチやサービスへのアクセス障壁をなくすことも重視
地域アセスメント	●個別アセスメントと地域アセスメントの両方を視野に入れて実施する ●地域の特性、社会資源、統計資料調査のデータなどを把握する
プランニングと実施	●地域住民のニーズを満たし、問題を解決するための活動を計画し、実施する ●個人への支援では、ケアマネジメントの支援を基本に、総合的にプランニングされることが大切
評　価	●個人への支援を通じて、同様の問題を抱えている人の存在を明らかにし、課題の普遍化を図る ●地域住民や関係者と課題を共有し、サポートネットワークを形成していく

地域組織化活動	コミュニティオーガニゼーション	●地域社会がもっている自発性や自助力を呼び覚まし、地域の問題解決に向けて地域住民を組織化すること ●ロスマン（Rothman, J.）は、実践領域から「小地域開発」「社会計画」「ソーシャルアクション」に分類した
	コミュニティベースドリハビリテーション	●障害者自身、家族、地域住民、教育、職業および社会サービスの協力を通じて実行される、障害者の機会の均等、社会的統合のための総合的な地域開発の方法
	コミュニティディベロップメント	●地域生活問題の組織的解決が目的で、コミュニティオーガニゼーションの手法を用い、地域社会と住民の参加を促し、尊重した援助を重視する

① ケアマネジメント

ケアマネジメントは、地域において長期的なケアを必要とする利用者の複雑なニーズに対して、各種のサービス（社会資源）を調整・統合するための方法です。

ケアマネジメントの構成

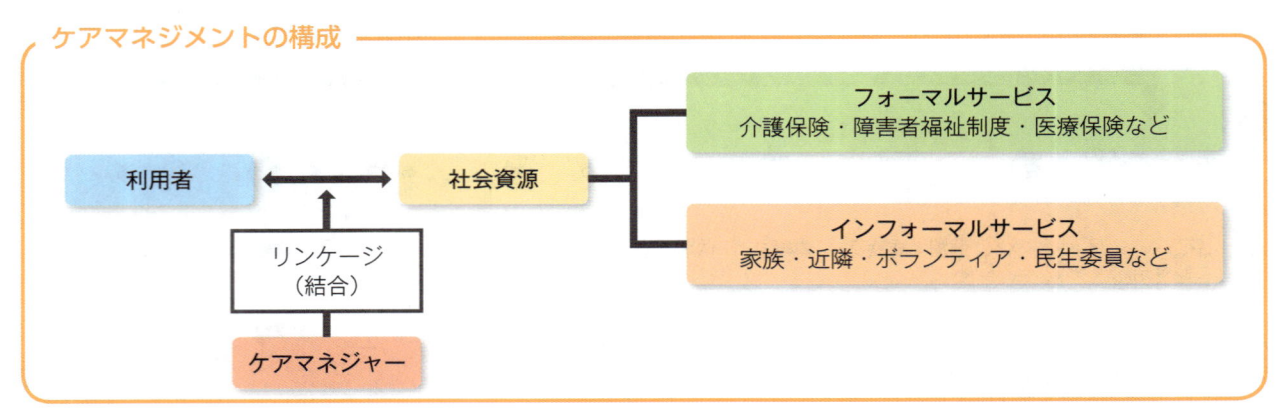

ケアマネジメントの過程

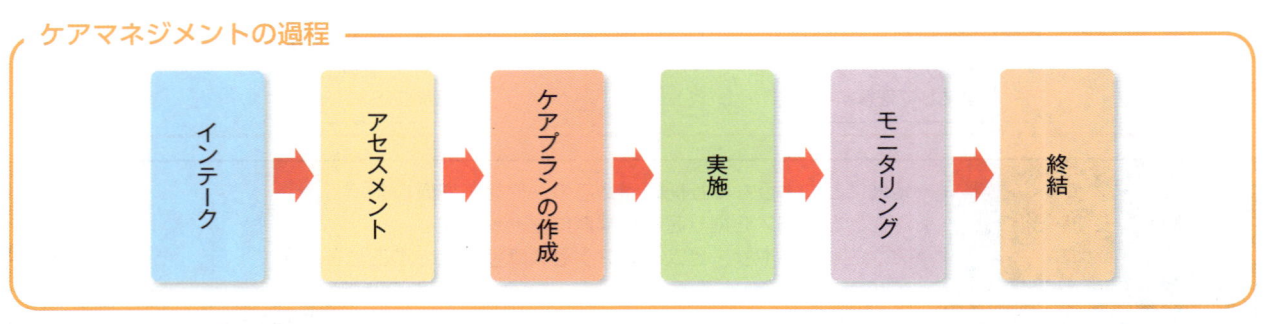

インテーク	●利用者がケアマネジャーとケアマネジメントの利用を契約する段階 ●利用者と出会う最初の段階であり、ケアマネジャーは利用者の話を聞きながら不安や緊張を緩和しつつ、信頼関係をつくっていく
リファーラル	●利用者のニーズに応じて、支援提供機関などに連絡や紹介などを行う
アセスメント	●利用者の情報を収集、分析し利用者の生活課題を明らかにする段階 ●利用者を取り巻く心理・社会的状況を整理、把握し、今後予想される状況や対策についても、予備的に評価する
ケアプランの作成	●情報収集やアセスメントで得られた内容をもとに、具体的な計画を策定する段階 ●ケアプランの原案が作成されると、サービス担当者会議を開催し、ケアプランを完成させる
マッチング	●利用者のニーズに適合したサービスを提供する組織を探して、必要なサービス、提供方法などについて交渉、調整する
実施	●利用者の問題解決を図るために、ケアプランに沿って、利用者や環境にはたらきかける段階 ●サービス担当者は具体的なサービス計画を作成し、サービスを実施する
モニタリング	●サービスの供給がニーズに適合し実施されているかを見守り、判断する ●モニタリングの過程で、ニーズとサービスに不適合があれば再度アセスメントし、ケアプランの見直しを図っていく
終結	●提供されたサービスが有効であったか、その過程で課題はなかったかなど、サービス供給の効果を総合的に評価する

ケアマネジメントのモデル

ACT （包括型地域生活支援）	● 重度の精神障害のある人が住み慣れた地域で暮らしていけるように、複数の職種がチームを組み、24時間体制で365日、医療・福祉サービスを提供し支援するプログラム ● チームスタッフ1人あたりの対象者は、10〜12人程度まで ● アメリカのウィスコンシン州で開発された、比較的重度の精神障害者を対象とする支援
ストレングスモデル	● 利用者が本来もっている能力や環境の側の滞在的能力にも着目し、それを引き出し、活用したり、セルフケア能力を高めることに重点を置く
仲介型モデル	● 利用者とサービスを結びつけることを中心とし、サービスの斡旋（あっせん）・調整を主な機能としている
臨床型モデル	● ケアマネジャーが利用者と積極的な関係をつくり、治療関係を重視し、心理的アプローチを中心とする
リハビリテーション型 モデル	● 利用者の生活技能の獲得や環境面の改善に焦点をあて、利用者の目標達成に重点をおいて支援を行う
集中型モデル	● 仲介型とACTとの中間的機能をもつ。病院から地域移行をする利用者を対象に、医療専門職がケアマネジャーになり実施する

計画相談支援と居宅介護支援　◀ 運営基準は共通事項が多い

		計画相談支援	居宅介護支援
	根拠法	障害者総合支援法	介護保険法
	担当	相談支援専門員	介護支援専門員
運営基準	アセスメント	● アセスメントの実施にあたっては、利用者の居宅を訪問し、利用者およびその家族に面接して行わなければならない	
	ケアプラン	● サービス担当者会議の開催、担当者に対する照会等により、ケアプランの原案の内容について、担当者から専門的な見地からの意見を求めなければならない ● ケアプランの原案の内容について利用者またはその家族に対して説明し、文書により利用者の同意を得なければならない ● ケアプランを作成した際には、当該ケアプランを利用者および担当者に交付しなければならない	
	モニタリング	● 市町村が定める期間ごとに、利用者の居宅を訪問し、利用者等に面接するほか、その結果を記録しなければならない	● 少なくとも、1か月に1回、利用者の居宅を訪問し、利用者等に面接するほか、その結果を記録しなければならない

① 主なソーシャルワークのアプローチ

心理社会的アプローチ		●ホリス（Hollis, F.）が示した ●「状況のなかの人」という視点を中心に、特に心理社会的状況下にある人間の行動や成長に着目 ●クライエントの社会的に機能する能力の維持・向上を支援目標に置く	
	介入技法	●心理社会的アプローチの介入技法として次の6つのカテゴリーがある	
		1 持続的支持	●ソーシャルワーカーによる傾聴、受容、共感的理解
		2 直接的指示	●ソーシャルワーカーによる意見や態度の表明
		3 浄化法	●クライエントの抱える事実の描写、感情の解放
		4 人と状況の全体的反省	●環境や他者との関係に関する思考、感情、認知への気づき
		5 パターン力動的反省	●行動を生み出す思考や感情のパターンを明確化
		6 発達的な反省	●生まれ育った家族や幼少期についての経験
問題解決アプローチ		●パールマン（Perlman, H.）が提唱した援助技法で、クライエントのワーカビリティを活用し、ソーシャルワークを問題解決過程ととらえる ●接触段階、契約段階、活動段階による過程で展開される ●クライエントが社会的役割を遂行するうえで生じる葛藤の問題を重視し、その役割遂行上の問題解決に取り組む利用者の力を重視した ●部分化（問題を解決可能な部分に分ける）の技法を用いる	
	構成要素	●ケースワークに共通する構成要素を示した	
		1 人（Person）	●援助を必要とする人
		2 問題（Problem）	●解決すべき課題
		3 場所（Place）	●援助を行うための場所
		4 過程（Process）	●問題解決への行動や選択の過程
		5 専門職ワーカー（Professional person）	●ケースワークに必要な知識・技術をもっている人
		6 制度・政策（Provisions）	●援助を可能とするための制度や政策
機能的アプローチ		●クライエントを潜在的可能性をもつ者ととらえ、援助過程のなかで社会的機能を高めるための力を解放する ●クライエントが自らの意志（will）で解決の方向性を決定できるように、抱えているニーズが明確化されることを助ける	
課題中心アプローチ		●リード（Reid, W. J.）とエプスタイン（Epstein, L.）によって開発され、心理社会的アプローチ、問題解決アプローチ、行動変容アプローチなどの影響を受けて発達した ●伝統的ケースワークの長期にわたる処遇への批判から、短期の計画的援助を提唱した ●支援期間を短期に設定し、処遇目標や面接の回数などを明確化する	

危機介入アプローチ	●リンデマン（Lindemann, E.）による悲嘆に関する研究を起源とする ●精神保健分野で発達してきた危機理論をソーシャルワーク理論に導入したもので、危機状況に直面した利用者や家族への迅速な効果的対応を行う	
行動変容アプローチ	●学習理論をソーシャルワーク理論に導入したもので、条件反応の消去あるいは強化によって、特定の問題行動の変容をはたらきかける	
エンパワメントアプローチ	●クライエントが、自分の置かれている抑圧状況を認識し、潜在能力に気づき、対処能力を高めることに焦点をあてる	
ストレングスアプローチ	●クライエントの「強さ」や「ポジティブな特性」に焦点をあてて、自信をもつことによって自己の能力を発揮できるように援助する	
ナラティブアプローチ	●伝統的な科学主義・実証主義に対する批判として誕生した経緯があり、主観性と実存性を重視し、現実は人間関係や社会の産物であり、それを人々は言語によって共有しているとする認識論の立場に立つ考えである ●クライエントの現実として存在し、支配している物語（ストーリー）を重視して、新たな意味の世界を創り出すことを援助する	
エコロジカルアプローチ	●人と環境との相互関係を重視し、環境との相互関係で利用者をとらえる。利用者のエンパワメントを高めたり、利用者と環境との問題を調整する	
実存主義アプローチ	●実存主義思想による概念を用いて、クライエントが自らの存在意味を把握し、自己を安定させることで、疎外からの解放を目指す	
フェミニストアプローチ	●女性にとっての差別や抑圧などの社会的な現実を顕在化させ、個人のエンパワメントと社会的抑圧の根絶を目指す	
ソーシャルサポートネットワーク・アプローチ	●インフォーマルおよびフォーマルな社会資源を有機的につなぎ、ネットワークを形成する	
トラウマインフォームドアプローチ	●現在の行動をトラウマ（心の傷）の観点から理解し、そのうえで支援を提供するアプローチ	
解決志向アプローチ	●解決志向アプローチは、クライエントが抱く解決のイメージを尊重し、その実現に向けてクライエントの社会的機能を高めることを目指す ●問題の原因の追求よりも、クライエントのリソース（能力、強さ、可能性等）を活用することを重視する ●ミラクル・クエスチョン、スケーリング・クエスチョン、コーピング・クエスチョンなど特徴的な質問法を用いる	
	ミラクル・クエスチョン	●問題が解決した後の生活をイメージさせるために、一見すると非現実的な質問を投げかける
	スケーリング・クエスチョン	●クライエントの経験や今後の見通しを数値に置き換えた評価を尋ねる
	コーピング・クエスチョン	●苦境に立たされたときにどのように切り抜けたかを尋ねる

① 社会調査

社会調査

社会調査		● 人々の意識や行動などの実態をとらえるための調査。研究者が個人で行うフィールドワーク、統計的なデータとして結果をまとめられない調査も含まれる
	センサス	● 公的機関などにより行われる大規模な調査。国勢調査など
	社会踏査	● 貧困や犯罪、スラムなど、社会的な問題を解決するために行われる調査
調査の種類	量的調査	● 複数のサンプルから、データを収集し数量的に把握する調査
	質的調査	● 数量的な把握を目的としない調査（観察法、事例研究など）
基幹統計		● 国勢統計、国民経済計算、患者調査など行政機関が作成する統計で総務大臣が指定するもの
	国勢統計	● 10 年（簡易調査は 5 年）ごとに、人および世帯に関する全数調査（国勢調査）を行う
	国民経済計算	● 毎年実施。「四半期別 GDP 速報」と「国民経済計算年次推計」がある
	患者調査	● 3 年に一度実施。医療施設を利用する患者について、その傷病の状況等の実態調査。国際疾病、傷害および死因統計分類（ICD）に基づき疾病を分類

質問文の作成

質問紙を用いる調査	自計式調査	● 調査対象者が調査票に記入する（留め置き調査、郵送調査など）
	他計式調査	● 面接員が調査票に記入する（訪問面接調査、電話調査など）
変数	独立（説明）変数	● 原因となる変数
	従属（目的）変数	● 結果となる変数
回答法	多肢選択法	● 2 つ以上の選択肢の中から 1 つを質問の答えとして選ぶ
	複数選択法	● 複数の選択肢の中から、当てはまるものを複数選ぶ
濾過質問		● 質問文のなかで専門用語を用いる場合、まず、その用語の認識について確認する質問を行ったうえで、その用語を知っている者のみに尋ねる
質問文の注意	キャリーオーバー効果	● 前の質問が、後の質問の回答へ影響を与えること ● 個人のプライバシーにかかわるような質問は最後に設ける
	ダブルバーレル	● 1 つの質問に 2 つの論点が含まれていること

量的調査の方法

全数（悉皆）調査	●調査対象すべてを調べる方法	
標本（一部）調査	●調査対象の一部を調べ、母集団の特性を推測する方法	
	無作為抽出法	●単純無作為抽出法：無作為に標本を抽出する ●系統（等間隔）抽出法：一定の間隔で標本を抽出する
	層化抽出法	●母集団がいくつかの層に分けられる場合に、層ごとに無作為抽出を行う
	二段抽出法（多段抽出法）	●まず母集団のなかから第一次抽出単位を無作為に抽出し、そのうえで抽出された第一次抽出単位のなかから第二次抽出単位を抽出する方法

横断調査と縦断調査

横断調査（クロスセクショナルデータ）	●ある一時点で、複数の対象を横断的に比較調査する調査方法 ●調査を行うのは1回のみで、さまざまな種類のデータを取る調査 ●年齢階級別や男女別などに分類して、集団の特徴を分析することができる	
縦断調査（時系列調査）	●特定の調査対象を一定の時間間隔をおいて繰り返し行う調査方法 ●特定の調査対象を継続的に調査し、その変化をとらえることにより、ニーズ分析などを行うことができる	
	パネル調査	●同一の調査対象を繰り返し調査する追跡調査 ●「パネルの摩耗」とは、回を重ねるごとに回答者数が減っていくこと
	コホート調査	●同じ属性や外的条件によって区別される集団（コホート）を別のコホートとの比較に基づいて調査

量的調査の種類

区分	調査種類	内容	長所	短所
自計式	留め置き調査	●家に訪問し、質問紙を配り、一定期間後に回収する	●費用と時間が省ける	●本人が記入したかがわからない
	集合調査	●1か所に集め、質問紙を配り、その場で記入してもらい回収する	●時間、費用も節約でき、回収率もよい	●調査対象が限定され母集団をよく代表しているとは限らない
	郵送調査	●質問紙を郵送し、返信してもらう	●広範囲の調査に適し、費用や時間が少なくてよい	●回収率が低い。工夫が必要
	インターネット調査	●調査対象者がインターネットのフォームから直接回答する	●短時間、低コストで大量のサンプル回収が可能	●代表性の偏りが生じる
他計式	訪問面接調査	●個別に訪問し、口頭で質問し、結果を調査者が質問紙に記入する	●回収率がよい	●時間、費用、人手がかかる
	電話調査	●電話で質問し、結果を調査者が質問紙に記入する	●手軽にでき、費用や時間が少なくてよい	●電話を切られたり、拒否されやすい

質的調査（観察法）

単純観察法 （人工的操作を加えない）	非参与観察法	●観察者が第三者として、あるがままの姿を**外部から**観察する ●マジックミラー（ワンウェイミラー）を使った観察を行うこともある
	参与観察法	●調査者自身が対象集団に入り込み、**内部から**観察する ●調査者の立場が、観察に徹する「完全な観察者」と参加を重視する「完全な参加者」との間で行き来することがある
統制的観察法 （人工的操作を加える）		●対象集団に、規制を加えたり、観察場面・手段に工夫を加えて観察を行う
エスノグラフィー （民族誌）		●**参与観察**により、ある集団の社会生活を、具体的かつ包括的に記述したもの
アクション・リサーチ		●**調査を行う研究者が当事者と協働**して、両者が関与する問題の解決も目指しつつ調査や実践を進める ●参与観察とアクション・リサーチの違いは、前者が観察に基づく理論的研究を重視するのに対し、後者は**実践的な問題解決を重視**することにある

調査手法

個別インタビュー	●**構造化**インタビュー、**半構造化**インタビュー、**非構造化**インタビューがある
フォーカス・グループ・ インタビュー	●ある目的に対する情報を収集するために集められた対象のグループに、**面接形式で**インタビューを行う
ミックス法	●質的データを収集するインタビューや観察などと、量的データを収集する質問紙調査などを組み合わせて行う調査の手法

面接法

非構造化面接 （自由面接法）	●面接者が被面接者の反応や状況に応じて**質問の形式や順序を自由に変えて質問**する方法 ●1つ2つの質問をした後、対象者に自由に語ってもらう
構造化面接	●あらかじめ質問項目や順序を決めておいて、**どの対象者にも同じように尋ねる**
半構造化面接	●質問項目を一定数つくり、残りは対象者に自由に語ってもらう

効果測定

単一事例実験計画法 (シングル・システム・デザイン)	●単一事例（個人・家族・小集団）の問題（目標）に対して、介入の効果を測定する方法 ●基礎線期（ベースライン期）と介入期（インターベンション期）における利用者の問題（目標）の変化を測定し、その変化が介入による影響かどうかを評価する
ケースコントロール研究 （症例対照研究）	●ある時点で特定の病気にかかっている人（ケース群）と、年齢・性別などの条件が同じで病気ではない人（コントロール群）を集め、過去にさかのぼってその病気との関連が疑われる要因について行う調査 ●研究仮説を知る者が面接調査を実施することは避けることが望ましい
ランダム（無作為）化比較試験 （RCT）	●研究の対象者を無作為に2つのグループに分け、一方には介入を行い（介入群）、もう一方には介入群と異なる介入を行う（対照群）。一定期間後に比較し、介入の効果を検証する

質的データの分析

グラウンデッド・セオリー	●観察や面接により資料収集を行い、記録し、データ化する。次にデータを単位化し、コードをつける。得られたコードを比較して、データのもつ意味を解釈する。この作業を繰り返して、いくつかのコードを集約してカテゴリーをつくり、相関関係などを分析する
KJ法	●データをカードに記載し、カードをグループごとにまとめて図解し、文章化して整理していく。データの分類と集約を通じて、分析前には気がつかなかったことを把握できるなど、データの結果を創造的につくり出すことができる

量的データの分析

重回帰分析		●原因と結果の因果関係を明らかにし、結果を予測する解析手法。重回帰分析は、1つの従属変数（結果）を複数の独立変数（原因）で予測する
	例	●抑うつ症状を従属変数として、職場でのストレスおよび職場でのサポートの2つの独立変数との関連性について分析
因子分析		●多くの独立変数に存在する共通因子を探り、背後に潜む原因を分析する
分散分析		●通常3グループ以上からなるデータの平均値の差を検定
t検定		●通常2つのグループの平均値の差を検定
カイ2乗検定		●2つの変数が独立であるとした場合の期待度数からなる表と、実際の観測度数からなる表の間の全体的なズレを表す（観測度数と期待度数のズレを数値にする）　$\chi^2 = \Sigma \dfrac{(観測値 - 期待値)^2}{期待値}$

① 精神保健福祉法の変遷

年	事項	内容	
1883年 （明治16）	相馬事件	● 精神病患者への処遇や、新興新聞によるセンセーショナルな報道の是非をめぐり、世間へ大きな影響を与えた事件 ● 相馬事件がきっかけとなり、精神病者の監護の手続きについて問題意識が高まり、精神病者監護法が制定される	私宅監置
1900年 （明治33）	精神病者監護法	● 地方長官の許可を得て、監護義務者が私宅監置が原則 ● 監護義務者制度、監護の費用は被監護者の負担	
1919年 （大正8）	精神病院法	● 道府県が精神病院を設置 ● 地方長官が精神障害者を入院させる制度	
1950年 （昭和25）	精神衛生法	● 私宅監置廃止 ● 都道府県に精神病院設置義務 ● 対象を「精神病者、精神薄弱者、精神病質者」と規定 ● 措置入院制度、同意入院制度、保護義務者制度など入院制度の整備 ● 精神衛生審議会、精神衛生相談所、精神衛生鑑定医の創設	
1964年 （昭和39）	ライシャワー事件	● 精神障害者の少年により、アメリカ駐日大使のライシャワー氏が傷害を受け、日本の精神医療のあり方が国内外で問題となった事件	病院収容
1965年 （昭和40）	精神衛生法の一部改正	● 精神障害者に関する通報・届出制度の強化 ● 緊急措置入院制度の創設 ● 精神障害者の通院医療費公費負担制度の創設 ● 保健所が精神衛生行政の第一線機関に ● 保健所に精神衛生相談員を配置 ● 各都道府県に精神衛生センター（現・精神保健福祉センター）を設置	
1984年 （昭和59）	宇都宮病院事件	● 宇都宮市にある報徳会宇都宮病院で、看護職員らの暴行によって、患者2名が死亡した事件	
1987年 （昭和62）	精神衛生法 ↓ 精神保健法	● 任意入院制度の創設 ● 入院時には書面による権利等の告知制度の創設 ● 精神保健指定医制度の新設 ● 入院の必要性や妥当性を審査する「精神医療審査会」の創設 ● 退院・処遇改善請求制度の創設 ● 応急入院制度の新設 ● 精神障害者社会復帰施設を創設	社会復帰
1993年 （平成5）	精神保健法の一部改正	● 精神障害者の定義を「精神分裂病、中毒性精神病、精神薄弱、精神病質、その他の精神疾患を有する者」に変更 ● 精神障害者地域生活援助事業（グループホーム）が法定化（第2種社会福祉事業に位置づけ） ● 保護義務者を「保護者」に名称変更	

1993 年 （平成 5）	障害者基本法	● 心身障害者対策基本法が「障害者基本法」に改正され、精神障害者が「障害者」として初めて法的に位置づけられる
1995 年 （平成 7）	精神保健法 ↓ 精神保健及び精神障害者福祉に関する法律	● 精神保健法が「精神保健福祉法」に大幅に改正 ● 精神障害者保健福祉手帳制度を創設 ● 社会復帰施設（精神障害者生活訓練施設、精神障害者授産施設、精神障害者福祉ホーム、精神障害者福祉工場）が定められる ● 社会適応訓練事業が法定化 ● 地域精神保健福祉施策の充実、市町村の役割を明記
1999 年 （平成 11）	精神保健及び精神障害者福祉に関する法律の一部改正	● 精神医療審査会の委員数の制限を廃止 ● 仮入院制度の廃止 ● 保護者の自傷他害防止監督義務の削除、任意入院および通院中の保護者の義務の除外 ● 移送制度の新設 ● 居宅生活支援事業の創設（2002（平成 14）年施行）
2004 年 （平成 16）	精神保健医療福祉の改革ビジョン	「入院医療中心から地域生活中心へ」 ● 受入条件が整えば退院可能な者（7 万 2000 人）について、10 年後の解消を図ることが示される
2005 年 （平成 17）	障害者自立支援法	●「通院医療費公費負担制度」を「自立支援医療」に移行 ●「精神障害者社会復帰施設、精神障害者居宅生活支援事業」を「障害福祉サービス」に移行
	精神保健及び精神障害者福祉に関する法律の一部改正	「障害者自立支援法」等の制定による見直し ● 精神障害の定義の「精神分裂病」→「統合失調症」に ● 緊急やむを得ない場合に 12 時間を限度に、指定医の診察がなくても「特定医師」の診察により、任意入院患者に対する退院制限、医療保護入院または応急入院ができる仕組みを導入
2010 年 （平成 22）	精神保健及び精神障害者福祉に関する法律の一部改正	「障害者自立支援法」等の一部改正に伴う改正 ● 医療施設の設置者に対して、障害福祉サービスや一般相談支援事業等の利用の配慮やそれらの事業者との連携を図る努力義務 ● 新たに個別給付化された地域相談支援の給付決定について、精神保健福祉センターが必要な援助を行う ● 精神科病院に対し、一般相談支援事業者との連携を図る努力義務
2013 年 （平成 25）	精神保健及び精神障害者福祉に関する法律の一部改正	● 保護者制度の廃止 ● 医療保護入院は、家族等のうちいずれかの同意を要件に ● 精神科病院に、退院後生活環境相談員の設置を義務づけ ● 精神科病院に、地域援助事業者との連携を努力義務に ● 精神医療審査会の委員として「精神障害者の保健又は福祉に関し学識経験を有する者」を規定 ● 精神医療審査会に対し、退院等の請求をできる者に、本人のほかに「家族等」を規定

自立・社会参加

② 精神保健福祉士の歴史

年	項目	内容
1948 年 （昭和 23）	精神科ソーシャルワーカー	●わが国の精神科ソーシャルワーカーは、国立国府台病院において「社会事業婦」という名称で配置したのが始まり
1952 年 （昭和 27）	国立精神衛生研究所	●GHQ の指導のもと、国立精神衛生研究所が設立され、精神科医、臨床心理学者とともに臨床チームの一員として「精神科ソーシャルワーカー」を採用
1953 年 （昭和 28）	日本医療社会事業家協会	●日本で最初のソーシャルワーカーの職能団体、日本医療社会事業家協会（現・公益社団法人日本医療社会福祉協会）が設立
1950 年代	精神科ソーシャルワーカー	●1950 年代から精神科病院の設立が進み、精神科ソーシャルワーカーの採用が増加。1950 年代後半から名古屋市を中心にした東海 PSW 研究会が発足し、精神科ソーシャルワーカーの専門性の検討が進められる
1963 年 （昭和 38）	精神病院ソーシャルワーク連絡協議会	●日本社会事業大学で 76 名の精神科ソーシャルワーカーによって精神病院ソーシャルワーク連絡協議会が発足
1964 年 （昭和 39）	日本精神医学ソーシャル・ワーカー協会	●「日本精神医学ソーシャル・ワーカー協会」（現・日本精神保健福祉士協会）が設立された
1965 年 （昭和 40）	精神衛生相談員の配置	●精神衛生法の改正で、保健所を精神衛生行政の第一線機関とし、「精神衛生相談員」の配置規定がなされた
1973 年 （昭和 48）	Y 問題	●Y 氏によって「精神科ソーシャルワーカーによって不当に強制入院させられた。二度と人権を無視し、侵害することのないように」と訴えられた事件 ●Y 問題に対応する調査委員会が設立され、1982（昭和 57）年の全国大会で、「札幌宣言」が採択 ●日本精神医学ソーシャル・ワーカー協会は、基本指針として、「精神障害者の社会的復権と福祉のための専門的・社会的活動を進めることである」ことを明文化した（札幌宣言）
1987 年 （昭和 62）	社会福祉士及び介護福祉士法	●社会福祉士を福祉領域に限定し医療領域を含まない職種として明記しており、将来医療領域のソーシャルワーカーの資格化を国会で約束
1997 年 （平成 9）	精神保健福祉士法	●精神保健福祉士法が制定され、1999（平成 11）年 1 月に第 1 回精神保健福祉士試験が実施された
2003 年 （平成 15）	医療観察法の制定	●「社会復帰調整官」や「精神保健参与員」に精神保健福祉士が採用されるようになる
2008 年 （平成 20）	精神障害者地域移行支援特別対策事業	●2010（平成 22）年度からは「精神障害者地域移行・地域定着支援事業」として展開されるようになり、地域移行推進員として、精神保健福祉士が活躍
2010 年 （平成 22）	精神保健福祉士法の一部改正	●義務規定を見直し、「地域相談支援」について明確化 ●「誠実義務」「資質向上の責務」規定を追加、「連携」規定の見直し

③ 諸外国の精神保健福祉の歴史

国	年	内容
アメリカ	1960 年	●「認定ソーシャルワーカー」資格が創設された
	1963 年	●「ケネディ教書（精神疾患および知的障害に関する特別教書）」および地域精神衛生法の制定により脱施設化へと転換
	1970 年代	●精神病床数の減少により、退院した患者がホームレスになったり、入退院を繰り返す回転ドア現象が問題となった
	1990 年	●障害をもつアメリカ人法（ADA）が制定され、雇用や公的サービスにおける障害者差別が禁止された
	2000 年代	●「認定ピアスペシャリスト」が制度化された
イギリス	1959 年	●精神保健法が施行され、コミュニティケアが推進されることになる
	1990 年	●「国民保健サービス及びコミュニティケア法」が成立
	1991 年	●ケアプログラムアプローチ（CPA）という、ケアマネジメントシステムが導入された
	1995 年	●「介護者の承認とサービスに関する法律」（ケアラーズ法）を制定し、介護者への支援を保障した
	1999 年	●「精神保健に関するナショナル・サービス・フレームワーク」という精神保健に関する 10 年計画が発表された
		●「保健法」が制定され、精神保健医療サービスと社会福祉サービスの統合が法的に定められた
イタリア	1978 年	●「法律第 36 号」を廃止し、「法律第 180 号」（バザーリア法）を制定した ●精神科病院新設を禁止し、公立精神科病院は縮小し閉鎖していった
ニュージーランド	1990 年	●オヘイガン（O'Hagan, M.）らによって精神科サバイバー・ネットワークが立ち上げられるなど当事者が参加して精神保健システムが構築された
	1998 年	●精神保健委員会（MHC）により、「ブループリント」が発表された ●リカバリーの概念をすべてのサービスの基盤にすると明示した
	2001 年	●「地域支援ワーカー」という国家認定資格が制度化された
カナダ	2000 年代	●政府が発表した『闇からの脱出』のなかで、精神障害者を中心に位置づけたリカバリーシステムを目指すこととした
韓国	1995 年	●「精神保健法」が制定され、第 7 条に「精神保健専門要員」（精神健康専門要員ともいう）が規定された ●「精神保健専門要員」は、精神保健社会福祉士、精神保健看護師、精神保健臨床心理士の 3 専門職で構成
中国	2006 年	●「社会工作師」が国家資格化された

① 人名問題

人名を含む選択肢数

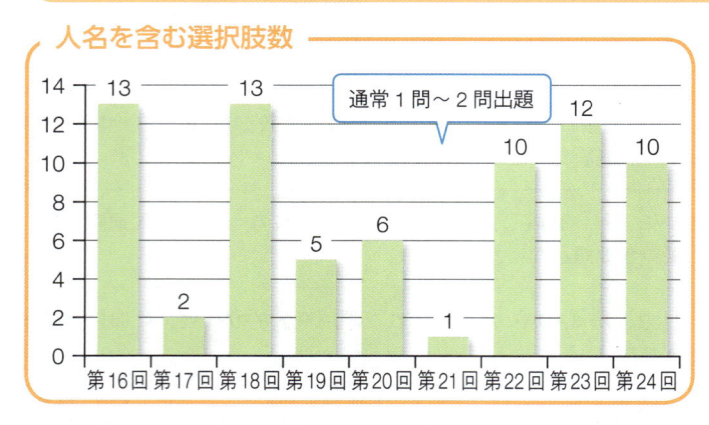

通常1問～2問出題

13 13 2 5 6 1 10 12 10
第16回 第17回 第18回 第19回 第20回 第21回 第22回 第23回 第24回

同一人物が何回出題されたか？

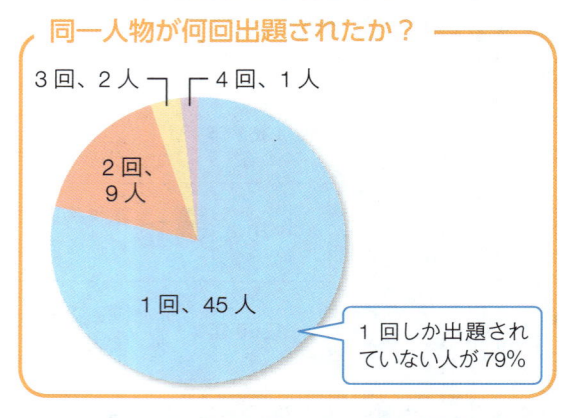

3回、2人　4回、1人
2回、9人
1回、45人
1回しか出題されていない人が79%

	名前	直近の出題				直近9年間の出題合計	キーワード
		第21回	第22回	第23回	第24回		
1	アイビイ, A.			1		1	マイクロカウンセリング
2	アプテカー, H. H.					1	機能主義ケースワーク
3	アルツハイマー, A.				1	1	アルツハイマー病を最初に症例報告
4	アンソニー, W.			1		1	精神科リハビリテーションの基本原則
5	ヴォルフェンスベルガー, W.	1				2	ソーシャルロール・バロリゼーション
6	エリクソン, E.				1	1	心理社会的発達理論
7	オヘイガン, M.					1	リカバリーアプローチ
8	カールバウム, K.				1	1	精神疾患の症状群、疾患型の概念を提唱
9	カプラン, G.		1	1		2	予防精神医学
10	キムリッカ, W.		1			1	多文化社会におけるマイノリティの権利
11	キューブラー・ロス, E.			1		1	死の受容のプロセス
12	グリーンウッド, E.			1		1	ソーシャルワーク専門職の属性
13	クレペリン, E.			1		2	現代精神医学における臨床分類体系の基礎を築いた
14	サンデル, M.		1			1	コミュニタリアニズム
15	ジャーメイン, C.		1			3	生活モデルの理論化
16	ジャレット, M.					1	精神科ソーシャルワーク
17	シュナイダー, K.					1	統合失調症の伝統的診断法を確立した
18	ジョーンズ, M.			1		2	治療共同体という新しい治療理念
19	セリエ, M.				1	1	ストレス理論
20	ソロモン, B.					1	アメリカの公民権運動、「エンパワメント」の重要性

	名前	直近の出題				直近9年間の出題合計	キーワード
		第21回	第22回	第23回	第24回		
21	ソンダーズ, C.			1		1	近代ホスピスの母
22	トーマス, E.		1			1	行動変容アプローチ
23	トール, C.		1			2	『コモン・ヒューマン・ニーズ——社会福祉援助の基礎』
24	ハートマン, A.		1			1	家族中心アプローチ
25	ビアーズ, C.					1	精神衛生運動の創始者、アメリカ
26	ピアジェ, J.			1		1	思考発達段階説
27	ピネル, P.				1	2	18世紀に精神障害者を鎖から解放し、人間的な処遇を提唱
28	フリーダン, B.		1			1	第二波フェミニズム
29	フロイト, S.			1	1	2	精神分析
30	ブロイラー, E.					1	統合失調症の概念を確立した
31	ベンサム, J.		1			1	功利主義
32	ホームズ, T.				1	1	「社会的再適応評価尺度」の開発者
33	ホリス, F.					2	状況のなかにある人
34	マイヤー, C.					2	エコシステム理論
35	ミニューチン, S.			1		1	構造的家族療法
36	リバーマン, R.					1	SST（社会生活技能訓練）の創始者
37	レヴィン, K.			1		1	グループダイナミクス
38	ロールズ, J.		1			1	格差原理
39	ロジャーズ, C.			1		1	来談者中心療法
40	浅賀ふさ					1	聖路加国際病院で日本最初の医療ソーシャルワーカー
41	呉秀三			1	1	4	精神障害者の処遇改善に貢献、無拘束処遇
42	村松常雄					1	都立松沢病院副院長
43	森田正馬					1	森田療法の創始者
44	谷中輝雄					3	精神障害者の地域生活支援拠点「やどかりの里」
合　計		1	10	12	10		

人名問題は、通常1問〜2問程度出題されますが、約8割の確率で過去出題されたことがない人が出題されるので、予想が難しくなっています。

✔ 穴埋め問題でチェック！

Q	15 = 過去の出題回	A

Unit29 精神保健福祉士

① 精神保健福祉士は、常にその者の立場に立って_____にその業務を行わなければならない。 `20`
→ 誠実

② 精神保健福祉士の_____を傷つけるような行為をしてはならない。 `20`
→ 信用

③ _____は、医療保護入院患者の退院後の生活環境に関し相談に応じる専門職で、精神保健福祉士等から選任される。 `18`
→ 退院後生活環境相談員

④ 2010（平成22）年に改正された精神保健福祉士法の第2条に新たに加えられた内容は、_____である。 `17`
→ 地域相談支援の利用に関する相談

⑤ 精神保健福祉士法では、精神保健福祉士が秘密保持義務違反をした場合、_____に処されると規定している。 `16`
→ 1年以下の懲役または30万円以下の罰金

⑥ 精神保健福祉士法に規定されている精神保健福祉士の役割は、相談、助言、指導、_____である。 `20`
→ 日常生活への適応のために必要な訓練その他の援助

⑦ 精神保健福祉士は、_____独占の国家資格である。 `19`
→ 名称

⑧ 相談援助業務を行うにあたって主治医の_____を受けなければならない。 `19`
→ 指導

Unit30 ソーシャルワークの定義・倫理綱領

⑨ 国際ソーシャルワーカー連盟（IFSW）・国際ソーシャルワーク学校連盟（IASSW）のソーシャルワーク専門職のグローバル定義（2014年）では、ソーシャルワークは、生活課題に取り組み_____を高めるよう、人々やさまざまな構造に働きかけると記されている。
→ ウェルビーイング

⑩ ソーシャルワーカーの倫理綱領で、_____倫理責任として、説明責任が示されている。 `20`
→ クライエントに対する

⑪ 精神保健福祉士の倫理綱領には6つの目的が規定されており、そのなかの1つに、「_____と連携する」こととある。 `16`
→ 他の専門職や全てのソーシャルワーカー

⑫ 精神保健福祉士は、クライエントの_____を尊重し、その自己実現に向けて援助する。 `18`
→ 自己決定

⑬ 精神保健福祉士の倫理綱領の「倫理原則」は、「_____に対する責務」、「専門職としての責務」、「機関に対する責務」、「社会に対する責務」の4つである。 `15`
→ クライエント

⑭ 倫理原則の「_____に対する責務」として、「人々の多様な価値を尊重し、福祉と平和のために、社会的・政治的・文化的活動を通し社会に貢献する」と定めている。 `15`
→ 社会

⑮ スクールソーシャルワーカーの中核的業務は、_____である。 `18`
→ 問題を抱える児童生徒が置かれた環境への働きかけ

Unit31 相談援助の理念

☐☐ ⑯ _____アドボカシーとは、同じ課題を抱えた当事者の代弁や制度の改善・開発を目指すことである。**20** クラス

☐☐ ⑰ _____アドボカシーでは、弁護士や法的な訓練を受けた人が、法律を利用して権利獲得やニーズ実現を行う。**23** リーガル

☐☐ ⑱ アドボカシーにおける_____機能では、ソーシャルワーカーの理念と組織・制度の問題を結びつけるために、クライエント集団と地域福祉政策とを結びつける。**21** 介入

☐☐ ⑲ _____は、地域に散在する社会資源の相互のつながりを活用する支援方法である。**14** ネットワーキング

☐☐ ⑳ _____とは、障害があっても一般社会のなかで普通に生活が送れるような社会を目指す考えである。**19** ノーマライゼーション

☐☐ ㉑ ヴォルフェンスベルガーは、価値ある社会的役割の獲得を意味する_____を提唱した。**21** ソーシャルロール・バロリゼーション

☐☐ ㉒ _____とは、社会的に孤立・疎外・排除された人々を、社会の構成員として包み込み、誰もがともに生きる社会の創造を目指す考え方である。**24** ソーシャルインクルージョン

☐☐ ㉓ _____とは、社会的に不利な状況におかれた人が、自らの力を高め、行動できるようになることである。**22** エンパワメント

☐☐ ㉔ _____は、その人の問題に焦点をあてるのではなく、その人が本来もっている強さに着目し、それを引き出しいかしていくことである。**20** ストレングス

☐☐ ㉕ _____は、病気や障害によって失ったものを回復する過程であり、人生の新しい意味と目的をつくり出すことである。**24** リカバリー

☐☐ ㉖ 人に潜在的に備わっている、逆境から復元できる力のことを_____という。**22** レジリエンス

☐☐ ㉗ _____とは、必要だと考えられる治療や検査の方法について、十分な説明を受けたうえで患者が与える同意のことである。**23** インフォームドコンセント

☐☐ ㉘ _____は、フォーマルサポートとインフォーマルサポートを有機的に結合して包括的に支援を行う。**19** ソーシャルサポートネットワーク

☐☐ ㉙ 精神保健福祉士が関係者や社会に対して負う実践の結果に関する説明責任のことを_____という。**21** アカウンタビリティ

☐☐ ㉚ _____とは、相談援助機関に持ち込まれる相談を待つのではなく、地域社会に出向き、相談援助を展開していくことである。**23** アウトリーチ

☐☐ ㉛ 「援助をする人が最も援助を受ける」という考え方を、_____原則という。**22** ヘルパーセラピー

☐☐ ㉜ _____では、職場内において、障害のある人が働き続けるために必要なさまざまな援助を、自然もしくは計画的に提供する。**19** ナチュラルサポート

☐☐ ㉝ _____は、多様な文化的背景をもつクライエントに対して、統合的・実践的に対応する能力のことである。**21** カルチュラル・コンピテンス

☐☐ ㉞ _____は、年齢や障害の有無などにかかわらず、すべての人が使いやすいように施設、製品などをデザインすることである。**21** ユニバーサルデザイン

☐☐ ㉟ _____は、異なる分野の人や団体が協力して制作することである。**21** コラボレーション

	Q　15＝過去の出題回	A
□□㊱	患者が積極的に治療方針の決定に参加し、主体となって治療を受けることを______という。 22	アドヒアランス
□□㊲	施設に長期にわたって入所することにより、次第に自発性を失い、依存的となることを______という。 22	インスティテューショナリズム
□□㊳	自分がある結果を生み出すために必要な行動を、うまく行うことができると確信していることを______という。 22	セルフエフィカシー
□□㊴	福祉関連施策の分析や充実に向けた活動を行い、社会の変革を進めるのは、______領域のソーシャルワークである。 22	マクロ
□□㊵	______モデルは、包括的な視点からクライエントと環境との交互作用の接点に介入する。 24	生活
□□㊶	クライエントの肯定的態度や能力に着目し、主観性を尊重するモデルを______モデルという。 24	ストレングス
□□㊷	多職種連携の______・モデルは、階層構造のなかで医師の指示・指導のもとに各職種がそれぞれの専門性を発揮するモデルである。 23	マルチディシプリナリ
□□㊸	______・モデルは、共通の達成課題を掲げ、各専門職の役割代替が認められる。 21	トランスディシプリナリ
□□㊹	______を作成する目的は、家族や親族の関係や世代間関係の把握をすることである。 20	ジェノグラム
□□㊺	家族と周りの人や社会資源との関係を図示するツールは、______である。 24	エコマップ
□□㊻	社会福祉の制度の改善を目指して、行政機関などに対して行われる社会的行動のことを______という。 22	ソーシャルアクション
□□㊼	バイステック（Biestek, F. P.）は、______を、建設的および破壊的な態度や行動なども含めて、クライエントをありのままの姿で受け止めることと定義した。 17	受容
□□㊽	______とは、利用者の多様な課題を解決するために、経験の浅い精神保健福祉士に対して管理的機能の観点から助言する技術である。 17	スーパービジョン
□□㊾	______とは、利用者の心理的な問題を解決するために、精神保健福祉士として他分野の専門家に助言する技術である。 23	コンサルテーション

Unit32 面接技術

□□㊿	______は、自分の思いを明確に言語化できない利用者に、利用者の思いや感情を言語化して表現することである。 18	明確化
□□(51)	______は、利用者の感情を受容し、その感情を言語化し、利用者に伝えることである。 21	感情の反映
□□(52)	______は、利用者が語った経験、行動、感情の経過を簡潔にまとめ、利用者に伝えることである。 20	要約
□□(53)	______は、利用者の言語と感情や態度の不一致や矛盾などから、利用者自身の内面にある葛藤状態に直面させることで問題の明確化を図ることである。 23	直面化

	Q　15 ＝過去の出題回	A
□□(54)	_____とは、相手の感情を、そのまま認めて受容したことを表明することである。20	支持
□□(55)	_____は、利用者の発言内容を、今とは違った見方をすることで、それらの意味を変化させて、ポジティブなものにしていく。22	リフレーミング

Unit33 相談援助の展開

□□(56)	_____では、患者と信頼関係を形成し、援助についての契約を結ぶ。18	インテーク
□□(57)	相談援助のインテーク段階において、相談機関が対応可能かどうかを判断することを_____という。21	スクリーニング
□□(58)	_____では、ニーズを明確にするための評価を行う。23	アセスメント
□□(59)	_____では、個々のニーズの充足に向けて援助者や援助機関が各々の役割を遂行する。24	インターベンション
□□(60)	_____では、相談援助過程におけるクライエントのニーズ充足度や効果を客観的に精査する。18	エバリュエーション
□□(61)	_____は、支援の終結後、クライエントへの援助効果やその後の状況を確認するために行われる。23	フォローアップ

Unit34 グループワーク

□□(62)	_____グループでは、本人たちの相互援助を重視する。18	セルフヘルプ
□□(63)	援助者がメンバーの生活状況・感情・ニーズ等をあらかじめ理解しておくことを_____という。24	波長合わせ
□□(64)	グループワークの_____期では、グループ内に形成されたサブグループを活用する。21	作業
□□(65)	_____の原則を踏まえ、精神科デイケアでメンバー各自がその能力に応じて参加できるような活動を考え、メンバー相互に交流ができるように促す。15	参加
□□(66)	グループワークの_____の原則では、メンバーが葛藤状態を自ら克服できるように援助する。17	葛藤解決

Unit35 コミュニティワーク

□□(67)	_____は、地域住民の社会福祉問題に対応し、地域の社会資源の有機的な連携を創出し、個々の利用者に提供する仕組みをつくる援助方法である。19	コミュニティソーシャルワーク
□□(68)	_____は、地域社会がもっている自発性や自助力を呼び覚まし、地域の問題解決に向けて地域住民を組織化することである。17	コミュニティオーガニゼーション

Q	15 =過去の出題回	A

Unit36 ケアマネジメント

☐☐ 69 ケアマネジメントとは、利用者にとって必要なケアを提供するために、最適なサービスを調整し利用者のニーズと＿＿＿を結びつけ、支援する技術である。 **20**　社会資源

☐☐ 70 ＿＿＿サポートは、家族や友人、地域住民、ボランティアなどによる制度に基づかない非公式な支援のことである。 **18**　インフォーマル

☐☐ 71 患者の希望する支援に対してサービス提供機関へつなぐことを＿＿＿という。 **22**　リファーラル

☐☐ 72 ＿＿＿は、重度の精神障害のある人が住み慣れた地域で暮らしていけるように、複数の職種がチームを組み、24時間体制で365日、医療・福祉サービスを提供し支援するプログラムである。 **23**　包括型地域生活支援プログラム（ACT）

☐☐ 73 ＿＿＿モデルは、クライエントの強さや健康な部分に焦点をあてて、それを伸ばしていこうとする援助観である。 **22**　ストレングス

☐☐ 74 ケアマネジメントモデルの＿＿＿型は、利用者とサービスを結びつけることを中心とし、サービスの斡旋・調整を主な機能としている。 **16**　仲介

☐☐ 75 ケアマネジメントモデルの＿＿＿型は、環境調整を行いながら、能力障害に焦点をあて、生活技能の獲得を支援する。 **24**　リハビリテーション

Unit37 モデル・アプローチ

☐☐ 76 ＿＿＿アプローチは、危機状況に直面した利用者や家族への迅速な効果的対応を行う。 **19**　危機介入

☐☐ 77 ＿＿＿アプローチは、学習理論をソーシャルワーク理論に導入したもので、条件反応の消去あるいは強化によって、特定の問題行動の変容を図る。 **18**　行動変容

☐☐ 78 ＿＿＿アプローチは、クライエント自身が、問題解決に必要な知識やスキルを習得し、自尊心を高める過程を支援することをいう。 **21**　エンパワメント

☐☐ 79 ＿＿＿アプローチは、物事の見方の多様性を認識して、クライエントの新たな意味づけを重視する。 **22**　ナラティブ

☐☐ 80 ＿＿＿アプローチは、現在の行動をトラウマ（心の傷）の観点から理解し、そのうえで支援を提供するアプローチである。 **23**　トラウマインフォームド

Unit38 社会調査

☐☐ 81 厚生労働省の患者調査は、＿＿＿法に基づく基幹統計の1つである。 **22**　統計

☐☐ 82 調査対象者が調査票に記入する調査方法を＿＿＿調査という。 **16**　自計式

☐☐ 83 ＿＿＿抽出法は、まず母集団をいくつかのグループに分け、そのなかから対象グループを無作為に抽出する。 **20**　多段

□□ 84 ＿＿＿＿＿法は、質的データを収集するインタビューや観察などと、量的データを収集する質問紙調査などを組み合わせて行う調査の手法である。**23** — ミックス

□□ 85 ＿＿＿＿＿面接は、一定の質問に従って面接を進めながら、質問の表現、順序、内容などを状況に応じて変えることのできる面接法をいう。**16** — 半構造化

□□ 86 ＿＿＿＿＿は、ある時点で特定の病気にかかっているケース群と、病気ではないコントロール群を集め、過去にさかのぼってその病気との関連が疑われる要因について調査する。**18** — ケースコントロール研究（症例対照研究）

□□ 87 ＿＿＿＿＿は、研究の対象者を無作為に 2 つのグループに分け、一方には介入を行い、もう片方には待機者として、一定期間後に比較し、介入の効果を検証する。**24** — ランダム（無作為）化比較試験（RCT）

□□ 88 抑うつ症状を従属変数として、職場でのストレスおよび職場でのサポートの 2 つの独立変数との関連性について分析を行うことを＿＿＿＿＿という。**22** — 重回帰分析

Unit39 歴史・海外

□□ 89 1964（昭和 39）年のライシャワー事件の当時に施行されている法律は、＿＿＿＿＿法であった。**18** — 精神衛生

□□ 90 1987（昭和 62）年、精神衛生法が精神障害者の人権に配慮した適切な医療および保護を明示した＿＿＿＿＿法に改称・改正された。**15** — 精神保健

□□ 91 精神衛生法から＿＿＿＿＿法に改正されたときに、精神医療審査会が設置された。**19** — 精神保健

□□ 92 ＿＿＿＿＿年の精神保健及び精神障害者福祉に関する法律において、精神障害者保健福祉手帳制度が創設された。**19** — 1995（平成 7）

□□ 93 精神医療審査会の委員の構成について、精神障害者の保健または福祉に関する学識経験者が規定されたのは、＿＿＿＿＿年の精神保健福祉法の改正である。**19** — 2013（平成 25）

□□ 94 日本における精神科ソーシャルワーカーは、1948（昭和 23）年に、＿＿＿＿＿という名称で初めて病院の精神科に配置された。**21** — 社会事業婦

□□ 95 ＿＿＿＿＿条約は、2006 年に国連総会で採択され、日本は 2014（平成 26）年に批准した。**20** — 障害者の権利に関する

□□ 96 ＿＿＿＿＿では、「精神疾患および知的障害に関する特別教書」により、精神科病院を解体し、地域精神保健センターを整備した。**22** — アメリカ

□□ 97 ＿＿＿＿＿では、「精神保健に関するナショナル・サービス・フレームワーク」により、積極的アウトリーチや家族ケアラー支援等の充実を図った。**22** — イギリス

□□ 98 ＿＿＿＿＿では、「法律第 180 号」により、精神科病院への新たな入院を禁止し、地域ケアと外来医療中心に転換した。**23** — イタリア

□□ 99 ＿＿＿＿＿では、精神保健サービス計画「ブループリント」を策定し、リカバリー概念をサービスの基盤とすることを明示した。**22** — ニュージーランド

□□ 100 ＿＿＿＿＿では、精神保健福祉に関わる専門職として、精神健康専門要員が位置づけられている。**24** — 韓国

Q	15 =過去の出題回	A

Unit40 人名

☐☐ ⑩ ＿＿＿＿は、予防精神医学の概念を提唱した。 **23**
→ カプラン（Caplan, G.）

☐☐ ⑩ ＿＿＿＿は、システム理論に生態学的な視点を導入して「有機体」と「環境」との相互作用に焦点を合わせた。 **20**
→ ジャーメイン（Germain, C.）

☐☐ ⑩ ＿＿＿＿は、病院の全環境を治療手段として用いる治療共同体の概念を提唱した。 **23**
→ ジョーンズ（Jones, M.）

☐☐ ⑩ ＿＿＿＿は、学習理論の応用に基づく多様な行動変容の方法を整理し、行動変容アプローチとして確立した。 **22**
→ トーマス（Thomas, E.）

☐☐ ⑩ ＿＿＿＿は、「知的障害者の日常生活をできるだけ社会の主流となっている規範や形態に近づけるようにすること」とし、「ノーマライゼーションの8つの原理」を定めた。 **15**
→ ニィリエ（Nirje, B.）

☐☐ ⑩ 18世紀に精神障害者を鎖から解放し、人間的な処遇を提唱した人物は、＿＿＿＿である。 **24**
→ ピネル（Pinel, P.）

☐☐ ⑩ ＿＿＿＿が『正義論』で主張した格差原理は、その社会において最も恵まれない人が有利となるよう、資源の配分を目標とした。 **22**
→ ロールズ（Rawls, J.）

☐☐ ⑩ 聖路加国際病院で日本最初の医療ソーシャルワーカーは、＿＿＿＿である。 **19**
→ 浅賀ふさ

☐☐ ⑩ ＿＿＿＿は、日本における精神病学の創立者で、クレペリン学派の新しい精神病学の普及を通じて精神障害者の処遇改善に貢献した。 **16**
→ 呉秀三

何番に正答番号が多いのか？

精神保健福祉士試験は、5つの選択肢から1つまたは2つ選ぶ試験です。第15回試験からの正答番号を集計してみると1つ選べ問題は、5番が最も多く、次いで4番が多くなっています。

1つ選べ問題

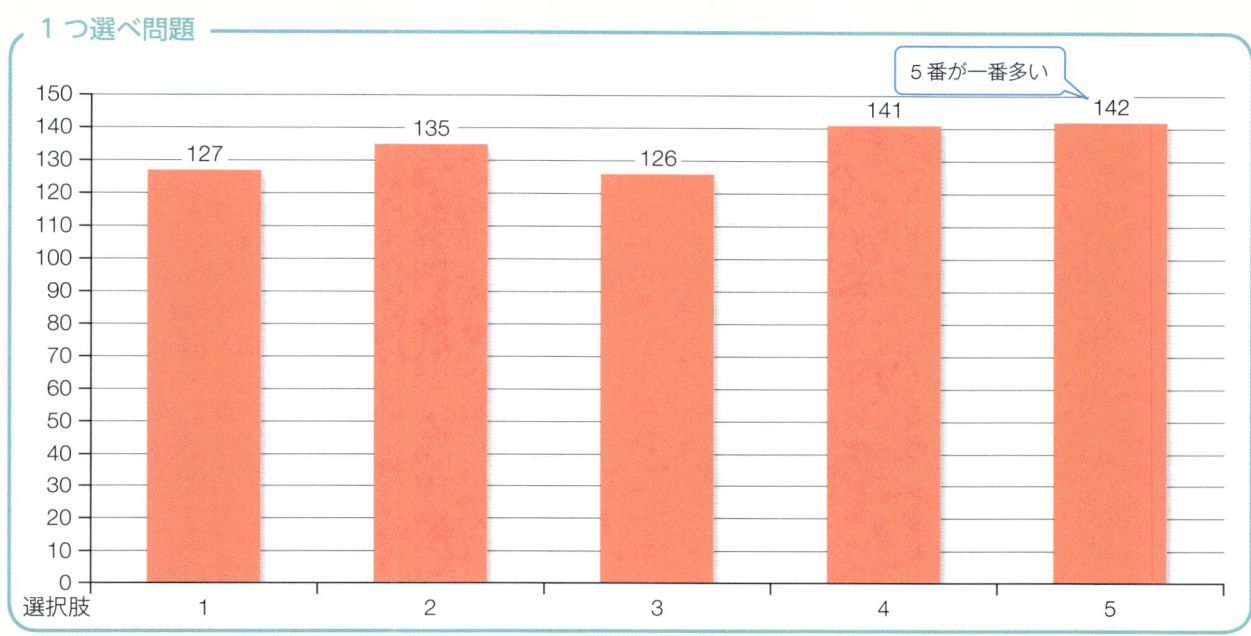

5番が一番多い

第15回試験より、【2つ選べ】問題が出題されるようになりました。2つ選べ問題は、3番が正答になる確率が高いようです。

2つ選べ問題

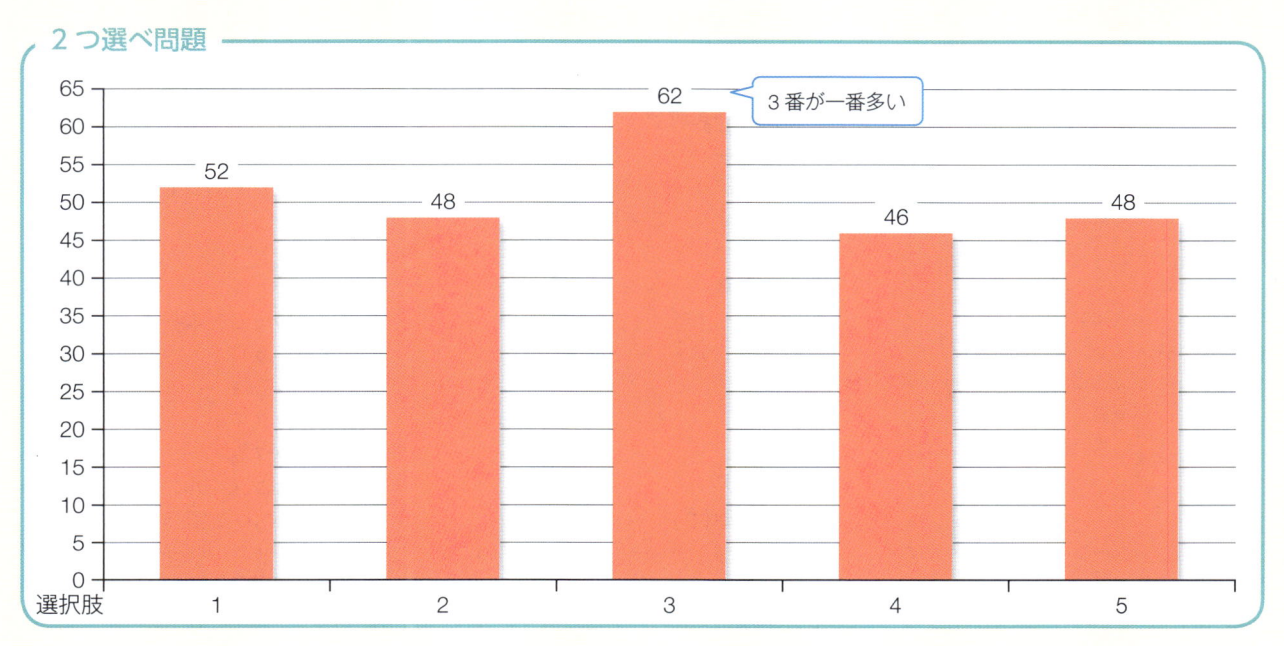

3番が一番多い

索引

編集元紹介

いとう総研資格取得支援センター

忙しい社会人のために「ITO方式」という独自の学習方法で、精神保健福祉士、社会福祉士や介護福祉士、介護支援専門員などの受験対策用 DVD 講座、ネット配信講座、通学講座で毎年多くの合格者を輩出している。

➡ 令和 4 年度のいとう総研資格取得支援センターの精神保健福祉士 DVD 講座の情報は、ホームページに掲載しています。

いとう総研資格取得支援センターホームページ ▶ https://www.itosoken.com/

■**本書に関する訂正情報等について**

弊社ホームページ（下記 URL）にて随時お知らせいたします。

https://www.chuohoki.co.jp/foruser/mental/

■**本書へのご質問について**

下記の URL から「お問い合わせフォーム」にご入力ください。

https://www.chuohoki.co.jp/contact/

■**読者アンケートのお願い**

本書へのご感想やご意見、ご要望をぜひお聞かせください。

右の QR コードより、ご回答いただけます。

見て覚える！　精神保健福祉士国試ナビ［専門科目］2023

2022 年　8 月 10 日　発行

編　集	いとう総研資格取得支援センター
発行者	荘村明彦
発行所	中央法規出版株式会社
	〒 110-0016　東京都台東区台東 3-29-1　中央法規ビル
	TEL 03-6387-3196
	https://www.chuohoki.co.jp/
本文イラスト	ひらのんさ
装幀・本文デザイン	株式会社ジャパンマテリアル
印刷・製本	株式会社アルキャスト

ISBN978-4-8058-8481-2

中央法規の受験対策書

精神保健福祉士国家試験過去問解説集 2023
第 22 回－第 24 回全問完全解説
- 2022 年 5 月刊行
- 一般社団法人日本ソーシャルワーク教育学校連盟 ＝ 編集
- 定価 本体 4,000 円（税別）／ B5 判／ ISBN978-4-8058-8468-3

過去 3 年分の全問題を選択肢ごとに解説した問題集。充実した解説で合格力の基礎をつくる、過去問対策の決定版！ 出題傾向の把握と実力試しに最適。

精神保健福祉士国家試験
受験ワークブック 2023 ［専門科目編］
- 2022 年 6 月刊行 ● 公益社団法人日本精神保健福祉士協会 ＝ 編集
- 定価 本体 3,200 円（税別）／ B5 判／ ISBN978-4-8058-8473-7

社会福祉士・精神保健福祉士国家試験
受験ワークブック 2023 ［共通科目編］
- 2022 年 6 月刊行 ● 社会福祉士・精神保健福祉士国家試験受験ワークブック編集委員会 ＝ 編集
- 定価 本体 3,200 円（税別）／ B5 判／ ISBN978-4-8058-8472-0

科目ごとに学習の要点をまとめた受験対策書の決定版！「傾向と対策」「重要項目」「一問一答」で試験に必要な知識を徹底解説。信頼度 No.1。

精神保健福祉士国家試験模擬問題集 2023
- 2022 年 7 月刊行 ● 一般社団法人日本ソーシャルワーク教育学校連盟 ＝ 編集
- 定価 本体 3,600 円（税別）／ B5 判／ ISBN978-4-8058-8476-8

国家試験の出題傾向を徹底分析して作問した 3 回分・全 489 問の模擬問題を収載。専門科目の攻略に必須の長文事例問題は近年の出題実績を反映。取り外し可能な解答編の解説も充実！

見て覚える！精神保健福祉士国試ナビ ［専門科目］ 2023
- 2022 年 8 月刊行 ● いとう総研資格取得支援センター ＝ 編集
- 定価 本体 2,800 円（税別）／ AB 判／ ISBN978-4-8058-8481-2

試験の全体像をつかめるよう、専門 6 科目を 3 つの領域に分類。試験に必要な知識を、図表やイラストを用いて解説。広範な出題範囲を体系的に理解でき、穴埋め問題で知識を深められる万全の一冊。

介護・福祉の応援サイト
けあサポ
https://www.caresapo.jp/

合格のために役立つ情報が満載！
福祉資格受験サポーターズ

けあサポ｜検索

有名講師の受験対策講座、今日の一問一答、合格体験記、おすすめ書籍…etc。
精神保健福祉士を目指すあなたに、受験に対する心構えや勉強方法など役立つ情報をお届けします！